高等教育シリーズ
187

今に生きる
学生時代の学びとは
卒業生調査にみる大学教育の効果

矢野眞和
Masakazu Yano

玉川大学出版部

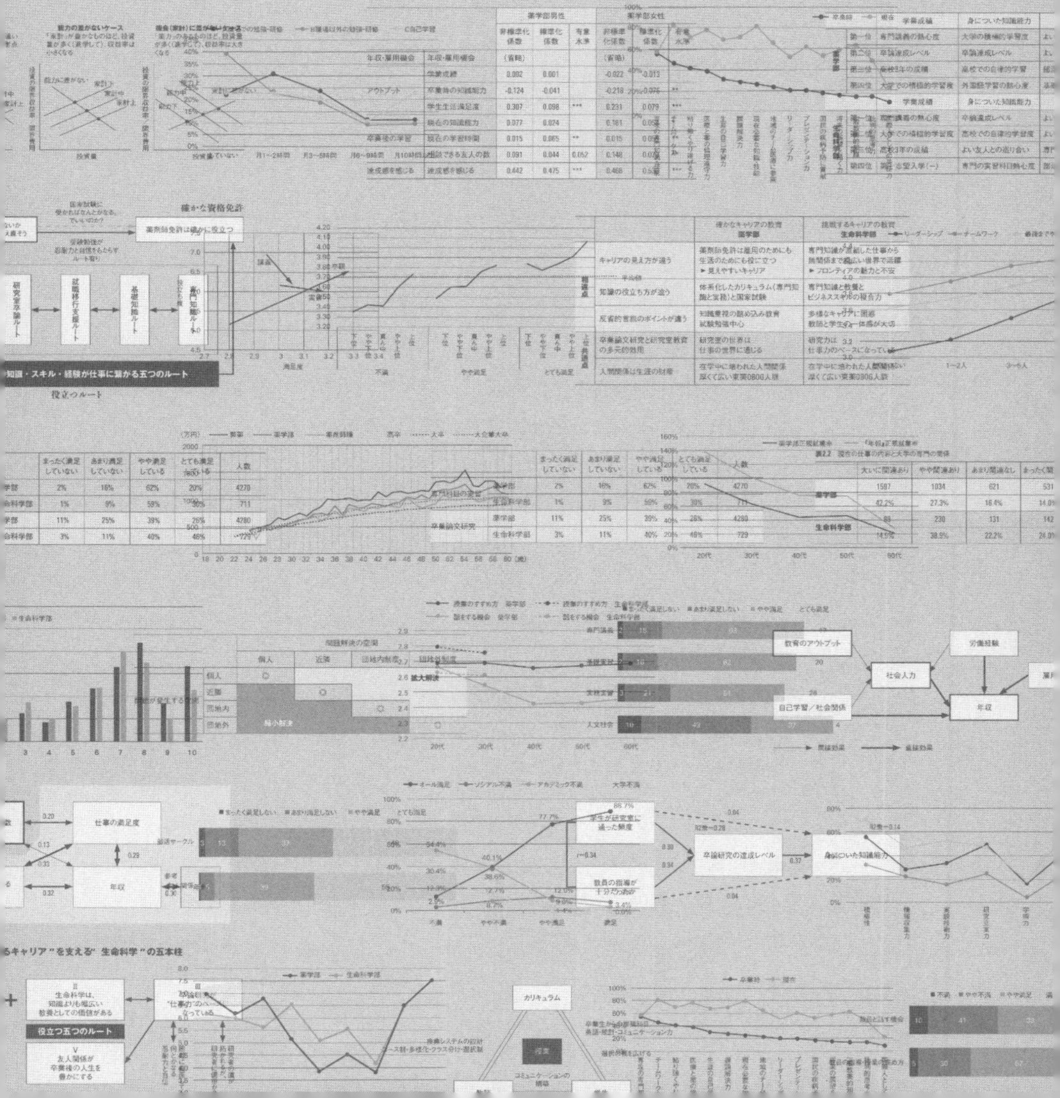

Contents

Part 1

卒業生の言葉と数字を組み立てる

データ蘇生学の実演

Introduction
卒業生調査による教育効果の見える化

教育効果が隠蔽される文化

今までは、大学に進学するのがふさわしいのは有能な人だとされてきた。しかし、これからの知識社会では、それほど有能でない人こそ大学に進学するのが望ましい時代になる。

奇をてらったわけではなく、このように真剣に考えるに至ったのは、大学が多すぎるという話の流れでしばしば耳にする有名人の言葉がとても気になったからである。「大学に行っても何のメリットもありませんよ。今のような大学に進学する必要があるとは思えません」というのだ。メディアの私的なコメントだけでなく、政府の公的な会議でもしばしば聞かれる言葉である。

他人に影響を与える立場にある有名人の発言にしては、いささか短絡的にすぎると思うが、そうした発言が戒められたという話は伝わってこない。世間の受け止め方も、当たらずとも遠からずと共感する気分なのかもしれない。共感するのは、有名大学の卒業生に多いのではないかと訝ってしまうが、私には、共感するどころか、危険を孕んだ言葉のように聞こえる。そして、「あなたは自分が大学に進学したのは当然だと思っているかもしれないが、あなたのように有能な人こそ、わざわざ大学に進学する必要はなかったのではないか」とつぶやいてしまう。

大学の外に知識が溢れている現代社会では、自分で調べ、自分で学ぶ術を完全に習得している(あなたのように)有能な人は、わざわざ大学に進学する必要がなくなっている。しかし、(あなたのようには)有能でない人こそ、大学に進学して、自分で調べ、自分で学ぶ術を習得し、溢れる情報を仕分ける力を身につける必要がある時代だ。したがって、「大学に行っても何のメリットもない」という有名人の発言の危険性は、有名人の言葉に影響を受けやすいそれほど有能でない人が、「大学に進学する必要はないんだ」と信じてしまい、大学に進学せず、自分で学ぶ術を習得する機会を失ってしまうことだ。学ぶ機会を逸すると知識社会に生きるのが難しくなる。

こんなことを何度もつぶやいてきたが、このように考えるのは少数派で、「何のメリットもない」「大学に進学する必要はない」とする方が多数派のようである。大学教育の効果について少しは研究を重ねてきたから、「効果がある」と説得的に説明するのはかなり難しいことは知っている。例えば、大卒者と高卒者の年収には、歴然とした格差があるという数字を示したところで、年収に差があるのは、本人の能力が決め手であり、大学で学んだ教育の効果ではないと言えてしまう。

25年ほど前の話だが、日本とドイツの経済学部卒業生の意識調査を比較する研究会があった。そこでは、大学で学ぶ経済学が社会に出て役に立っているかどうかの意識調査が報告され、日本の大卒者も企業人も「経済学は役に立っていない」と回答する者が多く、その一方で、ドイツでは、大卒者も企業人も、「経済学は役に立つ」と回答する者が多いという。詳細は忘れたが、「そうだろうな」と納得するのが研究会の雰囲気であり、日本も「役に立つ経済学」を教えないといけないと思う人が多かったと記憶している。

この研究会に参加しながら、とても奇妙なことが起きていると思った。私の理解では、経済学の教科書の内容は国際的に共有化され、日本もドイツも学生たちはほとんど同じ内容を学んでいる。そして、卒業後の仕事の現場、例えば銀行の業務を考えれば、日本の銀行もドイツの銀行もその仕事の内容に大きな違いがあるとは考えにくい。すでに十分に国際化した時代の話である。大学の教科書も同じ、卒業後の仕事も同じ、つまり経済学部卒業生の入口も出口も同じだと考えておかしくないが、にもかかわらず、日本では「経済学は役に立たない」と意識され、ドイツでは「役に立つ」と両極に分化するのはなぜか。教科書が同じでも、知識を理解する深さとスキルの修得が違うからだというのが普通の解釈かもしれないが、それよりも、これほどまでに両極に分かれる回答者の意識の方が面白いと私は思った。このように回答するのがあたり前だと思うように習慣づけられた文化があるのではないか。役に立っているかどうかという実際の機能は別にして、「役に立たない」、あるいは「役に立つ」と「思う」二つの文化が存在している。そんなことを考えさせられた研究会だった。

こんな感想をもったのは、大学教育の効果についての報告をするたびに、その数字だけで教育の効果があるとはいえない、という反論にしばしば遭遇してきた

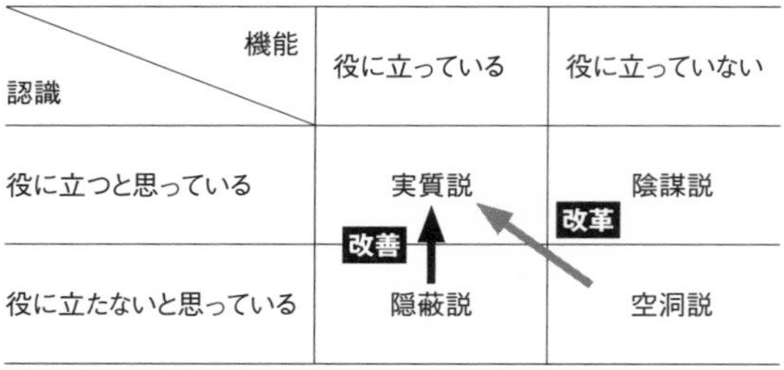

図0.1　教育効果の有効性——四つの窓と教育改革

からである。測定に欠陥があるのは百も承知だが、「教育効果がない」と反論する側にも確かな証拠があるわけではない。証拠不足同士の議論を繰り返すにつけ、そして、日独の比較研究会の経験も重なって、日本の大学は、「役に立っていない」のではなく、「役に立たないと思い込まれている」だけではないかという仮説をもつようになった。つまり、実際の機能からみた「役に立つ、立たない」というレベルと、どのように思っているかという認識レベルの「役に立つ、立たない」の二つは、ずらして考えた方がいい。機能と認識の両面から「役に立つ、立たない」を組み合わせると教育効果についての見方は、上の四つの窓に分けられる（**図0.1**）。

機能からみても実際に「役に立たず」、認識としても「役に立たない」と思っているとすれば、大学教育が「空洞」しているという説になる。その対極にあるのが、機能と認識の二つとも「役に立っている」とする「実質」説になる。この分類からすれば、ドイツの大学は、「実質」的に機能しており、日本の大学は、「空洞」化しているという話になりがちだ。これが正しい理解かどうかは別にして、欧米諸国の大学をモデルにするのが大好きな日本では、欧米は素晴らしく、日本はダメだという固定観念が強く、空洞化している日本の大学を改め、欧米のように実質化すべきだという話になりやすい。

しかし、この二つの説とは別に、機能的には「役に立っている」にもかかわらず、「役に立っていない」と思っている窓がある。これが私の見立てである。教育効果があるのに、ないと思い込んでいる、あるいは見えにくくなっているという意味合いを込めて「隠蔽」説とよんできた。日本の大学は、空洞化しているのではなく、機能的に役に立っている効果が隠蔽されているのではないか。役に立たないという思い込みが強く、日本の大学は教育効果を隠蔽する文化に埋め込まれているという仮説だ。

この隠蔽説の対極には、「役に立っていない」にもかかわらず、「役に立っている」と思っている窓がある。役に立たないのに、役立つと思わせるように喧伝するようなもので、「陰謀」説だ。私は、役に立っていると思っているが、実際の機能として役立っていなければ、私の教育論は、陰謀であり、詐欺だということになる。陰謀であるかどうかは、本書を読み終えてから判断してほしい。

蛇足ながら、ドイツは、「役に立っている」と回答する傾向が強く、それを実質説の証として受け止めるのが普通であり、陰謀説にあたるとは誰も考えない。ただ、天邪鬼的に考えれば、長く日本の大学の範とされてきたドイツの大学の成功の歴史が、「役に立っている」という思い込みを実態以上に強化させているかもしれないし、そのために、ドイツの大学の欠点（部分的な陰謀）を隠してしまう可能性がないとはいえないだろう。一方、戦後の日本の大学の成長は、決して成功の歴史とはいえず、私立大学の膨張に委ねられた批判の多い市場主義的な拡大だった。大学市場の失敗という歴史が、役に立たないという思い込みを実態以上に強化させ、大学の教育効果を隠蔽しているとも考えられる。

「改革」の前に「改善」

四つの見方を提示したのは、20年以上も前のことである。そして、隠蔽説が成立する背景には、大学と企業の日本的雇用関係があるという解釈を紹介した（矢野2001）。ここではその解釈を繰り返さないが、その頃から大学の教育改革が盛んになりはじめた。今に続く終わりのない改革のトーンは、空洞化している日本の大学教育を改め、教育を実質化すべきだという潮流になっている。そして、実質化している大学モデルとして引かれるのが、アメリカであり、イギリスである。だから、改革を謳った教育審議会答申の内容はやたらとカタカナ語が多く、答申の巻末付録には、カタカナ語の解説が列挙されている。国粋主義者でなくても、気持ちが悪い。

そもそも「改革」という言葉を安易に、かつ政治的に使いすぎだと思う。大学改革や入試改革のみならず、働き方改革、人づくり革命など、目をくらますスローガンを次々に登場させ、改革という言葉だけを政治的に利用しているように感じられる。実際のところ、改革は長く続いているけれども、日本の大学が善くなったという話をほとんど聞かない。

改革論では、過去は全面的に「悪」で、改革が全面的に「善」ということになりやすい。これはかなり危険な発想である。それよりも、過去の良いところと悪いところをしっかり識別して、部分的に改善することの方が大事だ。しかし、現状を肯定した部分的な改善は守旧派だと批判され、現状を否定し、身を切る痛みを恐れず、新たな世界を切り開くのが改革派だという論争になりやすいが、時と場合(時間と空間)をわきまえた方がいいと思う。長い歴史を持って培われ、そして国際的に高く評価されてきた初等中等教育を有する日本の教育の世界では、革命的な改革を煽るよりもカール・ポパー流にpiecemeal(漸次的・少しずつ)に問題を解決し、改善するsocial engineering(漸次的社会工学)が望ましい(ポパー 1961)。

部分的な空洞化はもちろんあるだろうが、現状のすべてが「空洞」化しているわけではないし、良いところが「隠蔽」されている可能性もある。現状否定、現状肯定の前になすべきことは、現状把握である。良し悪しを識別するためには、よく見えないけれども役に立っている教育の効果を掘り起こして、目に見えるようにすることからはじめるのが賢明だ。つまり、隠蔽説から実質説への転換を図るピースミールな社会工学的改善が、声高な改革よりも健全だと思う。それが、**図0.1**に書き込んだ、改革と改善の矢印である。

このような図式を考えつつ、隠蔽されているベールを剥がすにはどうすればよいかを模索してきた。隠蔽された教育効果の見える化を探りつつ、実験的な試みとして始めたのが、卒業生調査という方法だった。

簡単に言えば、こういう発想だ。教育効果の実証分析の典型は、経済学の人的資本理論と社会学の社会階層理論である。そこでは、教育が本人の所得や職業的地位に与える影響に焦点があてられるが、問題は、学歴・学校歴・偏差値ランクという外形変数の効果と教育の効果の識別がつかないところにある。学歴が高いほど生得能力も高いという関係にあるから、学歴によって教育効果を測定しても、生得能力の効果を測定しているに過ぎないという反論に対抗できない。

この識別問題を解決するには、国家的な大規模調査プロジェクトを必要とする。改革を提唱するなら、現状を把握する大研究を立ち上げるのが筋だが、当局には、研究にお金をかける意欲も発想も浮かばないようで、まったく手がつけられていない。一研究者にできる小規模な範囲で考えたのは、同じ大学の卒業生(＝同窓生)だけを対象にすれば、学歴・学校歴という面倒な変数を同一にできるという発想だった。同じ大学の同じ教育環境で学んだ卒業生も学習の濃淡は様々である。同じ大学における異なった学び体験が、卒業後のキャリアにどのような違いをもたらすか、という視点を導入すれば、大学時代の学びが、今の仕事に与える影響(＝効果）を読み取れるのではないかと考えた。実験的に自大学のミニ調査からはじめたが、面白くなりそうでもあり、文科省の科学研究費補助金に申請した。最初の年の申請はスルーされ、翌年に採択されたのが「大学生の知識・教養の獲得とキャリア形成に関する研究——理工系大学を中心に」（2002年-2004年）である。

当時は知らなかったが、経済学者の松繁寿和グループが、ある国立大学の卒業生を対象にしたアンケート調査をすでに実施していた。「大学の教育効果に関する具体的な検証はあまり行われてこなかった」という現状を踏まえ、「大学教育が個々人の人生にどのような影響を与えるか」という私たちと同じ研究関心から実施された卒業生（同窓生）調査である。その全容は、2004年に出版された著書で報告されている（松繁 2004）。私たちの関心からすれば、学業成績や英語力がキャリアにポジティブな影響を与えているという分析が興味深い。

いま一つの大規模な試みとして、大学教育と初期キャリアの関係に焦点をあてた（旧）日本労働研究機構（（現）労働政策研究・研究機構）による一連の大学卒業生調査がある（日本労働研究機構 1995、1999、2001）。2001年の報告書は、12か国の日欧比較調査である。これらのプロジェクトは、教育社会学者によってリードされており、彼らの主な研究関心は、「教育から職業生活への移行過程」にあり、大学教育と卒業後10年までの「初期キャリア」との関係を解明するところにある。一つの大学の同窓生を追跡する調査ではなく、ランダムに抽出された大学の卒業生を対象としているので、大学分類や専門分野分類による初期キャリアの違いは分かるが、同じ大学における学習意欲や学業成績がキャリアに与える影響を分析しているわけではない。しかし、「大学卒業時点までに獲得した知識・技術を仕事で活用しているか」を調査しており、「大学知識の活用度」を知ることができる。この活用度からすれば、ヨーロッパの11か国と比較して、日本は最も低いレベルにある。日本の大学教育は役に立たないという通説が支持される結果になっている。

厖大な調査結果が報告されているが、本書の文脈からすると、プロジェクトの主査である吉本圭一の「30歳社会的成人」仮説と「大学教育の遅効性」仮説が面白い（吉本 2004）。大卒ホワイトカラーが一人前になるのは、どの国でも30歳ぐらいの年数が必要だと考えられ（「30歳社会的成人」仮説）、大卒という一括りではなく、年齢という変数を考慮して、知識の活用度を比較すべきだとしている。そして、「大学卒業から30歳までの期間が長い日本では、短い国と比較して、卒業直後には大学知識の有用性が低いけれども、その後の経験を通して有用性が高まる」という大学教育の遅効説を提起した。日本の特殊例ではなく、フランスの知識活用度がヨーロッパの中で最も低いのは、卒業生の年齢が比較的若いからだとしている。

日本の大学教育の遅効性の背後には、ジョブローテーションと企業内教育による人材育成という日本的雇用も関係していることが指摘されており、大学教育の遅効性が教育の効果を隠蔽していると解釈できる。私の調査経験では、遅効性は30歳よりもさらに遅く、40歳を超えないと教育の効果は顕在化しないように思える。日本的雇用の影響か強いと、40歳を超えないと本人の実力が正統に評価されず、若ければ若いほど実力が隠蔽されやすい。教育の効果が見えにくいのは、実力が見えにくいからである。吉本の遅効性仮説は、初期キャリアの範囲を超えて幅広く検証するに値する大きなテーマだと思う。

どの大学でも共有される「学び習慣仮説」――大学時代の学びが今に生きる

研究に着手した時期を振り返ると、私たちの卒業生調査に対する興味は、教育経済学者や教育社会学者による研究関心と共有されていたようである。いずれも既存の統計調査資料では、大学教育とキャリアの関係が把握できないという認識からスタートしており、この分野の開拓が一つの知的フロンティアになるという判断があったからだと思う。そして、依然として今でも、分かっていることよりも分かっていないことの方が多い領域である。

関心の領域が似ていても、それぞれの調査には、それぞれに特有の目的と調査設計がある。私たちは、在学中の学習活動を重視しつつ、多様な学びが卒業後の就職と現在の仕事に与える影響(＝効果)を分析できるように工夫した。「大学生の知識・教養の獲得とキャリア形成に関する研究」では、国立・私立を含む五大学の工学部卒業生を対象に調査し、いくつかの視点から分析したが、その経験から提唱したのが「学び習慣仮説」である(矢野 2009)。

年齢と企業規模という基礎変数に加えて、在学中の学習の「熱心度」、読書の頻度、「卒業時」に身につけた知識能力、「現在」身につけている知識能力などを調査し、所得を規定する直接的な要因を探索する分析を行った。その結果によると、在学中の学び(熱心度や卒業時の知識能力)は所得に直接的な影響を与えない。「大学で熱心に勉強しても、何のメリットもない」という説が成り立つような結果だった。しかし、在学中の学びは、現在の知識能力を媒介にして、所得に間接的に影響していることが分かった。プラスに影響する効果を矢印(►)で表示すると、在学中の学びの熱心度►卒業時の知識能力►現在の知識能力►所得という順にプラス効果の経路が存在している。

「在学中の熱心な学び体験」は、見えざる財産として、「現在の知識能力」を支え、その結果、所得が向上するという関係である。読書の頻度についても調査したが、同じ構図になっている。在学中に読書しているほど現在も読書し、現在の読書量が多いほど所得も高い。生涯に学び続けるためには、在学中に学ぶ習慣を身につけるのが望ましいということになる。大学時代の学びが今に生きる経路の存在を「学び習慣仮説」と呼ぶことにした。

これだけの説明では、伝わりにくいかもしれないし、いくつかの疑問が湧くと思うが、引き続いてその後に工夫した調査方法と結果を紹介するので、その内容と気になった疑問を重ねて批判的に吟味してほしい。ここでは、五大学の工学部調査に関連して、大事なポイントを二つだけ付記しておきたい。

一つは、工学部卒業生という対象の偏りから、学び習慣仮説も工学系だけに通じる限定的な話ではないかという疑問である。工学部調査と同じ調査設計に基づいて、共同研究者の濱中淳子が五大学の一つの大学の経済学部卒業生を対象にした調査を実施している。それによると「卒業時」に獲得した知識能力が与える影響は、工学部よりも経済学部の方が弱くなる傾向にあるが、学び習慣仮説の経路は、工学部と同様に存在していることが明らかにされている（濱中 2013）。しかし、私たちの文科系調査はまだ不十分であり、多くの機会を重ねたいし、重ねてほしいと期待している。

いま一つは、五大学の比較についてである。五大学の平均所得は、統計的に有意な差があり、いわゆる学校歴による平均所得の差はこの調査でも認められる。つまり、学びの変数を投入しても、学校歴の効果が消滅するわけではない。学び習慣の効果よりも学校歴の効果の方が大きいのではないか、という問題提起もできるが、私たちが改めて確認したのは、有名大学であろうとなかろうと、個別の大学を取り上げれば、その範囲で学び習慣仮説が成り立っているという事実である。いずれの大学でも、在学中の学びが今に生きるという構図が浮かんでくるのは、同じ大学の卒業生を調査対象にしているからである。大学生一般を対象にした卒業生調査では、学校歴の効果ばかりが目立って、学び習慣の効果は見えにくい。私たちの卒業生調査のメリットは、同窓生調査にある。

隠蔽されている教育効果のベールを剥がしたとは言えないが、「大学に行っても何のメリットもありませんよ」というのは急ぎすぎた結論だし、大学教育の空洞説も思い込みにすぎないところがある。空洞説を暗黙の前提にして改革ばかりを主張する前に、隠蔽された日本の大学教育の実像を浮き彫りにすることが先だと思う。もちろん、隠蔽された学びのすべてがうまく機能しているわけではないし、実際に空洞化している部分もあるだろう。役に立たないのに、役に立つかのように喧伝する大学の「陰謀説」も部分的にあるかもしれない。こうした疑問をピースミールに解決する道を提供してくれるのが、卒業生調査および同窓生調査という方法である。

「実質説」の高専に学ぶ

そんな調査経験があったから、東京工業高等専門学校の古屋一仁校長（当時）から「高専を研究してみませんか」というお誘いを受けたとき、高専（工業高等専門学校）の卒業生調査をしようと即断した。13高専を対象にした調査の成果は、共同研究者との共著として出版した（矢野ほか2018）。

日本の初等中等教育は国際的に高く評価されているが、高等教育の評判はいつも芳しくない。2009年に発表されたOECD専門家による「高等教育政策レビュー」も、日本の高等教育全体に厳しい評価を下したが、その中で例外的に、高専だけを高く評価している（OECD 2009）。レビューのまとめ役であるハワード・ニュービーは、高専を現地訪問した後のインタビューで「高専の教育は素晴らしい。感心しました」という感想をもらしている（朝日新聞 2006年6月5日夕刊）。全国に57校ある高専は、大半が国立であり、地元の優秀な中学生を受け入れて、15歳から20歳までの5年間にわたる「早期かつ長期の専門教育」を実践してきた。産業界からも高く評価されているユニークな高専だが、わが国では、その存在すらもあまり知られていない。私は、51校の国立高専のうちの12校を訪問し、校長と教員のインタビューを重ね、学生たちの話も聞いてきた。高専を訪問すれば誰もが、「高専の教育は素晴らしい」と感心するだろうと思う。

ところが、高専のプレゼンス（存在感）を社会に発信するだけのエビデンス（確かな情報）を高専は十分に蓄積してこなかった。プレゼンスとエビデンスを高めるために立ち上げれたのが、「高専の研究」である。その一環として、高専の卒業生調査を提案した。高専の卒業生が学んできた経験と卒業後の仕事ぶりのエビデンスを収集し、「素晴らしい」と評価される高専卒業生の姿を数字で表現したいと考えた。OECDの評価を素直に受け止めれば、「空洞説」の大学に対して、高専は「実質説」の高等教育機関になる。したがって、高専教育が卒業後のキャリアに与える効果を測定し、それをベンチマークにすれば、高専と大学を比較する道筋も発見できるかもしれない。

13高専14キャンパスの卒業生1万2600人に調査票を郵送したが、有効回答数は、実質送付件数1万1904件のうちの3408件だった。回収率にして28.9%だが、この種の調査としては好成績である。この調査が、卒業生にある程度好意的に受けとめられたと理解してよいと思う。研究の成果については、7名の共同研究者が、高専という稀有な「教育実験」をそれぞれの関心から検証している。卒業生調査という方法が、多様な分析視点を提供してくれることがよく分かると思う。

多様な分析の結果については、著書を参考にしてほしいが、高専調査では、工学部の「学び習慣仮説」をより詳しく追跡できるように工夫した。幸いにも、高専調査(2014年)を終えた3年後に東京薬科大学(薬学部と生命科学部)の卒業生調査に参画する機会を得た。薬学部だけでなく、理学系の生命科学部が対象になるのは多様性を求める立場として魅力的である。東京薬科大学(以下、東薬)調査では、工学部と高専の枠組みを継承しつつ、さらに普遍的な調査設計と分析方法を展開できるように改善した。

アウトプットとアウトカムという用語について

調査設計を説明する前に教育効果を分析するための用語を確定しておきたい。卒業生調査を手掛けた頃には、教育効果という言葉だけで、教育が卒業後の仕事や生活に与える影響のことだという暗黙の了解が成り立っていた。したがって、教育の経済効果といえば、教育が雇用や所得に与える影響のことだと理解され、経済効果だけでなく、職業的地位や満足度などによる教育の社会的効果が議論されてきた。そして、効果はeffectを意味しているのが一般的だったが、政策科学の専門用語では、effectではなく、outcomeが用いられ、成果と訳されている。最近では、この専門用語がOECDの教育政策に登場するようになり、OECDの教育の成果(アウトカム)研究では、教育が所得に与える影響は経済的ないし金銭的アウトカム、生活の満足度に与える影響は非金銭的アウトカムなどと呼ばれるようになっている(OECD教育研究革新センター 2008)。

本書では、政策科学のアウトプット/アウトカム用語を用いる。政策科学では、内部システム(教育システム)の最終結果(出力)がアウトプットであり、そのアウトプットが外部システム(教育の外にある社会経済システム)に与える影響の総体をアウトカムという。つまり、教育のアウトカムといえば、教育のアウトプットが社会にどれだけの影響を与えているかを問う言葉になる。個人のレベルからすると、教育システム内で身についた学力や規範が教育のアウトプットであり、そのアウトプットが外部システムである卒業後の人生(働き方、所得、仕事の満足度、健康など)に与える影響をアウトカムという。

したがって、アウトプットとアウトカムを操作的に定義して、アウトプットの影響、つまりアウトカムを計測すれば、それが教育の効果であり、教育の成果になる。アウトプット／アウトカム用語が定着していれば、効果(effect)を用いないで、アウトカムの訳語として定着している成果を使えばよい。つまり、「教育効果」の研究ではなく、「教育成果(Outcome of Learning)」研究だとすれば十分のはずだった。

ところが、最近では、学習成果という言葉は、ラーニング・アウトカムの訳語だとされ、教育改革の主役になっている。しかも、この学習成果は、教育効果の研究用語ではなく、本書のアウトプット／アウトカム用語とも関係がないようである。

審議会答申の用語解説によれば、「学習成果(ラーニング・アウトカム)」は、「プログラムやコースなど、一定の学習期間終了時に、学習者が知り、理解し、行い、実演できることを期待される内容を言明したもの。学習成果は、多くの場合、学習者が獲得すべき知識、スキル、態度などとして示される。またそれぞれの学習成果は、具体的で、一定の期間内で達成可能であり、学習者にとって意味のある内容で、測定や評価が可能なものでなければならない」とされている。学習の測定可能な「期待される」内容を明示して、「期待」の達成度を評価(アセスメント)して公表する「授業アセスメント」が、大学のアカウンタビリティを高めるという筋書きになっている。

こうした言葉の組み立ては、「学習の達成目標」を明示して、その「達成度を評価」すれば、「よりよい教育が保証される」という構図になっている。「教育の実践」として分かりやすい説明だが、政策科学のアウトプット／アウトカム法とはほとんど関係がないようである。しかし、無関係なのではなく、互いの発想を補強する関係として理解するのが生産的だと思う。この相補性を高めるために、二つの視点を提案しておきたい。第一は、ラーニング・アウトカムの達成度評価である「授業アセスメント」を教育のアウトプットだと考える視点である。期待の達成度は、「卒業時に身につけた知識・能力・態度」であり、教育システムの最終結果(出力＝アウトプット)の一つである。文脈の流れで本書が時々用いる「学習成果」という言葉は、

「学習の成果」であり、「学習のアウトプット」の意味として用いている。アウトプットもアウトカムも訳語は、いずれも「成果」になるので混乱するので、本書では、アウトカムの訳語としての「成果」は原則として用いないことにした。effectの訳語は、効果であり、影響でもあるので、教育の「アウトプット」が人生に与える「影響」のことを教育の「効果」と呼ぶことにする。

第二の提案は、学習者に「期待される」内容を誰が決めるのか、という問いをオープンにしておくことである。審議会答申は、「測定可能」な「獲得すべき知識、スキル、態度など」を提示すべきだという。学習者に期待される内容を明示するのは、カリキュラムを作る大学側の責任だが、期待される内容については、学生、産業界、世論などのニーズも考慮する必要がある。ラーニング・アウトカムは、固定的に定義されるものではなく、つねに社会に開かれているものだと思う。したがって、誰がラーニング・アウトカムを決めるのか、という問いをオープンにして、大学のステークホルダーである卒業生の意見を聞くようにすれば、卒業生調査の内容も豊かになるし、教育効果の測定にも役立つと思う。

ややくどい用語の説明になったが、卒業生調査によって教育効果の研究を手掛けている間に、ラーニング・アウトカム（学習成果）という言葉が流行し、教育効果の分析を報告する文章が混乱してしまう。この混乱を避けるために用語を整理しておきたいと考えたのが、以上の説明である。

アウトプットがアウトカムに繋がるルートの解明

かえって複雑な話になったかもしれないが、私たちの卒業生調査の基本的枠組みはシンプルだ。教育のアウトプットとアウトカムを操作的に定義して、アウトプットがアウトカムに与える効果を測定するという発想である。シンプルだが、工学部調査を手掛けて以来、次の二つの問いに苦慮し、工夫を重ねてきている。一つは、アウトプットとアウトカムをどのように定義するかであり、いま一つは、この二つの関係を測定する方法である。この二つの問いを繰り返し自問しつつ、どの大学でも活用できるように調査票の枠組みを逐次に改定してきた。以下では、工学部と高専の調査経験を踏まえて、普遍的に役立つと思う東薬調査の考え方を説明しておく。

まず、アウトプットの操作的定義である。文科省推薦では、「卒業時に身につけた知識・能力・態度」の測定を「授業アセスメント」と呼んでいるが、私たちは、この授業アセスメントを教育システムから出力されるアウトプットの一つとして取り上げてきた。最初の工学部調査では、「卒業時に身につけた知識能力」だけをアウトプットの指標としていた。具体的には、専門知識だけでなく、語学力、社会・経済に関する教養的知識を加え、さらに、対人関係力、プレゼンテーション力を含む8項目を設定した。そして、それぞれの知識能力を本人が「十分身につけた」と思うか、「身につけていなかった」と思うか質問し、主観的に4段階で評価してもらった。高専調査では、高専教育の特性を生かして、①自分の手を動かす実験などから問題の本質を摑む力、②自分自身で考えながらものづくりをする力、③新たなアイデアや解決策を見つけ出す力の三つを追加して、卒業時に身につけた知識能力を測定した。

東薬調査では、大学が掲げているカリキュラムポリシー、および「粘り強くやり遂げる力」「リーダーシップ」など汎用能力ないし非認知能力の項目を加え、全部で12項目について、「卒業時に身につけていた」と思うかどうかを質問した。こうした主観的評価をアウトプットの指標とすることに疑問を持たれる方も少なくないと思うが、能力を身につけたと「思う」気持ちは、能力に対する自信の表明であり、自己効力感の指標としてかなり有力だと考えている。自己効力感を高めることは、教育の一つの目的でもある。

指標の妥当性については、分析結果の報告をみて吟味してほしいが、私たちが採用した「思いますか」法の事例を一つ紹介しておく。アメリカのベストセラー本によれば、成功に大切なのは、才能や知能テストよりもgrit（やり抜く力）だという（ダックワース 2016）。面白いと思うのは「やり抜く力」の測定法だ。やり抜く力は、「情熱」の5因子と「粘り強さ」の5因子からなるとしているが、そのうちの「粘り強さ」の例を挙げておくと、次の五つの質問から尺度化されている。

1｜私は挫折してもめげない。簡単にはあきらめない。
2｜わたしは努力家だ。
3｜いちど始めたことは、かならずやり遂げる。
4｜わたしは勤勉だ。絶対にあきらめない。
5｜重要な課題を克服するために、挫折を乗り越えた経験がある。

そして、それぞれについて、「非常に当てはまる5点」「かなり当てはまる4点」「やや当てはまる3点」「あまり当てはまらない2点」「まったく当てはまらない1

点」を選択すれば、その5因子合計得点が「粘り強さ」の尺度になるとしている。「あまり考え込まずに、同僚や友や家族とくらべてどうか、または、たいていの人とくらべてどうか、と考えて回答してほしい」とも述べている。主観的な気持ちの素直な表明が有効な尺度になりうることを示したケースとして紹介しておく。社会で生きていくために必要な力は多種多様であり、様々な角度から社会人としての力量の見える化に努力する必要があるし、それによって、教育効果の見える化も促進される。「思いますか」法はその努力の一つだと理解して、卒業生調査を有効に活用するのがよいと思う。

工学部調査では、「卒業時に身につけた知識能力」の測定だけをアウトプットの指標にしたが、これだけに集約されるわけではなく、アウトプットはもっと多元的である。その全体を把握するのは難しいが、高専および東薬では、「学業成績」と「学生生活全般の満足度」の二つを加えることにした。学業成績(学力)は、教育のアウトプットの代表的指標であり、異論はないと思う。大学の学業成績は卒業後のキャリアに関係ないと言われているが、学業成績の効果を検証した研究はあまりない。それに加えて、在学期間中の「満足度」もアウトプットの一つの次元だと考えてよい。医療・福祉などの社会サービスの最終的アウトプットは、利用者の満足度である。教育も同じであり、「満足して卒業する」、あるいは「不満のままに卒業する」というのは、大学で過ごした学びの効用を全体的に評価した指標だといえる。

このように考えて、東薬調査では、アウトプットを次の三つに絞って定義することにした。

1 | 学業成績:「上のほう」「やや上」「真ん中くらい」「やや下」「下のほう」の5段階評価。
2 | 卒業時に身につけた知識能力:12の知識能力項目を5段階で評価してもらい、その全体の平均点を卒業時に身につけた知識能力とした。社会人基礎力という考え方を参考にすれば(社会人基礎力に関する研究会 2006)、卒業時に身についた知識能力の平均点を社会人基礎力の一つにしてもよいように思う。文脈の流れで、そのように呼ぶこともあるので承知しておいてほしい。
3 | 大学満足度:「とても満足」「やや満足」「あまり満足していない」「まったく満足していない」の4段階評価。

三つのアウトプットを測定するだけでなく、どのような学習経験をすればアウトプットが向上するか、つまりアウトプットを高める要因が分析できるように「在学中の学び方」を調査した。「学び習慣仮説」で述べた「在学中の学びの熱心度」が高いほど「卒業時の知識能力」が高いという関係に対応する。工学部調査では「学びの熱心度」に限定していたが、東薬調査では、在学中の学び経験の範囲を広げて、次のような調査項目を追加した。

1｜専門講義・実習・卒業論文研究・課外活動にどの程度熱心に取り組んだか（熱心度）
2｜図書館の利用、レポート課題、専門書などに対する積極的な学習態度（学びの積極性）
3｜一週間の生活時間（授業の予習復習、自主的な学習、読書、部活、アルバイト）
4｜卒業論文研究（以下、卒論研究）の達成レベルと効果の評価
5｜友人および教師との人間関係（よい友人、よい教師に巡り合えたか）

こうした在学中の学習経験だけでなく、高校時代の学習（学業成績、自律的な学習態度、および入試形態など）についても調査し、入学前のインプット指標が入学後の学習経験（スループット）、およびアウトプットに与える影響を分析できるように設計した。

次に定義しなければならないのは、アウトカムの指標である。工学部調査では、年収だけに限定したが、OECDのアウトカムを参考にしつつ、東薬調査では、次の二つを中心に分析することにした。

1｜金銭的アウトカムとしての「年収」
2｜非金銭的アウトカムとしての「仕事の満足度」

満足度といえば単純に聞こえるかもしれないが、『OECD幸福度白書』（OECD 2012）、および『主観的幸福を測る――OECDガイドライン』（経済協力開発機構 2015）では、主観的幸福度を測定する指標として重視されている。そこでの代表的な幸福指標は、「キャントリルの階梯（Cantril Ladder）」といわれる満足度調査である。今回の調査では、OECDレポートに準じて、「あなたは現在のお仕事について、どれくらい満足していますか」について、まったく満足していない（0点）から、と

ても満足している（10点）の段階を示して、あてはまる点数を回答してもらった。これに合わせてOECDの「自分の生活について、どのように感じているか」に関する幸福度指標も部分的に採用した（「自分で行っていることに達成感を感じる」「とても前向きな方だと感じる」についての0点〜10点評価）。

以上のように三つのアウトプットと二つのアウトカムを定義すれば、教育の効果を総合的に評価できるはずである。したがって、二つの間の関係を測定するという第二の問いは容易に解決しそうだが、上手くいかない。アウトプットとアウトカムの相関関係は、工学部でも、高専でも、東薬でも、とてもひ弱で、むしろ関係がないといった方がよいくらいである。「大学で一生懸命勉強しても卒業後の年収にほとんど影響しないし、幸福になるわけでもなさそうだ」というのは世間の常識になっている。この常識が「大学教育は役に立たない」という通念を支えている。

年収が労働経験年数と雇用条件（企業規模や業種）と学歴によって決まることは多くの研究によって明らかにされているが、それ以外の変数を特定するのはかなり難しい。学歴の代わりに、教育の三つのアウトプットを追加しても、年収を説明する要因とはいえない結果になる。残される変数として考えられるのは、「本人の力量（実力）」ぐらいになる。本人の力量が分かれば、議論しやすくなるが、それを測る試みはなされていない。学校では、過剰な学力測定が浸透しているにもかかわらず、不思議なことに、社会人の学力を測定する試みはなされていない。知識の学力測定だけでなく、汎用能力や非認知能力の測定を推奨している文科省は、働いている社会人の汎用能力・非認知能力の測定を試みてもいいはずだが、そのようなことは考えもしないようである。最近になって、OECDが社会人を対象にした「成人力調査」を実施するようになったのはとてもいいことだと思う（国立教育政策研究所内国際成人力研究会 2012）。

工学部調査によると在学中の学びの「熱心度」も「卒業時に身につけた知識能力」も年収と関係がない。年収に影響を与えているのは、現職の企業規模と労働経験年数（年齢）ぐらいだった。そこでも、大学教育は役に立たないという説が支持されるような結果になっていた。しかし、私たちは、「卒業時」に身につけた知識能力だけでなく、「現在」身につけている知識能力も調査に組み込んでいた。この「現在」身につけている知識能力を第三の変数として投入して分かったのが、学び習慣仮説である。先に紹介したように、この第三の変数を追加すると、在学中の学びは、「現在の知識能力」を媒介にして、年収にプラスの影響を与えていることが分かった。卒業時に身につけた知識能力を社会人基礎力と呼べば、現在身につけている知識能力は、社会人力といってもよい。

因果関係が特定されたわけではないが、現在、知識能力を身につけていると思う気持ちが年収と相関しているのは確かである。年収が高い、あるいは幸福な人ほど、能力の自己評価が高くなるという逆の関係もあるだろう。客観的な社会人の力量が測定できればさらに面白くなると思うが、その結果を待つよりも、現在身についている知識能力が、それに先行する過去の変数(教育のアウトプット)によって支えられているという事実が重要である。東薬調査では、学び習慣仮説さらに詳しく検討するために二つの新しい質問項目を用意した。

1｜現在の仕事のために学習している1か月あたりの時間(職場での研修、職場以外の勉強会・研修会、その他の自己学習、に分けて質問(「学習していない」を含む5件法)
2｜仕事上の難しい問題に直面したときに、個人的に相談できる友人の数(「特にいない」を含む5件法)

在学中だけでなく、現在の学習経験も加えて、教育のアウトプットがアウトカムに繋がるルートを解明できるように工夫した。以上が、アウトプットとアウトカムによる教育効果の測定法だが、いま一つの方法として、「振り返り法」というべき調査項目を追加した。現在から大学時代の学び体験を振り返って、教育の効果を主観的に評価してもらう方法である。専門講義・実習・卒論研究・語学・一般教養などの授業、および課外活動について、役立ち度と満足度を調査した。具体的には、「現在の仕事や暮らしに役に立っていますか」(1点から10点までの評価)と「現在どれくらい満足していますか」(とても満足、やや満足、あまり満足していない、まったく満足していない、の4件法)である。

東薬調査の枠組みと調査方法

東京薬科大学は、文科省が推進する「大学教育再生加速プログラム」の平成28年度テーマⅤ「卒業時における質保証の取組の強化」に採択され、令和元年度までの4年間にわたるプログラムに取り組んできた。いくつかの事業を推進したが、その一環として、本学が今までに果たしてきた教育と研究の役割を評価し、教育の質保証に資する情報を収集するために卒業生調査を実施することにした。多面

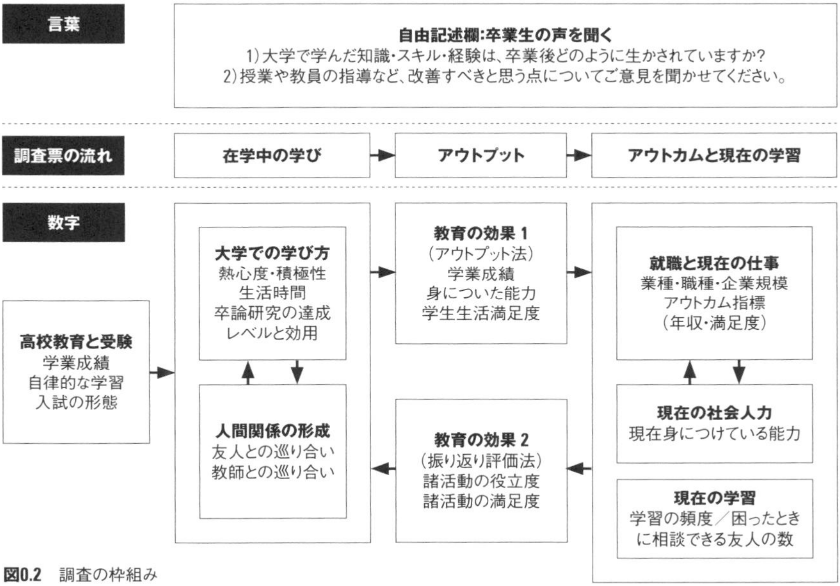

図0.2 調査の枠組み

的な情報を収集するように心掛けたが、ここでは、「在学中の学び」と「現在の仕事」との関係を実証的に解明し、教育の改善に役立てるという目的に話を絞って報告する。

この目的に即した調査票の設計図を説明すると**図0.2**のようになる。質問項目の流れは、「在学中の学び」►「アウトプット」►「アウトカムと現在の学習」の順になっており、在学中の学びの前に「高校教育と受験」に関連する項目を設けた。

アンケート調査の項目は、すでに説明した変数を**図0.2**の枠組みに即して配置している。アンケートによる数字の分析は、次の二つの問いに集約される。第一は、図の左の領域に対応し、「高校、および在学中にどのような学び方をすれば、アウトプットが向上するか」という問いになる。その問いを解明しつつ、三つのアウトプットの差異と特徴を明らかにする(Chapter 3)。第二は、図の右の領域に対応し、アウトプットがアウトカムに繋がるルート解明にあたる(Chapter 4)。詳しい調査項目は、巻末の調査票を参考にしてほしい。

アンケート調査は一般に、数字として回答できるように工夫される。しかし、用意した回答の範囲を超える意見をもつ卒業生はかなり多いはずだし、質問や選択肢に対する不満もあるはずである。数量的情報は数字を論理的に組み立てることができるのでとても便利だが、その一方で、限定された範囲を超える自由な意見を失うことにもなる。工学部の学び習慣仮説を検討する調査枠組みを設定しているが、あらかじめの仮説にとらわれずに、卒業生の声を聞きながら、新しい仮説を発想する態度が肝要である。そこで、本調査では、教育効果の分析に関連する卒業生の生の声を聞くために、二つの自由記述式の記入欄を設け、卒業生の言葉を多面的に収集できるように努めた。その内容は、次のようになっている。

問43　あなたが本学での学びから得た知識やスキル、経験は、卒業後、どのような形で生かされていますか。思いあたることがあればご自由にお書きください。仕事に関すること、私生活に関すること、いずれでも結構ですので、具体的に教えてください。

問44　授業・カリキュラム・教員の指導など、本学で改善すべきであると思う点などについて、ご意見を聞かせてください。

回答者の4割あまりの卒業生から多様な意見が寄せられた。実に二千人あまりに及ぶ意見であり、それらは調査枠組みの想定範囲を超えているように思われた。そこで本書では、卒業生の貴重な言葉を最大限に生かすことを主眼にして、問43の「在学中の学びの生かされ方」(Chapter 1) から話をはじめて、問44の「卒業生による授業改善の提案」(Chapter 5) で閉じるという順番で執筆することにした。そして、二つの言葉の間に、アンケートの数字を位置づけ、数字の組み立てによる教育効果の測定を報告する。

調査の方法と回収状況を付記しておく。東京薬科大学は、薬学部と生命科学部の二学部制である。薬学部は、2020年に創立140周年を迎えた伝統ある学部だが、生命科学部は1994年に設置された新しい学部である。現在の薬学部（男女別学）の入学定員は、男子210人、女子210人であり、生命科学部は220名という規模である。

調査の母集団は、1971年3月から2017年3月までの両学部の卒業生であり、新卒者から70歳までに及ぶ卒業生の全員を対象としている。調査は、2017年9月15日から11月27日かけて郵送法で実施した。同窓会名簿によって調査票を郵送できたのは17,758人であり、そのうち有効な回答数は、5,077人。有効回答率は28.6%になる。薬学部は29.1%であり、生命科学部の25.8%よりやや高い（**表0.1**）。二学部の有効回答数が毎年100人前後になる数であり、卒業生調査として

表0.1 調査票の配布数と有効回答率

全体	配布数	回収数	有効回答数	有効回答率
薬学部	14,894	4,340	4,338	29.1%
生命科学部	2,864	739	739	25.8%
合計	17,758	5,079	5,077	28.6%
(備考)学部無回答		4	4	
(備考)回収合計		5,083	5,081	

は、稀にみる大規模な本格的調査である。

東薬全体の回答率は、五大学工学部の平均、および高専とほぼ同じであり、いずれもこの種の調査としてはかなりの好成績である。この好成績は、理系教育の柱である研究室教育が、大学と卒業生の繋がりを持続させていることと無関係ではないと思う。卒業生調査の結果をホームページに掲載している大学も増えているが、それらを覗くと10%台がかなり多く、10%に満たないケースも少なくない。ランダムサンプリングの理論からすれば、30%でもサンプルとして偏りがあるという批判は免れないが、実務的にはかなり有力な情報を提供しているとみてよいと思う。

最後に、自由記述欄の回答者が特定の層に偏っていないか、という疑問を確認しておきたい。問43「生かされていますか」欄の回答者の分布をみると**表0.2**のようになる。薬学部は、成績「上位」(46%)と「とても」満足(50%)の記入割合が高いけれども、「下位」と「不満」も4割が記入している。統計的には有意な差はあるが、現状を理解するというここでの文脈からすれば深刻な偏りとはいえないだろう。一方、生命科学部は、統計的に有意な差があるとはいえない。%の数字の差はそれほど変わらないにもかかわらず薬学部の有意確率が小さくなるのは、サンプル数が非常に大きいからである。成績下位や不満の声が相対的に小さくても、彼・彼女の言葉の数は十分に収集されていると考えてよい。

問44の「改善提案」の回答についても、薬学部は、サンプル数の大きさから統計的に有意な差になるが、こちらもそれほど深刻な違いではない。両方の質問に記入するケースが多いが、改善提案は、両学部ともに、「不満」組の回答割合が最も高くなっている。授業やカリキュラムの改善に不満の声が反映されるのはとてもよい傾向だといえる。

表0.2 「学業成績」および「学生生活満足度」と問43「生かされていますか」回答分布

卒業した学部			問43　生かされるか		合計人数
			無回答	回答	
薬学部	最終学年成績三分類	下位	60%	40%	1040
		ふつう	58%	42%	1563
		上位	54%	46%	1698
		合計	57%	43%	4301
生命科学部	最終学年成績三分類	下位	61%	39%	175
		ふつう	55%	45%	254
		上位	53%	47%	307
		合計	55%	45%	736

カイ2乗検定		値	自由度	有意確率
薬学部	カイ2乗	10.6	2	0.005
生命科学部	カイ2乗	3.2	2	0.195

卒業した学部			問43　生かされるか		合計人数
			無回答	回答	
薬学部	生活全般満足度三分類	不満	58%	42%	596
		やや満足	60%	40%	2452
		とても満足	50%	50%	1239
		合計	57%	43%	4287
生命科学部	生活全般満足度三分類	不満	54%	46%	91
		やや満足	57%	43%	392
		とても満足	54%	46%	248
		合計	55%	45%	731

カイ2乗検定		値	自由度	有意確率
薬学部	カイ2乗	35.80	2	0.000
生命科学部	カイ2乗	0.64	2	0.726

本書のいま一つの狙い――データ蘇生学の実演

冒頭の部分で述べたように、「誰もが大学に進学」して、「自分で調べ、自分で学ぶ術を習得し、溢れる情報を仕分ける力を身につける必要がある時代だ」と私は確信している。それが、文理融合の世界で育ち、その後に高等教育を研究するようになった私の大学観である。

文理融合といえば、最近のはやり言葉だが、1964年に東京工大に入学した私は、翌年、経営工学科に進学している。そして、学部卒業後に新設されたばかりの社会工学科で学ぶ機会を得た。経営工学は、文理融合学科のはしりであり、社会工学は、日本で唯一の新しい文理融合の学科だった。私は、文理融合の世界しか知らずに20代を過ごしている。その後の研究生活から、文理融合の長所も欠点も少しは分かるようになったし、文理融合すれば解けない問題が解けるほどに物事は単純でないことも分かった。

文理融合の20代に学んだ財産の一つが、溢れる情報を仕分ける力を身につけたことだった。その頃、知的生産の技術が注目されていた。今でも各種の思考法が紹介されているが、私の幸運は、社会工学という新しい学科の創設に尽力された文化人類学者の川喜田二郎先生からKJ法という知的生産の技術を教わったことである。1年生の学部の授業では、まだKJ法とは呼ばれておらず、その頃に出版された「パーティー学」では、この独創的な方法を「くみたての工学」という言葉を使って説明されていた（川喜田 1964）。

私は「言葉の組み立て工学」という表現がとても気に入っていた。学部の卒業後にKJ法を先生に教えていただき、実際の調査に活用してきた。その頃の私の主な仕事は、統計分析のコンピュータ・プログラムを書いて、調査や統計の数字を解析することだった。経営工学は工学的手法を応用して経営問題を解決する学問であり、社会工学は工学的手法を応用して社会問題を解決する学問である。どのような工学的手法を使うにしろ、数字の解析は外せない。KJ法と統計分析という二つの知的生産の技術を社会問題の解決に応用しながら、二つの方法の類似性に少なからず驚いた。言葉を組み立て、言葉と言葉の関係性を発見し、社会現象を説明するKJ法は、数字と数字の関係を組み立てながら、社会現象を説明する統計分析の方法とよく似ている。

20代に私が学んだのは、社会問題の解決を図るためには、言葉（文）と数字（理）のデータを収集し、それらを文理融合的に組み立てる作業が重要だということだった。その後に研究者の道を歩むことになったが、その仕事のすべての性質は、20代の作業経験に規定されている。研究作業の積み重ねから、言葉であれ、数字であれ、「データを処理」するのではなく、「データを蘇生」させることが大事だと思うようになり、データ蘇生学を内輪で提唱してきた。データ処理は、既成概念に基づいた規則、あるいは、あらかじめの仮説に従って、データを分類・整理するスキルである。それに対して、データ蘇生学は、断片的に切り取られた瀕死のデータ（言葉と数字）を、既成の概念やあらかじめの仮説にとらわれず、「断片」を組み立てながら、「全体」を蘇生させるスキルである。それが言葉と数字を文理融合的に組み立てる方法である。

「言葉と数字の組み立て工学」と私が呼んでいるデータ蘇生学を具体的に伝えたいと思ったこともあったが、面倒なので放置してきた。ところが、卒業生5千人の数字と2千人あまりの言葉が収集された東薬調査のデータを前にして、これほど豊かな情報を機械的に統計処理するのはもったいない気がしてきた。文理融合の研究をするのに欠かせない要件は、収集された「言葉と数字」に耳を傾け、その声を丁寧に聴くことにある。大部な調査にご協力いただいた卒業生に感謝するためには、彼・彼女たちの言葉と数字を最大限に生かすように工夫するのが調査する側の矜持だろう。その気持ちを形にするには、持論のデータ蘇生学を実演するのが私らしい報告ではないかと考えた。この方法を披瀝しておきたいというのが、本書のいま一つのねらいである。

そこで、「学びと効果」の調査設計の全体像を次のような手順で描くことにした。テーマとその順番は、卒業生の言葉と数字を有効に活用するにふさわしい方法を熟慮した上で決定しており、テーマによって、「言葉と数字の使い方」を変えているので、その違いを特徴づけるサブタイトルを各Chapterに付した。

Chapter 1　学生時代の学びが今に生かされる五つのルートと反省
　　——卒業生の言葉を組み立てる
Chapter 2　数字でみる五つの学びルート
　　——言葉を数字で検証しつつ、言葉と数字の相補関係を考える
Chapter 3　どのような学び方が学習成果を高めるか
　　——数字を組み立てながら言葉を紡ぐ1
Chapter 4　在学中の学びが職業キャリアを豊かにする
　　——数字を組み立てながら言葉を紡ぐ2

Chapter 5　卒業生による授業改善の提案
——統計分析による言葉の組み立て法

「本学での学びから得た知識やスキル、経験は、卒業後、どのような形で生かされていますか。思いあたることがあれば自由にお書きください」。

回答者の43%にあたる2191人から多様な言葉が寄せられ、この質問から思い出される「生かされている」学びだけでなく、「生かされていない」学びの数々も幅広く書き込まれている。同じ内容も多い一方で、千人に一人ぐらいしかない貴重な体験談も語られている。「大学時代の学びが、どのような形で生かされているか」という漠然とした問いを考えるためには、「生かされている」という言葉が「意味する範囲」を幅広く把握することが最も大事であり、そのためには、この問いから思い出される出来事を手当たり次第に拾い集めるのが有力な方法だ。そこでは、同じ言葉の頻度よりも、希少な言葉の方が「意味する範囲」を広げてくれる貴重な情報になる。それが、百人ぐらいの自由記述との大きな違いである。

二千人あまりの自由記述欄を読みながら、「360度回って考えろ」「ブレーン・ストーミングをして気になることをすべて吐き出せ」、そして、「集めた言葉を組み立てよ」という川喜田先生（以下では、親愛をこめてKJと呼ばせていただく）の教えを実践するのが面白いだろうと思った（川喜田 1967）。KJ法である。「360度回って考えろ」というのは、大学紛争時に大学解体を叫んでいた学生運動家の視野の狭さを戒める言葉でもあった。

具体的な方法については、必要に応じて説明するが、自由記述欄の言葉は、「学びが仕事や生活に生かされる」という意味の範囲を最大限に広げてくれており、それらの言葉を組み立てて、その全体像を把握すれば、「大学時代の学びが今の仕事に与える影響」、つまり教育の効果を分析するにふさわしい広角的な視野を提供してくれると考えた。

そこで最初に、自由記述で語られている卒業生の言葉を組み立てて、「生かされる、あるいは生かされていない」学びの全体像を描くことにし、その全体を第I部の土俵に見立てることにした。それが、Chapter 1「学生時代の学びが今に生かされる五つのルートと反省」である。

続くChapter 2「数字でみる五つの学びルート」は、Chapter 1の全体像に質問項目の数字を重ねて、言葉と数字が互いに他を補強する関係にあることを示す。具体的な事例をあげて、曖昧な言葉の意味が数字によって補強できたり、あるいは、言葉によって数字の組み立て方が新たに発想できたり、さらには逆に、限定される数字の弱点が言葉によって補強されたりする「言葉と数字」の相補関係を紹介する。

Chapter 3とChapter 4では、アプローチを逆転させ、「数字の組み立て工学」からはじめて、最終的に数字を解釈する、つまり言葉を紡ぐプロセスまでを説明する。Chapter 3「どのような学び方が学習成果を高めるか」では、学業成績・身についた知識能力・大学満足度という三つのアウトプットを取り上げ、アウトプットを高めるにはどのような学び方が望ましいかを実証する。それに続くChapter 4「在学中の学びが職業キャリアを豊かにする」では、三つのアウトプットが卒業後の職業キャリアに与える影響を統計的に分析する。年収と仕事の満足度という限定的な指標に着目した教育効果の分析になる。在学中のアウトプットは、社会人として身につけた「現在の知識能力」を向上させ、その知識能力が、年収や仕事の満足度と相関している構図を描く。そして、この構図は、Chapter 1の「生かされる学びの範囲」と重なっており、そこで語られた言葉が、「数字を組み立てた」結果の解釈を補強してくれることを示す。

最後のChapter 5では、卒業生からみた教育の改善提案を取り上げる。ここまでは、学生時代の学びが、今の仕事や暮らしにポジティブに影響している現状を多面的に報告しているが、教育のすべてが上手くいっているわけではない。Chapter 1では、「生かされていない」学びについての批判的な言説も語られているし、大学教育に対する「不満」も数字にはっきり現れている。満足度の研究に劣らず、不満の研究が大事であることもChapter 2で指摘した。Chapter 1からChapter 4までの分析から教育の改善策を提案することも出来るが、それに加えて、卒業生の生の言葉も取り上げる。

用いるデータは、「授業・カリキュラム・教員の指導など、本学が改善すべきであると思う点について、ご意見をお聞かせください」という自由記述欄の言葉である。

同じ自由記述といっても、Chapter 1のそれとは性質が大きく異なる。Chapter 1では、繰り返し出てくる同じ意見の頻度よりも、希少な意見による「意味の広がり」を重視した。KJ法を採用し、同じ内容の頻度数を考慮しなかったのはそのためだが、教育改善の質問は、意味の広がりを把握する必要性はほとんどない。「改善すべき事柄」は「何か」を知るのが目的であり、同時に、その改善を望む者が「どれほどいるか」という頻度が重要になる。したがって、この質問の分析にあたっては、使われている「単語」とその「頻度」からテキストの内容を分析する数量的アプローチを選択した。用いた統計ソフトはKH coderである（樋口 2020）。これも「言葉の組み立て工学」の一つの方法だといえる。単語の頻出語だけでなく、単語と単語の組み合わせ（コロケーション）の頻度とそれに対応する言葉の検索機能が充実しており、改善点を理解するのにとても有益である。この方法を用いて、卒業生からみた教育改善策の争点を明らかにした。

以上が、第Ⅰ部（データ蘇生学の実演）の目次構成である。私自身は、薬学部と生命科学部の教育に関与したことはないが、工学系と教育学系、あるいは文系と理系の境界領域を歩いてきた高等教育の研究者としての経験からすれば、二つの学部の卒業生が語っている教育効果の多元性は、二つの学部に限定される特殊例ではないといえる。工学部を含む専門職系と理学系の他の学部に共通するだけでなく、文系や社会科学系にも通じる普遍性を持っている。卒業生の言葉と数字に耳を傾ければ、誰にとっても思いあたる節が少なくないと思う。

卒業生調査の趣旨に応じて、今に生きている私自身の学び体験は何かと自問すれば、答えの一つははっきりしている。20代に学んだ「言葉と数字の組み立て工学」、つまりKJ法と統計学という二つの武器が、その後の私の研究スタイルのすべてを規定し、今に生きている。ところが、この二つの武器は、質的分析と量的分析という言葉の分類にとらわれて、相互に相容れない、対立する方法かのように錯覚されがちである。KJ法を好む者は統計学に不信感を持ち、統計学を駆使する者はKJ法を軽んじる傾向にある。しかし、若い時に二つの方法を並行して学び、二つを自由自在に活用する文理融合の研究プロジェクトに参加してきた私の実践からすれば、二つの方法は発想がよく似ており、しかも互いに他を補強するツールであり、文理を融合するには欠かせない必須の要件だといえる。しかも、この方法の基礎は、異なった研究テーマに5回から10回ほど取り組み、スキルを勉強しながら繰り返せば、誰もが習得できる。そして、アマチュアほど面白い言葉を思いついたりする一方で、自分が有能だと思っている人ほど既成概念や固定観念にとらわれ、面白い物語を紡げないことがしばしば生じることも分かるだろう。そして、この基礎的訓練を学生時代に身につけておけば、つまり、自分で調べ、自分で学ぶ術を習得しておけば、生涯にわたって必ず役に立つ。

社会工学という新しい学問に魅力を感じて勉強していた50年前の研究作法を50年後の今に再現したレポートになるが、この間に日本の大学は、経済の景気と政治の気紛れに傷つきながら、大きな変革を迫られてきた。50年前の大学改革を経験し、教育経済学と教育社会学の境界を彷徨しながら、教育社会（Education-based Society）の設計を模索してきた一社会工学者からすると、今の大学改革は、同じことの繰り返しが多く、考える範囲が狭いように思える。一人の稀な体験から多くを語るのは厳に慎むべきだが、稀であるがゆえに、改革の意味する範囲を広げることはできる。卒業生調査のレポートを書きながら、大学が考えるべき改革の地平がかすかに見えるようになり、その地平から大学改革を見直す視点が浮かんできたように思った。

「ある社会工学者の50年と大学改革」というおまけのPart 2を設けることにしたのは、そんな思いからである。あわせて、「言葉と数字の組み立て工学」を重宝してきた私の経験と方法を付記した。50年前のデータサイエンティストのスキルが、今に生きて、参考になれば嬉しい。

参考文献

- OECD教育研究革新センター編著（2008）教育テスト研究センター監訳、坂巻博之ほか訳『学習の社会的成果——健康、市民・社会的関与と社会関係資本』明石書店
- OECD編著（2009）森利枝訳『日本の大学改革——OECD高等教育政策レビュー：日本』明石書店
- OECD編著（2012）徳永優子ほか訳『OECD幸福度白書——より良い暮らし指標：生活向上と社会進歩の国際比較』明石書店
- 朝日新聞（2006）「窓-論説委員室から」朝日新聞2006年6月5日（夕刊）
- 川喜田二郎（1964）『パーティー学——人の創造性を開発する法』現代教養文庫（社会思想社）
- 川喜田二郎（1967）『発想法——創造性開発のために』中公新書
- 経済協力開発機構編著（2015）桑原進監訳、高橋しのぶ訳『主観的幸福を測る——OECDガイドライン』明石書店
- 国立教育政策研究所内国際成人力研究会編（2012）『成人力とは何か——OECD「国際成人力調査」の背景』明石書店
- 社会人基礎力に関する研究会（2006）「中間取りまとめ報告書」経済産業省産業人材政策室
- ダックワース、アンジェラ（2016）神崎朗子訳『やり抜く力——人生のあらゆる成功を決める「究極の能力」を身につける』ダイヤモンド社
- 日本労働研究機構編（1995）『JIL調査研究報告書No.64　大卒者の初期キャリア形成——「大卒就職研究会」報告』
- 日本労働研究機構編（1999）『JIL調査研究報告書No.129　変化する大卒者の初期キャリア——「第2回大学卒業後のキャリア調査」より』
- 日本労働研究機構編（2001）『JIL調査研究報告書No.143　日欧の大学と職業——高等教育と職業に関する12ヵ国比較調査結果』
- 濱中淳子（2013）『検証・学歴の効用』勁草書房
- 樋口耕一（2020）『社会調査のためのテキスト分析——内容分析の継承と発展を目指して（第2版）』ナカニシヤ出版
- ポパー、カール（1961）久野収・市井三郎訳『歴史主義の貧困——社会科学の方法と実践』中央公論新社
- 松繁寿和編著（2004）『大学教育効果の実証分析——ある国立大学卒業生たちのその後』日本評論社

・矢野眞和(2001)『教育社会の設計』東京大学出版会
・矢野眞和(2009)「教育と労働と社会——教育効果の視点から」『日本労働研究雑誌』No.588
・矢野眞和ほか編(2018)『高専教育の発見——学歴社会から学習歴社会へ』岩波書店
・吉本圭一(2004)「高等教育と人材育成——「30歳社会的成人」と「大学教育の遅効性」」『高等教育研究紀要』19、pp.245-261

Chapter 1

学生時代の学びが今に生かされる五つのルートと反省

卒業生の言葉を組み立てる

1.1 言葉と物語を発想する

大学での学びが現在の仕事や暮らしにどのような影響を与えているのかを知りたい。それがここでの研究テーマである。分からないテーマに直面したら、先行研究を調べるのも一つの方法だが、既成の概念や理論にとらわれることなく、いろいろな人の生の声を聴き、まずは自分の頭で考えるのがよい。「アマチュアの精神でプロの仕事をしろ」。それがKJの語るKJ法の精神である。KJが小集団によるブレーン・ストーミングを重宝するのは、衆知を集めて360度回って考えれば、プロに近づくことができると考えてのことである。そこで最初に、この教えに従って、「思いあたることを自由にかいてもらった」問43の言葉を組み立てながら、「大学で学んだ知識やスキルや経験が今に生かされている」卒業生の姿を描くことにする。言葉の組み立て方を説明する前に、どのような言葉が記述されているか、その事例を紹介しておこう。

「薬理や疾病に関する授業は今でも役に立っているし、分からないことがあると学校の授業で使った教材を使って勉強している。教員が最新の事を教えてくれていたので、就職後になってそのありがたみを実感することがあった」（1990年生まれ、女性、薬学部517）

「現在の知識やスキルは社会人になってから得たものがほとんどである。学生時代は将来の職業を考えていなかったので、特にどの教科も重視していなかった」（1965年生まれ、女性、薬学部255）

「MRになるのであれば、生命科学関連の知識はすべて役に立っている」（1994

年生まれ、男性、生命674）

「正直学んだ専門知識が活かせているとは思いません。活かせる職業に就ける人はほんのひと握りだと思うし、それが全てだとは思いません。私は研究活動（卒業研究）で地道に行っていた実験で培った集中力、実験を効率良く終わらせるための構成力、結果を人に伝える力が今の仕事を続けられている自分の基礎になっているのではないかと思います」（1994年生まれ、女性、生命843）

「学園祭実行委員での経験は多数のお客様とコミュニケーションをとっていく仕事において大変役に立ったと感じております」（1992年生まれ、男性、生命138）

自由記述の文章に長短はあるが、2191人の記憶のさまざまな断面がリアルに語られている。同じ内容も多いが、二千人に一人ぐらいしかない貴重な体験談も語られている。同じ言葉の頻度よりも、希少な言葉の方が「生かされている」学びの「意味する範囲」を広げてくれる貴重な情報になる。Introductionで述べたように、Chapter 1では、卒業生の言葉を組み立てながら、「生かされている、あるいは生かされていない」学びの全体像を描くことにし、その全体をPart 1の土表に見立てることにした。

しかし、二千人あまりの記述を読み込み、それをまとめるのはかなりの作業になる。すべての記述に目を通したが、全員が異なった感想を述べているわけではない。同じような記述がしばしば登場する。例えば、「薬理学」「病態生理学」「薬物動態学」「製剤学」などの具体的な講義科目を記述して、役に立ったと回答しているケースが散見される。こうした場合は、一つ一つの講義名を列挙し、その数を数えるということはしなかった。

組み立て作業の手順を説明しておく。ランダムに並べられた回答サンプルの自由記述を順番に読み、その要約を単語ではなく文（センテンス）として1枚のラベルカード（以下、ラベル）に記載した（単語だけでは言葉の意味が伝わらない）。1人による長文の記述は複数枚に分けてラベル化し、元のデータに戻れるようにすべてのラベルにID番号を記した。自由記述欄を読みはじめて50人目ぐらいになると同じような記述が登場するケースが増えはじめる。明らかに同じ内容のケースは、ラベル化を省略した。さらに100人を超えるころになると内容の重複がかなり多くなる。

作成したラベルが150枚を超えると新しいラベル化が少なくなる。徐々に意見が飽和状態に近づき、異なる意見が出にくくなる。ブレーン・ストーミングと同じだ。チームでブレーン・ストーミングをはじめれば、すぐに50枚程度の意見は集まるが、それを超えると徐々に意見が出にくくなる。100枚を超えるにはかなり時間がかかるし、150枚を超えるのはかなり難しい。

自由記述を読みながら、同じ意見をラベル化しないように、即断即決を重ねて最終的にラベル化した枚数は、薬学部で225枚。生命科学143枚だった。薬学部の自由記述回答者は1863名なので、そのうちの12%の意見を代表させたことになる。残りの88%は12%の誰かと同じような感想をもっている。一方、生命科学部の回答者は328名と少ないので、そのうちの44%の意見をラベル化したことになる。

ラベル化と省略の区別は、主観的に私自身が即決した。即決によって大事な言葉を失う危険性がないわけではないが、前例のない記述はすべてラベル化したので、卒業生の意見の総体を損うことはないと判断している。逆に、同じような文章をダブってラベル化しているケースもあるが、同じ言葉としてまとめられるので支障はない。つまり、同じ言葉の数を数えるという量的な分析は行わず、言葉の意味の広がりを把握するように努めた。言葉の頻度を重視して、テキストの内容を分析する言葉の統計手法もある。この手法は、ここでの質問とは性質が異なる問44の場合に適合的であり、その分析はChapter 5で紹介する。

続く作業がラベル化した言葉の組み立てである。KJの著書を参考にしてほしいが、私の作業の写真を参考に、大事なポイントを説明しておく。

1｜小グループの編成とその表札づくり

写真にみる1枚のラベルに一つの文とID番号を記入している。トランプカードのようにラベルをランダムに並べて、「内容が似ているなぁ〜」と思うラベルを近くにまとめて、数枚ないし4、5枚までの範囲でグルーピングする。一挙に10枚あまりのラベルを一つにまとめるのは、共通する単語によるグルーピングだったり、既成概念による分類だったりするので、言葉の意味を新しく組み立てたことにならない場合が多い。この小グループ集団が過半数を上回るようになれば、グルーピングを中断して、「似ていると思った」小グループに共通する気持ちを単語ではなく、文で表現するように言葉を紡ぐ（表札づくり）。これから後の作業では、新しく作成した表札を1枚のラベルと見なす。

2｜中グループ編成とその表札づくり

この小グループ群の新しい表札と元の1枚のラベルを同列に扱って、第一ステップと同じ作業を行い、中グループの言葉を紡ぐ。つまり、小グループ ▶ 中グループ ▶ 大グループ ▶ 大々グループへと元のラベルを組み立てる。小グループから順番に言葉を組み立て、言葉を発想しつつ、紡ぐところにKJ法の面白さがある。

頭の回転に自信のあるプロは、200枚のラベルを読んだだけで最終段階の言葉を発想できるかもしれない。そして、大分類の言葉に元の200枚を振り分け、短時間で手際よくラベルを分類するかもしれない。ほんとうに頭の回転が優れていれば、面白い適切な大グループの表札（言葉）を発想して、全体を上手にまとめられるに違いない。それはそれで結構だし、羨ましいが、普通の人が頭の良いプロの真似（ショートカット）をすると、とても平凡な、あるいはあたり前の既成概念によって、200枚の言葉のラベルを分類してしまう。そのようなやり方では、面白い発想や新しい言葉は生まれない。そもそも既成概念で分類するぐらいなら、何のために言葉を収集したのか分からない。KJ法は、既成概念による言葉の分類ではなく、既成概念にとらわれずに現場の声を吸い上げ、組み立てる（グルーピングする）方法である。このプロセスが、自分の頭で考えるという作業であり、アマチュアの精神でプロの仕事をする最強の武器である。因みに、四つの写真の作業に丸一日を要している。

3｜大グループとその表札づくり

グルーピングされたラベルの束が一桁の数になれば、言葉を紡ぐプロセスは終了。一桁になるまで、グルーピングを重層的に重ねることになる（写真では九つのグループになっているが、最終的には七つの大グループにまとめた）。

4｜大グループの空間配置と一部の細部図解

グループの表札をつくるまでが、「言葉を発想する」段階とすれば、次は、「物語を発想する」段階に入る。七つの大グループの言葉を単純に並べて、「卒業生の声は、七つの意見に分類できます」とまとめることもできる。箇条書きも全体を要約する一つの方法だが、それぞれのグループは、無関係に独立しているわけではなく、相互に依存するグループがあったり、対立したり、原因と結果の関係にあったりする。グループの「関係」を解釈しながら、説明しやすいように語る「順番」を決めると箇条書きよりも状況が理解しやすくなる。順番を決めてAグループからBグループに話を展開するには、「したがって」「あるいは」「しかし」「ところが」などのように適切な接続詞を思い起こして言葉を繋げれば全体を説明しやすくなる。接続詞は、AとBの関係を表現する言葉である。物語の面白さは、「グループの言葉」と「関係」と「接続詞」と「順番」で決まる。状況に応じて、接続詞だけでなく、接続を展開する文章を補足すると分かりやすい説明になる。

こうした作業を実践したのが**写真4**であり、グループの空間配置と図解である(大グループの関係図をインデックス図解という)。説明しやすいようにグループを配置し、ラベルを模造紙に張り付けて、ラベルとラベルの関係を表示する。写真は、インデックス図解、および一つの大グループの中身を元のカードまでを展開した細部図解も兼ねて表示している。細部図解も、意味の近いカードを近くに配置しながら、言葉と言葉の関係を発想して、元ラベルを模造紙に張り付けている。

KJ法は、現場の生の言葉を紡ぎながら、現場をリアルに説明する物語を編み出す知的生産の技術である。こうした作業によって、既成概念にとらわれずに、現場の世界を説明するにふさわしい言葉、および言葉と言葉の関係から構想される物語を発見できる。この発見は、あくまでも仮説的だが、社会の発見というのは新しい仮説の発見であり、新しい仮説の発見が社会の発見である。

1　小グループ編成とその表札づくり

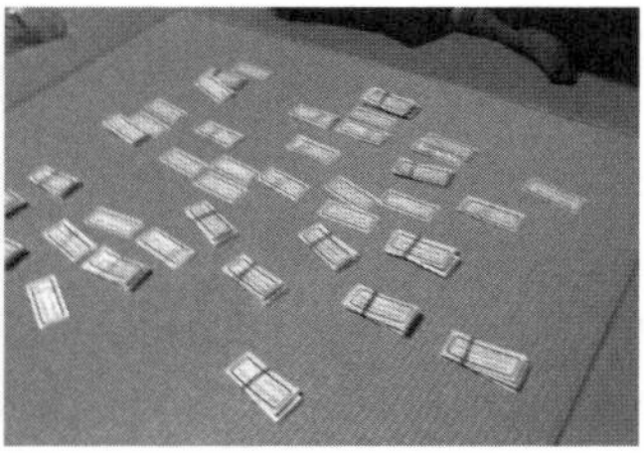

2　中グループ編成とその表札づくり

3　大グループとその表札づくり

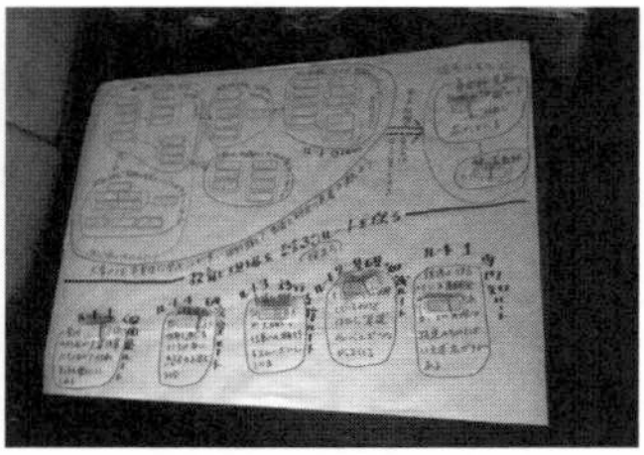

4　大グループの空間配置と一部の細部図解

1.2 学部間比較――卒業生の語りの相違点と共通点

こうした作業によって、最終的に辿りついた手書きのインデックス図解(**写真4**)を印刷用に書き換えたのが**図1.1**である。大グループの表札(言葉)を使って、「大学での学びがどのような形で生かされているか」を学部別に文章化すると次のようになる。

1 | 薬学部――「確かなキャリア」の教育を支える五つの学びルートと反省

薬学部の卒業生の記述を大別すると、七つの特徴的な言葉(七つの大グループ)が浮かび上がってくる。まずひときわ明白なのは、「薬剤師免許は、雇用のみならず、生活にも確かに役立つ」と実感されていることである。こうした「確かなキャリア」を支えているのは、大学での様々な知識・スキル・経験であり、その主な内容は、次の五つのグループにまとめられる。これらは相互に関係しつつ、仕事に生かされている学びのルートを形成している。

1 | 専門知識が有益なルート
2 | 基礎レベルで知識が繋がるルート
3 | 仕事に移行する過程での支援が役立つルート(メンターとの出会いなど)
4 | 研究室の世界が仕事の世界に通じる卒業論文研究ルート
5 | 在学中に培われた人間関係が今に生かされるルート

しかし、恵まれたキャリアに直結する学びを卒業生たちが手放しで肯定しているわけではない。一つの大きなグループとしてまとめられるのは、「知識偏重の教育になっていないか」という反省的言説である。「国家試験に合格すればいいわけではなく、大学よりも卒業後に学ぶことが多い」という現実を踏まえて、「知識偏重の教育にならないように、教育と研究の意義を考え直すべきではないか」という疑問が語られている。

2 | 生命科学部――「挑戦するキャリア」の教育を支える五つの学びルートと学びの条件

一方、生命科学部の卒業生の仕事ぶりは、確かなキャリアの薬学部とは違って、多様性に富んでいる。「専門知識の生かされ方は仕事によって異なる。直接的に有

“確かなキャリア”を支える“薬学”の五本柱

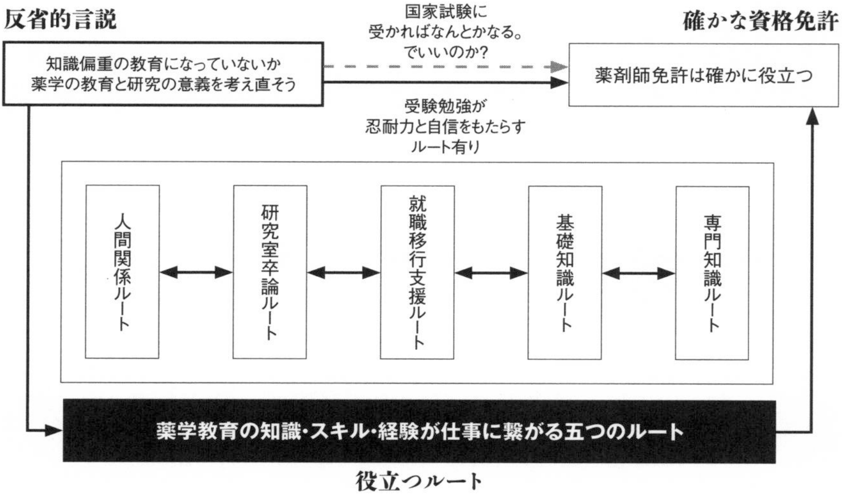

“挑戦するキャリア”を支える“生命科学”の五本柱

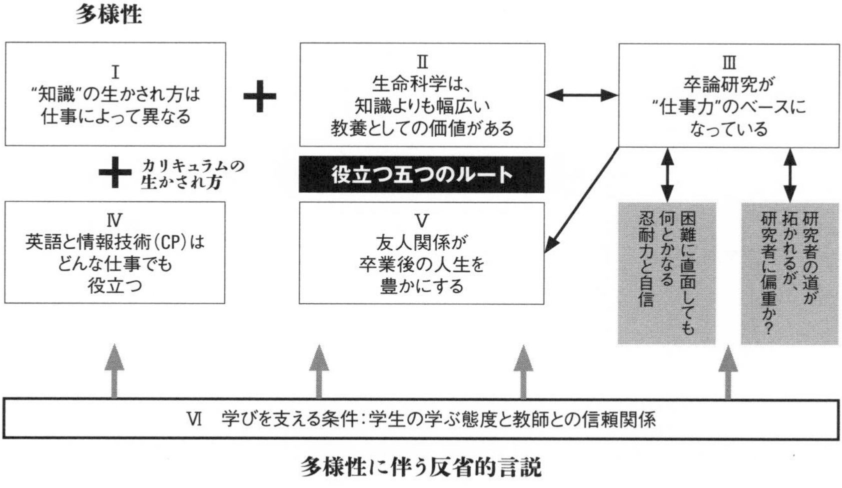

図1.1 インデックス図解――学部による相違点と共通点

益な仕事がある一方で、無関係な仕事についているケースもある」という言葉が、生命科学部の特性をよく表現している。「生命科学」というフロンティアに挑戦している卒業生のキャリアは多種多様であり、この「挑戦するキャリア」は、「1 専門知識ルート」だけに支えられているわけではない。「2 仕事に役立つ知識より、幅広い考え方や教養という価値がある、という科学的思考が生かされているルート」が存在している。さらに、専門科目ではない「3 英語と情報技術」がどのような職種に就いても役に立っているという。理学系のこうした三つのルートは、文系にかなり近いように思う。

この三つに加えて、「4 研究力が仕事力のベースになっている卒業論文研究」と「5 友人関係が人生を豊かにするという人間関係」が挙げられている。

こうした五つの学びのルートが語られる一方で、「卒業後のキャリア不安」が拭いきれず、「教師と学生の信頼関係の必要性」が語られ、「キャンパス生活の信頼感や連帯感が、挑戦するキャリアの学びを支える条件」になっている。図解では、この条件が五つの学びルートを下から支えているイメージを描いた。

以上は、卒業生の声を組み立てた言葉による概略的な全体像である。元のラベルまで遡ると卒業生の声がはっきり聞こえるようになる。その細部図解の文章化も逐次に紹介するが、その前に、二つのインデックス図解にみる両学部の特徴を三つの相違点と二つの共通点から確認しておきたい。

第一の相違点は、卒業後の「キャリアの見え方」にある。「薬剤師免許は確かに役立つ」薬学部は、「確かなキャリア」と表現できるのに対して、生命科学部の専門知識とキャリアの関係は多種多様である。フロンティアである生命科学の魅力が語られる一方で、キャリア不安もまぬがれない状況から「挑戦するキャリア」という言葉を使って表現した。

第二に、「知識の役立ち方」が違う。薬学部は、具体的であれ、基礎的であれ、必修カリキュラムの専門知識が中心であり、確かなキャリアに辿り着く移行支援などもかなり具体的だ。体系化したカリキュラムと結びつきやすい知識の役立ち方になっている。

一方、生命科学は、専門知識が役立つ場合もあるが、かなり限定的に受けとめられており、知識だけでなく、教養としての科学的思考、および専門以外のビジネススキル（英語と情報技術）との複合力が求められている。

第三に、学生時代の学びを反省するポイントが違っている。自由記述には、「今に生かされている」と思った経験だけでなく、「生かされていない経験」「自分自身の反省」「大学の教育に対する批判や疑問」が幅広く書き込まれている。こうしたグループを反省的な言説としてまとめたが、反省するポイントの違いに学部の特徴がはっきり現れる。

薬学部をまとめていえば、「知識偏重の教育になっていないか」という反省になる。薬剤師免許は確かに役立っているが、国家試験の受験勉強に追われるのは大学教育として問題ではないか、という疑問である。卒業生たちの仕事経験によれば、「現在の仕事に役立っている知識の多くは、卒業後に学んだ成果であって、大学時代に学んだ知識で今の仕事を遂行しているわけではない」という意見がある。それらをまとめて、「大学よりも卒業後に学ぶことが多い現実を踏まえて、教育と研究の意義を考え直そう」というのが、薬学部の反省ポイントであり、改善の提案にもなっている。

一方、知識の役立ち方が複合的な生命科学部は、挑戦するキャリアとして魅力的だが、具体的な進路を探せない学生にとっては、何をどのように勉強するかが分からず、不安にもなる。役立つ知識の多様性を支えるためには、「学生の学ぶ態度と教師との信頼関係が、学びを支える条件」として欠かせない。生命科学部の反省は、学びの条件だといえる。こうした言葉は、薬学部では見られなかった。

反省するポイントは、両学部で違っているけれども、「教育を重視するか、研究を重視するか」というバランスの再考を求めているところは、学部に共通してい

表1.1　インデックス図解による学部の相違点と共通点

		確かなキャリアの教育 **薬学部**	挑戦するキャリアの教育 **生命科学部**
相違点	キャリアの見え方が違う	薬剤師免許は雇用のためにも 生活のためにも役に立つ ►見えやすいキャリア	専門知識が直結した仕事から 無関係まで幅広い世界で活躍 ►フロンティアの魅力と不安
	知識の役立ち方が違う	体系化したカリキュラム（専門知識と実務）と国家試験	専門知識と教養と ビジネススキルの複合力
	反省的言説のポイントが違う	知識重視の詰め込み教育 試験勉強中心	多様なキャリアに困惑 教師と学生の一体感が大切
共通点	卒業論文研究と研究室教育の多元的効用	研究室の世界は 仕事の世界に通じる	研究力は 仕事力のベースになっている
	人間関係は生涯の財産	在学中に培われた人間関係 厚くて広い東薬OBOG人脈	在学中に培われた人間関係 厚くて広い東薬OBOG人脈

る。教育と研究のバランスは、すべての学部で反省されるポイントだと思う。

以上、三つの相違点があるとはいえ、今に生きる学びとして、両学部に共通しているルートが二つあった。一つは、卒業論文研究と研究室教育のルートであり、ともに多元的な効用を持っているという指摘が多かった。「研究室の世界は仕事の世界に通じる」(薬学部)「研究力は仕事力のベースになっている」(生命科学部) という言葉でまとめたが、同じことであり、「粘り強くやり抜く」(薬学部)「困難にぶつかっても何とかなる」(生命科学部) という非認知能力に関連する言葉が聞かれるのも共通している。

いま一つは、学生時代に培われた人間関係が生涯の財産になるルートである。人間関係の構築には、研究室のチームワークも含まれるし、クラブ活動・アルバイトなどの貴重な体験が語られている。加えて、薬業界における東薬のOB・OGの伝統的に強い繋がりに言及する言葉が多かった。

以上が、インデックス図解にみる両学部の比較である。詳しい内容は、次節以降で紹介するが、相違点と共通点は、自由記述の内容を概観する上でとても重要だと思うので、**表1.1**のように整理しておく。「学部」と「五つの視点」のマトリックス表示は、他の学部のケースを想像するのにも有益だと思う。

1.3 薬学部編[1] 「薬剤師免許は雇用のみならず、生活にも役立つが、業界の世界は狭い」

ここからは、学部の相違点に着目して、薬学部、生命科学部の順に、自由記述で語られている内容の詳細を紹介する。二つの共通点(卒業論文研究、人間関係) については、両学部をまとめて報告する。

インデックス図解の右上の大グループ「薬剤師免許は確かに役立つ」の詳細は**図1.2**のようになる。元データのラベルと小グループの字は小さくて見えないが、元ラベルの内容は具体的に引用しながら文章化するので、図では言葉を組み立てているイメージを伝えておきたい。以下では、「**薬剤師免許は雇用のみならず、生活にも役立つが、業界の世界は狭い**」と題した大々グループの内容を説明する。まず、図のⅠからはじめて、Ⅱ ► Ⅲ ► Ⅳの順に説明し、それぞれの小グループ、中グループ、大グループの表札をゴチックで表示する。その上で、グループの言葉の根拠になっている生の言葉(ラベルのID番号によって元の自由記述に戻って) を引用し、「　」で示す。KJ法を知っている読者でも、図解の文章化を目にすることはあまりない

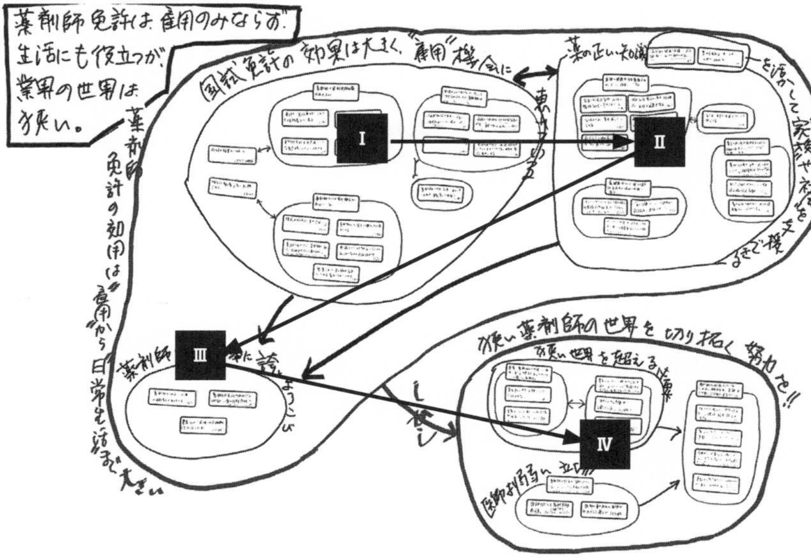

図1.2 薬剤師免許は、雇用のみならず、生活にも役立つが、業界の世界は狭い

と思うが、文章化にまで辿り着かなければKJ法の完成品にはならない。本書では、データ蘇生学の実演を兼ねる狙いもあって、自由記述の言葉を組み立てたプロセスが分かるように報告しておきたい。学内の調査レポートではすべての細部図解を文章化したが、それだけで厖大な分量になるので、ここでは内容を損なわない範囲でかなり省略する。

大グループの構図を概観しておくと、第一に、薬剤師免許が役に立っているという現実を端的に現わしているのが、「Ⅰ　免許の効果は大きく、雇用機会に恵まれている」という一群の言葉である。この雇用機会のメリットに加えて、「Ⅱ　薬の正しい知識を生かして、家族や社会を支援できる」という第二のメリットがある。この二つのメリットに支えられて、「Ⅲ　薬剤師としての仕事に誇りと喜びを感じている」という。薬剤師としての職業キャリアはかなり恵まれているようだが、最後に、「Ⅳ　しかしながら、狭く閉じられた薬剤師の世界を切り拓く努力が必要だ」という反省と批判が語られる。

Ⅰ｜（第一のメリット）免許の効果は大きく、雇用機会に恵まれている

「確かなキャリア」の教育を卒業生の言葉から確認しておこう。

自由記述の回答率が4割ほどあったことに少し驚いたが、それも東薬に対する感謝と信頼と愛情があってのことからではないか、と言葉の端々から感じさせられた。次の言葉は、多くの人が共有している東薬生の気持ちだと思う。

「具体的に何が役立っているのか、何も挙げられませんが、4年間友人と共に一生懸命勉強し、いろいろな思い出を作り、資格を取り、今その資格が生活に大きく役立っていることをとても満足しています」。

教育の何が生かされているか、を具体的に挙げるのは難しくても、薬学部には**「国家資格」という確かな免許がある。その免許が何かと役立っている**。この事実が薬学部の魅力であることは、卒業生の直截的な言葉によく現れている。「薬剤師として安定した収入と仕事を得ることができ、仕事とは別な関心事に心配なく当たることができた」。「現在の収入に生かされている」。「免許があったからこそ、転職もできたし、独立もできた」。

薬剤師免許のお陰で、就職もでき、安定した雇用も確保でき、有効に生かされているという言葉はたびたび語られるが、薬剤師雇用の特質は、女性の働き方の手段として貴重だというところにある。「薬学部で学んだことにより、製薬会社への転職が容易であった。一般職ではなく、専門職を任されている」。女性が、「転職」「専門職」という大きな壁を越えられるメリットは大きい。こうした事例だけでなく、**「女性のライフサイクルに応じた働き方がスムーズに実行できるし、薬剤師は女性に向いている」**。例えば、「免許のおかげで再就職後も（パートですが）働ける。女性も一生仕事ができる」「男性と差別なく働くことができる」「非常勤勤務を含めて、子育ても仕事も無理なく両立できるのは、本当によかった」。

Ⅱ｜（第二のメリット）薬の正しい知識を生かして、家族や社会を支援できる

世間一般の生活体験からすると、薬や健康の情報が混乱していて不安に感じることも少なくないし、真実を知りたいと思う場面に遭遇することも稀ではない。卒業生の言葉によれば、**「薬は、身体・食・健康・ダイエット・化粧など、生活との関わりが深い」**。例えば、「（薬の知識を通して）現実生活に直結する食と健康についての興味が湧いた」「スポーツダイエットなど体の構造、化粧品アプリなど生活に役立つことがたくさんある」「サプリメントの使い方、摂取したほうがよい油、低糖質ダイエットの理解に役立っている」という。

こうした知識が生活に役立つ場面が二つある。一つは家族であり、「**家族の健康生活を守り、管理するのに大いに役立っている**」。具体的には、「家庭での衛生管理、体調管理に生かされている」「一般的な医療知識が理解しやすく、家族の健康が守れる」などなど、家族のために薬を選び、健康を気遣い、子育てや親の介護に役立っている、という言葉がしばしば登場する。

いま一つは、近隣・友人などの社会的場面であり、「**薬学の知識を活用することで、社会活動のお手伝いやアドバイスで社会貢献できる**」。「薬学の知識を活用して、社会貢献してきた」という自負心もあり、「社会活動、防災計画、地域医療活動、講演会に役立った。特に今、老年化（町内会地域活動）、高齢化（地域住民）が進んでいるので、認知症の在宅医療を進めているのでいろいろ役立つ」と具体的な経験を語ってくれるケースもある。

Ⅲ｜薬剤師としての仕事に誇りと喜びを感じている

個人の雇用機会に恵まれるだけでなく、日常生活の場面でも頼りになる専門家として、卒業後のキャリアに満足している人が多いようだ。長いキャリアを振りかえって、薬剤師としての誇りと喜びや感謝を述べる先輩たちが、とくに高齢者に多い。一つの例だけを紹介しておく。

「新卒で市立病院薬剤科に入り、その後ドラッグストア、調剤薬局、ケアマネージャー、薬剤師会運営等に携わり、あっという間に44年ほど薬剤師として働いています。今年の3月に退職し、現在は介護保健施設の薬剤師として入所される方の薬の多さに頭を悩ませています。でもこの職業が大好きです」。

Ⅳ｜しかしながら、狭く閉じられた薬剤師の世界を切り拓く努力が必要だ

仕事や職場には恵まれてはいるが、その一方で、「**狭い世界の業務であり、医師よりも弱い社会的地位にある薬剤師の業界**」に警鐘をならす声も少なくない。

「薬剤師は意外と世の中がせまいと感じます。大学以降に友人、知り合いになった人はママ友をのぞくとすべて薬剤師」「薬科大は友人が皆同じような仕事についていて、人間関係がせまい。社会ではよほど高い専門性がなければ専門職では役に立たない。私学の薬大はもっとビジネスに役立つ教育が必要」。

こうした狭い人間関係の専門職業務であるのに加えて、医療の世界における薬剤師の社会的地位は高くはないという問題がある。

「現在、病院薬剤師として従事していますが、日本の薬剤師も、将来的には、アメ

リカのPharm. D.のような、薬物治療に責任を持てるような薬剤師となることが重要と思っています。医療現場においては、未だ、薬のことといえども、医師が主導権を握っているような状態で、薬剤師としての力不足を感じています」。

アメリカのような高度な薬剤師資格を視野に入れるとともに、「専門知識だけでなく、もっと広い視野から、生命・社会を考える必要があるのではないか」というアドバイスにも耳を傾ける必要がある。「薬学の知識を生かしつつ、他の分野の仕事をしてみたいと思うようになった」という人もいるし、「生命を救うという大きな使命のために、より高いレベルの教育が行なわれるべきだと思う」という激励もある。

薬剤師の世界は決して狭いわけではない。知識の広がりだけでなく、ビジネスチャンスも広く開かれている。「**薬・医・生命・社会・ビジネスという広がりを視野に入れて、薬学部教育の将来像を考えてほしい**」というのが、OB・OGからのメッセージだ。

1.4 薬学部編[2] 教育と現場を結ぶ役立ちルートを探る

こうした「確かなキャリア」に辿り着けたのは、薬学部教育のお陰である。今に生かされている学生時代の経験の内容を「**教育と現場を結ぶ役立ちルートを探る**」と題して紹介する。その役立ちルートを簡潔に表現すれは、次の五つにまとめられる。それぞれは分離しているわけではなく、相互に関係しつつ、複合的に学びのルートが形成されている。

1｜専門知識ルート
2｜知識の基礎ルート
3｜移行支援ルート
4｜研究室ルート
5｜人間関係ルート

このうち、はじめの三つは、薬学部に特有なルートだが、後の二つは、生命科学部にも共通している。共通しているルートについては、両学部をまとめて後で説明する。1、2、3ルートのKJ図解は次のようになるが、中グループにつけたローマ

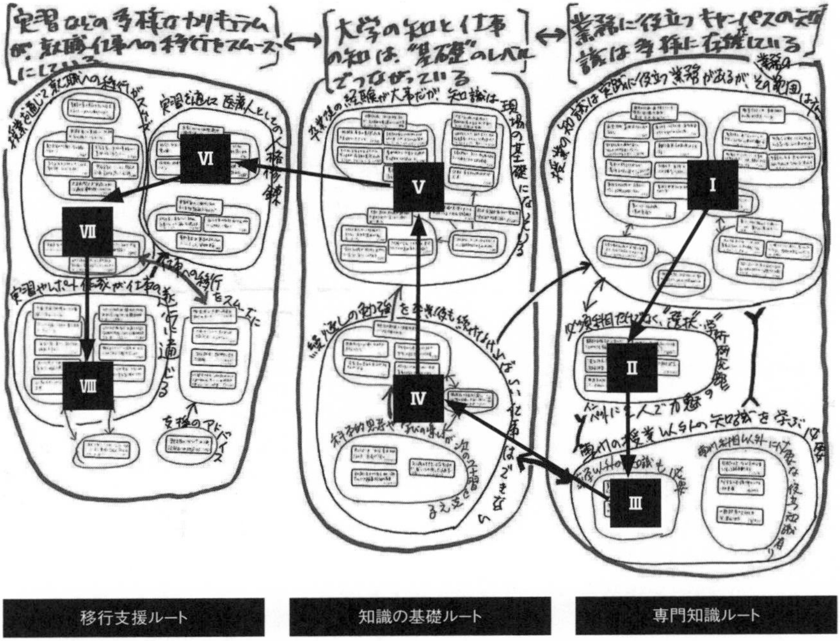

図1.3　教育と現場を結ぶ三つの役立ちルート

数字の順に紹介する。元ラベルの数と内容は適度に簡略して引用する。

1.4.1　専門知識ルート——業務に役立つキャンパスの知識は多様に存在している

専門知識ルートとして簡略化した表札は、「業務に役立つキャンパスの知識は多様に存在している」である。専門職教育の薬学部らしく、必須科目の授業が幅広く役立っており、「Ⅰ　授業の知識が実践に役立つ業務があり、その業務範囲は広い」という。必須科目だけでなく、「Ⅱ　"選択科目"や"学術研究部"の専門知識が大きなインパクトになった」というところにキャンパスの懐の広さが窺われる。しかし、その一方で、「Ⅲ　専門の授業以外の知識を学ぶ必要がある」と認識されており、この認識は、第二の知識の基礎ルートに重なっている。以下、この順番に説明する。

Ⅰ｜授業の知識が実践に役立つ業務があり、その業務範囲は広い

全体の自由記述のボリュームからすれば、具体的な授業科目を挙げて、「**現在の仕事に直結している授業がある**」（図では小さくて見えないが、小グループの表札である）という記述がかなり多い。

「病態生理、薬理学の知識が役立つ」「薬理学、微生物学、薬物動態は日々必要とされる知識」「薬剤の相互作用など薬理学の知識が治験の仕事に役立つ」などなど、具体的な授業科目が挙げられている。数多く挙げられていた授業科目名に加えて、次の三つが大事なポイントになる。第一は、「**製薬会社でも薬剤師の知識は役立っている**」ことである。薬学部卒業生は、薬局の薬剤師になるだけでなく、製薬会社に勤務する者も多い。製薬会社では薬剤師免許が直接的に必要になる場面は少ないが、「製薬会社でも統括製造販売責任者になると免許が使える」し、「製薬メーカーで働いていても、薬剤知識は役立っている」。次のような丁寧なメッセージも寄せられている。「薬剤師資格を持つ者の強みは化学・科学が分かることだと思います。有機・無機化学、分析化学というような基礎化学を知っていることが薬学出身者・薬剤師の製薬会社内での強みだと思います」。

第二は、「**薬からやや離れた仕事に就いていても、薬学の知識は大いに役立つ**」ことである。例えば、「食品の品質保証の仕事ですが、薬事法など法律の構成内容を学んでおいたよかった」。「心理士として仕事をし、薬の知識のおかげで、医師や患者との関係が良好」。

以上のように、専門知識が役立つ場面は多いが、知識が役立つのも次のような前提条件があってのことである。「**知識を生かすためには、勉強と努力が欠かせない**」のは、専門知識だけでなく、基礎のレベルで繋がっているという二番目のルートにも共通する。「高度な専門分野の知識を付けるための学習をくり返すことで、社会に出てから自分がどの様に貢献できるか、活躍して行くかを考えることができた」。「高齢社会の問題に直面している現実に対して、科学的に合理的に対処するには、毎日の努力、勉強の必要性が痛感しています」という。

Ⅱ｜“選択科目”や“学術研究部”の専門知識が大きなインパクトになった

必須の専門授業科目だけなく、人生に大きなインパクトを受けた専門知識として、「中医学」と「漢方研究会」と「植物研究部」を挙げる人が少なからずいた。必須科目を離れて、選択科目や部活の学術研究部から貴重な専門知識を学んでいるという経験談は、印象的だった。

「選択授業で出会った中医学を、今の職業としています。その授業と出会えたからこそ、今のやりがいのある職業に就くことができた」。「現在の日本の薬学部において、中医学を東薬程、熱心に講義している大学は少ないと思います」。

選択授業だけでなく、部活の学術研究部には漢方研究会がある。「留年をおそれよく勉強しました。入学後すぐ学生の漢方研究会に所属。一生の進路が決定しました」。漢方研究会だけでなく、「「植物研究部」という部活は、とても歴史がありOBも参加されていたが、その知識が半端ではなく、またその観察力に当時驚嘆したものでした。今考えればそれが一番の「宝」になったかもと思います」。部活は、人間関係構築の拠点にもなっている。

Ⅲ｜専門の授業以外の知識を学ぶ必要がある

「一般教養の大切さを最近は強く感じます」という感想はあるが、いわゆる一般教養教育の授業が有益だったという積極的な言葉はみられなかった。「情報処理や統計分野の知識が要求される場面も多少は有り、専門科目以外の講義も役に立っていると実感している」というのは珍しい例である。むしろ、「**専門の授業以外の知識を学ぶ必要がある**」という注文ないし提案的なコメントになっている。

「(専門科目以外にも)大事な事がある事は知らせて欲しい。海外実習や社会実習などから薬学以外の必要な知識が得られる。又、経済学、政治なども必要な知識があることを知らせて欲しい」。「薬学以上に経営、経済学の知識を身につけることが重要であったと思う」。

一般教養教育のカリキュラムに限定されることなく、これからの仕事に関連する実用的知識への要望もある。「IOTやAIなどはもちろん起業するためのノウハウなど、これからは薬学以外の知識を幅広く伝えて下さい」。「社会の活動は経済が中心となっており、事業許可を得てその活動を行っています。事業者が遵守すべき法令等について関連する事業体系に合わせた知識習得の機会が学生時代にあれば良かったと思っています」。

1.4.2 知識の基礎ルート――大学の知と仕事の知は、“基礎”のレベルで繋がっている

二番目のルートは、基礎のレベルで知識が繋がるルートだが、繋がるためには、日頃の学習が必要である。学生時代の知識が生きてくるかどうかは、日頃の勉強次第で変わってくるし、勉強すれば学生時代の知識は無関係ではなく、基礎のレベ

ルで繋がっているように感じる。そういうイメージで表札をつけた。この表札は、「Ⅳ」の「繰り返しの勉強を卒業後も続けなければ、いい仕事はできない」と「Ⅴ」の「卒業後の学びと経験が大事だが、知識は現場の基礎になっている」の二つをまとめた言葉である。役立つ知識の基礎にあるのは、日頃の学びだと言い換えることも出来る。それぞれの内容は次のようになっている。

Ⅳ｜繰り返しの勉強を卒業後も続けなければ、いい仕事はできない

専門知識ルートに含めてもよい内容だが、知識の基礎ルート含めたのは、「**科学的思考や学びの楽しみが次の学習を支える**」という小グループの言葉が、学びの基礎の基になっていると考えたからである。

「科学的に物言を考え、次のステップを構築することの基本が大学時代に身についた」。「具体的なスキルというよりは、もっとアカデミックな理念を得た。当時は、“薬剤師になる”というより“薬学・科学全般を学んだ”意識の方が強いです。幅広く学べて楽しかった」。「習うことの楽しさは大学在学時にも習ったような気がします。米国の大学にも何年か教員として勤めておりましたが、大学が何かしてあげることよりも学生自身が自らいろいろな物事に興味を持ち、自身の教養、専門知識を向上したいと思うようにすることが大切だと思います」。

学ぶ力を学んでいれば、「**卒業後の勉強と情報収集を続ける**」ことができる。「医療関係の記事には必ず目を通すようになった。医療関係の本を少しずつでも毎日読む努力をしている」し、「MRなどの時に薬局、月間薬事を個人で購入して勉強しましたが、一番役に立ったのは“Medicina”（医学書院の雑誌）でした」。「東薬で、「薬剤師は一生勉強である」と教えられましたが、大人になっても学び続けられることは幸せなことだと感じています」。

Ⅴ｜卒業後の学びと経験が大事だが、知識は現場の基礎になっている

「1学年の時、先生が「知識のないところからは何も出てこない!」とおっしゃった事はあれから30年以上も過ぎましたが忘れられません。有意義な4年間だったと思います」。この言葉の意味は深いだろうが、「**大学で学んだ知識が現場でも生かされたことに後で気づいた**」という次のケースに通じていると思う。「東薬で学んだことは自然と知識として定着しており、授業でやった、テストに出たという経験からそつなくこなせる場面が多々ありました」。「経験で伸びるスキルは現場でいかに吸収するかによると思います。基礎の部分は意外な所で役立ち、昔やっていてよかった」。「学び得た知識が医薬品製造、安定性、薬事の観点から生かされていると気づくことがある」。

「実験の基礎の基礎を学べた点は、役立っている」というのは、基礎の事例として分かりやすい。「卒業後に必要となった知識やスキルは、会社における研修や仕事を通して身につけたと思うが、本学における議義や実習がベースになっていることは間違いない」。「基礎的な知識として役立っている」というのが、代表的な語り方である。

以上の全体のまとまりは、「現場での実務経験」と「卒業後の勉強」の二つが重なって、「基礎的な知識の意義を知る」という構成になっている。「**大学の知と仕事の知は、"基礎"のレベルで繋がっている**」というこのルートは、どの大学、どの学部にも共通する大学教育の役割だといえそうである。

1.4.3 移行支援ルート――実習などの多様なカリキュラムが、就職や仕事への移行をスムーズにしている

第三の移行支援は、大学から仕事への移行をスムーズにしているルートだが、それは実務実習などに限定されるわけではない。授業や人との出会いなど、仕事への移行をスムーズにしてくれる経験は多様である。「知識」が役立つのではなく、レポート作成や海外研修などの「経験」が今の仕事や業務に役立っているという中グループもこのルートに含めた。実務実習などの顕在化したカリキュラムが大学から仕事への移行をスムーズにするだけでなく、キャンパスの多様な隠れたカリキュラムが仕事への移行をスムーズにしている。

Ⅵ｜実習を通した医療人としての人格修練

「倫理的に物事を考えられるようになった」「医療人としての基本姿勢、倫理観などは学部生時代に培われたと感じます」というように、医療人としての心構えの形成は、薬学教育の大きな柱の一つである。

薬学生が実務実習を開始する前には、薬剤師としての技能および態度が一定の基準に到達しているかを客観的に評価するための試験（OSCE：Objective Structured Clinical Examination 客観的臨床能力試験）を受けなければならない。「OSCEの練習で、ベテラン患者役の方とかかわったり、実習で患者と接したりしたことで、現場に行ったとき、患者様と話すのが困難とは感じませんでした」など、「実務実習で人間関係のあり方を実践的に学んだ」経験を語るケースは多い。

Ⅶ｜就職や仕事への移行がスムーズになったいくつかの経験

「**実務実習での素晴らしい経験が今の職に繋がった**」という言葉はかなり多い。「実務実習で学外の素晴らしい薬剤師に出会えた」。「実務実習を行うことで、現在の仕事に魅力を感じて就職した」など、人や仕事や職場に繋がった実習の経験が語られている。

実務実習だけでなく「**授業・大学院・図書館・出会いなど、仕事への移行をスムーズにする経験は多様にある**」。「薬害や薬の事故を考える授業を受けて、今の仕事を選んだ」というように、興味のある授業から生きる道を発見した人も少なくない。公式的な場面だけでなく、図書や人との出会いもある。「図書館で閲覧した辻先生の本に興味を持っていた。書籍が会社生活の原点となった。図書館への通いが活かされたと思います」。「4年生の時に保健室で募集していた「心の相談」?というので精神科(多分)の先生が「私の調剤した薬で町の人が元気になれば、そういう人は地域を大事にするでしょう」という内容の話をしてくれました。その言葉が山形に戻って働く原動力となり、今も私を支えています」。

Ⅷ｜仕事の遂行に役立つ経験(実習・レポート作成・海外研修など)

最後に、知識が仕事に役立つ効用ではなく、経験が仕事や業務の遂行に役立つ事例を二つにまとめて紹介しておく。これらも、大学から仕事への移行をスムーズにしている経験だといえる。

一つは、「**今の業務に生かされている実習や海外研修の経験**」である。「実務実習が薬局業務に役立っている」は当然だろうし、「実習で身につけた分析技術が仕事に役立っている」「臨床開発のプロトコール立案」という直接的効用もある。

「海外研修の経験は、これからの薬剤師・MRの基礎になっている」。「今も海外への出張の機会は多く、海外研修の経験が活かされている」。「海外研修に参加した事は、知識面だけでなくモチベーション(精神面)でもとても貴重な経験ができたと思うので、ぜひ多くの学生に経験できるようにしてもらいたい」。

いま一つに、「**レポート作成と提出のプロセスが仕事に通じている**」という指摘がある。「自分の行動パターン又、物事に向かう姿勢は大学時代の勉学、実習を通して培われたと思う。実習レポートの「考察」を考えるのは、一つのことを多面的に、又綿密に見る習慣形成に大いに役立った」。「レポート作成などを通じて得た論理的思考により、仕事をしていて問題解決する際に役立っている」。

学生時代には煩わしかった経験が、懐かしい記憶として思い出されることはしばしばあるし、大学での真摯な学びを身体が覚えているものかもしれない。「密度の高い講義や実習とクラブ活動を通じて、限られた時間で深く学ぶ習慣と効率良く対応するスキルが身についた」というのは、身体の記憶だろう。

最後に、在学生のみならず、卒業生に対する大学のたゆまぬ支援の意義を確認するために、ある卒業生の言葉を引いておく。2千人に一人の言葉が、思考の地平を広げてくれた事例である。

「私は、大学(学部)に8年間在籍(留年4回)し、卒業後、薬剤師国家試験に不合格となり、仕事は製薬企業MRに就きました。その後、約8年間MRを経験した後退職し、約1年間の浪人生活を経て薬剤師国家試験に合格しました。(中略)東薬卒業後、毎年薬剤師国家試験に関する情報を東薬より郵送して頂きまして、いつしか、自分を発奮させる一因となりました。国試不合格者へのサポートはとても有難かったです。今後も続けて下さい。また、在学中、アドバイザーの先生がよく面倒をみてくださり励まされ、何とか卒業できました。つまずいてしまった学生へのサポートをするアドバイザー制度には、とても助けられました。ぜひ、続けて下さい」。

1.5 薬学部編[3] 薬学部教育への反省と疑問「(学生時代の学びや薬剤師資格が役立つとはいえ)国家試験に合格すればよいというわけではなく、大学よりも卒業後に学ぶことが多い現状を踏まえて、教育と研究の意義を考えよう」

薬学部卒業後のキャリア展望は明るいようである。しかし、だからといって、薬学教育と自分自身の学びに手放しで満足しているわけではない。それどころか、自分自身の学生時代を反省する者もいるし、薬学教育のあり方に疑問を持っている者もいる。卒業生の反省的あるいは批判的な言説は、薬学教育のあり方を検討する上できわめて貴重な材料である。「今でも生かされている大学時代の経験」の記憶は、「生かされていない理由」や「生かされていないままに放置されている事情」と表裏一体になっている。

そのような言葉の集積は、「**大学よりも卒業後に学ぶことが多い現実を踏まえて、教育と研究の意義を考えよう**」としてまとめられる。この大グループの内容が、**図1.4**のⅠ ►Ⅱ ►Ⅲ ►Ⅳ ►Ⅴの中グループである。この順に内容を説明するが、枠外にある図の右端が先に紹介した「確かなキャリア」のグループであり、図の下辺

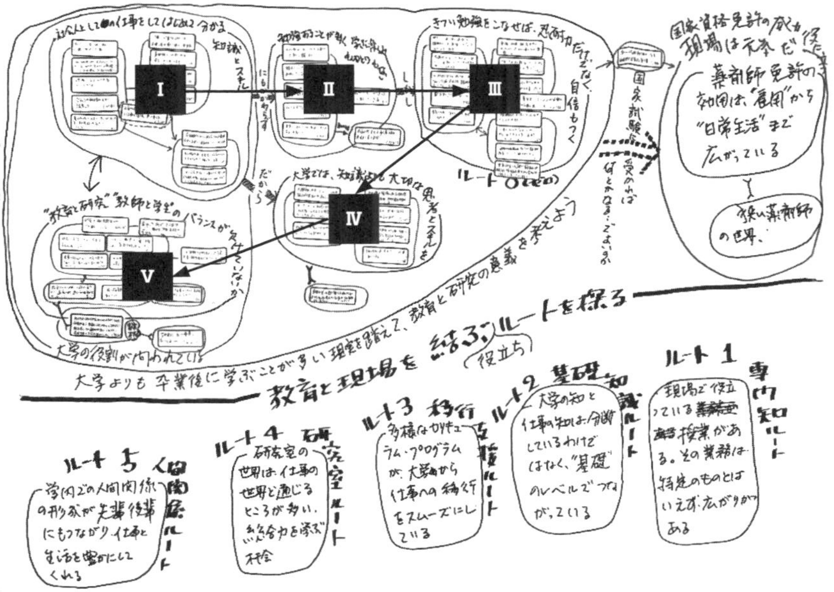

図1.4 「大学よりも卒業後に学ぶことが多い現実を踏まえて、教育と研究の意義を考えよう」と全体のインデックス図解

部が「教育と現場を結ぶ役立ち五つのルート」である。この全体がインデックス図解で説明した**図1.1**と同型になっている。

I｜仕事に必要な知識とスキルは、社会人になってはじめて分かる

大学で学ぶ理論的な知識と現場の知識の間にギャップがあるのは当然だろうから、「大学で教わった知識が仕事に活かせているかどうかは分かりません。仕事に必要な知識は就職してから得たように思います。国家試験に必要な知識と、実際に職場で使う知識にギャップがあったためだと思います」というのは、自然な回答のように思える。

国家試験の知識と現場に必要な知識との比較は薬学部に特有だが、どこの大学を卒業しても、**「社会人になってから学んだ知識・スキルの方が、大学よりも多い」**のは同じだと思う。卒業生の言葉を引用すれば、「現在の知識やスキルは社会人になってから得たものがほとんどである」「学生時の知識は現場ではあまり役に立たなかった。病院で使用している薬品の多くは耳にしたことのない物ばかりである」

「製薬会社時代の研修の方が実務に即していた」ということになる。

「大学での授業は役に立たないと仕事につき強く思いました」と断定する気持ちも分かるが、話はそこで終えるのではなく、「**仕事に必要なスキルは、卒業後の勉強で身につける**」のが望ましい。「4年制の時代は、薬局薬剤師のための知識やスキルは全く学んでいない。単に国試に合格するための勉強であり、薬局薬剤師としての勉強は卒業してからがスタート」「学生時代よりも、社会人になった後のほうが勉強する機会が多い」「仕事に必要なスキルは就職してから身につけたように思う」。

加えて、国家試験の専門知識の勉強だけでなく、「**学生時代から社会との接点をもてるようにするのがいいのでは**」という提案も大切だ。「私の時代は、あまり卒業後と授業との結びつきはなかった」から、「学生時代から、早めに社会との接点を持つ必要がある」し、「4年制の時代には大学と現場のギャップが大きかったが、6年制によって、実務との関係が密接になってきたのではないか」という期待も述べられている。

このように「**仕事に必要な知識とスキルは、社会人になってはじめて分かる**」というのは、どの大学の卒業生にもみられる普遍的な現象だが、「薬学部でもそうなのか」と少し驚いてしまう。国家試験は、薬剤師として必要な知識をテストしているはずだから、大学と現場の知識に大きなギャップがあるというのは素人には不思議な気がする。しかしその一方で、こうしたギャップを埋めるために6年制の導入や実務実習の重視という改革があったから、4年制が多くを占める卒業生のギャップ体験を強調するのは、現実的ではない。「大学で学ぶ知識・スキルと仕事の知識・スキル」とのギャップが、6年制の導入によってどのように変わったか、というのは興味深いテーマだ。

Ⅱ｜勉強することが多く、学ぶ楽しみとゆとりに欠ける

ほとんど勉強もせずに、大学の専門知識は役に立たない、というのはよくある無責任な世間話だが、薬学部の学生たちは、かなり勉強している。国家試験のために勉強しなければならない専門知識の範囲とテキストの分量を見るだけでびっくりさせられる。その膨大な専門知識を勉強したにもかかわらず、その知識が現場で役に立たないと感じた時の気分は、かなり微妙で複雑だろう。

「必須科目が多すぎる。多すぎるが故に各科目の内容が薄くなり、暗記一辺到になっておもしろくなくなる」「学んで来たことは役立ったのだと思いますが、頭に

つめこむことで精一杯で知識をその先に活かす所まで行っていなかったので苦労もしました」というのは正直な感想だろう。その上、「他大学出身の方が知らないといっていることも授業でやった」というから、東薬の勉強量は、他大学よりも多いようである。

大学の授業や専門知識が役に立つと思うにしろ、役に立たないと思うにしろ、薬学部の教育は、「**勉強することが多く、学ぶ楽しみとゆとりに欠ける**」きらいがある。それどころか、国家試験に合格することだけが目的化して、予備校に依存した学生生活をおくる人も現れる。「（大学での学びの経験は）全く生かされていません。大学で学んだ事は何一つありません。全て予備校の先生から学びました。高校と同じで、大学の勉強も東薬の先生ではなく青本（薬学ゼミナール）と虹本（ファーマプロダクト）の先生に学びました」という人もいる。

Ⅲ｜しかしながら、きつい勉強をこなせば、忍耐力だけでなく、自信もつく

「勉強することが多く、学ぶ楽しみもゆとりもない」という現実の厳しさはあるが、そのきつい勉強から学んだことも多い。国家試験の勉強は最終コーナーだが、それに向けて、普段の教育からたびたびの試験が繰り返されている。知識や体験からの学びではなく、試験の勉強に励むことの効用に触れる言葉も多い。「**きつい勉強で、忍耐力・諦めない精神力、そして自信がついた**」というのは、自分の能力に自信を持つ「自己効力感」の達成であり、優れて教育的な効果だといえる。例えば、「試験前に友人と勉強した経験はつらかったけど、今から思えば良い経験だったなと思える。今後、困難なことにぶちあたっても頑張る力には自信があります」「試験勉強などを他のことを我慢して取り組んだ経験が忍耐力、精神力をつけるのに役立ったと思う。今しかできないことを全力で取り組む姿勢が身についた」「最後まであきらめないこと」「他大学の同期に「あの卒業試験の難しい東京薬科大学を卒業したのだから自信を持ちなよ」と言われることもあり、自信に繋がっています」。

真面目な勉強は、真面目な仕事に直接的にリンクしている。「物事に真面目にコツコツ取り組む姿勢が4年間で身についた」というのは、「**勤勉な勉強が、勤勉な仕事に繋がっている**」ことを示唆している。忍耐強く仕事を重ねてきた経験を踏まえて、「大学の4年間特に2～4年生では実習・試験の繰り返しであったと思います。文系の大学生が長い休みを得ているのに対し、小中学と同じ休み期間で遊ぶ間もなく過ごしたという実感です。一方で、実験立案-実験-結果考案-立案とい

うPDCAサイクルや、これらを忍耐強く繰り返す日々が、会社生活で役立ったと思っています」という。

むしろ、「仕事の方が楽だ」という感想も吐露されているが、「難しいことに取り組んで」「最後までやり抜く」というのが勤勉な薬学部卒業生の一つの大きな財産になっている。「勉強したことは基礎がほとんどで、内容はとても難しく試験勉強が大変でした。先生の指導も厳しくついていくのがやっとでした。私の一生を通してこの時期程勉強したことはなく、仕事の方が楽だなと感じました」。「高校までと違い、本当に理解さえできない問題にぶつかることで最後までやりぬく根性がついた。以上の事が生涯学習や仕事にとても役立っている」。薬剤師免許の取得という達成感に結びついて、きつい勉強が、忍耐力だけでなく、自信をもたらしている。

Ⅳ｜大学では、知識だけにとらわれず、より大切な思考とスキルを

試験勉強のおかげで自己効力感が高まるのは素晴らしいが、国家資格に合格さえすればいい、というわけにはいかない。卒業生たちも「学生時代から社会との接点をもてるようにするのがいいのではないか」と提案している。実務実習の充実などは大きな改革の一つだが、現場の仕事に直接役に立つことだけを彼ら／彼女らが求めているわけではない。その立場からの意見として、次の三つが挙げられる。

一つは、「**知識の背後にある論理的思考を重視する**」というスタンスである。「論理的思考をたてて物事に取り組む」ことが大事であり、実際に、「仕事では知識を生かし、物事に対する取り組み方を学びました」「子供にも、理論的な考え方やモノの見方を教えることができる」という人もいる。

第二は、「**問題解決力やコミュニケーション力・協調性などを学んでほしい**」というスタンスである。「大学では専門知識を学ぶことも重要だが、問題解決能力を養うこと、他人とのコミュニケーション能力を学んで欲しい」。「仕事をしたら仕事について一から学ぶので、知っていて良かったと思うことはありますが、「役に立った!」と思うことはあまりありません。それよりも、協調性や人から学ぶケンキョな姿勢などが大切と思います」。

第三は、「**専門知識以外の学び体験**」を重視するスタンスである。Ⅰの専門の知と現場の知のギャップを指摘しつつ、提案している言葉として、「考え方のベースになる基礎的な学問としての薬学が大いに役立っている」。「大学での自習経験、

部活、忍耐、友人」、「英語力、プレゼン力、仲間との絆などが重要」などである。

こうした提案の多くは、実際の教育でも学ぶことのできる内容である。次節以降で取り上げる「学びの五本柱」でも「知識よりも大切な思考とスキル」についての体験が多く語られている。とくに、卒業論文研究と人間関係の章を参照してほしい。

V｜大学の役割を考えよう――「教育と研究」「教師と学生」、それぞれのバランスが欠けていないか

Ⅰで紹介した「仕事に必要な知識とスキルは、社会人になってはじめて分かる」からⅣの「大学では、知識だけにとらわれず、より大切な思考とスキルを」までの流れは、大学教育が果たしている役割に対する疑問でもある。こうした疑問の集合が、**「大学の役割を考えよう」**という問いに収斂している。そこで最後に、「教育と研究」「教師と学生」の関係という視点に立って、大学の役割を問うている言葉を次の二つにまとめておきたい。

第一は、**「研究と臨床教育のバランスがとりにくくなっているのではないか」**という指摘である。4年制時代は、創薬の研究が重視されていたが、6年制の導入によって、臨床教育と薬剤師養成に力点が置かれるようになっている。しかし、研究と臨床教育のバランスをどのようにとるかは、卒業生の意見も異なるし、一つの解が存在するわけではないようだ。臨床教育を評価する立場からの言葉として、「大学は専門性が強いので、社会(実務実習等)と関わる今のスタイルは評価できる。自分達の頃は薬学教育であって薬剤師(養成)教育ではなかった」。「残念ながら私の時代には現在の実務実習の機会がなく、大学で勉強していることが社会に出てどのように活かされるのかの想像が不足していたせいもあり、国家試験のためだけに勉強していたと思われます」。

その一方で、薬学研究の重要性を強調する立場もある。「大学は学問の場だと思います。直接役に立つことはなくとも、何か疑問が生じたときどのような手段で解決すべきか、それを学べる場であってほしい。職業訓練校でもないし、就職のための予備校でもないと思っています」。「研究に強い東薬であってほしい」。

意見の分かれるところだが、6年制が研究と教育のバランスにどのような影響を与えたか、その実態を検証し、未来の方向性を定めるための活発な議論が必要だと思う。

第二に、**「教員と学生のコミュニケーション不足が、教育と研究の不在をもたらす」**

という問題がある。研究と教育のあり方は、理念的な価値判断で決まるという側面もあるが、教師と学生の人間関係というリアルな日常的体験からも影響を受ける。

「教員方の研究に対する情熱が、各々の講義の中で感じられて良い刺激を受け、興味をそそられた」。「卒論研究は1年間でしたが、良い指導教官に恵まれ、幸せだったと思います」という経験が多ければ、研究の魅力も伝わるだろうが、逆に、教師と学生の行き違いがあれば、研究だけでなく、教育も空洞化する。

「私の時代の教育(本学の)は、薬剤師の職務に関する知識やスキルの習得をめざしたものではありませんでした。授業(各講義)も一部を除いて、各教授が、何も脈絡もなく、自分の研究成果を伝えるだけのものが多かったです。教科同士の連携も全くありませんでした」。「大方の人は授業以外に教授とかかわる機会もなく、研究室などでも選ばれた人以外は教えてもらったり、話したりする機会も少なかった」と続くと「研究と教育」の理念を語る前に、教師と学生の良好な関係を構築することが先だと思える。

以上にみる卒業生の反省と疑問は、問44の自由記述「本学で改善すべきであると思う点」と直接的に関係してくる。そこでも「教師と学生のコミュニケーション」「教育と研究のバランス」が大きな課題になっている。その分析結果はChapter 5で報告する。

1.6 生命科学部編[1]
専門と仕事——多様な専門知識ルート

生命科学部の五本柱は次の五つにまとめられる。

1 | 多様な専門知識ルート:就いている仕事によって専門知識の役立ち方が異なる。知識・技術「直結型」の業務から、「緩い関係」さらには、「無関係」まで、仕事によって異なる。

2 | 科学的思考ルート:仕事に役立つ知識技術よりも、生命科学の論理的思考と幅広い考え方、および教養としての価値がある。

3 | 情報と英語の実務ルート:職種を横断して実務に役立っているのは、ITと英語。

4 | 研究室ルート:“研究力”が”仕事力“のベースになっている。

5 | 人間関係ルート:社会関係は人生を豊かにする。しかし、その構築には困難もある。

生命科学部の大きな特徴は、第一の専門知識ルートの多様性が、第二の科学的思考ルートと第三の英語と情報の実務ルートの形成に影響していることである。生命科学部の全体の図解を展開すると**図1.5**のようになる。「1.6 専門と仕事」のコーナーが、多様な専門知識ルートであり、専門知識と仕事の関係が強い薬学部との大きな違いになっている。次いで「科学的教養」「情報と英語」を取り上げ、生命科学部の三つのルートの特徴を説明する。

役立つ知識が多様な生命科学部は、挑戦するキャリアとして魅力的だが、具体的な進路を探せない学生にとっては、何をどのように勉強するかが分からず、不安にもなる。挑戦するキャリアの教育を支えるためには、「**学生の学ぶ態度と教師との信頼関係が、学びを支える条件**」として欠かせない。「学びの共同体」が、生命科学部教育に対する反省と疑問であり、五つの学びルートを有効に機能させる条件になっている。残りの「研究室ルート」と「人間関係ルート」は、両学部に共通なのでまとめて報告する。

まず「専門と仕事」の内容に表札をつけると、「**専門の生かされ方は、知識・技術の「直接的関係」から、「幅広い関係」、「緩い関係」、そして「無関係」まで、仕事によって異なる**」になる。生命科学部の就職先は多様化しており、専門の知識・技術が役立つかどうかは、就いた仕事によって明らかに異なる。役立ち方の違いを、KJ図解の中グループの四つの言葉に即しつつ、強い関係から、弱い関係、無関係までの多様性を説明する。

1 | 直接的関係――専門として学んだ知識・技術と仕事が直接的に関係している

Chapter 2で就職先の数字を紹介するが、生命科学部の卒業生は、製薬会社と治験業務委託機関(CRO)にそれぞれに2割ほど就職しており、製薬会社就職のうちの半数はMRである。この二大業種に就けば、専門として学んだ知識・技術が必ず仕事に直結するとは限らないが、他の職種に比べれば、専門と仕事の関係性は強い。「MRになるのであれば、生命科学関連の知識はすべて役に立っている」「MRは想像していたよりも論文を多く読まなければなりませんが、研究室でそれには慣れていたので、助かりました」とのことである。

二大職種以外でも、専門の知識・技術が役立っているというケースはいくつかあ

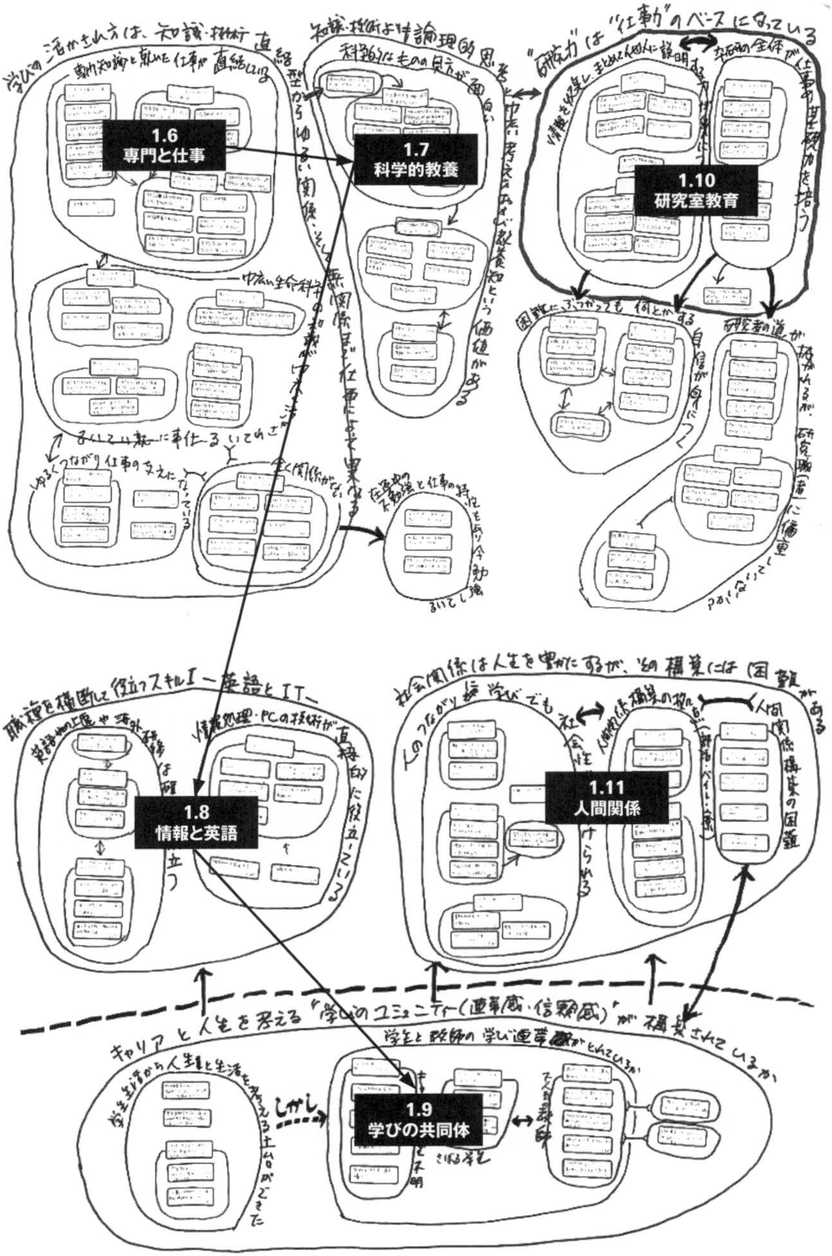

図1.5　生命科学部の全体像と文章化の順番

る。その内容は、次の三つにまとめられる。第一は、「**専門職資格**」が生かされているケース。第二は、「**実験系の技術**」が生かされているケース。第三は、「**個別の知識**」をあげるケースである。

生命科学部では、食品衛生監視員および環境衛生監視員の受験資格が取れる講義が開設されており、それを活用し、「転職の受験に活かして、専門職である衛生監視に採用された」「卒業後1年間公務員試験の勉強をして、衛生監視として働けるようになった」という報告がある。

次に、実験系の技術が生かされているケースとして、「科学的エビデンスを公表論文から読み取る能力・科学実験の組立て方、方法、考察の仕方」「臨床検査の仕事に就いているので、実習や研究室で学んだ実験技術」などがある。これらの経験は、卒論研究の経験とかなり重なっている。

第三の個別の知識を挙げているケースには、「遺伝子工学関連の知識（製薬業界にはまだまだ遺伝子工学分野の知識を持つ人間が少ない）」。「化学に関する基礎知識」「環境科学」などがある。広い教室の中で多様な知識が拡散して流れているように感じることもあるだろうが、多様な学生たちが、それぞれの興味に応じて、多様な知識を選択しつつ受け止めている。

2｜幅広い関係――最先端の生命科学の知識が幅広く生かされる仕事に就いている

科学として最先端にある生命科学は、生物・化学・物理を横断し、知識の幅も広い。その幅広い知識が生かされる仕事の幅も広い。

一つに、「業務上のコミュニケーションで生命科学の知識が重宝に活かされる」ケースがある。「一般の製造業（メーカー）に勤務すると、生物、遺伝子工学についての知識を持つ人材が少ないので、重宝がられるケースもある。リクルート支援の際は、製薬や食品だけでなく、工業などの企業も視野に入れるべきだったと感じました」「生命科学に関する勉学は、現在のビジネスパートナーとのコミュニケーションにとても役立っている」。

生命科学は、未来に開かれたチャレンジャブルな学問領域だから、ビジネスの未来にどのような影響を与えるかは未知数である。したがって、今は関係なしのビジネスが明日に関係ありになるかもしれない。「医薬品のマーケティング・リサーチ会社に入社した際、多いに役立った」のは、未来のマーケティングに生命科学の知識が必要だからだろう。少なからずの卒業生が、専門情報誌の編集で活躍しているのも、生命科学部の強みだと思う。「医学専門出版社において編集者として勤務しており、生物学、分子細胞生物学等、生命科学の基礎知識や思考過程がすべての基盤となり活かされている」。

最先端の幅広い知識が有効に生かされているもう一つの職業に理科教員がいる。「公立中学校の理科教員をしているため、ゲノム等生命の神秘について、実習・講義等で、肌で感じたことを、将来のある子どもらに実感をもって言えています」「中学校に転職する前に高等学校で生物、化学を教えていました。生命科学部で学習した内容は、子どもたちにとっても身近で、好奇心を持てる内容です。その点で私は教育学部ではなく、生命科学部出身で教員になって良かったと思っています」。

3｜緩い関係——緩くても繋がっている関係に意義がある

「基礎的な知識を身につけた状態で入社することができたのは、新人時代の安心感になった」というように、「直接的な関係」や「幅広い関係」がなくても、「基礎的な知識を身につけていれば、何とかなる」という安心感をもてることはとても大切だ。

大学でのちょっとした知識が仕事に結びついていると分かれば、その知識を手掛かりに仕事に必要な知識を深く学べばよい。この学び直しは、聞いたこともない知識をはじめて学ぶよりも遥かに効率的である。次の言葉は、いずれも、**緩くても繋がっている関係に意義がある**と語っている。

「配属した研究室（大学の）で行っていた分野とは少し違っていたが、実習で少しだけ触れたことのある分野が職場ではメインの知識となっていて、多少なりとも生かされたと感じている」「現在、メーカーで研究開発職についており、論理的思考や発想力、幅広い知識、専門的知識が求められている。大学の学部時代に授業や図書館の本から得た知識は、広く浅いレベルの部分での理解のものを含めて、現在の仕事に役立っていると感じる」。

二つとも、言葉の文末が「感じる」になっている。緩い関係は、「関係があるような感じ」なのかもしれないが、その不確かな細い糸をしっかり摑むためには、本人の日頃の学習が決め手になる。

4｜無関係——しかし、大事なのは在学中の学びと卒業後の学び

最後は、専門と関係のない職業に就いているので役に立っていない、という「無関係」のグループである。

「卒業後に全く東薬大とは異なる分野を志したのでほとんど生かされていない」

「まったく関係のない業界に進んだので、ほとんど役に立ってはいません。たまに雑学として話せるくらいです」「(生かされていることは)まったくありません」「知識やスキルについてはどうにも在籍中とは関係が少ない業務内容なので、直接役に立つといったことはない」。

「役に立つ」「役に立たない」という言葉をベースに「専門と仕事」の関係を四つに分類し、生命科学部卒業生の多様なキャリアをみてきたが、言葉だけから関係の有無や強弱を分類するのは適切ではない。「専門と仕事」の関連性は、仕事の性質と密接に関係があるとはいえ、在学中の本人の勉学と卒業後の学習によって、役立つ「感じ」が多様に変質する。「緩い関係」が強い関係になるのは卒業後の学習次第だが、それは、「無関係」が「緩い関係」を感じるようになるのにも通じる。そもそも仕事に必要な知識量は、大学時代に学んだ知識よりも多い。次の二人の言葉にみられるように、卒業後の学び方によって、学生時代に学んだ知識の受け止め方が変わってくる。

「修士ですが、もっとまじめに講義に取り組むべきだった。進学する者は、大学での勉強はキソ中のキソなので音を上げずにやるべきでした。が、今は今で、そのback groundが効いて、むしろ勉強している」「大学で学んだ程度の知識やスキルでは、なかなか仕事には対応できません。会社に入ってから学ぶことは非常に多かったです。しかしながら、化学や生物などの基本知識は新しく学ぶためのベースとして重要であり、学生時代にしっかり学んでおいて良かったです」。

以上にみるように、専門知識の生かされ方や役立ち方は、就いている職業によって異なるのは確かである。しかし、「専門と仕事」の関係をどのように解釈するかは、仕事の性質によるだけでなく、在学中の学びと卒業後の学びの広さや深さによって変わることに留意しておく必要がある。

1.7 生命科学部編[2]
科学的教養――知識よりも科学的思考や幅広い考え方、および教養という価値がある

生命科学部の専門知識が「そのまま生かせる」職業につける人は、むしろ少数派だといってよい。理学部系の卒業生は、どこでもそのようなものではないだろうか。したがって、「正直学んだ専門知識が活かせているとは思いません。活かせる職業に就ける人はほんのひと握りだと思うし、それが全てだとは思いません」

(843)というのは、現状をよく理解した言葉だと思う。

ここで重要なのは、「それが全てではない」、つまり、専門知識を仕事に生かすことだけが生命科学部の価値ではない、といっているところにある。「それ以外の何か」を摑まなければ、生命科学を学んだ価値が希薄になってしまう。先の843は、続けて次のように言っている。「私は研究活動(卒業研究)で地道に行っていた実験で培った集中力、実験を効率良く終わらせるための構成力、結果を人に伝える力が今の仕事を続けられている自分の基礎になっているのではないかと思います」。「843の場合」の「それ以外の何か」は、研究活動の実践であり、そこから獲得した「集中力」「構成力」「伝える力」が、仕事を遂行する上に欠かせない基礎になっている。卒業研究を通して学んだ「研究する力」は「仕事をする力」に繋がっているという言葉は、かなりの数に及んでいる。それは、薬学部でも共通しており、後でまとめて取り上げることにした。

卒業研究の重要性はよく分かるが、「それ以外の何か」を日常的な学びを通して摑まえられていれば、なお望ましい。「それ以外の何か」として生命科学を語っている言葉をまとめると「**科学的教養の魅力**」であり、その内容として、「**知識よりも科学的なものの見方**」「**正しい情報が選択できる教養**」「**幅広い教養**」の三つのグループが挙げられる。

1｜知識よりも科学的なものの見方

生命科学部の教育では、知識よりも考え方を重視されており、それがかえって仕事にも、生活にも役に立つというのは、「それ以外の何か」の一つである。

「生命科学部のカリキュラムで「考える力」、「伝える力」が鍛えられました。仕事(臨床開発)では、自分で考えて動くことがとても重要で、大学・大学院での経験がとても役に立っています。生命科学部は暗記ではなく考える勉強が多く、テストが記述式なのも良かったです」「理詰めで考えることを学び、私生活でもそれを実行するくせがついている」「物事の本質を捉える力、論理的思考力、洞察力が身に付き、役立っている」などがあげられる。

「生命科学について学んだことで、視野が広がり、多面的に物事を見ることが出来るようになりました。東薬でしか出来ないような幅広い実験内容や、講義は直接的ではないですが、考え方の点で現在の仕事にも役立っています」というのも、科学的なものの見方の魅力だろう。こうした一連の言葉は、卒業研究の効用と相互作用する関係にある。

2｜正しい情報が選択できるという教養

第二に、「正しい情報を選択できるという教養」がある。

「科学に関するニュースの理解の際に基礎的な知識があることで、理解が深まる。また、科学情報を判断する時の基準になる」「生命科学の基礎的な知識は、日常生活において子どもの育児、予防接種とか、ノロウイルスとか…感染症について、etc.　どんな時にも役立っています」「生物に関する知識は、日々の生活の中におけるニュースや家族の病気に関する情報収集に生かされています」。

しかし、生命科学という最先端の知識は、変化する社会の波頭にある。足を地につけて変化する社会を理解できることが「現代の教養」であり、教養の力の源泉は選択できる力だといえる。教養は、「正しい情報を選択できるようになりました」「エセ科学にだまされなくなった。真に生活に必要なものが知識をもったことで選択できるようになった」という言葉とともにある。

3｜幅広い教養――「幅広い関係――最先端の生命科学の知識が幅広く生かされる仕事に就いている」と重なっている

キャリアをチェンジした稀なケースになるが、次の二人のケースは、生命科学教育の「幅の広い教養」のメリットを表現していると思う。

> 「理系、基礎医学全般にわたり幅広い教養を身につけることができました。私は企業に就職後に医学部に編入学したので一般的な卒業生とは進路が異なると思います。医師は高い専門性はもちろんですが、社交性や教養も必要です。医学部だけでは学べない部分を生命科学部で学ぶことができたと思います。他の医師と異なる好評価を患者さんからいただくことがありますが、それは私の歩んできたキャリアが他の医師と異なるからだと感じます」。「現在歯科医師をしています。歯学について歯科とは違った切り口で、歯科の分野を学んでいたので、歯学部に入ってからも、この分野を多角的に捉え学ぶことができました」。

職業的には数の少ないケースだが、生命科学教育の幅広い教養のメリットが端的に語られている。1.6の2の「専門と仕事」の「幅広い関係」を思い出せば、医師や歯科医師のいう幅広い教養は、「最先端の生命科学の知識が幅広く生かされている仕事に就いている」として紹介した内容にかなり近い。「科学として最先端にある生命科学は、生物・化学・物理を横断し、知識の幅も広い。その幅の広い知識が生かされている仕事の幅も広い」のは、生命科学が幅の広い教養になっているからでもある。

1.8 生命科学部編[3] 情報と英語――業種を横断して役立つビジネス・スキル

「生命科学部で学んだ科学、英語、ITの三つを使う仕事に従事しており、今の仕事をやっていけているのも、生命科学部を卒業できたおかげである」(3582)。

「どんな仕事かな?」と好奇心を刺激され、3582のアンケート調査の回答を検索すると、業種は「製薬」。就職時の職種は「品質保証・品質管理」で、現在は「SE・情報処理」である。なるほどと納得できるキャリアである。さらに、在学中の成績は「上のほう」の優等生で、専門科目の講義の内容に「とても満足」しており、その役立ち度は8点の高評価である。加えて、「情報処理教育の授業」と「外国語の授業」の役立ち度は、ともに10点満点に回答している。

たまたま「SE・情報処理」の部門に配属された稀なケースだとして、この高い評価を例外扱いにすべきではないと思う。情報処理と英語は、生命科学教育の中心ではないが、現状のビジネス界を考えれば、特定の業種に必要な技術ではなく、どこでも、そして生命科学業界にも不可欠な技術になりつつある。実際に、この二つのビジネス・スキルが役に立ったという記述は少なくなかった。言葉としてはシンプルだが、いくつかの例を列挙しておく。

1 | 情報処理とPCの技術が直接的に役立っている

「PCには絶対慣れておいた方がいいです。普段からレポートをPCで作成したりしていたおかげで、エクセル、ワード、パワーポイントのスキルがつき、仕事にスムーズにとりかかれました」「情報処理に関する学習はとても役に立っている。どのような職種でも、PCを使う機会が多いので、ある程度効率良くできる」「学生生活で常にPCを使っており、資料作りやプレゼンへの抵抗がない」など、具体例を挙げた指摘が多い。

こうした技術は、情報処理の授業だけでなく、卒業研究の実践過程で身についており、英語論文を読む力を含めて、卒論研究が多元的な効用をもっているという例にもなっている。「研究室がPCを使う研究で一日中ずっとPCを使っていたため、現在も一日中PCの仕事でも苦になりませんでした」。

2 | 英語の上達や海外研修は確実に役立つ

製薬会社に就職すれば誰でも、3582のようにハッピーなキャリアになるとは限らない。「生命科学部を卒業して製薬会社に勤める場合、残念ながらあまり大学で得た知識等を仕事に役立てる事が出来ません。唯一役に立っているのは英語教育くらいと思います」。こちらは、はっきりした英語重視派である。

英語が仕事に役立つには本人の相当な努力が必要だが、英語教育を有効に活用して成長している人もいる。「分子生物学的手法を用いる業務に就くことができた。在学中にTOEICを受けたことで、継続的に学習をする意欲が生まれ、卒業後スコアが250点近く上昇した」「英語は学部時代のTOEICの勉強のおかげであまり苦労することはないのでよかったと思う。論文を読むには必須なのでやっておいてよかった」。

加えて、海外研修プログラムの経験も挙げられている。

「生命化学という特殊分野と現在の仕事とは直接関係ありませんが、在学中参加した語学留学の経験により"海外で働いてみたい"という夢がより明確なものになったように思います」「海外研修で身につけた英語は、海外旅行に行く際役立っている」「現在も博士研究員として活動していて在学中に身につけた知識を活用しています。又、海外研修は自分にとって初めての海外であり、良い経験だったと思います。今も海外への出張の機会は多く、海外研修の経験は活かされていると思います」。

情報処理と英語はどこでも常設されているカリキュラムだが、同時に、どこでも学生に軽くスルーされやすい科目である。二つとも、限られた単位数を取得しただけで役立つレベルに達するのは、易しくないし、教育というよりも訓練が必要なプログラムである。卒業論文研究の実践的プロセスでやっと身につくようになるのは、繰り返しの経験による成果だろう。Chapter 5で紹介するが、授業改善の要望で最も単語の頻度が多いのは「英語」である。

1.9 生命科学部編［4］
生命科学部教育への反省と学びの条件——学びの共同体が構築されているか?

1 | 五つの学びルートだけでなく、「人生と生活を支える土台ができた」。しかし。

卒業生の言葉そのすべてが「生かされていない学び」になるわけではない。例えば、こんな指摘がある。「知識やスキルについては在籍中とは関係が少ない業務内容なので、直接役に立つといったことはない。高校まで曖昧だった自分の将来像をはっきりとさせたり、自分の力でどういったところまではできるのかを測ったりしたことに時間をかけられたのは、大学に行った一番の意味だと思う」。

考える自由な時間は大学生に与えられた特権である。「役立つ／役立たない」の範疇を超えて、自由な時間の意味の充実が学生の矜持だといえる。それが、卒業後の人生を支える土台にもなる。卒業後に振り返れば、勉強しておけばよかった後悔することも少なくないだろうが、学び直しは卒業後にいつでもできる。個別の経験よりも豊かな人生の発見が大切な場合もある。例えば、「遺伝子工学はもう少しきちんと学ぶべきだったと後悔していますが、医者という道以外でも人を救えることを教えて下さった東薬に感謝しています」。

学生生活の日常を総括して、次のような言い方をする人もいる。「私生活と勉学の両立は、スケジューリング ▶ 実行 ▶ 再調整のくりかえしなので、いろいろなことにチャレンジして、こういった能力をつけることは仕事をすすめる上で役立ったと思います。私の場合、大学、部活、アルバイト、旅行etc…と忙しい学生生活を送っていたため必然とスケジュール管理能力がついたと思います」。

このように五つのルートに含まれなかった言葉からも、**「人生と生活を支える土台ができた」**と語る声は少なくなかった。しかし、すべての学びが今に生かされているわけではなく、教育への反省や疑問や批判もある。こうした自省的言説から生命科学部の教育課題をみておく。その課題をまとめると**「学びの共同体が構築されているか？」**という問題提起になる。その内容を三つにまとめて紹介するが、Chapter 5の教育改善の提案も直接関係しているので、そちらも参照してほしい。

2｜学びの共同体が構築されているか?――学習成果は学生および教職員の共同作業

・キャリア不安

第一の課題は、**卒業後のキャリアが不透明であり、在学時の不安を大きくしている**ということである。生命科学部の就職先は多様であり、職種によって専門知識と仕事の関係も異なるから、在学時に不安を覚えるのは当然だろう。

「就職実績が非常に悪く（生命科学第1期生のため）、サポート体制もなく、非常に苦労した。もっと先輩を活用するような体制を、生命科学部に関しても構築してほしい」。一期生であればやむを得ないところもあるが、その後のサポート体制が整備されているかどうかは、学生の目から見て疑問が残るようである。それから

10年後の卒業生によれば、「現在の職場では大学で学んだ知識や技術がとても役に立っています。自分のやりたかったこと、興味のあることを仕事にできているので、満足度は高いです」としながらも、就職までの経験について、こうも述べている。「キャリアセンターは対応がとても悪かった。ただでさえ2学部の人数の少ない大学で就職に関する情報は少ないのに、スタッフにやる気がない態度が悪いことで途中からは頼りにしなかった。生命科学科の学生にも就職支援をしっかりして下さい。薬学部だけ手厚いと感じていました」。

その後の就職実績もあって、就職ガイダンスは徐々に充実しつつあると聞くが、日々の学習と卒業後のキャリアがどのように接続しているかについて、学生も教師も職員もまだ十分に理解しているとはいえない。就職に関わる不安の解消は、いまでも生命科学部の必須要件になっていると思う。それは、学びが生かされている人にとっても、未解決な課題である。

「論文を書くために、研究室でのセミナー等、資料をまとめて発表したりします。この経験は社会に出てからも非常に役立ちます」としているが、「やはり、自分が何をしたいのか、これを明確にして就職先を選ぶべきです」という言葉が続いている。

次のような丁寧な提案もある。「たしかに生命科学部で学んだことは教養・専門・実技、いずれも役に立っていますが、キャリアプランを突きつめてから、知識をつめこむ必要があったと強く思います。私は自主的にかなり考えた方ですが、「なぜこの知識・技術が必要なのか?」「将来、どう使うことができるのか?」に対しての説明はありませんでした。教員はただ講義をしているだけ、という印象でした(要するに学生の自主的な興味まかせ)。“現在の社会が求める人材”、“社会情勢”について説明し、4年間で到達すべき“具体的な人材像”(ゴール)を、入学直後に示してから指導を始めるべきだと思います。また折々に、ゴールに対して、自分がどの程度近づいていているかを明確にするべきです。旧態依然とした、優・良・可・不可形式ではなく、目標に何%近づいているか分かる成績表があれば理想的と思います」。

・サボる学生

第二に、**学生側の学ぶ意欲に問題がある。**

「私は学校の授業において必修だけではなく専門科目まで自分が興味を持っている以外の科目を取り、専門知識を高め努力し続けてきたと考えています」と社会人として働く意欲を語っている。ところが、学生時代の日常を振り返るとかなり寂しい教室風景が思い出されるようである。「授業で寝ていたり食べたりしている人が多く、人の話を聞いていないため、席を指定して毎回ランダムにする必要があると考えています。また、生命科学実習でのグループにおいて、できる人とできない人との差ができ不平等であるため、担当の先生が事前に課題を出して予習をするシステムを作成した方がいいと思います。授業においてグループワークやプレゼンテーションが少ないため、チーム力や説明の仕方が身につかなく増やした方がいいと思います」。

「どこの大学でも同じなのかもしれないが、授業を真面目に受けている人が少なく感じていた。不真面目な生徒にはもっときびしくても良いと思う。大学は学ぶところであり、遊びたい人ややる気のない人は、やる気のある人からしたら迷惑でした」という意見に、謙虚に耳を傾ける必要がある。そして、それは学生だけの問題ではなく、教師にも返ってくる。「先生により授業の質の差は大きいと思う。分かりやすく伝えようとしてくれる先生の授業はやはりおもしろかった。大学は生徒が自ら学ぶ場ではあるが、やはり先生側の努力も必要と思う」。

在学中に良い友人が巡り合えるかどうかは、学生時代の満足度を規定する最も大きな要因であり、自由記述でも「良き友人が生涯の財産になっている」という言葉は頻繁に登場する。その一方で、サボる学生への不満がある。どこの大学でも見られる風景だが、放置しておけないのが今日の大学事情である。サボる学生への不満を記述した例は少なかったが、不満を述べる文章の字数は多い。思い出すにつけ忘れられない不愉快な風景だったのではないだろうか。

良き友と不愉快な隣人。このように並べて理解すると学生同士が分裂しているかのようなキャンパス風景が目に浮かぶ。果たしてどうなのか?　詳しく検証すべき事柄だと思う。

・不人気教師

サボる学生がいる一方で、**不人気な教師もいる**。これが第三の問題である。教師がさまざまな工夫をしても、学生に学ぶ意欲がなければ伝わらない。学生に学ぶ意欲があっても、教師との会話が成り立たなければ、身につかない。学習成果は、「教師と学生」の相互作用による結果であり、どちらが欠けても学習の成果は上がらない。

「授業の中で面白くないと感じるものがやや多かったです。また、後ろの方の席にすわっていると先生の声があまり聞こえない授業もありました。基本的にはテスト前に自己学習をしたり、友人と教え合いをしたりして補っていました」というのは、相互作用の不足である。授業が面白くないと感じる原因を解明する必要はあるが、一人の学生が全ての授業を面白く感じる必要はない。一つ一つの授業に対する興味のもち方は、学生によって異なるからである。しかし、大教室の授業のあり方は、サボる学生問題を含めて、検討すべきだと思う。

授業改善は終わりのない営みだが、教師としていつも心しなければならないのが授業改善である。授業改善問題に劣らず深刻なのは、学生と教師との人間関係がこじれる場合である。反面教師的な体験をさせられたおかげで忍耐力がついたという辛い経験は避けなければならない。そんなケースが三つ挙げられている。

「研究室では直属の先生とうまくいかなかったが、これを思えば、社会生活の人間関係など退社を考えることもなくやってこれたので、かなり忍耐力がついたと思う」。こういうケースもある。「理不尽な状況でも耐えられる忍耐力・順応性が身につきました。自身が社会人になって、貴学の教員の方々の社会人レベルがとても低かったことに気がつきました」「教育する側の人間が最低だったので、教訓にはなった」と手厳しい。

研究室教育における学生と教員の関係はかなり難しく、複雑である。学生に人気のある教師もいれば、ない教師もいる。さらに複雑なのは、なぜ人気があるのか、なぜないのか、教師からみてさっぱり分からないことも少なくないし、学生の目も単眼ではない。教室とは違った研究室での教育は、学生と教師との相互作用が複雑になる。ある大学の学生相談室における最も多い相談事項は、研究室における指導教員と大学院生とのトラブルだった。

サボる学生と不人気教師の事例は、「大学での学びがどのように生かされていますか」という問いからこぼれてきた言葉である。不満が大きいか、小さいかではなく、大学での学びを生かすためには、学生と教師の日常的な態度が欠かせない条件になっているという理解が大切だろう。

3｜学生と教職員の一体感が学びの条件

五つの役立ちルートが有効に機能するためには、大学での情緒的な人間関係が豊かであること、つまり学びの共同体を構築できていることが大切になる。生命科学の創設時の熱意が語り草になっているようだが、語り継がれるのは、学生および教師に学部構成員としての一体感があったからだろう。ある一期生が次のように書いている。

「生命科学部一期生ということで、学生も教員も、「新しい事にチャレンジする」「夢とロマンをもって研究する」という気持ちがあったように覚えています。現在教員という職に就き、生徒と向かいあう中で、「チャレンジする」という気持ちを伝えることが多いので、当時の培った気持ちは、現在に通じていると思います」。

一体感をもつためには、共有できる価値がなければならないし、それがあっての豊かな時間である。「東薬の自由な校風の中、のびのびとした大学生活を送れたこと、豊かな友人関係、教員との関係を持てたこと、専門の学習以外に音楽など趣味に没頭する時間を持てたことが、自分の人間力を大きく育ててくれた」というのも共同体の条件だが、同様の内容は、人間関係の形成や研究室教育の効用としてもしばしば語られている。

学びの共同体、あるいはキャンパスの一体感を構築するためには、いま一つの大事な人間関係がある。職員はいつも学生のそばにおり、新入生にとって最初の社会人であり、大人である。次の卒業生の言葉は短いけれども、皆が忘れずに共有すべき事柄である。

「職員とのキョリが近いことで、学生時代に社会人（大人?）と身近に交流できたことが会社へ入って多くの年令層の人々との交流に役立った」。

職員に触れた言葉は、2千人の中でこの一枚だけだった。これも希少な言葉が思考の範囲を広げてくれた好例である。見知らぬ他人と話せるようになるのが大人になる第一歩であり、学びの共同体は、大人の共同体であることを教えてくれている。

1.10　学部共通編［1］卒論研究・研究室教育の多元的効用

卒論研究は、伝統的に理系教育の大黒柱になっている。研究室に所属して教授の直接的指導を受けるだけでなく、同じ研究室のスタッフおよび院生との共同研究に参加し、相互に研鑽する場である。日本の伝統的研究室教育は、当事者から自画自賛されることが多いし、今回の自由記述欄においても、研究室教育の経験を高く評価する声が多かった。しかも、薬学部と生命科学部ともに同じような言葉が使われている。例えば、次のようなケースがある。

「社会に出て思ったことは、「卒論教室での1年間は社会に出るための練習の場であった」ということでした。学生は同年代の人達と一緒に過ごすことが多いですが社会に出るとそれは異なります。所属長がいて上司がいて、少し上の先輩がいて…など。(研究室は)社会生活での縮小版みたいな感じです。厳しい教授、先生でしたが、今ではそれで良かったと思います」。

「社会に出るための練習の場」というのは、卒業生に共有されている感覚のようだ。しかも、薬学部の卒業生の言葉なのか、生命科学部なのか、男性なのか、女性なのか、という区別をつける必要もないほどに普遍的である。「練習の場」での具体的な経験の種類や濃淡は人によって多種多様だが、そうした多様な学びの存在が研究室教育の良さである。

KJ図解を学部別に作成し、細部図解の文章化もレポートしたが、ここでは、中グループの表札を紹介するにとどめる。元の言葉は、こうした表札の中に含まれており、表札はすべてセンテンスになっていることに改めて留意しておいてほしい。

1｜薬学部——“研究室の世界”は“仕事の世界”に通じるところが多い

細部図解の文章化では、四つの大グループを一つのまとまりとし、Ⅰ 卒論研究の全プロセスから問題解決のスキルが身につく ▶ Ⅱ 指導・技術が業務に役立つ ▶ Ⅲ 研究室の深い人間関係から学ぶ ▶ Ⅳ 粘り強くやり抜く力 の順に全体を説明した。全体が語っている内容を言葉にすれば、「“研究室の世界”は“仕事の世界”に通じるとことが多い」になる。それぞれの内容の中グループの表札を箇条書きに紹介しておく。

Ⅰ　卒業論文研究の全体プロセスを体験すると問題解決に必要なスキルが身につく

- 自分で新しい情報を収集し、それを自分で生かす工夫ができる
- 論文研究全体のプロセスから学ぶことのできるスキルが多い
- おかげで、研究者の道が拓けたケースもある
- しかし、実験研究コースを選択すべきだったという後悔もある
  (薬学部の卒論研究には、実験研究コースと調査研究コース(文献研究)がある)

Ⅱ　研究室での指導・経験・技術が業務に通じて役立っている

- 研究室での実験が業務に通じて役に立っている
- 指導教授や日々の共同研究から仕事の心構えが身につく

Ⅲ　研究室での深い人間関係から学ぶことが多い
Ⅳ　粘り強くやり抜く力が身につき社会に出て役立つ
・難問にぶつかってもやり抜く、チャレンジする姿勢が身につく
・忍耐力、粘り強く、やり抜く力が身につく
・目標のために努力を続ければ道が拓ける

2｜生命科学部——研究力は仕事力のベースになっている

卒業論文研究に関する内容は、薬学部とそれほど大きな違いはないが、「卒業論文研究が役立った」という気持ちが薬学部よりも強く現れているように感じる。言葉の印象の強さから、全体を「研究力は仕事力のベースになっている」と表現することにした。

その内容を「Ⅰ 情報を収集し、それをまとめて、他人に説明する力が身につく」からはじめて、「Ⅱ 卒論の全体が仕事の基礎力を培う」►「Ⅲ 困難にぶつかっても何とかなる自信になった」の順に細部図解を文章化した。薬学部と少し異なった側面があるのは、卒業後のキャリアによって卒業論文研究に対する想いに葛藤が生じやすいところである。最後のⅣで、この葛藤に触れた。

Ⅰ　情報を収集し、それをまとめて、他人に説明する力が身につく
・情報を収集し、まとめる力が身につく
・考えや疑問を相手に伝える能力が身につく
・プレゼンのスキルはどんな仕事にも役立つ
Ⅱ　卒論研究活動の全体が仕事の基礎力を培う
・　論理思考の実践がビジネスの基礎になる
・　研究室の多様な仕事や役割分担が仕事に繋がっている
・　研究室の多様な機会から進路を決めた
Ⅲ　困難にぶつかっても何とかする自信に繋がった
・　困難に直面したときの対応の仕方
・　諦めずに最後まで取り組む
Ⅳ　研究者の道が拓かれるが、研究職に偏重していないかという疑問もある
・博士課程進学の道が拓けたことに感謝するケースがある一方で、
・研究職に偏重していないか、という疑問も提起されている

3｜両学部のまとめ――共通項の合成と若干の違い

世間では一般に、大学の研究は会社の仕事とあまり関係がないとみられている。学術的な研究は会社の実践に役立たないという思い込みが強いからだ。私自身は、「研究と仕事は同じだ」と学生たちに話してきたが、わざわざそのような発言をしてきたのは、「大学の研究は会社の仕事と関係がない」と学生たちが思っている「暗黙の前提」を糺したかったからである。ところが、ここまでに紹介した卒業生の言葉によれば、彼／彼女らが経験した研究は、卒業後の仕事と思いのほか近い距離にあり、研究活動の経験がさまざまな学習機会を通して仕事に生かされているようである。私の想定していた「暗黙の前提」が思い込みにすぎないと知って、正直なところ少し驚いた。

「社会に出るための練習場」だった研究室教育の生かされ方は多義にわたるが、卒業生たちは、研究と仕事は相容れないものではなく、むしろ親近性あるものとして受け止めている。「"研究室の世界"は"仕事の世界"に通じるところが多い」という薬学部の内容は、生命科学部とほぼ同じなのだが、生命科学部は、薬学部よりも研究と仕事の親近性が強いように感じられたので、「研究力は仕事力のベースになっている」と表現した。

両学部の内容はかなり重なっており、それぞれの共通項を合成すれば、卒業論文研究の経験が現在に生かされているルートは、次の三つに集約される。

第一のルートは、論文研究活動の全プロセスから学ぶスキルである。このように表現すれば、両学部の次の言葉はこのルートに含まれる。薬学部の「卒業論文研究の全体プロセスを体験すると問題解決に必要なスキルが身につく」と「研究室での指導・経験・技術が業務に通じて役立っている」、および生命科学部の「情報を収集し、それをまとめて、他人に説明する力が身につく」と「卒論研究活動の全体が仕事の基礎力を培う」。この四つの根っこは同じであり、いずれも「論文研究活動の全プロセスから学ぶスキル」に言及している。

それらのスキルを整理すると大きく次の四つに分けられる。

1｜知識・情報を収集し活用する力：論文の読み方を含めて、知識・情報を調べて活用する力は、論文研究の第一歩である。

2｜実験の技術を身につける：研究に必要な実験は、情報をどのように生産し、活用するかの技術であり、その経験は会社の業務にも通じる。

3｜論理的思考力／課題解決力：課題の設定から検証に至る研究の成果をまとめ

るには、論理的思考力を発揮しなければならない。論文の書き方は論理的思考力の鍛錬である。課題解決力が身についたという言葉もしばしばみられるが、課題の設定から検証にいたる同類のスキルである。

4 | プレゼンテーション力:研究の成果を出すだけでなく、最後に成果を他人に説明する力がつかなければ、研究プロセスの達成にはならない。卒業論文研究発表会を最後の研究行事にしているのは、とても有意義な習慣だ。発表会が、PCの技術や論理的思考力を身につける格好の場になっており、プレゼンテーションの体験を語る言葉が多かった。

第二のルートは、人間関係(社会関係資本)の形成であり、それがチームワーク力にも通じている。指導教授によって組織化された研究室教育は、典型的なアカデミック・コミュニティーである。指導教授から研究および仕事の心構えを学ぶだけでなく、研究室メンバーが相互に学びあう場であり、その同志的人間関係が生涯の財産になっている。紹介した言葉の数は薬学部に多かったけれども、生命科学部に社会関係資本の形成がないわけではない。ただし、ここでの言葉の出現頻度からすると、研究室のチームワーク力は薬学部の方が強いかもしれないという仮説はありうる。

第三のルートは、非認知能力ないし汎用能力の形成である。KJ図解を作成していて面白く感じたのは、薬学部の「粘り強くやり抜く力が身につき社会に出て役立つ」と生命科学部の「困難にぶつかっても何とかする自信に繋がった」というよく似た一群の言葉である。第一と第二のルートは、研究室教育の常道であり、そこで培われる力も想定内だろう。指導教授からすれば、研究成果の良し悪しに目がいきがちであり、第一ルートの達成を重視しがちだ。しかし、研究活動を実践している学生たちは、成果の良し悪しにかかわらず、努力や苦悩の全プロセスから生きる力を身につけている。

薬学部のまとめとして、「研究室の世界と仕事の世界に通じる非認知能力」で触れたように、非認知能力は、普段の授業からも、実習からも、課外活動からも身につくが、卒業論文研究の体験に絡めて非認知能力の向上を語るケースが多い。薬学部で引用した「順応力」「忍耐力」「チャレンジ」「やり抜く」「粘り強く」「努力を続ける」「仕事の心構え」「チームワーク」「タイムラインの遵守」「マナー」と似たような言葉は、生命科学部でもみられるし、そういう言葉が「困難にぶつかっても何とかなる自信」に繋がっている。こうした非認知能力、言い換えれば、社会に出て実

表1.2 卒論研究の共通項と若干の違い

	薬学部		生命科学部
研究と仕事の関係	"研究室の世界"は "仕事の世界"に通じる	≒	研究力は 仕事力のベースになっている
	(ほとんど同じ内容だが、生命科学部の方が若干強い関係がありそう)		
研究と仕事を繋ぐ **ルート1** 論文研究活動の全プロセスから学ぶスキル	1. 情報を収集し、活用する力		
	2. 実験の技術を身につける		
	3. 論理的思考力／課題解決力		
	4. プレゼンテーション力		
ルート2 社会関係資本	1. 教師との信頼関係		
	2. 同僚先輩後輩との同志的人間関係		
ルート3 非認知能力／汎用能力	粘り強くやり抜く力が身につき 社会に出て役立つ	≒	困難にぶつかっても 何とかする自信に繋がった
	忍耐力・やり抜く・粘り強く・努力・心構え・自信		
学部の特徴と葛藤	実験研究コース／ 調査研究コースの間にある葛藤	≠	学部卒／大学院卒、非研究職／ 研究職の間にある葛藤

践的に役立つ汎用能力の育成が、研究室教育の隠れたカリキュラムになっている。

以上の三つのルートをまとめると**表1.2**のようになる。両学部に共通した卒論研究の教育的意義であり、他大学のどの学部でも成り立つほどに普遍的だと思う。加えて最後に、学部による若干の違い、あるいは、学部の特徴に触れておきたい。

薬学部は、生命科学部と違って、「実験研究コース」と「調査研究コース」の選択が設けられている。実験研究コースの効用が高く評価されているだけに、どちらを選択するかについて、学生の間に少なからずの葛藤があるように推察される。

生命科学部の特徴は、大学院の進学率が高いところにある。修士卒業者の就職先は、学部と大きく違うわけではないが、進学することによって、研究職、あるいは博士課程進学への道が拓かれる。大学院進学者ほど研究室教育の影響を強く受けるから、大学時代の研究と現在の仕事の親和性も強くなる。生命科学部には、学部卒／大学院卒、および非研究職／研究職という区分の間に、少なからずの葛藤がある。

1.11 学部共通編[2]
人間関係という社会関係資本が人生を豊かにする。しかし、その構築は易しくない

「卒業後に、大学での学びや経験がどのような形で生かされていますか」と聞かれれば、誰もが思い出すのは在学中に出会った友人のことだろう。

「主に人間関係から得たものが多い。クラブ、友人等のつき合いは未だに続いている」「人とのコミュニケーションの場で少し生かされているかと思う」「皆で協力して勉強したこと、その時に友達になった人たちとは今でも交流を持ち、様々な職種についていたり、医院を経営したりしているので、いろいろな情報を交換することができます」。

「大学時代に得た友人が一番大きな宝です。今も集まる機会があると生活が楽しく元気をもらえます」「あまり真面目に勉強しなかったが、学ぶという空間にいること。また、優秀な同級生、先輩に出会えたことが卒業して初めて自らを律する、また向上させる動機になった」「卒業10年たってもまるで昨日一緒に授業を受けていたように自然に会える友人がたくさんできた。山の中で人という財産が濃密でした」。

段落で分けた前半の引用が薬学部、後半が生命科学部だが、学部による違いはみられず、ほとんどの卒業生に共有されている思い出だろう。内容も分かりやすいので、KJ図解の文章化も省略し、中グループとして組み立てた言葉の内容を紹介しておく。

1 | 薬学部——人間関係の形成が先輩後輩に繋がって、仕事も生活も豊かにしている

Ⅰ　部活が人間関係を構築する拠点
- 部活やアルバイトなどによって人間関係の幅が広がった
- 組織づくりのマネジメント力がついた
- 厳しい指導を受けてストレス耐性がついた

Ⅱ　人間関係は学習の場

・社会に出て必要なコミュニケーション力やつきあい方の学び
・人間関係は相互学習の場

Ⅲ　人間関係は資本だ
・継続する人脈が今でも仕事の役に立っている
・東薬の伝統と人脈が大いに役立っている

2｜生命科学部——人間関係は人生を豊かにするが、その構築には困難がある

Ⅰ　人間関係構築の拠点
・部活でリーダーシップ、チームワークの手練
・アルバイトでの社会勉強
・女子寮ならではの経験

Ⅱ　人の繋がりに学びも社会性も助けられる
・友人・教師・職員との交流が社会性を培う
・友人に教えられることが多かった
・東薬卒業生の人脈に助けられている

Ⅲ　人間関係構築に伴う困難

「人づきあいやサークル活動などをもっと活発にしておけばよかった」と後悔されるほど人間関係の構築は大事だが、微妙な問題もはらんでいる。生命科学部の最後の第三グループ「人間関係に伴う困難」に含まれる言葉は少ないが、とても重要な問題提起になっているので、二つのケースを紹介しておきたい。

一つは、楽しく遊ぶ友だちづくりでよかったのだろうかという後悔が残るケースである。「入学してしばらくして人間関係が構築されて、楽しいことを覚えると学ぶことよりも遊ぶことに重きを置くようになり、必要最低限の勉強しかしなくなりました。高校時代優秀だった友人も成績が下がりました。楽しいことがたくさんあるから、その方が重要だと思えてしまうから。そういう学生は多いのではないでしょうか」(843) という。

すべての人間関係がハッピーエンドになるわけではない。勉強を忘れた楽しいカナリアは卒業後に後悔するかもしれない。(843) は続けて、「今思えばもっとやって(勉強して) おけば良かったと後悔します。でもその時の私はそんなことは思いもしません」と反省しつつ、「もっと魅力的な講義をしてくれればもっと難しいテ

ストだったら、と人のせいにしたくなってしまいます」ともいう。

楽しい友達づくりは楽しい学園生活の罠でもある。楽しく過ごしただけの友達は、生涯の財産にはならない。両学部にみられたように「人間関係が学習の場」になっていることが、よい友達の条件だといえる。

さらに深刻なのは、人間関係の構築に失敗したいま一つのケースである。

> 「卒業研究で研究室に配属されると自分と合わない人ともつきあっていかなければいけなかったので在学中は失敗も多かった。しかし、その分、社会人になった今人とのつきあい方を見直すことが出来ている」。

失敗が反面教師になった例だが、部活動における人間関係の失敗は、日常茶飯事だろう。人間関係の失敗に学ぶのが、人間関係構築のメリットだといってもよい。「リーダーシップ」「チームワーク」「協調性」などを学んだというのは、失敗の裏返しだ。

失敗を裏返す力が、コミュ力といわれるものではないかと思う。人間関係の構築は必ずしも易しくないことを自覚しておくことが肝要だろう。その自覚があってこそ、人間関係の失敗に学ぶことができる。自らの失敗を語るケースは少なかったが、人間関係に苦労した経験を持つ者は多いはずだ。「生命科学は学ぶ知識が多いですが、大事なのは地頭、コミュ力です。しかし、自己の地頭、コミュ力、人脈力など欠けていたがゆえに、スキル、経験を使う場所を失いました」という残念な報告があったが、スキルと経験があれば、それを使う場は必ず見つかるだろう。何(what)を知っているかよりも誰(who)を知っているかが大事だというコネ強調説もあるが、これは一面的な言葉である。自分が何かを知っていなければ、自分の知らないことを知っている誰かは見つからない。自分が何かを知っていれば、それを知りたいと思う誰かが必ずいる。人間関係は相互学習だというのが、人生を豊かにしてくれる友達の条件である。

ここで紹介した二つの困難ケースは、生命科学部に特徴的な出来事ではない。薬学部はもちろんどの社会でもみられる人間関係構築の困難である。困難や失敗から学ぶことの重要性を教えてくれているという意味において、貴重なケースになっている。

以上にみるように、人間関係の構築は、学部に関係なく、すべての教育機関に通じる「今に生かされる」学びのルートだが、それはあくまでも五つのルートの一つだと理解するのがよい。五つの学びの複数体験によって「大学で学んだ知識やスキルや経験が今に生かされる」のだと思う。そうでなければ、「楽しい遊ぶ友だちづくりでよかったのだろうか」という後悔だけが残ってしまう。

Chapter 2

数字でみる五つの学びルート

言葉を数字で検証しつつ、言葉と数字の相補関係を考える

2.1 「確かなキャリア」と「挑戦するキャリア」——両学部の相違点と共通点

アンケート調査では、卒業生の意識や行動を数字で把握できるように工夫している。その設計図についてはIntroductionで説明したとおりだが、「数字と数字の関係」を分析すれば、学生時代の学びが仕事にどのような影響を与えているかが分かると考えてのことである。その分析結果については、Chapter 3とChapter 4で報告するが、その前に、自由記述の言葉がアンケートの数字にどのように現れるかを確認し、言葉と数字の関係をみておきたい。言葉と数字が互いに他を補強する関係もあるだろうし、逆に、両者の間に矛盾ないし不一致が生じる場合もあるかもしれない。いずれの場合でも、言葉と数字を重ねて理解すれば、単独の説明よりも説得的な現状把握になる。そこで、Chapter 1の各節の順番に即して、自由記述の内容に関連する数字を拾って紹介しておきたい。最初の節(1.2)は、「学部間比較——卒業生の語りの相違点と共通点」だった。そこでの言葉と数字を重ねることからはじめたいと思う。

1 | 「役立ち度」からみた学部間比較

自由記述のインデックス図解から浮かんできた言葉の一群は、「キャリアを支える学びの五本柱」だった。一方、アンケート調査では、次のような質問項目を設けている。「あなたの学部在学中において経験した次のことがらは、現在のあなたの仕事や暮らしに役に立っていますか」。「とても役に立っている」を10点、「まったく役に立っていない」を1点として、「次のことがら」を10点満点で採点してもらった。学生時代を振り返って、教育の効果を直接評価する「振り返り評価法」で

ある。

ここで紹介することがらは、以下の9項目である。

1 | 専門科目の講義を受けた経験
2 | 基礎実習を行った経験（生命科学部：専門科目の実習を行った経験）
3 | 実務実習を行った経験（生命科学部：インターンシップを行った経験）
4 | 卒業論文研究（以下、卒論研究）に取り組んだ経験
5 | 外国語の授業（海外研修を含む）
6 | 情報処理教育の授業
7 | 人文社会系の一般教育の授業
8 | 部・サークル活動に取り組んだ経験
9 | 薬剤師国家試験の勉強に取り組んだ経験（薬学部のみ）

こうした数字に学部の違いがどのように現れるかに着目してみよう。**図2.1**に9項目の平均点（「役立ち度」とよぶことにする）を学部別に示した。参考までに紹介すると、大学の工学部および高等専門学校における類似の調査によれば、採点の高い項目の平均点で6点ほどである。役立ち度が6点になれば、よい評価の部類（合格点）だといえそうであり、評価の平均点が7点近くになるケースはかなり少ない。

まず薬学部からみると、役立ち度の数字に薬学部らしさがよく表れており、自

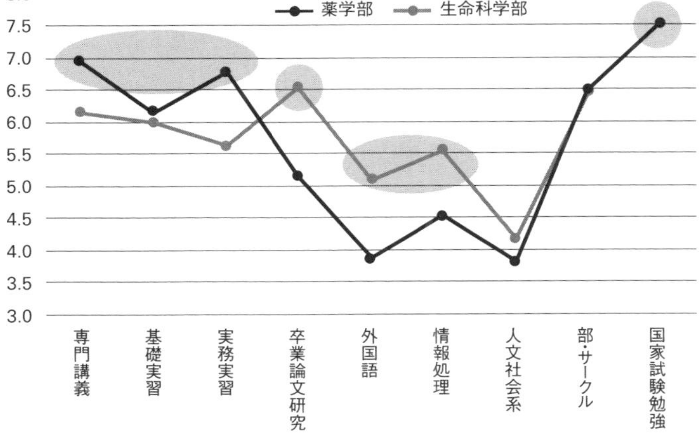

図2.1　学び経験の役立ち度（学部別の平均点）

由記述の内容とも整合性が取れている。薬剤師国家試験の勉強に取り組んだ経験の役立ち度が7.5点と最も高く、四人に一人（23%）が「とても役に立っている（10点満点）」と回答している。「薬剤師免許は確かに役立つ」という自由記述の言葉の数字的反映である。工学部のエンジニア教育と比べて確かに高いが、薬剤師になるための勉強ですら、役立ち度の数字は7.5点に留まるともいえる。4点以下をつける人も1割ほどおり、「役立っていますか」という言葉の受け止め方や解釈は、人によって大きく揺らいでいる。

役立ち度が次に高いのは、専門講義の6.9点、実務実習の6.8点である。ここにも専門知識と実務を中心に体系化されたカリキュラムをもつ薬学部らしさがよく表れている（工学部や高専の専門講義が、これほど高い評価点にはなるケースはほとんどなく、せいぜい6点弱である）。

一方、専門のカリキュラム評価が非常に高いのに対して、「外国語（3.9点）」「情報処理（4.5点）」「人文社会系の一般教育（3.8点）」の役立ち度がとても低い。専門科目と教養系科目の間にある大きな落差が、高度専門職教育の特性であり、弱点になっているといえるかもしれない。自由記述の中でも、教養系の授業の経験に触れた事例（英語、コンピュータ、経済学が役に立ったというケース）がなかったわけではないが、数としては極めて少なかった。薬学部にふさわしい教養のあり方について検討する必要性があると思う。

こうした薬学部の数字は、自由記述にみる薬学部の特性をよく反映しているが、同時に、生命科学部も自由記述の言葉が思い浮かぶ結果になっている。まず専門知識に関連する三つの科目「専門講義（6.2点）」「専門実習（6.0点）」「インターンシップ（5.6点）」は、薬学部のそれよりも低位にあり、最も役立ち度が高いのは「卒業論文研究」の6.5点である。薬学部の専門講義役立ち度（6.9点）には及ばないが、卒論研究での経験は、多様な仕事に就いている生命科学部卒業生の多くに支持されている。

次いで薬学部と大きく異なるのは、「情報処理教育」の役立ち度が5.5点、「外国語」が5.1点になっていることである。専門の三科目よりもやや低いとはいえ、それに追随しており、薬学部のような「専門系と教養系の落差」がみられない。自由記述でふれたように、生命科学部は、英語と情報技術が必要なビジネス・スキルに言及されるケースが多かった。

こうした学部による違いは、自由記述の相違点とかなり重なっている。数字だけ、言葉だけから学部の違いを解釈するよりも、説得的に感じられる。数字の背後から卒業生のこんな言葉が聞こえてきそうだ。「薬学部は、何といっても国家試験だから、それに関連する専門知識の勉強はしっかりした方がいいよ」。「生命科学部の就職先は多様だから、専門知識だけに頼らずに、卒論研究を大事にしつつ、英語とITのスキルを身につけよう」。こうした学部の言葉は、KJ法のインデックス図解が語っている内容でもある。

両学部の相違点とともに共通点も数字に現れている。第一に、部・サークル活動の役立ち度がともに高く、薬学部6.5点、生命科学部6.4点。生命科学部の最高点である卒論研究に匹敵する評価だ。部・サークル活動が人間関係を構築する拠点になっており、その人間関係が生涯の財産だということは、自由記述でもしばしば語られている。ただし、この役立ち度は、「部・サークル活動を経験した人」の平均点である。経験しなかった人が1割ほどいるので、彼らの評価を0点にするとその役立ち度は1ポイントほど低下する。

第二に、自由記述では、「卒論研究と研究室教育の多元的効用」は両学部に共通していると述べたが、数字の役立ち度は、生命科学部が非常に高く、両学部で少し違いがみられる。2.8で詳しく触れるが、薬学部の卒論研究は、実験研究コース（Aコース）と調査研究コース（Bコース）に分かれており、Bコースは文献講読を中心としたもので、実験を課していない。25%ほどがBコースであり、その影響から役立ち度が低く現れている。

最後に、「人文社会系の一般教育」は、両学部に共通して、低位にあり、影の薄い存在だ。この低評価は工学部でも同じであり、理工系の一般教育のあり方は、長く問われながらも解決していない昔からの課題である。

2 | 「役立つ」という言葉の意味が揺らぐ原因を探る（数字のメリット）

役立ち度の平均点には、両学部の特徴がよく表れていると思うが、その一方で、「役立っているかどうか」を数字で評価する難しさにも気づかされる。例えば、同じ専門科目の講義を受けているにもかかわらず、「とても役立っている（10点）」から「まったく役に立っていない（1点）」までその評価は広く分布していることが分かる（**図2.2**）。平均をみれば、薬学部6.9点、生命科学部6.2点という違いはあるが、両学部ともに、10点満点もいれば、1点と低く評価する者もいる。平均点に違いが生じるのは、8点以上に高く評価する者が薬学部に多く、3点以下は生命科学部に多いからである。

「役に立っている／立っていない」という言葉の二分法を使って、教育のあり方

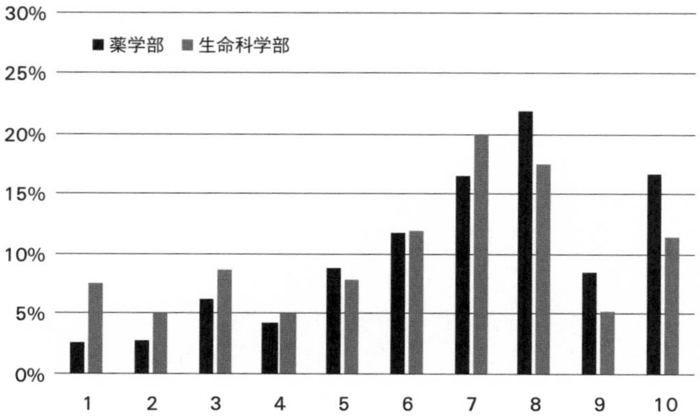

図2.2 役立ち度の分布——専門科目の講義

を議論する場合が少なくないが、役に立っているという言葉の意味も、役に立っていないという言葉の意味も人によって大きく異なる。数字による役立ち度の幅の広い分布は、役立つという言葉が揺らいでいることを示している。こうした数字と言葉の揺らぎを前提にして重要なのは、揺らぎの原因を明らかにすることである。何が揺らぎをもたらしているか、あるいは、役立ち度が大きい方向に揺れる要因は何か、逆に、役立ち度が小さい方向に振れる要因は何か、を探ることである。平均点だけでなく、分布や揺らぎを表現できるところに数字のメリットがある。

ここでは、「役に立たないというのは、誰か」という問いから、分布の揺らぎを考えてみよう。政府の審議会などの公式の場でも、「日本の大学教育は役に立っていない」という発話者がしばしば登場する。どういう事象、どういう経験、どういう実態に基づいているかは定かではないが、その発言が正しいとも、間違っているとも言い難い。同じ大学の専門講義の授業を聞いていても、その受け止め方は**図2.2**のように幅が広い。ましてや異なった大学の異なった教育の経験となれば、その評価は大きく揺らぐだろう。こうした曖昧な状況を理解する一つの方法は、どのような人が「役に立たない（役に立つ）」と発言する傾向にあるか、を知ることである。

一つの例を挙げておこう。調査では、「在学中に、専門講義の授業にどれくらい熱心に取り組んでいましたか」について、「とても熱心」「やや熱心」「あまり熱心でなかった」「まったく熱心でなかった」を質問している。両学部計の数字では、「とても熱心」から順に、18%-52%-26%-3%の分布になる。熱心でないグループをま

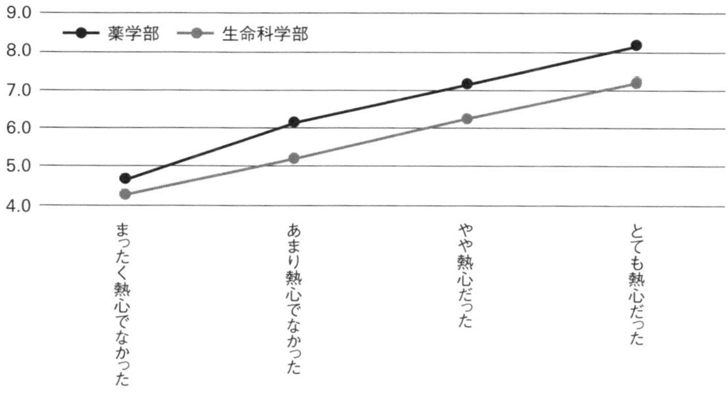

図2.3 熱心度と役立ち度の相関関係

とめれば、だいたい2対5対3の分布になる。「やや熱心」の5割を中心に「とても熱心」の2割と「不熱心」の3割に分岐する。東薬に特有な現象というよりも、理系の大学ではほぼこのような分布ではないかと思う。ここで考えたいのは、こうした熱心度と役立ち度との関係である。熱心度の4分類ごとに役立ち度の平均点を計算し、それを学部別にグラフ化すると**図2.3**のようになる。

この二つの変数の間にはかなりはっきりした相関関係がある。つまり、専門講義に「熱心」に取り組んでいた人ほど専門講義は「役に立つ」と評価する得点が高く、グラフが右上がりの直線になる。いいかえれば、あまり熱心に勉強しなかった人ほど「役に立たない」と言いたがる。この図の重要なポイントが三つある。一つは、こうした相関関係は、薬学部でも生命科学部で同じであり、グラフはほぼ平行線になっている。「OECDが素晴らしいと評価している」高専でも同じであり、どの大学でも、理系のみならず、文系でも、同じような傾向にあるように思う。第二は、熱心度が同じ程度であれば、薬学部の役立ち度は生命科学部よりも常に高いことである。やはり、薬学部の役立ち度は安定的に高いといえる。第三に、熱心度と役立ち度の相関関係は、学部によって異なるが、それほど大きな違いはみられない。相関係数を比較すると、薬学部が0.34であるのに対して、生命科学部は0.28である。文系を調査し、比較すれば、どのような相関係数になるか面白そうではある。

こうした相関関係は「専門講義」だけではなく、他の授業科目にもみられる。しかも、この相関関係は専門科目以外の領域で強く現れる。**表2.1**に、熱心度と役立

表2.1 熱心度と役立ち度の相関

	相関係数
専門講義	0.32
基礎実習	0.31
実務実習	0.32
卒論研究	0.54
外国語	0.44
人文社会系	0.43
部・サークル	0.57

ち度の相関係数だけを示した。部・サークル活動の0.57が最も大きいのは、熱心に取り組み、その奥深さを知ってはじめてその価値が分かる、という意味合いだろう。卒業論文研究が部活に匹敵する相関係数(0.54)になっているのは、専門分野を奥深く理解してはじめてその価値が分かるケースだと思う。さらに驚くことに、熱心に取り組む者が少なく、役立ち度も低かった外国語と人文社会系の一般教育の相関係数も0.44、0.43であり、専門三科目を上回っている(情報処理教育については、熱心度を調査していない)。外国語や一般教育は「役に立たない」と思っている卒業生が多いけれども、それは思い込みであり、熱心に取り組まなかった自分を正統化して、役立っていないと答えている可能性がある。外国語については、生命科学部の役立ち度が薬学部よりもかなり高かったが、熱心度との相関係数は、生命0.45、薬学0.43とあまり変わらない。文系大学の教育は理系よりも役に立たないと一般に思われているが、熱心に勉強しなかった文系卒業生が多かっただけかもしれない。

3 |「専門と仕事の関連」からみた「確かなキャリア」と「挑戦するキャリア」

「役に立たないというのは、誰か」という問いは、役立ち度が揺らぐ原因を知るためにも、大学教育に対する世論や意識を理解するためにも有効な切口になると思う。役立ち度が揺らぐ原因は他にも数多くあるが、自由記述にみられた両学部の相違点に着目して、いま一つの分析結果を紹介しておく。インデックス図解の解説で述べたように、薬剤師という見えやすいキャリア教育の薬学部に対して、生命科学部は、就いている仕事によって専門知識の役立ち方が異なり、専門知識と業務の「直結型」から、「緩い関係」さらには、「無関係」まで、幅広く多様化していた。

表2.2 現在の仕事の内容と大学の専門の関係

		大いに関連あり	やや関連あり	あまり関連なし	まったく関連なし	合計
薬学部		1597	1034	621	531	3783
		42.2%	27.3%	16.4%	14.0%	100.0%
生命科学部		88	230	131	142	591
		14.9%	38.9%	22.2%	24.0%	100.0%

こんなこともあろうかと考えて(調査票を作成する前には、用意周到なインタビュー調査を重ねることが肝要である)、次のような質問項目を設けている。「現在の仕事の内容と大学(最終学歴)の専門との関係」について、(1)大いに関連がある(2)やや関連がある(3)あまり関連がない(4)まったく関連がない、の四段階に分けて回答してもらった。その数字をみると**表2.2**のようになる。

薬学部では、42%が「大いに関連あり」としているのに対して、生命科学部は15%にとどまる。一方、生命科学部の半分ほどは、「あまり関係なし」あるいは「まったく関連なし」の仕事に就いている。関連の「あり」「なし」で分ければ、薬学部が7対3であるに比べて、生命科学は5対5になっている。

生命科学部の分布は理学系らしいが、専門職である薬学部の3割が「関連なし」というのは多すぎるようにも思える。「大学の専門」という言葉の解釈が人によって異なることが影響していると考えられる。現在の薬学部は、「医療薬学科」「医療薬物薬学科」「医療衛生薬学科」の三学科に分かれており、卒論研究などでは、さらに詳しい専門分野に取り組んでいる。したがって、「現在の仕事」の関連を問われたときに、どれを「大学の専門」にするかで関連性は異なるだろう。

常識的に推測して、「大いに関連あり」組は、「役に立つ」という回答にシフトするだろうし、「まったく関連なし」組は、「役に立たない」と回答するだろう。そこで、関連の強弱による役立ち度の違いを計算してみた。生命科学部の結果が、**図2.4**である。

専門と仕事の関連性によって、役立ち度が大きく上下にシフトしていることが分かる。とりわけ、シフトの幅は、専門三科目(専門講義、専門実習、インターンシップ)で大きい。専門講義についてみると、「大いに関連性あり」組が7.7点と高い評価であるのに対して、「まったく関連なし」組は、4.1点にとどまっている。専門三科目はいずれも、関連性が弱まるほど、役立ち度が1ポイントほど下がるという傾向がはっきりと描かれる。

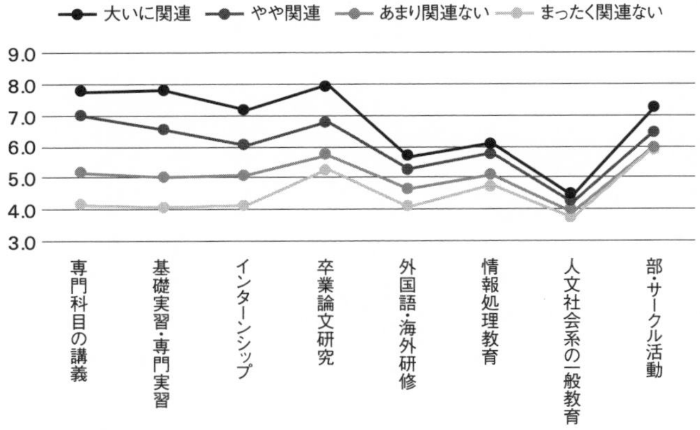

図2.4 専門と仕事の関連性と役立ち度――生命科学部

卒論研究も、関連性が強いほど役立ち度が高くなっており、どのような分野に就職しても卒論研究が役立つとまではいえない。しかし、「まったく関連ない」と「あまり関連ない」との間に統計的に有意な差はないし、関連性の強弱にかかわらず、卒論研究の役立ち度が最も高い。ただし、関連なしの二つのグループでは、部・サークル活動の役立ち度が最も高い位置にある。

専門科目と比較するとはっきりするように、「外国語」「情報処理教育」「人文社会系の一般教育」は、関連性の強弱の影響は小さい。外国語と情報処理というビジネス・スキルは、どのような仕事に就いても役に立つということであり、カリキュラムを設計する教師にとっても、学ぶ学生にとっても、重要な指針になる。

どのような仕事に就くかによって学びの経験の生かされ方が違う、という事実が生命科学部の大きな特徴だった。この特徴が、専門と仕事の関連性と役立ち度という数字の関係にはっきりと現れている。

薬学部では専門と仕事の関連性が学びの役立ち度にまったく影響を与えていないのか、といえば必ずしもそうではない。薬学部についても同じグラフを作成した(**図2.5**)。薬学部の専門三科目についてみると「大いに関連」の役立ち度は高く、「まったく関連なし」は低くなっている。7.7点と5.6点の2ポイント差になるが、生命科学部の4ポイント差よりも小さい。しかも、「やや関連あり」と「あまり関連ない」の中間層の間に有意な差は認められない。専門科目以外の5項目では、「大いに関連」から「あまり関連ない」までの間に差はなく、「まったく関連なし」と回答した14%のグループだけの役立ち度がやや小さくなる程度である。

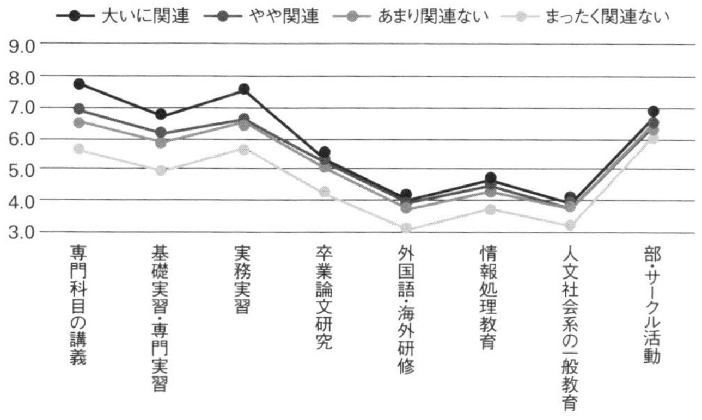

図2.5　専門と仕事の関連性と役立ち度――薬学部

統計的な差の検定については少し脇において、**図2.4**と**図2.5**の違いを確認しておいてほしい。「確かなキャリア」の薬学部は、どのような仕事に就いても、役立ち度の評価が安定しているが、「挑戦するキャリア」の生命科学部は、就いた仕事によって、役立ち度の評価が大きく揺らぐ。役立ち度という数字は一つの指標にすぎないが、言葉で語られた学部の相違点を共通点がこの数字にもよく現れていると思う。言葉と数字を共有化すれば、言葉の意味が客観的に分かりやすくなるし、逆に、数字を解釈する言葉が説得的にもなる。

2.2　薬学部［1］ 数字でみる「確かなキャリア」

アンケート調査では、卒業時の就職先から現職までの経験をフォローし、仕事の満足度に加えて、年収なども質問している。数字からみた教育のアウトプットとキャリアの関係についてはChapter 4で報告するが、ここでは、薬学部の「確かなキャリア」をいくつかの数字で確認しておく。

1｜薬学部卒業生の生涯所得は、「大企業・大卒」の一般労働者に匹敵する

厚生労働省の「賃金構造基本統計調査」には、一般労働者（短時間労働者は含まない）の学歴別・年齢別の所得が詳しく掲載されている。統計調査の年齢階級カテゴリーには、それぞれの平均年齢が記載されているので、年齢と年収の関係から、年

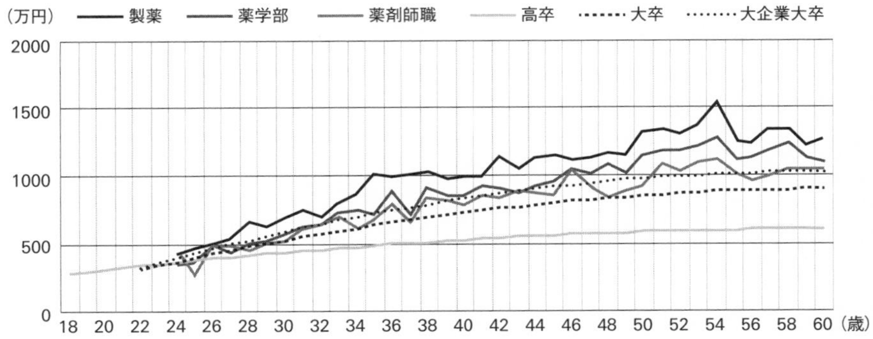

図2.6　薬学部卒業生と一般労働者の年収比較(男性2016年)

齢別の所得を補間推計できる。この推計所得カーブと薬学部卒業生の年齢別所得を比較したのが、**図2.6**である(アンケート調査では、「昨年度の年収」を質問しているので、政府統計も2016年の数字を引用している)。滑らかに上昇している三つのカーブが、「高卒者全体」と「大卒者全体」と「大企業(企業規模1000人以上)大卒者」の推計所得である。薬学部卒業生については、「製薬業」「薬剤師職」「薬学部全体の平均(以下、薬学部とする)」の三種類の所得カーブである。調査誤差のため、年齢別の平均所得は変動するが、年齢によって所得が増加する傾向ははっきり現れている。

ここで興味深いのは、「薬剤師職」の所得が「大企業の大卒」の所得線上に沿って上昇していることである。薬剤師職は、薬学部の中では相対的に所得が低いけれども、一般労働者の水準からすれば、大卒者の平均を上回り、大企業に勤める大卒者とほぼ同じだということが分かる。そして、薬学部の平均は、大企業大卒を確実に上回り、製薬業種は、若い時期から大企業をかなり上回っている。

年齢別所得の全体を把握するために、各年齢の所得をすべて合計して、卒業してから60歳になるまでの所得の総計(=生涯所得)を推計すると下のようになる。高卒者が2億円であるのに対して、大卒者は2億6千万円。高卒者よりも30%ほど多くなり、この6千万円が大卒進学の経済的プレミアムである。大学を卒業して大企業に就職できれば、経済的プレミアムはほぼ1億円になる。薬剤師職はこの大企業大卒に近い生涯所得になる。つまり、薬学部進学は、高卒で就職するよりも1億円を上回る年収が期待できる勘定になる。

1 | 高卒者(18歳〜60歳)　　　2億0014万円(100)

2	大卒者（22歳〜60歳）	2億6025万円（130）
3	大企業大卒（22歳〜60歳）	2億9674万円（148）
4	薬剤師職（24歳〜60歳）	2億8494万円（142）
5	薬学部卒（24歳〜60歳）	3億1446万円（157）
6	製薬業種（24歳〜60歳）	3億6539万円（183）

こうした数字は、薬学部卒業生の確かなキャリアを裏づける一つの根拠になっている。わが国の大学が、自校の卒業生の年収を調査するのは初めてのことだと思うが、イギリスやアメリカなどでは、卒業生の年収を公表するように大学に義務づけたり、推奨したりしている。年収を調べるのが、卒業生調査の目的の一つにすらなっている。教育費を家計が負担する経済合理性（授業料に見合った経済効果が得られているか）を本人や社会に説明する責任が大学にあると考えるようになったからである。公表の是非はともかく、年収は職業キャリアの一つの断面であり、その年収に学生時代の学びがどのように影響しているか理解することは、教学マネジメントの議論に欠かせない作業である。こうした観点からの分析は、Chapter 4で取り上げる。

2｜薬学部卒業生（男性）は、転職しても不利にならない

もう一つの数字を挙げておこう。長期雇用を前提にした日本的経営の特徴は、転職をすると経済的に損失を被るところにある。一般の労働者は、会社を辞めたくても辞めずに、じっと我慢する方が得策だと思える雇用環境で働いている。そのため、労働者の働き方と年収の関係を分析すると「転職ダミー変数（転職した場合＝1、転職しない場合＝0とする変数）」が年収にマイナスの影響を与えている。つまり転職すると年収が下がる。エンジニアのような専門職は、実力が見えやすいから、自由に労働市場を動いてもマイナスの年収評価にはならないのではないかと考えて、実際のデータを分析したことがある。しかし、高専卒のエンジニアの場合でも、転職は年収にマイナスの影響を与えていた。日本的雇用の根強さを痛感させられたが、薬学部卒業生の場合は、どうだろうか。「転職の時に薬剤師免許が大いに役立った」という言葉があったように、雇用の不安は、転職の場面で露わになりやすい。確かなキャリアは、雇用の安定を含意しているから、転職の影響を検証する価値がありそうだ。

そこで、薬学部男性の年収（対数表示に変換している）を重回帰分析すると、**表2.3**

表2.3　薬学部男性の年収(対数変換):重回帰分析(R2乗=0.279)

	非標準化係数		標準化係数	t値	有意確率
	B	標準誤差	ベータ		
(定数)	5.927	0.033		180.750	0.000
労働経験年数	0.076	0.003	2.002	23.590	0.000
労働経験年数2乗	-0.001	0.000	-1.768	-21.009	0.000
転職ダミー	-0.010	0.021	-0.011	-0.485	0.628

のようになる。説明変数は、年収に最も大きな影響を与える労働経験年数と転職ダミー変数だけに限定した。年数の2乗を加えているのは、年数とともに年収が増える一方で、50歳をすぎると一般に年収が減少するからである(年数別の年収が放物曲線を描く)。詳細な解説は抜きにして、重要なのは、「転職ダミー変数」がマイナスの影響を与えていないところにある。表の係数(0.010)に－記号がついているが、その値は小さく(0に近い、ないし無関係に近く)、係数がマイナスになる可能性はない(有意確率0.628)。

単純な分析例にとどめるが、転職しても年収が減少しないというのは、日本の労働市場では珍しい現象である。雇用が安定している「確かなキャリア」の検証として紹介しておく。

3｜ライフサイクルからみた女性の働き方と年収――高い就業率／高い年収

確かなキャリアは、男性だけの話ではない。薬剤師は女性にとって恵まれた職業だということは、卒業生の言葉に現れているし、世間一般にも知られている。とりわけ、専門知識を生かしながら、ライフサイクルに応じて、キャリアを自由に選択できるところが大きな魅力になっている。

そこで、世代による働き方の違いをみておこう。**表2.4**は、雇用形態の分類から、「正規就業」「派遣パートその他」「自営・家族従事」「無職」に分けて、その分布を世代別に集計したものである。30代をすぎると正規の就業者が少なくなり、仕事を辞めるか、パート職に就くケースが増えるという傾向は、一般の女性と同じである。専門職でも雇用のジェンダーバイアスが根強いといえるが、雇用形態の分布は、一般の女性とかなり異なっている。

調査の雇用形態分類と同じ集計の統計は存在しないが、総務省の「労働力調査年報2017」が参考になる。そこでは、15歳以上の労働力人口・非労働力人口が詳

表2.4　女性の就業形態（東薬卒業生と一般労働者）

薬学部の女性	正規就業者	派遣パートその他	自営・家族従事	無職	**労働力年報の女性**	正規就業者	派遣パートその他	自営・家族従事	無職
20代	92.1%	5.2%	0.3%	2.4%	20代	45.9%	29.0%	1.2%	23.9%
30代	63.3%	21.0%	0.8%	14.9%	30代	37.4%	32.5%	3.2%	26.9%
40代	43.6%	44.5%	1.9%	10.0%	40代	31.9%	41.3%	3.9%	22.9%
50代	46.5%	35.3%	7.0%	11.2%	50代	27.7%	40.7%	5.2%	26.4%
60代	20.8%	38.9%	9.1%	31.3%	60代	7.0%	26.3%	6.4%	60.3%

しく掲載されている。その詳細表から「正規就業者数」「非正規就業者数」「自営業および家族従業者数」を抜き出し、あわせて、非労働力人口のうちの家事従事者数を「無職者数」とした。この四つの労働力の合計を100として、それぞれの分布を集計した。卒業生調査との比較を考えるならば、この分布を全国の女性の働き方だとみてもよいだろう。

左右二つの表を比較すると三つの特徴が指摘できる。第一に、女性の「正規就業」率は歳とともに急速に減少するのが一般的だが、東薬卒業生の減少幅はかなり小さい。50代の正規就業は一般に3割ほどだが、卒業生の5割近くは正規雇用として働いている。数字だけでは分かりにくいので、正規就業者の割合だけを取り出して、グラフに表示すると**図2.7**のようになる。どの世代でも薬学部の正規就業率は、全国の平均よりも高いことがはっきり分かる。

第二の際立った特徴は、「無職」の割合が一般労働者よりも10%から20%ほど少ないことである。30代から50代の薬学部無職率は、10%前後であり、一般労働者の25%前後をかなり下回る。この無職率もグラフにして、**図2.8**に示した。

第三に、40代、50代の「非正規就業」率は一般の労働者に近いが、20代・30代の非正規就業率は少ない。働きやすい家庭環境にあれば、非正規ではなく、正規で働く機会が一般の労働者よりも恵まれている。正規就業から非正規就業へ、非正規就業から無職へと追い込まれる女性の雇用環境と比較すれば、薬学部の女性は、就業する機会に恵まれており、しかも、正規か、非正規かを選択する幅も自由度も、一般の女性労働者よりも高いといえる。

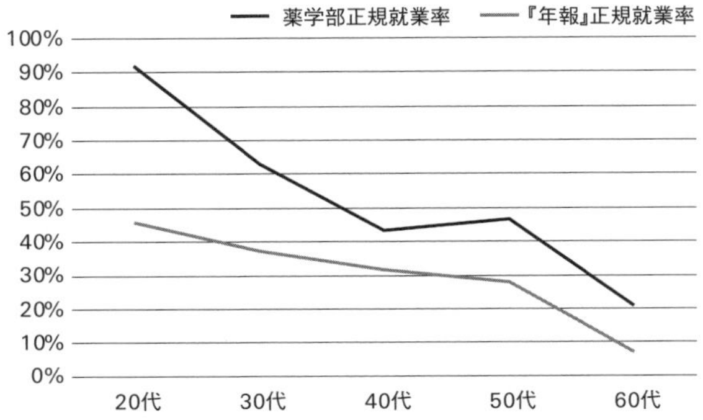

図2.7 薬学部卒業生と一般労働者の正規就業率

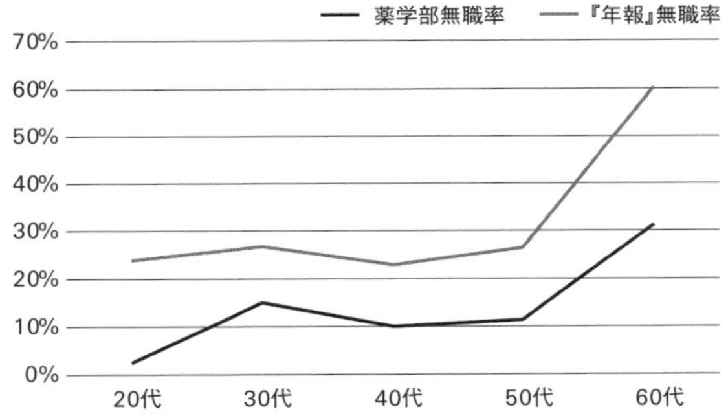

図2.8 薬学部卒業生と一般労働者の無職率

いま一つの「確かなキャリア」は、年収にもはっきり現れる。ライフサイクルによって雇用形態が多様化するから、男性のような年齢別平均所得による生涯所得推計は適切ではない。そこで、雇用形態の分類に応じて、それぞれの平均年収を計算すると**表2.5**の左のようになる（単位は万円、サンプル数が10人以下の小さいセルについては、誤差が大きいので省略）。

正規で働いている場合は、20代の434万円から、30代556万円►40代678万円►50代812万円へと上昇する。この年収と比較するために右表に、政府統計（2016年の「賃金構造基本統計調査」の正規雇用労働者）の「大卒」女性の年収を示した。すべての年代において、薬学部卒は大卒平均年収より2割ほど多い。倍率で示せば、20代の1.18倍から順に、1.2倍、1.2倍、1.3倍になる。60代になると734万円に減少するが、大卒平均と比較すると1.4倍である。高齢者の就業機会に恵まれて

表2.5 薬学部卒業生の女性と政府統計の大卒女性の年収(単位、万円)

薬学部の女性	正規就業者	派遣パートその他	自営・家族従事	**政府統計女性**	企業規模計	大企業
20代	434	—	—	20代	367	398
30代	556	288	—	30代	463	510
40代	678	274	—	40代	562	641
50代	812	300	722	50代	604	697
60代	734	343	591	60代	514	494

いるのも薬剤師職の強みである。企業規模1000人以上の大企業の大卒年収も示したが、これと比較しても1.1倍ほど多い。

非正規の平均年収も掲載したが、こちらは、世代による差が小さく、いずれも300万円前後である。一般労働者の大卒の平均パート収入は不明だが、100万円ほどのパートで家計を補助している主婦の日常性を思い起こせば、かなり恵まれた非正規労働者である。60代の定年制を考えれば、60代になっても、38%がパートで働くことができ、343万円の収入が確保できるのは、かなり安定した、確かなキャリアだといえる。

2.3 薬学部[2]
「高い」役立ち度の背後にある「不満」を考える

Chapter 1の薬学部編(2)では、「五つの教育と現場を結ぶ役立ちルート」のうち、薬学部に特有な三つのルートを取り上げた。「専門知識ルート(業務に役立つキャンパスの知識は多様に存在している)」「知識の基礎ルート(大学の知と仕事の知は基礎のレベルで繋がっている)」「移行支援ルート(実習などの多様なカリキュラムが就職や仕事への移行をスムーズにしている)」の三つである。専門教育カリキュラムが仕事の現場に繋がっているのは薬学部に特殊な事例だと読むのは一面的にすぎると思う。専門教育のカリキュラムが仕事に繋がるルートとして、「知識・基礎・支援」の三つの形式があると解釈すれば、他学部の専門教育を考えるうえでも参考になると思う。

三つの形式の強弱と組み合わせは学部によって異なっているだろうが、三つともに強く組み合っているところに薬学部らしさがある。この特性が「振り返り評価法」の「役立ち度」に反映されており、「専門講義」「基礎実習」「実務実習」の専門三科目が三つともかなり高く評価されていた。素敵だと思うが、役立ち度が高いというだけで、専門教育に対する期待が充たされるわけではない。同じ教育を受けながら、役立ち度の評価がばらつくのはなぜか、という問題だけではない。教育の効果を評価するいま一つの「振り返り評価法」として、私たちは満足度という尺度を用意している。「在学中の教育や学生生活を振り返って、現在どれくらい満足していますか」を質問し、「とても満足」「やや満足」「あまり満足していない」「まったく満足していない」の4件法で回答してもらった。仕事に役立っていれば、教育の目標がすべて達成されたとはいえない。教育には、役立つ以上、あるいは役立つ以外の期待が込められている。満足度には、そうしたもろもろの期待が満たされたかどうか、という気持ちが反映されていると考えた。役立ち度については、すでに紹介したので、ここでは、薬学部教育の満足度を取り上げ、「高い」役立ち度の背後にある卒業生たちの多様な思いを探ることにする。

1 | 専門三科目の満足度は高いが2割は不満

調査では、「学生生活の全般」の総合評価だけでなく、授業科目や部・サークル活動、および教員の指導などについての満足度も質問している。情報教育と英語の満足度は質問しなかったので、専門三科目と人文社会系の一般教育の満足度を比較すると**図2.9**のようになる。役立ち度と同様に専門三科目の満足度は高く、人文社会の満足度はかなり低い。

人文社会の教養科目に満足する者は少ないのは確かだが、4割ほどは「とても」、あるいは「やや」満足しており、満足／不満の二分割からすれば、4対6で不満が多い。教養科目は役立ち度が低いだけでなく、満足度も最も低い。寂しい結果であり、教養教育のあり方は真摯に取り組むべき課題だが、それよりも気になるのは、専門科目に「満足していない（不満）」が2割ほど占めていることだと思う。専門職の学部に入学したにもかかわらず、2割の不満があるというのは、人文社会の6割不満に劣らないほどに深刻ではないだろうか。

満足度の平均点を比較して、カリキュラムを評価することもできるが、数字のメリットは、平均点だけでなく、数字のばらつき（分散、分布）を示してくれるところにある。ここでは、不満率に着目して、薬学部のカリキュラム評価を特徴づけて

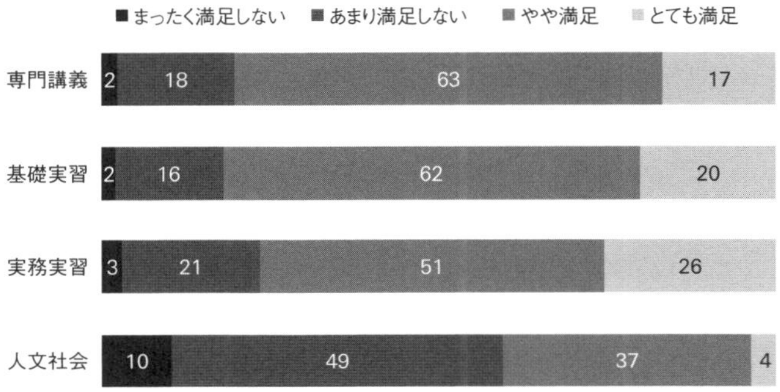

図2.9 専門と仕事の関連性と役立ち度——生命科学部

おく。役立ち度が高いにもかかわらず不満が残るところに、薬学部教育の課題があると推測され、その課題は、薬学部教育に対する反省を語っている言葉群と地続きになっている。

2｜専門カリキュラム不満とソシアル不満

図2.10は、「部活・サークル活動」と「友人関係」の満足度である。「とても」満足が5割前後を占めており、2割ほどの専門科目とは大違いだ。友人関係に対する不満は6%にすぎなく、強い人間関係がキャンパスライフを安定させる要になっている。

学生生活の満足度調査をいくつか重ねてきた経験からすると、満足度が8割を超えれば十分だと安心するよりも、少ない不満の要因を探る「不満の研究」が大切だ。そこで、次の二つの不満に着目してみた。一つは、専門科目に対する不満である。実務実習は、比較的新しいカリキュラムのため受講していない世代があるので除外して、「専門講義」と「基礎実習」の「どちらかに一つでも」不満とした者を「専門カリキュラム不満」とよぶことにする。いま一つは、部活サークルと友人関係の「どちらかに一つでも」不満とした者を「ソシアル不満」とする。なお、部活動に参加していない者は、不満なしグループに入れている。

この二つの不満をクロスすると**表2.6**のように四つの類型に分けることができる。四項目のいずれにも不満なしの「オール満足型」は、対象者の64%を占める。36%が何らかの不満を持っており、「学生生活全般」の不満割合（14%）よりもかなり多い。「学生生活全般」からすれば満足していても、個別の領域では不満の残る

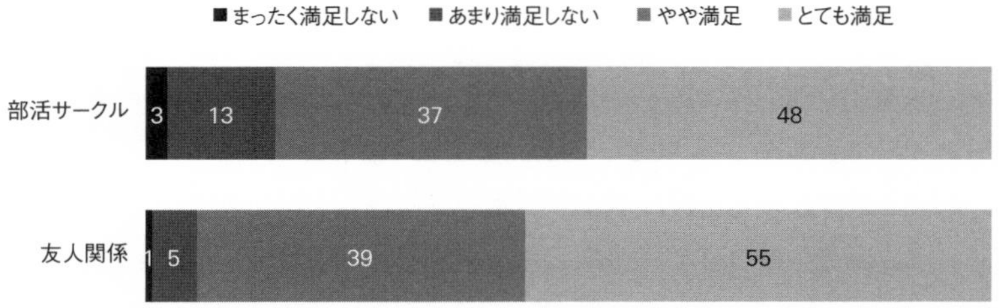

図2.10 部・サークル活動と友人関係の満足度

表2.6 不満の類型と分布—(　　)内は生命科学部

	専門カリキュラム満足	専門カリキュラム不満
ソシアル満足	オール満足 64%(69%)	アカデミック不満 20%(11%)
ソシアル不満	ソシアル不満 10%(14%)	大学不満 6%(5%)

ケースがかなりあるということである。不満のタイプで一番多いのは、ソシアル関係には満足しているが、専門カリキュラムに不満のある「アカデミック不満型」(20%)である。次いで、カリキュラムに満足しているが、ソシアルに不満が残る「ソシアル不満型」(10%)。両方ともに不満が残る深刻な「大学不満型」は6%である。

不満をゼロにするのは難しいが、どの領域の不満が大きいかを調べ、その大きい不満を小さくする工夫を考えるのが大切だ。薬学部の不満の特性を理解するためには、生命科学部との比較をすると分かりやすい。表の()内に生命科学部の%を示した。「大学不満」は5%で、カリキュラムも人間関係も不満なこのタイプは、どうしても5、6%は残るのかもしれない。

両学部の大きな違いは、薬学部は「ソシアル不満」(10%)よりも「アカデミック不満」(20%)が多く、生命科学部は、「アカデミック不満」(11%)よりも「ソシアル不満」(14%)が多いところにある。薬学部は、専門の知識が仕事に繋がりやすく、専門三科目の役立ち度も高く評価されていたが、専門カリキュラムに対する不満は、薬学部の方が多い。意外な結果だが、高い役立ち度の背後にある不満の理由を考える必要があると思う。

3｜不満を緩和するために教師は何ができるか

不満の理由を探るのは易しくないが、授業は、教師と学生の共同作業だから、教師が不満の原因の一つになっている可能性はある。可能性の一つにすぎないが、最後に、教員の役割がどの程度不満に関係しているかをみておきたい。

満足度調査では、教員に関連する項目を二つ用意している。「教員と話をする機会」「教員の指導および授業の進め方」の満足度である。**図2.11**の結果にみるように、教員と話す機会に満足しているのは半分ほどにとどまり、教員の指導などに満足するのは、65%ほどで、35%は不満に感じている。専門カリキュラムの満足度と比較すると教師・学生関係の不満の割合はかなり多い。学生の期待に応える努力をする余地が残っているということでもある。

こうした教師学生関係が、学生不満の一つの原因にもなっていると考えられる。そこで、「教員の指導・授業」の満足度分布と不満類型との関係をみると**図2.12**のようになる。

「教員の指導・授業」に「満足している」グループでは、89%が「オール満足」型になっている。アカデミック不満の3%は残るが、大学不満は0%である。「教員の指導・授業」の「やや満足」グループも、78%が「オール満足型」で、「アカデミック不満」も9%に留まる。その一方で、「教員の指導・授業」の不満が大きいグループでは、「アカデミック不満」が40%から54%まで急増する。

ただし、「ソシアル不満」は、「教員の指導・授業」の満足度とはあまり関係がみられず、図のグラフの上下変動は目立たない。部・サークル活動や友人関係の不満は、教員の授業とあまり関係がないのは当然だろう。

「教員と話す機会」の満足度もよく似たグラフになるので省略するが、グラフの上昇ないし減少の程度をみると不満の発生確率は、「話す機会」よりも「指導と授業」との相関が強い。こうした相関関係だけから不満の原因を解明できるわけで

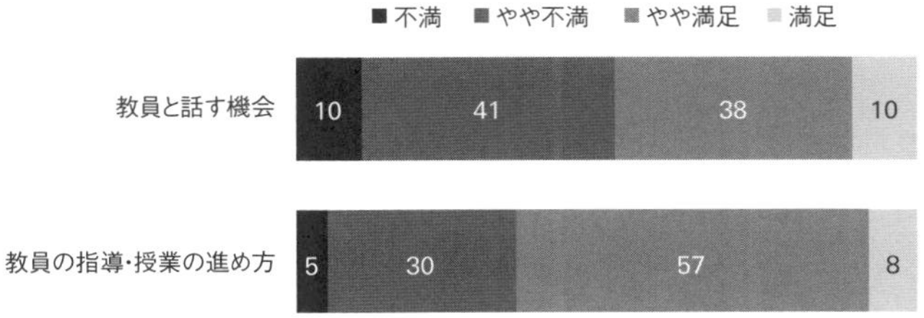

図2.11　教員と話す機会と教育の指導・授業の満足度

はないし、表面的な数字の関係にすぎないかもしれないが、教師は、学生の不満を緩和する必要性を自覚するとともに、授業を工夫する心構えをもつことが大切だと思う。

4｜数字から言葉を思い出す

こうした不満の数字をみて思い出す卒業生の言葉がある。Chapter 1の1.5の「薬学部教育の反省と疑問」で、「V 大学の役割を考えよう：「教育と研究」「教師と学生」、それぞれのバランスが欠けていないか」を取り上げた。そしてその最後に、「教育と研究」「教師と学生」の関係という広い視点に立って、大学の役割を問うている言葉を次の二つにまとめた。

第一は、「研究と臨床教育のバランスがとりにくくなっているのではないか」という指摘である。第二に、「コミュニケーション不足が、教育と研究の不在をもたらす」と述べた。

例えば、「教員方の研究に対する情熱が、各々の講義の中で感じられて良い刺激を受け、興味をそそられた」「良い指導教官に恵まれ、幸せだったと思います」という経験が多ければ、研究の魅力も伝わるだろう。その一方で、こんな行き違いもあった。

「授業（各講義）も一部を除いて、各教授が、何も脈絡もなく、自分の研究成果を伝えるだけのものが多かったです」。「大方の人は授業以外に教授とかかわる機会もなく、研究室などでも選ばれた人以外は教えてもらったり、話したりする機会も少

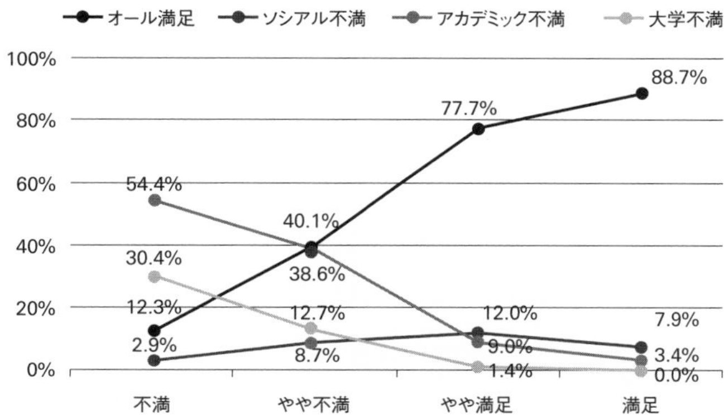

図2.12　教員の指導・授業の進め方の満足度による不満類型

なかった」。

こうした言葉が、「教員の指導・授業」の満足度と不満類型の相関関係をシンボリックに表現している。研究と教育のあり方は、理念的な価値判断で決まるという側面もあるが、教師と学生の人間関係というリアルな日常的体験からも影響を受ける。満足度を「教育効果の振り返り評価法」として設定したが、「満足度の平均点が高ければ教育の効果が大きい」という読み方だけでなく、不満の所在を知る方法として数字を組み立てると薬学部教育への反省にも繋がってくる。

2.4 薬学部[3] 薬学部教育への反省を数字で考える

Chapter 1の「薬学部教育への反省と疑問」では、「(学生時代の学びや薬剤師資格が役立つとはいえ)国家試験に合格すればよいというわけではなく、大学よりも卒業後に学ぶことが多い現状を踏まえて、教育と研究の意義を考えよう」という大学教育の本質的問題が提起されていた。

中でもインパクトがあったのは、「仕事に必要な知識とスキルは、社会人になってはじめて分かる」という指摘である。にもかかわらず、大学での教育が知識偏重になりがちである。「きつい勉強をこなせば、忍耐力だけでなく、自信もつく」が、知識だけにとらわれず、「大切な思考とスキル」「問題解決力やコミュニケーション力・協調性などを学んでほしい」ともいう。そして、「教育と研究」「教師と学生」のバランスを欠くことなく、大学の役割を見直す必要性を訴えていた。

国家試験を控えている薬学部だけに特有な問題提起ではない。仕事に必要な知識を卒業後に身につけるのはどの学部でも同じだし、社会人として必要な汎用能力や非認知能力が求められるのも同じだ。こうした普遍的な問題提起に関連する数字をみておきたい。

1 卒業時に身につけた知識能力——二つの得意と不得意

調査では、専門知識だけでなく汎用的な知識能力を含めて、それぞれの修得状況をかなり詳細に調査している。「あなたは、つぎのような知識能力を学部卒業時にどれくらい身につけていたと思いますか」を質問し、「かなり身についていた(5点)」「やや身についていた(4点)」「どちらともいえない(3点)」「あまり身についていなかった(2点)」「身についていなかった(1点)」から一つ選択してもらった。

A　大学で専攻した分野に関連する専門知識・技能
B　現在の仕事に必要な専門知識・技能
C　社会や経済に関する幅広い一般的教養的知識
D　国際人として活躍するために必要な基礎的知識や英語力
E　目標に向かってチームや集団を動かし、リーダーシップを発揮する能力（以下、リーダーシップ力と略す）
F　他者の話をしっかり聞き、他者と協力してものごとを遂行する能力（以下、チームワーク力）
G　自分の考えを分かりやすく人に伝え、理解を得るプレゼンテーションをする能力（以下、プレゼンテーション力）
H　世間の常識や既成概念にとらわれず、自ら情報を分析し、新しい考え方を提案する力（以下、批判的思考力）
I　適切な目標と方法を自分で設定し、粘り強く最後までやり遂げる力（以下、粘り強くやり遂げる力）
J　課題を解決できる思考力と判断力（以下、課題解決力）
K　社会の問題や出来事に広く関心をもち、自分の携わる職業について、将来の展望を描ける力（＝将来の展望を描く力）
L　職業人として、生涯にわたり自己学習する力
M　薬剤師として、生命の尊厳、患者の権利を尊重し、医療と薬の倫理を遵守する力（＝医療と薬の倫理遵守力）
N　患者・同僚との信頼関係を構築し、病院および地域社会におけるチーム医療に参画する力（＝地域のチーム医療に参画）
O　地域社会における活動を通じて、国民の健康と疾病の予防に貢献する力（＝国民の健康と疾病の予防に貢献）

これらの知識能力を卒業時に「かなり身についていた」と「やや身についていた」と回答した割合をみると**図2.13**のようになる。図では、「かなり」と「やや」の合計割合が大きい順に並べた。最も身についているのは、「専攻の専門知識・技能」で、54%が「身についている」と回答している。「どちらともいえない」（27%）という謙虚な選択肢も設けているから、専門知識にはかなり自信があるといってよさそうだ。

その対比として極端に身についていないのが、「国際人としての英語力」の8%。どちらともいえないというのが21%だから、7割ほどが、「身についていない」と

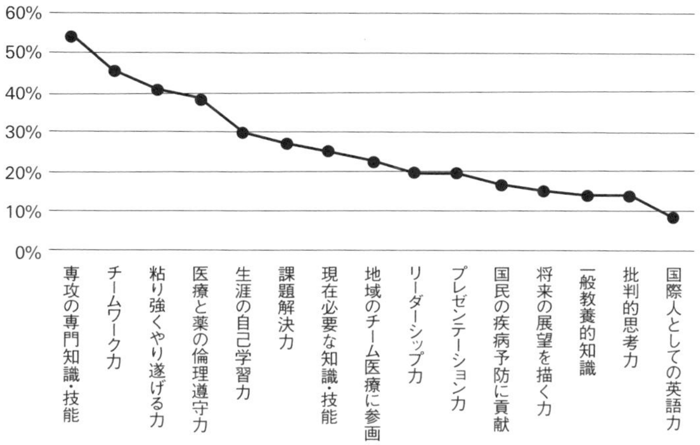

図2.13 卒業時に身につけた知識能力——身につけた割合

はっきりと自覚している。「一般教養的知識」も「身についている」のが14%にとどまる。

授業科目の知識は両極に分裂しているが、汎用能力ともいえる項目をみてみると「チームワーク」の45%が二番目、次いで「粘り強くやり遂げる力」の40%が続いている。粘り強さの高さは、「きつい勉強をこなせば、忍耐力だけでなく、自信もつく」という言葉を思い出させる。その一方で、自ら情報を分析し、新しい考え方を提案する「批判的思考力」は、わずか14%で、「語学」や「一般教養的知識」並みの低さである。「批判的思考力」は、最も大事な教養だといわれるだけに、要注意だろう。チームワーク力の高さに比べて、リーダーシップとプレゼンテーションが20%にすぎないのも気になる。「国民の疾病予防に貢献する」も低位にあるが、卒業時を考えればやむを得ない気もする。

このように数字を並べてみると、薬学部卒業生の知識能力は、二つの得意・不得意に分化しているといえる。一つは、「専門」は強いが、「教養・語学」は苦手という分化。いま一つは、「チームワークと粘り強さ」に自信はあるが、「批判的思考力とリーダーシップ」は、ちょっと、という気持ちに分かれている。卒業生の反省と提案の言葉の背後には、こうした知識能力の二分化傾向があるといえる。。

2 |「現在」身につけている知識能力——社会人になってから学ぶことが多い

調査では、卒業時だけでなく、それぞれの知識能力を「現在」どれくらい身につ

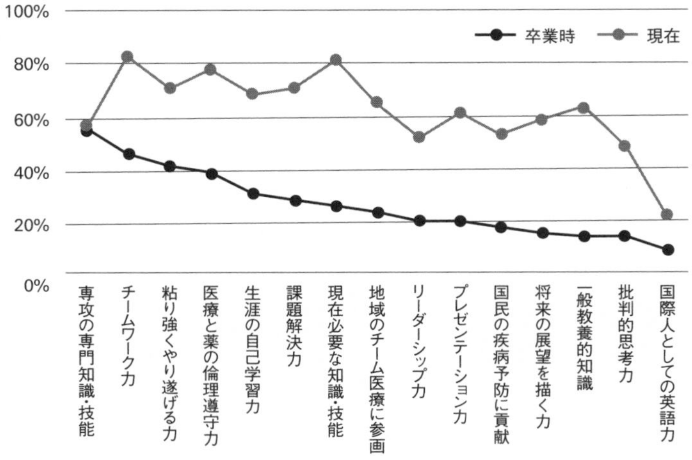

図2.14 「現在」身につけている知識能力

けていますか、も質問している。卒業時と同じように「身につけている」割合を卒業時の順番に重ねると**図2.14**のようになる。ほとんどの知識能力を5割以上身につけており、「仕事に必要な知識能力は、社会人になってから学んだ」という卒業生の言葉を数字で示した形になっている。

現在と卒業時の差が大きすぎるのではないか、という気もするが、この差は、調査の方法によって影響を受けることに留意しておいてほしい。今回の調査では、「現在」どの程度身についているかを質問した後に、「卒業時」を記入してもらっている。「現在」を基準にして、卒業時を振り返ってもらうと卒業時の評価が低くなる。「今は力をつけているが、卒業時は身につけていなかったなぁ」と卒業時を低めに見積もるのは、社会人の習性のようにも思う。調査経験からすれば、現在の評価を質問せずに、「卒業時」だけを質問すると図よりもかなり高めになる。

ここでは、図の特徴として、次の二つだけを指摘しておく。第一は、専攻の専門知識は、卒業時とほとんど変わらないが、「現在必要な専門知識・技能」は、80%が「身につけている」と自信をもって回答していることである。卒業時の25%が80%に増えている。「大学で学んだ知識はすぐに役に立たないが、必要な知識はほとんど社会人になってから学んだ」というのは、こうした数字の反映だろう。

第二は、苦手の一つだった「一般教養的知識」も14%から62%に成長したが、「国際人としての英語力」は今でも苦手で、最も低い21%に留まる。教養知の要である「批判的思考力」も47%で、二番目に低い。三番目に低いのがリーダーシップの51%。卒業時に不得意な汎用能力(批判的思考力やリーダーシップ)は、卒業後に身につけるのも難しいようである。

3｜現在の知識能力はいかに形成されたか

「現在の仕事に必要な知識・技能」は、学生時代に身につけなくても心配なさそうだが、知識・技能だけで仕事のパフォーマンスがあがるわけではない。知識だけでなく、「大切な思考とスキル」「問題解決力やコミュニケーション力・協調性などを学んでほしい」という卒業生の言葉は、社会にでれば必要になる汎用能力を学生時代から身につけてほしいという気持ちの反映である。

そして、卒業後の継続した勉強が必要だとも語っていた。「薬局薬剤師としての勉強は卒業してからがスタート」「学生時代よりも、社会人になった後のほうが勉強する機会が多い」「仕事に必要なスキルは、卒業後の勉強で身につけるのが望ましい」という。「大学の知と仕事の知は、基礎のレベルで繋がっている」という「知識の基礎ルート」では、「繰り返しの勉強を卒業後も続けなければいい仕事はできない」し、「卒業後の学びと経験が大事だが、学校の知識は現場の基礎になっている」と語られていた。

卒業生の言葉を思い出しながら**図2.14**の数字をみると、「現在身についた知識能力」は、学生時代の勉強、および現在の勉強とどのように関係しているか、という問いが浮かんでくる。アンケートの項目に「あなたは、現在の仕事や将来のキャリアのために、次の活動(勉強会、研修会、自己学習)に1か月あたりどれくらいの時間を費やしていますか」を設けたのは、現在の勉強と現在の知識能力の関係をみたかったからである。

こうした気持ちを表現すれば、「社会人としての現在の知識能力はいかに形成されたか」という問いになる。この問いを考えるために数字を組み立てたのが、Chapter 4の分析である。

2.5 生命科学部編[1]
専門と仕事——「挑戦するキャリア」の多様性と役立ち度

ここからは、生命科学部に話題を移して、「挑戦するキャリア」を支える五つの学びルートの特質を数字で描く。まず、「多様な専門知識ルート：就いている仕事によって専門知識の役立ち方が異なる。知識・技術「直結型」の業務から、「緩い関係」さらには、「無関係」まで、仕事によって異なる」という第一ルートを数字で確認しておこう。

1｜就職先の多様性

生命科学部は設立25周年を迎えたところであり、今回の調査では、1998年卒業の一期生から2017年卒の20期生が対象になっている。そこでまず、この20年間を5年単位の四世代に分けて、卒業生が就職した業種の変化をみると**表2.7**のようになる（世代分類は、学部の卒業年による。人数は男女計）。

合計の業種別分布をみると、製薬の20%、治験の18%に続くのが、化学系製造業（化学、食品・飲料、化粧品）の14%である。この三大業種で52%を占めるが、「その他」が二番目に多く、19%になる。これらに続くのが、教育（学校を含む）・公務（教員除く）の12%だが、これを二つに分ければ、教育8%と公務4%という内訳になる。この他では、化学系以外の製造業、卸小売サービス、情報の三業種だが、いずれも5%ほどである。5%前後の業種に分散し、しかも「その他」が多いところに卒業生が活躍する領域の広がりがよく現れている。

世代別の変化で際立つのは、「治験（治験業務受託機関）」が増加する一方で、「製薬」と「化学系製造業」の二業種が減少したところにある。「治験」は、第一世代の5%から第四世代の32%に急増し、この間に、二業種の割合は39%から29%までに減少した。いま一つ際立つのは、「その他」が28%から12%まで減少したことである。第一世代は、就職先を決めるのが悩ましく、多様な業種に挑戦せざるをえ

表2.7　就職先の業種分布

	製薬	治験	化学系製造業	その他製造業	卸小売サービス	情報	教育・公務員	その他	人数
第一世代	23.3%	4.7%	16.0%	3.3%	3.3%	4.7%	16.7%	28.0%	150
第二世代	20.0%	16.4%	11.4%	7.1%	4.3%	5.7%	15.0%	20.0%	140
第三世代	20.8%	16.9%	16.2%	6.5%	6.5%	6.5%	9.1%	17.5%	154
第四世代	17.1%	32.3%	12.2%	3.7%	7.3%	6.1%	9.8%	11.6%	164
合計	20.2%	17.9%	14.0%	5.1%	5.4%	5.8%	12.5%	19.1%	608

なかった事情があっただろうし、先輩たちの就職先の開拓によって、就職先の業種が徐々に見えやすくなったといえる。見えやすくなったとはいえ、「治験」以外の分野は、第一世代に劣らず広く分散しており、他分野にわたる挑戦が続いている。

2｜専門講義の役立ち度(分布)

「仕事によって専門知識の役立ち方は異なる」のが生命科学部の第一の特徴である。この言葉を「専門科目の講義」の「役立ち度」の数字からみておこう。すでに報告したように、生命科学部の役立ち度は、「専門と仕事の関連性」が強いか弱いかによって、大きな違いがみられられた。ここでは、役立ち度の平均点ではなく、点数のバラツキに着目して、業種による違いをみてみよう。10点満点評価のうち、8点以上を「有効」評価、7点〜4点を「普通」、3点以下を「無効」として、「現職」の業種別の役立ち度の分布と人数を示すと**表2.8**のようになる。8点以上の有効評価が高い順番に業種を並べたが、その数字からみれば、八つの業種は大きくは四つのグループに分類できる。

第一は、有効評価が40%を上回るほど役立ち度の高い業種で、「教育・公務員」と「製薬」の二業種がこれに含まれる。人数も14%と20%を占め、生命科学部卒業生のメインルートを形成している。しかし、この二業種でも1割あまりが3点以下の無効評価をしており、「役立ち度」という言葉の受け止め方に大きな個人差があり、言葉の意味の揺らぎが現れている。

表2.8　業種別の役立ち度(分布)

	有効(8点以上)	普通	無効(3点以下)	人数と%	
教育・公務員	46%	40%	15%	81	14%
製薬	42%	46%	11%	114	20%
その他	34%	38%	28%	113	20%
化学系製造業	33%	52%	15%	67	12%
その他製造業	28%	44%	28%	36	6%
治験	24%	56%	19%	103	18%
情報	11%	46%	43%	35	6%
卸小売サービス	7%	40%	53%	30	5%
合計	32%	46%	22%	579	100%

第二は、有効評価が平均並み（30%前後）の業種で、「その他」「化学系製造業」「その他製造業」が含まれる。ただし、化学系製造業は、無効評価が15%とかなり低く、製薬に近い。化学系製造業には、食品・飲料・化粧品など生命科学に近い業種が含まれているからである。

第三は、有効評価が24%と低い一方で、無効評価も19%と平均よりも少ない「治験業務受託機関（CRO）」である。4点から7点の「普通評価」が最も多いという特徴をもった業種である。人数が18%を占めており、最近では最も多い就職先である。就職先の機会として開かれているが、自由記述の言葉にあったように、「基礎的な生物、化学、薬学の知識は、CROに勤めているので、基本的に役立っていると感じています」という雰囲気に近い。普通評価が多いという意味では、「化学系製造業」が「治験」に近い業種になる。

第四は、有効評価は1割前後にすぎず、無効評価が5割前後を占める「情報」と「卸小売サービス」である。これらの業種には、どの世代でも1割あまりが就職している。

こうした業種と役立ち度との関連を解釈すれば、「専門の生かされ方は、知識・技術の「直接的関係」から、「幅広い関係」、「緩い関係」、そして「無関係」まで、仕事によって異なる」という言葉にもなる。

キャリアの多様性を象徴する一つの断面が「その他」人数の多さに現れているが、その役立ち度は思いのほか高い。就職先が不透明なためにやむを得ず「その他」に流れているわけではなく、専門を生かす道を開拓している感じがする。「その他」の選択肢では、「具体的な職種」を自由に書いてもらった。44人が具体的な職種を記入しているので、その内容を列挙しておく。生命科学とまったく関係のない職種もある（主として●印）が、生命科学卒業生の仕事の性格を知る上で有効だし、しかもかなり専門的な職種についており、役立ち度が高くなるのも納得できる（カッコ内は人数）。

○　商品開発（5）、商品企画、製品開発、洗剤の企画開発、開発、コンサルタント
○　衛生管理、衛生監視員（2）、食品などの衛生管理サービス、環境系コンサルティング
○　生産技術、技術職、技術営業職（2）、電子回路設計、胚培養士（医療技術士）、専門職
○　医師（3）、保育園栄養士、動物園飼育職、市役所化学職、塾講師

○　編集(4)、リサーチャー、研究補助、実験補助業務、被験者登録業務
●　事務、財務部、金融業、商社営業
●　芸能、料理人、ホテル業

Chapter 5の自由記述欄に登場する言葉だが、そこでは、卒業時の不安とカリキュラムの改善がリンクして語られている。それらを読むと、卒業時の不安を克服し、元気に活躍している頼もしい卒業生はかなり多いことが分かる。「こんな仕事もあるんだ」という卒業生の経験を在校生に伝えたいとも言っている。挑戦するキャリアにふさわしい先輩の頼もしくも温かい言葉である。

3｜言葉から数字を組み立てる――現在も学習をしている人ほど「専門講義が役に立つ」と評価する

表2.8をみて、いま一つ考えさせられるのは、役立ち度が高い業種でも「無効」だと評価されたり、役立ち度が低い業種でも「有効」だと評価されたりするという評価のバラツキ問題である。先に、「役に立たない」と言うのは「誰か」という問いを立てて、学生時代に「勉強しなかった人」ほど「役に立たない」という傾向にあると述べた。これもバラツキを説明する一つの要因だが、それに加えて、「多様な専門知識ルート」で語られていた言葉を思い出してみよう。「専門と仕事」の関連性は、仕事の性質と密接に関係があるとはいえ、在学中の本人の勉学と卒業後の学習によって、役立つ「感じ」が多様に変質する。「緩い関係」が強い関係になるのは卒業後の学習次第だが、それは、「無関係」が「緩い関係」を感じるようになるのにも通じる。つまり、役立ち度の評価は、在学中の学びの熱心度だけでなく、卒業後の学習から影響を受ける。

同じような言葉は、薬学部でも語られていた。とくに、「知識の基礎ルート」では、大学の知と仕事の知は、“基礎”のレベルで繋がっており、知識が繋がるためには、日頃の学習が必要だと述べている。学生時代の知識が生きてくるかどうかは、日頃の勉強次第で変わってくるし、勉強すれば学生時代の知識は無関係ではなく、基礎のレベルで繋がっているように感じる。

役立ち度の評価は、仕事の性質によって違ってくるが、それだけでなく、在学中の学習熱心度と現在の学びの広さや深さによって変わると考えられる。こうした言葉の組み立てが、数字を組み立てるヒントにもなる。あるいは、言葉の組み立てを一つの仮説の創出だと考えれば、その仮説を数字で検証するという発想になる。

表2.9 学ぶ人ほど役立ち度(専門講義)が高くなる(生命科学部R2乗=0.215)

	非標準化係数		標準化係数	t値	有意確率
	B	標準誤差			
(定数)	1.494	0.589		2.538	0.012
専門科目の講義:熱心度	1.076	0.187	0.325	5.760	0.000
現在の学習時間合計	0.083	0.019	0.258	4.262	0.000
仕事に直結する専門知識ダミー	0.764	0.351	0.131	2.174	0.031

調査では、「現在の仕事や将来のキャリアのために、1か月あたりどれくらいの時間を費やしていますか」を質問している。「職場での勉強会・研修会」「職場以外での勉強会・研修会」「その他の自己学習(自己学習)」の三つについて、「していない」「月1〜2時間」「月3〜5時間」「月6〜9時間」「月10時間以上」の選択肢を設け、三つの学習形態の合計時間を「現在の学習時間合計」とした。

いま一つに、「研修会や読書などでどのような内容を学習していますか」を質問し、「現在の仕事に直結する専門知識」「ビジネス・マネジメントに関する知識」「情報処理技術に関する知識」などについて、「学習している(1)」「していない(0)」の選択肢を設けた。

これらの数字を使って、言葉の組み立てを数字の組み立てに変換すると**表2.9**のような重回帰分析になる(男性のみを対象)。三つの変数ともに、役立ち度にプラスの影響を与えていることが分かる(有意確率が5%より小さい)。在学中に「専門講義に熱心に取り組む」ほど「専門講義の役立ち度」は高くなる(勉学に不熱心だった卒業生ほど「役に立たない」と言う)。そして、現在の学習時間が長いほど「専門講義が役に立つ」と思う傾向にある。学習の内容のうち、プラスの効果があるのは、「仕事に直結する専門知識」を「学習している(1)」だった。他の学習内容は専門講義の役立ち度に影響していなかった。

同じ組み立て(モデル)を薬学部に適用したのが、**表2.10**である。説明力は、生命科学部よりも小さくなるが、「学習」と「役立ち度」の関係は、言葉でも数字でも、二つの学部に共通している。二つの学部だけでなく、どの大学、どの学部でも同じ傾向にあると考えてよいと思う。

表2.10 学ぶ人ほど役立ち度(専門講義)が高くなる(薬学部R2乗=0.162)

	非標準化係数		標準化係数	t 値	有意確率
	B	標準誤差			
(定数)	2.979	0.210		14.204	0.000
専門科目の講義:熱心度	1.103	0.067	0.360	16.493	0.000
現在の学習時間合計	0.024	0.006	0.092	4.034	0.000
仕事に直結する専門知識ダミー	0.604	0.127	0.108	4.765	0.000

2.6 生命科学部編[2]
科学的教養——役立ち度と満足度の間に潜む

「知識よりも科学的思考や幅広い考え方、および教養という価値がある」という生命科学部の第二ルートは、薬学部ではみられなかった言葉だけに、興味深く印象づけられた。一般教育の教養科目が役に立っているかどうか、という視点は想定内だが、専門科目の学びを教養として認識するという発想は、そもそも調査設計の枠組みに入っていなかった。工学部と高専の調査でも考えなかったので、調査設計の弱点を露わにしてくれた貴重な言葉群であり、これらの言葉を補強する数字は見つかりそうもないと諦めていた。ところが、一連の言葉を記述しているうちに、一つの仮説を思いついた。

生命科学部の専門科目の役立ち度は、薬学部よりも低かった。そこで、もし、生命科学部の専門科目の満足度が薬学部よりも高かったらどうだろうか。役立ち度が低いけれども、満足度が高いということは、「科学的教養」で語られていた「仕事に生かすこと以外の何か」の価値を認めていることになるのではないか、という仮説である。こんな仮説を想定しながら、生命科学部の満足度をみてみよう。

1 | 役立ち度は低いが満足度の高い生命科学部

すでに紹介したように、専門科目の講義、および専門科目の実習についての役立ち度は、明らかに薬学部の方が高い。国家試験に直結する授業だから当然のことである。その一方で、卒業論文研究の経験は、薬学部よりも生命科学部の役立ち評価が高い。卒業論文研究を通して科学的なものの見方が身についた、という言葉を思い起こせば納得感がある。

表2.11 授業科目の満足度比較

		まったく満足していない	あまり満足していない	やや満足している	とても満足している	人数
専門科目の実習	薬学部	2%	16%	62%	20%	4270
	生命科学部	1%	9%	59%	30%	711
卒業論文研究	薬学部	11%	25%	39%	26%	4280
	生命科学部	3%	11%	40%	46%	729

こうした役立ち度の実態を踏まえて、専門科目の講義、専門科目の実習、卒業論文研究の満足度を比較してみた。**表2.11**にみるように、いずれのケースでも、「とても」満足している割合は、生命科学部の方が高い。カイ2乗検定によれば、いずれも学部によって満足度に差がないとはいえない。つまり、生命科学部の満足度は薬学部よりも高い。学部と満足度との関連が最も強いのは、卒論研究であり、次いで、専門科目の実習、専門科目の講義という順になる。

役立ち度も高く、満足度も高い卒業論文研究は、生命科学部のカリキュラムの大黒柱になっている。その特徴がここにもよく現れているが、役立ち度の低かった専門二科目の満足度が、薬学部よりも高いのは意外だった。「暗記ではなく考える勉強が多く、テストが記述式なのも良かった」という生命科学部の言葉と試験に追われる薬学部の違いだともいえるが、科学的教養の価値を重視するか、役立つ知識を重視するかの違いだとも解釈できる。

2｜言葉から数字を発想する

役立っていれば満足、役立たなければ不満、という単純な相関関係ではないところに教育の多様性が潜んでいる。「役立ち度は低いけれども、満足度が高い」という領域に、「専門知識を生かせる職業に就くこと以外のメリット」が存在するという仮説を想像しながら、「専門の講義」「専門の実習」「卒業論文研究」の役立ち度と満足度の数字をプロットすると**図2.15**のようになる。三科目について、薬学部を始点、生命科学部を終点とする矢印を表示した。

生命科学部の講義は、役立ち度が低いけれども、満足度は薬学部よりも高く、図では右下がりの矢印になっている。役に立っている薬学部よりも満足度が高いのは、何かの手段として学ぶのではなく、学ぶこと自体が楽しいという表明であり、知的好奇心が満たされているといえる。「役立ち度が低い／満足度が高い」（役に立

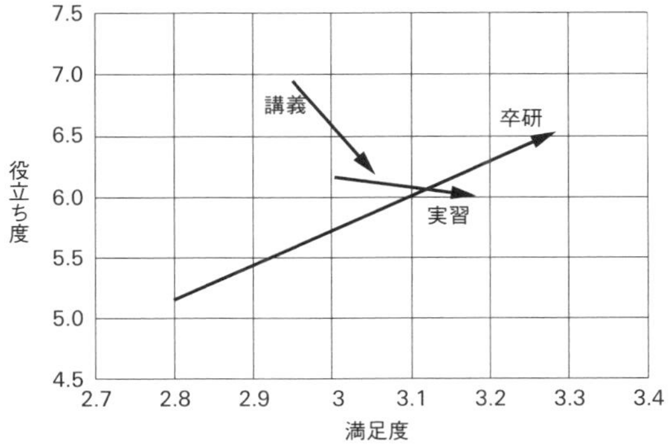

図2.15 役立ち度と満足度にみる学びの多様性

たないかもしれないが、面白い）という領域は、学ぶことを楽しむ教養的学習を反映していると解釈できる。

「実習」の役立ち度は学部に違いはないが、満足度は生命科学部の方が高い。また、卒業論文研究になると生命科学部では、役立ち度も高く、満足度も高い。「面白くて役に立つ」領域であり、「充実」した卒業論文研究の学びを反映している。卒業論文研究重視の生命科学部らしい結果になっている。

3｜専門と仕事の関連がまったく関連がなくても、満足度は結構高い

もう一つの数字を紹介しておこう。「現在の仕事の内容と専攻した専門分野の関連」ついて、「大いに関連あり」「やや関連あり」「あまり関係ない」「まったく関連ない」を調査している。すでに報告したように、生命科学部は、「関連なし」の割合が多く、「関連がない」ほど役立ち評価は顕著に低くなる。理にかなった結果であり、それが生命科学部の特徴だ。

だからといって、関連なしの分野に就職すれば、生命科学を学んだ価値がなくなるわけではない。「仕事に生かされる価値」と「仕事以外の価値の発見」、この二つの共存が生命科学の魅力である。科学的教養の言葉が、この共存を語っているように思う。そして、その言葉の一端が、満足度の指標に反映していると解釈できる。そこで、「仕事と専門分野の関連」の四分類と満足度の関係をみると**表2.12**のようになる。

専門と仕事が「まったく関連なし」であれば、専門の講義はあまり役に立っていないから、満足度も低いだろう想像される。ところが、「とても満足している」が

表2.12 「仕事と専門分野の関連」と満足度

	専門と仕事の関連	まったく満足していない	あまり満足していない	やや満足している	とても満足している	人数	
専門科目の講義内容	大いに関連あり	0%	12%	58%	30%	86	
	やや関連あり	1%	13%	68%	18%	223	
	あまり関連ない	1%	15%	71%	14%	123	
	まったく関連ない	4%	14%	61%	20%	142	カイ2乗＝10.9 p値＝0.09
専門科目の実習	大いに関連あり	0%	7%	56%	37%	86	
	やや関連あり	1%	7%	63%	29%	221	
	あまり関連ない	0%	16%	61%	23%	126	
	まったく関連ない	3%	12%	52%	34%	139	カイ2乗＝13.5 p値＝0.036
卒業論文研究	大いに関連あり	0%	9%	36%	55%	88	
	やや関連あり	2%	12%	39%	47%	224	
	あまり関連ない	4%	14%	47%	35%	131	
	まったく関連ない	6%	13%	35%	46%	142	カイ2乗＝11.4 p値＝0.076

20%もいる。「大いに関連あり」の30%満足よりは少ないが、「やや関連あり」の18%、「あまり関連なし」の14%よりも多い。つまり、仕事との関連がなくなるほど満足度が低下するという線形の関係はみられない。クロス集計のセルにはゼロおよび小さい数字があるので、「まったく満足していない」と「あまり満足していない」は合算して三分類で集計した方が統計分析としてはベターである。この三分類集計によるカイ2乗値と有意確率（p値）を表の右下欄外に示しておいた。専門の講義内容は、p値が0.09であり、5%危険率で満足度との関係があるとはいえない。

専門科目の実習も「まったく関連なし」の34%が「とても満足」しており、「大いに関連あり」の37%に次ぐ高い評価である。卒業論文研究になると「まったく関連なし」でも、平均並みに満足しており、46%が「とても」満足している。いずれのカイ2乗値も小さく、数字の変化をみても、仕事と専攻との強弱が満足度と線形の関係にあるとはいえそうにない。

以上にみるように、役立ち度と満足度は、役立つほど満足するという単純な関係にあるわけではない。もちろん、「役に立つから、満足する」、あるいは「役に立たないから、不満」という相関関係もあるが、すべてがこの二つの相関関係に吸収されるわけではない。役立ち度と満足度の間には、「役に立たないけれども、満足できる」という知的好奇心を刺激してくれる学びの領域が混在している。この混在が大学らしさの証だろう。役立ち度と満足度が相関する教育もあれば、無相関にばらついて、複数の領域に多様化する教育もある。あるいは、二つがマイナスに逆相関することに価値を見い出す（役に立たないからこそ面白い）教育もあるだろう。

調査の設計段階では、「役立ち度」と「満足度」の二つを「教育の効果2」の「振り返り評価法」として位置づけていた。卒業後の経験を踏まえた大学教育の振り返りが、教育効果を評価する方法だと判断したからだが、思いつきの指標を単純に並べたにすぎなく、二つの関係性の中に教育の意義を多元的に理解する枠組みが潜んでいるとは考えてもいなかった。言葉と数字を重ねて思考する重要性を改めて教えられた事例になる。

2.7 生命科学部編［3］ 情報と英語——業種を横断して役立つビジネス・スキル

「情報処理とPCの技術が直接的に役立っている」「英語の上達が海外研修は確実に役立つ」という二つの言葉は、薬学部ではほとんどみられなかった。薬学部でも情報教育や英語教育が大事だという意見はあったが、その教育が今に生かされているという文脈では語られていない。

2.1で紹介したように、生命科学部のこうした言葉は役立ち度の数字にはっきり現れている。「情報処理教育」の役立ち度が5.5点、「外国語」が5.1点というスコアは、薬学部の4.5点と3.9点よりもかなり高い。生命科学教育の中心ではないが、二つともに、特定の業種に必要な技術ではなく、どの業種でも不可欠な技術になっている。生命科学が科学的教養という価値をもつからこそ、専門とは別の実務的ビジネス・スキルが重宝になる。

平均点ではなく、役立ち度の分布から確認すると**表2.13**のようになる。情報処理の有効評価（8点以上）は、生命科学部で24%。四人に一人が有効だと高く評価しており、10点満点評価も8%ほどいる。薬学部の有効評価13%と比べてかなり多い。10点満点の評価で、8点以上を選択するのは、その有効性を日常的に実感しているからだと思う。

英語も情報処理とよく似ており、20%が有効評価で、薬学部よりも2倍ほど多い。有効だと評価されてはいるが、英語教育の改善を求める生命科学部の声はさ

表2.13 役立ち度の分布

		有効(8点以上)	普通	無効(3点以下)	人数
情報処理	生命科学部	24%	49%	26%	683
	薬学部	13%	48%	39%	2294
英語	生命科学部	20%	49%	31%	731
	薬学部	9%	40%	51%	4238

らに大きい。その声はChapter 5の「卒業生による授業改善の提案」で取り上げる。

業種を横断して役立つ

この二つのビジネス・スキルは、どの業界でも役に立つ。そのことを確認するために、業種によって役立ち度が異なるかどうかをみておこう。

役立ち度の分布を現職の業種別に集計すると**表2.14**のようになる。情報処理の有効評価は、一番多い教育・公務で27%。最も少ないのが卸小売りの15%である。ここだけを比較すると業種によって違いがあるように見えるが、このクロス表のカイ2乗値は小さく、業種と役立ち度の間に関連があるとはいえない(有意確率のp値= 0.534)。英語の役立ち度の分布も業種による有意な関連は認められない。専門講義の役立ち度が業種によって異なるのとは大違いである。

このように、「◯◯の業種に就職するなら、情報処理あるいは英語を学ぶのが望ましい」というアドバイスは現実的ではない。どの業種でも役立つ可能性が開かれている。就職先が多様化している「挑戦するキャリア」の教育にとっては、なおさら貴重な武器になる。好き嫌いもあるから強制する必要はないが、どの業種でも役立つビジネス・スキルの武器をいくつか常備しておくのが賢明だろう。

2.8 生命科学部編[4] 学びの共同体を構築するために

在学中に「人生と生活を支える土台ができた」という声がある一方で、今に生かされていない教育に対する反省や不満も語られていた。こうした反省的言説から生命科学部の教育課題をまとめたのが、「学びの共同体が構築されているか?」という問題提起である。そこには、「キャリア不安」「サボる学生」「不人気な教師」という三つの問題点があることを指摘した。そこで語られていた言葉は、Chapter 5の

表2.14 業種別の役立ち度

	情報処理役立ち3分類			人数
	有効	普通	無効	
製薬	23%	49%	28%	112
治験	16%	58%	26%	97
化学系製造業	24%	44%	32%	66
その他製造業	16%	59%	25%	32
卸小売サービス	15%	41%	44%	27
情報	22%	50%	28%	32
教育・公務員	27%	52%	21%	77
その他	27%	44%	29%	104
合計	22%	50%	28%	547

カイ2乗＝12.9　p値＝0.534

	英語役立ち3分類			人数
	有効	普通	無効	
製薬	20%	50%	30%	117
治験	15%	55%	30%	105
化学系製造業	19%	51%	30%	69
その他製造業	22%	47%	31%	36
卸小売サービス	6%	52%	42%	31
情報	20%	40%	40%	35
教育・公務員	22%	45%	33%	82
その他	19%	40%	42%	113
合計	18%	48%	34%	588

カイ2乗＝12.1　p値＝0.594

教育改善の提案に直接関係するところが多いので、そちらも参照してほしい。

1｜アカデミック不満よりも多いソシアル不満――学生仲間の連帯感がやや薄い?

サボる学生や不人気教師の言葉からすると授業に対する不満がかなり多いように思われる。しかし、すでに述べたように、専門科目の講義、専門科目の実習に対する満足度は、薬学部よりも高かった。生命科学部の満足度で気になるのは、授業

表2.15　友人関係と部・サークル活動の不満

		不満	やや満足	とても満足		回答人数
友人関係	生命科学部	8%	33%	59%		733
	薬学部	6%	39%	55%		4295
		不満	やや満足	とても満足	経験なし	回答人数
部・サークル活動	生命科学部	15%	25%	39%	21%	726
	薬学部	14%	33%	43%	10%	4265

よりも友人関係と部・サークル活動の満足度である。

友人関係の満足度を比較したのが**表2.15**である。数字の大きさはそれほどではないが(カイ2乗検定では学部による違いがないとはいえない)、生命科学部は、「とても満足」が多い一方で、不満の割合も薬学部より多い。とても満足と不満の両極に分かれやすい傾向にあり、楽しい友人関係を築いているグループがいる一方で、寂しく孤立している人が少なくない。生命科学部は、そんな雰囲気になっている。

部・サークル活動の満足度では、とても満足が少なく、そもそも部・サークル活動に参加しない割合が高い。薬学部では、1割が「経験していない」のに対して、生命科学部は2割も「経験していない」。経験なしを除いて集計すると、薬学部の不満が15%であるのに対して、生命科学は19%になる。

このように、生命科学部は、専門科目の満足度は高いけれども、人間関係の満足度が低いという特徴をもっている。ここで、薬学部で紹介した不満の類型をもう一度みてみよう。専門二科目の二つともに満足していれば専門カリキュラム満足、一つでも不満があれば専門カリキュラム不満とする分類である。そして、友人関係と部・サークル活動の二つとも満足であればソシアル満足、一つでも不満があればソシアル不満とする(経験なしは、不満なしとする)。

この不満類型の分布をみると**表2.16**のようになる。(　)内の%は薬学部であ

表2.16　不満の類型(生命科学部)

	専門カリキュラム満足	専門カリキュラム不満
ソシアル満足	オール満足 69%(64%)	アカデミック不満 11%(20%)
ソシアル不満	ソシアル不満 14% (10%)	大学不満 5%(6%)

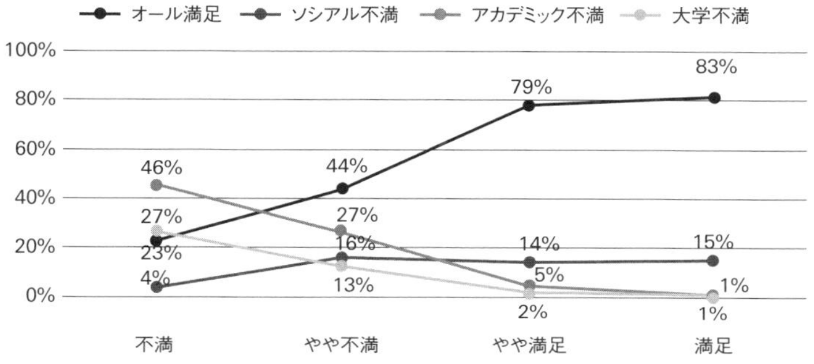

図2.16　教員の指導・授業の進め方の満足度による不満類型

る。生命科学部の「オール満足」は69%であり、薬学部の64%よりもやや多い。この違いよりも目立つのは、アカデミック不満が少なく、ソシアル不満が多いところにある。生命科学部は、専門の講義と実習にはかなり満足しており、アカデミック不満は1割であり、薬学部の半分にとどまる。折角の高い専門カリキュラム満足に水を差しているのが、ソシアル不満の14%である。

学びの共同体を構築するためには、学生と教師の共同作業が必要だが、キャンパスライフの満足度を高めるためには、学生仲間の友好関係を築くことが不可欠である。薬学部の類型化でも紹介したように、ソシアル不満は、「教員の指導や授業の進め方」に満足しているかどうかは、あまり関係がない。つまり、ソシアル不満は、教員の努力の枠外にある。このことは、教員の指導や授業の進め方と不満類型の関係をみればはっきりする（**図2.16**）。

授業の進めた方の満足度が高くなれば、「オール満足」は23%から83%に上昇し、アカデミック不満は46%から1%にまで減少する。かなり大きな違いだ。大学不満も27%から1%に減少する。ところが、ソシアル不満は、「やや不満」から「満足」までほぼ平行線であり、授業の進め方とソシアル不満とはあまり関係がない。

生命科学部の学びの満足度が高いという数字は、薬学部と比較しての特徴であり、学びの共同体が構築されている証拠だとはいえない。学生と教職員の一体感を高めるためには、まずもって学生同士の一体感が不可欠である。部・サークル活動の経験が少ないこともあわせて考えると、不満の研究からすれば、学生仲間の間にあるべきはずの連帯感がやや薄いように感じられる。数字からみた一つの問題提起にしておきたい。

2｜授業をめぐるカリキュラム・教師・学生の不整合——教育改善の要諦

「キャリア不安」「サボる学生」「不人気教師」の三つは、生命科学部の問題というよりも、どの大学でも起きている普遍的な三大問題だと思う。Chapter 5では、授業・カリキュラム・教員の指導について、卒業生が改善すべきだと思う提案について分析するが、「授業」をめぐっては、「カリキュラム」と「学生」と「教師」の三者の間に不整合がみられることを明らかにしている。卒業生は、学生の興味を引き出すような授業をしてほしいと要望しつつ、サボる者も少なくない。その一方で、教師の授業する力や熱意に温度差がある。学生と教師にみられるこうした意欲の違いは、カリキュラムに対する考え方の相違から生じている。

薬学部では、「国家試験重視派」から「薬学理論重視派」まで、カリキュラム観にかなりの広がりがみられる。カリキュラムに対する期待が異なれば、教育改善の方向に違いが生じるのは必然だ。生命科学部では、「知識のジャンルが広いためカリキュラムの体系が伝わりにくい」ようであり、「実践に役立つ知識（英語・情報・統計など）」の期待がある一方で、「研究志向のプログラムを強化してほしい」という意見もある。詳しくは、Chapter 5を参照してほしい。

カリキュラムと学生と教師の間の不整合は、薬学部も生命科学部も同じであり、これらの不整合を解消するためには、「教員の指導・授業の進め方」を改善するという教員の努力だけでなく、教職員と学生の対話によるカリキュラムの相互理解が不可欠である。学びの共同体を構築すべきだという卒業生の言葉も同じ問題提起だといえるが、構築の大前提として、学生同志の間にあるソシアル不満は極力少なくする学生の努力も大切だ。

2.9 学部共通編［1］ 卒論研究の多元的効用と葛藤

1｜卒論研究の効用を測定する——認知能力と非認知能力の向上

両学部に共通する学びルートの一つが、卒論研究だった。学びルートの内容を次の三つにまとめて報告した。第一は、研究と仕事を繋ぐスキルで、1）情報の収集・活用力　2）実験の技術　3）論理的思考力・課題解決力　4）プレゼンテーション力の四つに代表される。第二は、社会関係資本であり、教師との信頼関係だけでなく、先輩・同僚・後輩の人間関係から学ぶことが多く、生涯の財産になっている。第三は、「粘り強くやり抜く力」「困難にぶつかっても何とかする自信」という非認知能力が身につくルートである。

実のところ、今回の卒業生調査の一つの目的は、卒論研究の効用を測定することにあった。自由記述欄でこのような言葉が両学部の共通項として語られるとは考えていなかったが、工学部と高専の卒業生調査、および事前のインタビュー調査を通して、卒論研究が果たしている効用の大きさは十分に自覚していた。その効用を数字で表現するためには、どうすればいいかと思案し、二つの調査項目を設定した。それを紹介し、言葉と数字の相補関係をみておきたいと思う。

一つの調査項目は、「卒業論文研究を振り返って、次のことがらはどれくらいあてはまりますか」について、「とてもあてはまる」「ややあてはまる」「あまりあてはまらない」「まったくあてはまらない」の4件法で質問した。ことがらの項目として10個の指標を設定した。

1｜専門分野の知識を深く理解するうえで有益だった。
2｜特定の専門分野だけでなく、幅広い専門知識が理解できるようになった。
3｜専門分野の知識だけでなく、教養的知識の重要性が実感できた。
4｜課題を自分で設定し、研究テーマを自分で設定できるようになった。
5｜困難なことを最後までやり遂げる重要性が実感できた。
6｜自分の主張を分かりやすく伝える方法を身につけることができた。
7｜チームワークで研究をすすめることの重要性が実感できた。
8｜文章の書き方の訓練に役立った。
9｜卒業論文研究のテーマは、卒業後の仕事に関連している。
10｜学問の奥深さに魅力を感じた。

1～3は、専門と教養についての認知能力が向上したかどうかの質問であり、4～8は、非認知能力ないし汎用能力に関する質問である。こうした項目は、今までの調査経験を踏まえたもので、薬学部や生命科学部を想定したわけではない。ところが、自由記述で語られているスキルや非認知能力の内容とかなり重なっており、卒論研究の効用を測る上でかなり普遍的な指標になっていると思う。

10項目に「とてもあてはまる」と「ややあてはまる」に回答した割合の合計を「薬学部Aコース」「薬学部Bコース」「生命科学部」で比較したのが**図2.17**である（薬学部の卒論研究には、A実験研究コースとB調査研究コース（論文・文献研究）がある）。

顕著な特徴を三つだけ指摘しておく。

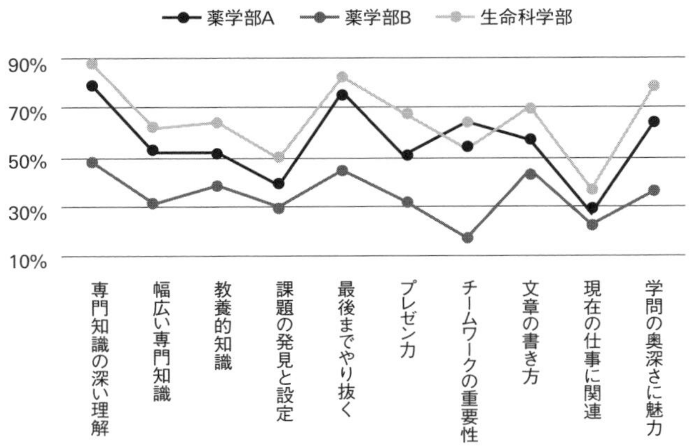

図2.17 卒論研究の効用比較

第一は、卒論研究の効用は、生命科学部が薬学部よりも高く、生命科学 ＞ 薬学部A ＞ 薬学部Bという順位になっているが、いずれでも「専門知識の深い理解」「最後までやり抜く」「文章の書き方」の割合が高く、この三つが卒論研究を通して身につく知識能力のコアになっている。薬学部Bの効用は、総じて低く評価されているが、それでもこの三本柱については40%あまりが「あてはまる」と答えている。専門の文献を読んでレポートを作成するという「調査研究コース」も、取り組み方によって有益な学習機会だといえる。

第二に、生命科学部は、ほとんどの項目が50%を上回っており、卒論研究を重視している学部教育の方針が順当に評価されている。とくに、「専門知識の深い理解」と「最後までやり抜く」は、認知能力と非認知能力の代表的項目であり、8割あまりから「あてはまる」と高く評価されている。相対的には「課題を自分で設定する」力が弱く、高度に専門化された研究領域では、学生自身よりも指導教授による課題設定が多くなる。しかし、課題の枠内でのテーマ設定には取り組んでいるようで、5割が「あてはまる」と肯定しているのは、かなり高い数字だ。

「あてはまる」割合が最も低いのは、「研究テーマは卒業後の仕事に関連している」項目である。高い生命科学でも36%にすぎず、薬学部Aでは27%。テーマは仕事に関連していないけれども、認知能力と非認知能力の向上に役立っているところに卒論研究のメリットがある。「研究の教育的意義」が重要になる由縁である。

第三に、薬学部Aコースは、生命科学よりも評価がやや低いとはいえ、ほとんどの項目で50%を上回っている。50%を下回るのは「課題の設定」と「仕事との関連」だけだが、それよりもBコースとの差に注目しておく必要がある。同じ学部の学生を対象にしてもAとBでこれほど大きな違いが生じるのは、実験を伴う卒論研究の効果が大きいからだろう。自由記述の中に「Bを選択したが、Aを選択すればよかった」と後悔するケースがみられた。しかし、Bコースの評価にもバラツキがあるから、Bコースのやり方や取り組み方を工夫する意義は大きいように思われる。

薬学部Aのもう一つの特徴は、「チームワークで研究をすすめることの重要性が実感できた」だけが、生命科学部よりも高い評価になっていることである。「チームで研究をすすめる」という研究室体制は、生命科学部よりも歴史の長い薬学部の方が強いようだ。自由記述の内容をみても「研究室での深い人間関係から学ぶことが多かった」の記述は薬学部に多かった。もちろん、生命科学でも研究室の仲間に触れたケースはみられるが、言葉の出現頻度は薬学部に多かった。そのような言葉の違いがここでの数字に現れている。

2｜卒論研究の達成レベルの測定

卒論研究を経験したとしても、その達成レベルは千差万別である。一般的に考えれば、達成レベルが高いほど効用の水準も高くなるだろうし、自由記述の言葉を残しているのは、達成レベルの高かった者だと想像される。回答者全体の分布を知るためには、別途の数量調査が必要になる。それが、いま一つの調査項目である。

「卒業論文研究の実施内容および成果について、あなたの経験を評価するといずれにあてはまりますか」。主な内容は次の六つである。自由記述で語られていたスキルの内容、「情報の収集」「実験技術」「課題設定」「プレゼンテーション」にかなり重なっている。

1｜自分から率先して能動的に取り組んだ（積極性）
2｜自主的に最新情報を収集し、理解した（情報収集力）
3｜実験技術を他の学生に指導できる水準に達した（実験技術力）
4｜結果を解釈し、次の研究計画を立案できた（研究立案力）
5｜研究成果を学術雑誌に投稿するレベルに達した（学術力）
6｜原稿なしで発表し、質問に的確に答えられた（プレゼン力）

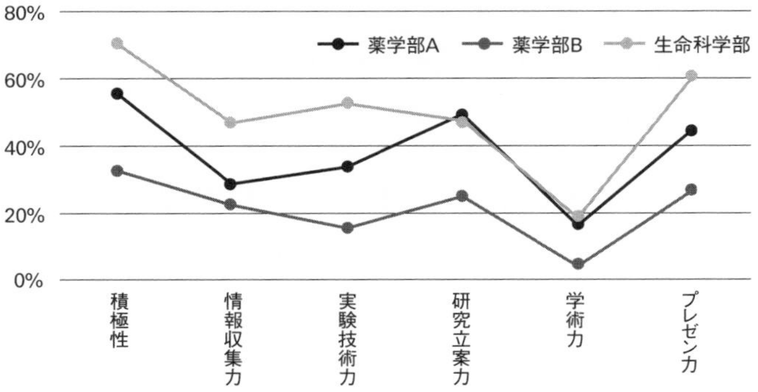

図2.18 卒論研究の達成率

この項目について、「Aとてもあてはまる」「Bややあてはまる」「Cあまりあてはまらない」「Dまったくあてはまらない」の4件法で質問した（ただし、実験や発表会がない場合（Bコース）は、「経験なし」とし、ここでの集計では除外している）。A評価は、それぞれの目標を十分に達成したことを意味しており、B評価は、ある程度達成していると解釈できる。一方、C評価は、要求されるレベルにはまだ至っておらず、D評価は、まったく達成していないと解釈する。ここでは、AとBの合計割合を達成率として測定し、その結果だけを学部別に示しておくと**図2.18**のようになる。

卒論研究の達成率は、生命科学部が一番高く、次いで薬学部A、薬学部Bの順になる。先の効用の測定と同じ結果であり、達成率が高ければ、効用も高くなる。

生命科学部は、「情報収集力」「実験技術力」「研究立案力」「プレゼン力」という基本的技能をほぼ半数ほどが達成しており、かなり頑張っている。70%が積極的に取り組んでいる成果だろう。ただし、「研究成果を学術雑誌に投稿するレベルに達した」かどうかの学術力は、2割ほどに留まる。

薬学部Aは、Bよりも達成率は高いが、生命科学部よりは低い。しかし、研究立案力の達成率は5割ほどで、生命科学部と同じ程度である。

3｜教師と学生の協力体制が、卒業論文研究の達成レベルを高め、学習成果を向上させる

こうした卒論研究の達成率が高いほど学習のアウトプットも大きいと考えられる。この仮説を検証するために、アウトプットの一つの指標として「卒業時に身についていた知識能力」を取り上げた。

卒業時に次のような「認知能力と非認知能力」を「身につけていた(5点)／身につけていなかった(1点)」で評価した指標である。この12項目の合計平均点を「卒業時に身についた知識能力」とし、本調査ではこの指標をアウトプットの一つにしている。

A　大学で専攻した分野の関連する専門知識・技能
B　現在の仕事に必要な専門知識・技能
C　社会や経済に関する幅広い一般的教養的知識
D　国際人として活躍するために必要な基礎的知識や英語力
E　目標に向かってチームや集団を動かし、リーダーシップを発揮する能力
F　他者の話をしっかり聞き、他者と協力してものごとを遂行する能力
G　自分の考えを分かりやすく人に伝え、理解を得るプレゼンテーションをする能力
H　世間の常識や既成概念にとらわれず、自ら情報を分析し、新しい考え方を提案する力
I　適切な目標と方法を自分で設定し、粘り強く最後までやり遂げる力
J　課題を解決できる思考力と判断力
K　社会の問題や出来事に関心をもち、自分の携わる職業について将来の展望を描ける力
L　職業人として、生涯にわたり自己学習する力

これらの数字を用いると、卒論研究の達成レベルが高いほど「卒業時に身についた知識能力」が高いことが分かる。この関係をモデル化するにあたって、一つの工夫を加えた。卒論研究の達成レベルは、教師の指導と本人の努力の二つが作用するという教育モデルの適用である。教育サービスのアウトプットは、サービスをする側とされる側、つまり教師と学生の協力によって生産される共同生産物(joint product)である。要するに、教師だけ頑張っても学生にやる気がなければ成果が上がらないし、逆に、学生のやる気だけでも成果が乏しい、ということである。そこで、卒論研究の達成レベルは、教師と学生の行動に規定されるという因果関係を想定し、その上で、両者の努力による達成レベルが「卒業時に身につけた知識能力」を向上させるというモデルを設定した。モデル化の数字では、アウトプットをA～Lまでの総合得点、卒論研究の達成レベルは、1、2、4、5の項目を1点～4点

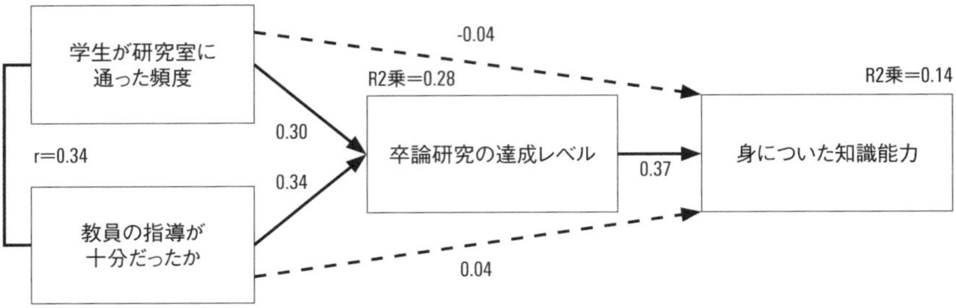

図2.19 卒論研究の学習過程と学習成果（数字は、パス係数）

で評価した総合得点である（3と6は、経験していないコースもあるので除外した）。

対象者全体のサンプルに適用したパス解析の結果を示すと**図2.19**のようになる（学部別に測定してもモデルの構造に変わりはない）。教師と学生の努力によって達成レベルが上昇し、その結果、アウトプット（認知能力と非認知能力の総合点）が上がるという関係がはっきりと現れる。矢印の実線は統計的に有意な因果関係、点線は無関係を示している。「学生の頻度」と「教師の指導」の関係は相関係数である。「卒論研究の経験が現在の仕事に生かされている」自由記述の内容は、こうした数字の中に埋め込まれているといってもよい。

モデルの数字を言葉に変えれば、指導教員にたいする感謝の言葉は、指導が十分だった証であり、卒論に熱心に取り組むことによって「情報収集力」「実験技術力」「研究立案力」「プレゼン力」が達成され、その結果「専門知識などの認知能力や多様な非認知能力」が卒業時に身についた、ということになる。

補足しておくと、学生の努力は、「学生が研究室に通った頻度」、教員の努力は、「教員の指導が十分だったか（卒業生の判断）」を調査した結果の数字である。「研究室に通う頻度」は、生命科学部の方が多く、65%が「ほとんど毎日」通っている。その一方で、「ほとんど通っていない（3割未満）」は、生命科学部ではめったに見られないが、薬学部では20%に近い。「教員の指導が十分だったか」を質問した結果では、薬学部の方が不十分で、「あまり」と「まったく」を加えると35%になる。

学部の比較よりも大事なのは、2、3割の学生と教師は、卒論研究にあまり熱心に取り組んでいないようだという事実である。自由記述の言葉でも、アンケートの数字でも、卒論研究の経験が卒業後の仕事にかなり有益な影響を与えているのは確かである。この有効な学習機会を自ら放棄している学生が2、3割いるというのは、本人たちにとって不幸なことである。卒研の有効性と卒業生の言葉を在校生にフィードバックし、学生の動機づけに活用することを考えてもよいと思う。

同時に、卒論研究の重要性をあまり自覚していない教員もいるようである。「指導が不十分」と判断されている2、3割の教師の実情は定かではないが、どこの大学の日常的見聞においても、卒論研究の指導のあり方は教師任せであり、ほとんど統一性がない。卒業生調査の結果を冷静に読み、解釈しながら、教師として常に自省する態度が肝要だと思う。

4 | 研究の教育的意義と葛藤

卒業生の声を聞いても、数字をみても、卒論研究が素晴らしい学習成果をもたらしているのは確かである。教師としての個人的体験を重ねれば、卒論研究の教育的意義は、両学部に共通するだけでなく、どの大学、どの学部でも成り立つほどに普遍的だと思う。

しかしながら、すべての学生に有意義な成果がもたらされているわけではない。卒論研究の学びルートで印象的だったのは、「研究者の道が拓かれるが、研究職に偏重していないかという疑問もある」という生命科学部の問題提起である。そこでは、「博士課程進学の道が拓けたことに感謝するケースがある一方で、研究職に偏重していないか」という疑問も提起されていた。

生命科学部の特徴は、大学院進学率が高いところにある。修士卒業者の就職先は、学部と大きく違うわけではないが、進学することによって、研究職、あるいは博士課程進学への道が拓かれる。大学院進学者ほど研究室教育の影響を強く受けるから、大学時代の研究と現在の仕事の親和性も強くなる。生命科学部には、学部卒／大学院卒、および非研究職／研究職という区分の間に進路選択の葛藤がある。卒論研究の評価もこうした進路選択によって大きく揺らぐと考えられる。そこで、一つの数字を見ておこう。学歴別の「役立ち度」の分布である（**表2.17**）。

表2.17 卒論研究の役立ち度（生命科学部の学歴別:大学院在籍を除く）

生命科学	卒論研究役立ち3分類			役立ち度平均	人数
	有効	普通	無効		
学部卒	29%	43%	28%	5.6	279
修士卒	40%	45%	15%	6.7	265
博士卒	67%	24%	9%	7.9	67
計	38%	42%	20%	6.5	611

生命科学部の平均役立ち度は平均6.5の高評価だが、8点以上の有効評価が38%、3点以下の無効評価が20%とかなり大きく分かれる。博士卒の有効評価が多いのは当然として、卒業生の半数を占める学部卒では、有効と無効の数がほぼ拮抗し、役立ち度の平均点も5.6に減少する。

両極に分かれた評価の気分にはかなりの隔たりがある。その二つの勢力が拮抗していることからすれば、卒論研究の教育的意義を楽観的に高く評価できないし、卒論研究重視の教育方針に違和感を覚える学部卒業生も少なくないだろう。一方で、学部卒に匹敵する人数の修士卒では、有効40%、無効15%になる。卒論研究の経験を高く評価する割合が大きく、平均の6.7点はこの種の調査ではかなりの高得点である。

こうした数字は、「進学者のため、研究職のための卒論研究に偏っていないか」という言葉を思い出させるし、教育の改善を図るためには、学部卒／修士卒の葛藤に目配りする必要があることを示唆している。Chapter 5で「卒業生による授業改善の提案」を取り上げるが、そこでの一つの争点は、生命科学だけでなく、薬学部も「教育と研究のバランス」にある。詳しくはそちらを参照してほしいが、研究の教育的意義を高めるためには教育と研究の適切なバランスが重要になるし、教師と学生の協力体制があっての高い学習成果である。

2.10 学部共通編［2］「困ったときに相談できる友人」には東薬卒業生が多い——心強い東薬人脈

両学部に共通する学びルートの二つ目が、「在学中の人間関係が人生を豊かにする」という社会関係資本の構築だった。分かりやすい内容だったので、KJ図解も省略し、組み立てた中グループの表札を箇条書きに紹介するにとどめたが、言葉を数字で検証するにあたって、重要な二つのポイントを振り返っておきたい。

一つに、生命科学部の「（Ⅲ）人間関係構築に伴う困難」のコーナーで、「楽しく過ごしただけの友達は、生涯の財産にはならない」し、「人間関係の失敗」から学ぶことが重要だと指摘した。つまり、相互学習の場になっている人間関係が人生を豊かにしれくれる友だちの条件である。

いま一つは、東薬の伝統と人脈が大いに役立っていることである。東薬の先輩たちが築いてきた人脈は業界随一といえるほどに幅広く、厚い。薬学部はいうまでもなく、生命科学部の後輩たちにとっても、仕事で触れ合う同窓生の活躍ぶりが仕事の励みと勇気を与えてくれている。

まず、この二つの言葉を数字で確認しておこう。アンケート調査では、友人に関して次のような質問をしている。

「あなたは仕事上の難しい問題に直面したときに、個人的に相談できる友人がどれくらいいますか」。選択肢は次の四つで、(　)内は、その集計結果である。

1｜とくにいない　(12%)
2｜1～2人以上　(34%)
3｜3～5人　(36%)
4｜6人以上　(18%)

楽しい遊び友達も人生を豊かにしてくれる大事なソシアル・サポートだが、今回の調査では、仕事の遂行やキャリアの形成に役立っているかどうかに焦点をあて、「仕事上の難問」を「個人的に相談できる友人」に限定した。そのように限定した気分を思い起こせば、「楽しく過ごしただけの友達は、生涯の財産にはならない」という卒業生の言葉に近いかもしれない。

同じ質問は、高専の卒業生調査でも実施したが、高専の回答分布では、「とくにいない」の18%から順に、34%、32%、14%になっている。東薬の方が「とくにいない」が少なく、人数の多い層がやや増えるが、それほど大きな違いはない。社会人の人間関係はほぼこうした分布になっているのだと思う。

人数に加えて、「その友人はどのような関係にあたりますか(あてはまるものすべてに○)」も質問している。()内は単純集計の結果である。

1｜職場で知り合った友人　(69%)
2｜東薬在学中の友人　(49%)
3｜卒業後に知り合った東薬卒の友人　(12%)
4｜中学・高校からの友人　(25%)
5｜その他　(8%)

長期雇用が一般的な日本では、「職場で知り合った友人」が仕事の相談相手になることが多い。東薬調査の69%は少ない方であり、転職の多い専門職型の仕事に

表2.18 友人に占める東薬人脈の割合

	友人ありの人数	東薬卒の友人あり	東薬卒がいる割合
1～2人	1492	635	42.6%
3～5人	1559	1019	65.4%
6人以上	782	595	76.1%

就いている特徴かもしれない（高専調査では、「現在の職場の友人」が82%になる）。一方、「在学中の友人」は49%であり、「高専時代の友人」の41%よりも多い。「東薬卒の友人」の12%は、「在学中の友人」と二重計算になるので、単純に合算できないが、東薬卒業生のどちらか、あるいは両方がいるケースを「東薬卒の友人がいる」割合として計算すると52%になる。

さらに、**表2.18**は、友人の人数別に「東薬卒の友人がいる」割合を集計したものである。「1～2人」の友人では、東薬卒がいる割合は43%だが、そもそも数少ない友人の半分近くが同窓生というのは、かなり貴重な存在だ。6人以上の場合では、76%が東薬卒の友人をもっている。頼りがいのある友人には、同窓生が圧倒的に多い。大学時代の友人といえば、職場の仕事を離れて精神的な支えになる楽しい関係というイメージだと思うが、それだけにとどまらず、人脈の仕事繋がりは想像以上に強い。自由記述の中に同窓生との人間関係の話題がたくさん登場するのは、こうした強さがあってのことである。そこで次に、この心強い東薬人脈が仕事にどのような影響を与えているかをみてみよう。

1 | 友人の数が多いほど「現在身についている知識能力」が高い

高専の卒業生調査を紹介したIntroductionで、「現在身についている知識能力」が社会人のキャリアの豊かさ（年収や仕事の満足度）を規定するという関係を紹介した。その方法に準じて、東薬の卒業生調査では、12項目の知識能力を取りあげ、「現在、どれくらい身についていると思いますか」を質問している。

「身についている」割合が高いのは、「他者の話をしっかり聞き、他者と協力してものごとを遂行する能力（＝チームワーク）」と「適切な目標と方法を自分で設定し、粘り強く最後までやり遂げる力（＝やり遂げる力）であり、比較的苦手な能力として、「目標に向かってチームや集団を動かし、リーダーシップを発揮する能力（＝リーダーシップ）」があげられる。この三つの能力と相談できる友人との関係をみると**表2.19**のようになる。

表2.19　友人の人数と「現在身についている」割合

相談できる友人の人数	「やや」+「かなり」の合計		
	チームワーク	やり遂げる力	リーダーシップ
とくにいない	71%	60%	41%
1〜2人	78%	67%	45%
3〜5人	86%	72%	55%
6人以上	88%	79%	68%
合計	82%	70%	52%

友人の人数別に「やや身についた」「かなり身についた」の合計割合を集計したものである。「チームワーク力」は全体の82%が身につけているが、「友人がいない」の71%から「6人以上」の88%までの開きがある。「やり遂げる力」は60%から79%へ、「リーダーシップ力」は、41%から68%へ増加しており、この開きは、友人との切磋琢磨によって社会人としての力量が向上した証だと解釈してよいと思う。

この成長ぶりをグラフで表示すると**図2.20**のようになる。アンケートの質問は、「どちらともいえない」を中央値(3点)にした5段階評価なので、この数値の平均点を友人の人数別に計算した。単純な数値だが、「困ったときに相談できる友人の数」が多いほど、社会人としての力量が高まるという傾向がはっきり目に見えて面白いと思う。12項目の知識能力の総合平均点を計算しても、同じ成長ぶりが描かれる。

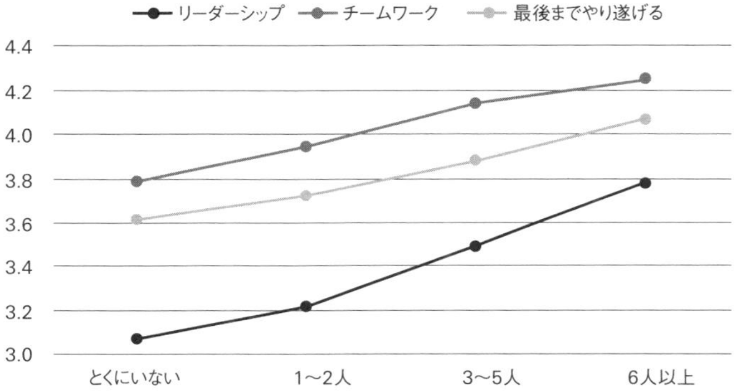

図2.20　友人の人数と「身についた三つの能力」の関係

困難な仕事に取り組み、問題を解決するためにはさまざまな知識能力が必要になる。難しいからといってすぐに諦めていれば、人は成長しない。友人と相談したり、知恵をもらったりしながら、困難に取り組んできた結果、「友人が多い」ほど「社会人としての力量」が向上する。

「部活がリーダーシップ、チームワークの修練」になったという言葉は、仕事の実践による正直な感想だろうし、「情報交換だけでなく仕事でも役立っている」「人間関係は相互学習の場」「東薬人脈に大いに助けられている」という自由記述の内容は、「現在でも相談できる東薬の友だち」がいるからこその言葉である。

2｜「友人の数」と「現在身についている知識能力」と「年収」および「満足度」の間の関係

本調査では、「現在身についている知識能力」を「社会人の力量」を測る指標として位置づけている。身についていると「思いますか」法は、根拠の乏しい弱々しいアプローチのように思われがちだが、社会人としての日々の仕事ぶりを正直に吐露した総合的な自己評価になっており、客観的な装いをしたテスト型の測定よりも実態に近いかもしれないのである。その是非はひとまずおいて、私たちは、このアプローチを最大限に活用する工夫を優先した。それをメインテーマにしたのがChapter 4である。そして、「人間関係が人生を豊かにする」という言葉を数字に変換するとChapter 4のストーリーと部分的に重なってくる。その一部を切り出して、Chapter 4の予告編にしておきたいと思う。

「数字の組み立て工学」が次のChapterからの分析法になるが、数字の組み立て方の基本の基は、クロス集計と回帰分析である。この二つを多層に組み合わせるのが、「数字の組み立て工学」の一つの方法であり、統計学である。**表2.19**の「友人の数と身についた能力」がクロス集計であり、**図2.20**は、「友人の人数」を条件にした時の「身についた能力」の平均値であり、この平均値を一つの直線として推計するのが回帰分析（条件付き確率密度関数の平均値）である。

この二つの組み立て方に共通して使えるのが相関係数。つまり、二つの変数の間にある（直線的）関係の強弱である。「人間関係が人生を豊かにする」という言葉を数字で表現するために、「友人の数」と「現在身についている知識能力」に加えて、キャリアの豊かさの指標である「年収」と「（仕事の）満足度」を取り上げてみよう。この四者関係を空間に配置し、相互の相関係数を男女別に示すと**図2.21 (1)**と**図2.21 (2)**のようになる。なお、満足度は、OECDの「幸福度」の測定法を援用し10段階評価にした。

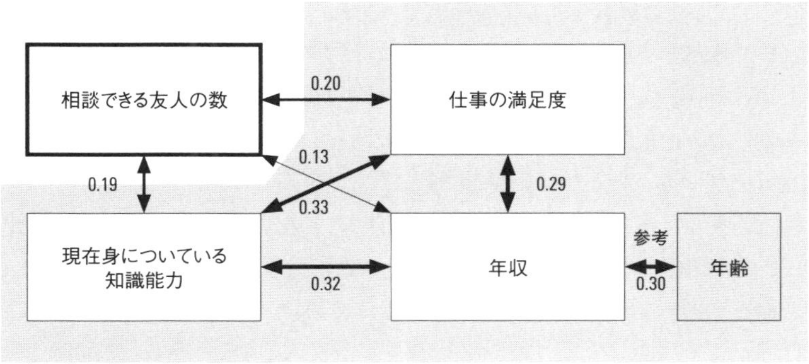

図2.21(1)　4変数の相関係数(男性)

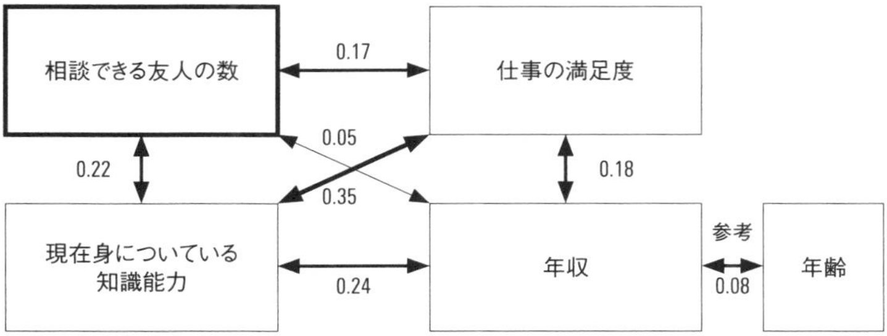

図2.21(2)　4変数の相関係数(女性)

言葉の関係を表示するKJ図解と同じ発想だが、相関関係の強弱を数字で表示できるところに数字の強みがある。数字の強弱を相関矢印の太さで示した。まず、男性の太い矢印に着目してみよう。「現在身についている知識能力」「年収」「満足度」の三つは、相関係数0.3前後で強く繋がっており、三者が一体化しているようだ(図のグレーで囲まれたグループ)。個人単位のデータから算出される相関係数が0.3になるのは、人間行動の社会現象ではかなり強い関係である。といっても分かりにくいかもしれない。例えば、見知らぬ男性の年収を予想する場面を想像してほしい。日本の企業は年功序列の処遇が根強いと思われているから、見知らぬ男性が若ければ平均年収よりも少ないだろうと予想し、壮年であれば平均よりも高いだろうと予想する。つまり、年収と年齢は相関関係にあり、その関係性はかなり強いと思われている。そのように思われているから年功序列という言葉が普及する。かなり強いと思うこの気分を相関係数で表すと0.30になる(図の年収と年齢の相関係数）。逆に、この数字を小さいと主張すれば、日本の年功序列は現実ではなく、幻想だという言葉づかいになる。女性の図で示したように、女性の年齢と年収の相関係数は、0.08である。統計的にはゼロ（無関係）とはいえないが、見知らぬ女性の年収を予想するのに年齢を大きな決め手にしないのが普通だろうし、そのような気分が0.08の数字である。

話を図に戻すと、「現在身についている知識能力」が高い人は、年収も高く、満足度も高いという関係にある。身も蓋もないが、ここで大事なのは、この恵まれた三位一体の構造（グレーの枠）に影響する外部の力は何か、という問いである。そして、「外部の力」として機能しているのが、「相談できる友人の数」である。知識能力を高めるために友人を増やす努力をしたわけではないし、年収を高めるため、満足度を高めるため、意図的に友人を増やしたわけでもない。意図せざる結果として相談できる友人の数が、「知識能力」「年収」「満足度」にプラスの関係をもたらしている。その相関係数は0.2前後である。

このようにして、友人の数が身についている知識能力を高め、この知識能力を経由して年収と満足度を高めるというルートが作られている。この間接的効果とは別に、友人の数が年収と満足度に直接的に影響する効果もある。仕事の成果の多くはチームワークの産物であると考えれば納得できると思う。ただし、年収との相関係数は0.13と最も低く、この関係には、身についている知識能力が年収を高めるという間接効果を含んでいるので、友人の数と年収の直接的な効果は小さくなる。

女性の場合はやや様子が異なる。第一に、三位一体の関係が少し弱くなる。「現在身についている知識能力」と「満足度」の関係は、男性並みに強いが、知識能力と年収との関係性が比較的弱くなる。ただし、年齢と年収の関係（0.08）と比べれば強い関係にある。

第二に、外部の力である「友人の数」は、ほぼ男性と同じ程度に「現在身についている知識能力」と「満足度」に影響している。しかし、友人の数が多いからといって年収が高くなるという関係にはほとんどない（0.05）。

「現在身についている知識能力」が「年収」と「満足度」と一体になっているという解釈は、調査方法の性質から考えても必然的である。年収の高い人は、自分の能力に対する自信もあるから、「知識能力が身についている」と「思う」かどうかは、現在の年収や満足度から影響を受ける。相互に影響を受けて一体化しているという理解を前提にして、Chapter 4では、「身についている知識能力」「年収」「満足度」

の三つに影響する外部の力は何かを考える。友人の数は外部の力の一つだが、それだけではない。言葉の組み立て工学では、今に生きる五つの学びルートがあり、その一つが人間関係ルートだったが、自由記述で語られた五つの学びルートを背景にしながら、続く二つのChapterでは、数字の組み立て工学からみた学びルートを探索したいと思う。

Chapter 3

どのような学び方が学習成果を高めるか

数字を組み立てながら言葉を紡ぐ 1

3.1 数字の組み立て工学、あるいは数字の野外科学

言葉と数字は、それぞれに強みがあり、互いに他を補強するという関係にある。この関係を有効に活用すると現状の理解がより深まる。その一端を紹介してきたが、言葉を扱うKJ法は、数字を扱う統計分析と相いれない対立関係にあると思い込まれている。そのように錯覚する一つの理由は、仮説を厳密に検証するのが統計分析だと決めつけるからだと思う。それも大切な研究作法だが、数字を収集し、数字が語っている現状を把握する武器として統計分析を活用することもできる。私は、この活用法を「数字の組み立て工学」という言葉で表現しているが、わざわざそのような造語を使う気分を少し説明しておきたい。

統計学の知識集団を社会学的に解釈すると四つの社会層に分けられる。集団の中心に、確率統計の概念を測度論のような抽象的な数学世界に位置づける社会層がいる。理論的な普遍性に関心があるこうした数学者からすれば、具体的な事象もすべて一般理論に吸収できるらしい。具体的な事象を引きながら測度論を説明してくれたりもするが、私が理解したい個別具体的な社会事象の話をしてもほとんど関心を示さない(ように私には見える)。その周辺に位置する第二の社会層として、新しい統計手法を開発するメーカー層がいる。数理統計学者である。メーカーといえばお叱りを受けるかもしれないが、統計手法を使うユーザーからすれば、手法のお墨付きを与えてくれる頼もしい先生であり、常に新しいメソドロジーの開発があってこその統計学である。統計手法の新しさと精度の向上がメーカーの矜持だといってよいだろう。そして、メーカーの周辺に統計手法のコア・ユーザーがいる。ユーザー・サイドのコア層であり、新しい手法を開発する人もいる。新しく

編み出された手法を現実のデータに適用してみせ、現状の理解に役立つことを証拠立て、データを解釈してみせてくれる社会層である。応用統計学者、あるいは計量経済学者や計量社会学者が、コア・ユーザー層であり、統計ユーザーのエリート層を形成している。大学院の統計学アドバンス・コースのテキストを駆使できるようになるとこちらのエリート層に参入できるし、これを駆使できることが学術研究論文を書く条件になったりもしている。第四の社会層として、コア・ユーザーの周りを取り巻く大衆的ユーザーがいる。この社会層にとって必要な統計は、手法の新しさでもなければ、数学的厳密性でもない。関心は、統計手法よりも現実の問題にある。現状の問題理解に役立つ手法を自由自在に選択できるようになることが大衆的ユーザー層にとって最も役立つスキルである。

四つの社会層のうち、大衆的ユーザーが数にして最も多くなるはずだが、実際の数は想像以上に少ない。解決しなければならない問題群は、身近にたくさんある。その問題を解決しようと思えば、現状を把握しなければならないし、そのためには関連する数字を集めなければならない。収集できる数字のほとんどは、全体の一部にすぎない。一部の数字から全体を推測するのが統計学だ。ところが、数字を必要とする問題の数に比べて、数字を使って考える人の数は非常に少ない。こうした数のギャップが生じるのは、エリート的なコア・ユーザーと大衆的ユーザーの間に、奇妙な葛藤と誤解があるからだと思う。

メーカーのすぐそばにいるコア・ユーザーは、最新の統計手法を使わなければプライドが傷つくと思っており、対象とする問題よりも使う統計手法の新しさに強い関心を持つ。それはそれで大切だが、古い手法を使っている大衆的ユーザーを上から目線でみたりするのは困る。その一方で、大衆的ユーザーは、知的上位のエリート層を過剰に意識しており、彼らの上から目線に委縮したり、エリートの作法を真似しなければならないと思ったりする。最新の統計手法を使えば、現状の問題が理解できるようになると思うのは錯覚である。

エリートと大衆の間にあるこうした葛藤と誤解が、大衆的ユーザーの視野を狭めたり、統計の利用を敬遠させたりする。統計学の知識の序列が四つの社会集団を階層化させているが、現実の問題からスタートすれば、問題の中心にいるのは、大衆的ユーザーである。メーカーやコア・ユーザーは、統計知識の最先端を歩かなければならない宿命を負っているが、大衆的ユーザーが関心をもつ問題に必要な統計は、最先端の統計知識でないことの方が多い。統計手法よりも先に問題がある。統計学の中心とは無関係に、問題の中心にいるのが大衆的ユーザーの立ち位置である。

Chapter 5で卒業生が提案する教育の改善を検討するが、卒業生が指摘する具体的な授業科目で際立つのは英語教育の改善である。英語のニーズはダントツに高いが、それに次ぐのが統計学や情報関係の改善ニーズである。卒業生の言葉の一端をあげると、「統計学は非常に重要なので、しっかり学んでおいた方がいい」(薬)「企業で働くと統計解析に精通しておいた方が有利だ」(生命)というように、研究職だけでなく、学部を超え多様な職種で統計を活用する仕事が増えている。次のような適切なアドバイスもあった。「統計学の講義はテキストにあるような数式を交えた理解は難しい。むしろ、統計が必要な場面、考え方、研究や身近にみる統計の使われ方などの実例を挙げて解説された方が、統計が必要な学問だと理解でき、面白い講義になる」(生命)。

ここで思い出すのは、KJの野外科学の提唱である。ロング・ベストセラーの『発想法』は、はじめてKJ法を学ぶ人にとっては難しく、読みやすい本だとはいえな

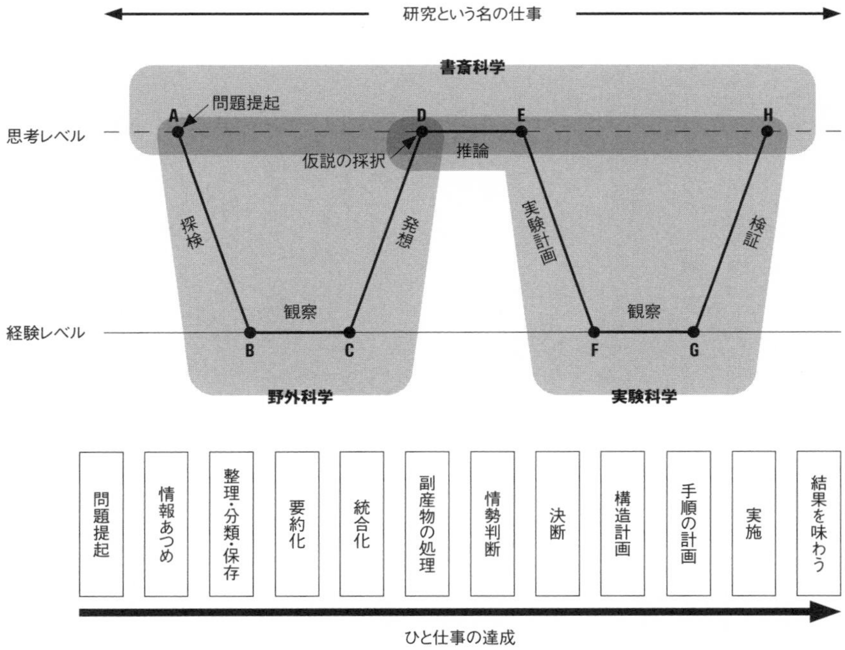

図3.1 KJ法と野外科学　　出所:『発想法』p.22第2図

いと思うが、その本の最初に提唱されている野外科学は、KJ法と一体化したKJ思想の根幹である。引用した**図3.1**のように、野外科学は、現場の科学であり、書斎科学と実験科学の二本立ての科学観に異議申し立てをした図式である。野外科学は、思考（頭で考える）レベルと現場の経験レベルを往復しながら、混沌とした現場を探検し、観察し、「仮説を発想する」方法である（ABCDルート）。既成の概念にとらわれず、現場のデータに語らしめ、言葉と物語を発想するKJ法は、野外科学の方法である。

この野外科学と対比させると実験科学の特性がはっきりする。そこでは、あらかじめ思考レベルで仮説が推論され、その仮説を現場と同じ環境で検証するための実験計画を作成し、実験の結果を観察するという方法がとられる。このプロセスが、「仮説検証型」の実験科学である。KJは、現実の問題を解決するためには、野外科学と実験科学に繋げる作業が必要であり、一連の作業の全体を「W型問題解決学」とよび、それが「研究という名の仕事」だと喝破した。なお、書斎科学は、もっぱら思考レベルだけの科学で、過去の文献に依拠して頭で推論する科学のことである。書斎科学に閉じ籠る大学人も少なくないが、変化する社会の問題を解決するには、経験レベルに立ち入った観察とデータの取集が不可欠である。

この図を思い出したのは、最近の社会科学、とくに経済学が実験科学化しているからである。経済学の理論は、ほとんど因果関係によって構築されているが、原因と結果の関係を厳密に検証するのはかなり難しい。ところが最近、経済理論の仮説を厳密に検証する方法が新しく開発され、そのためのデータ収集法と分析法が大きく進歩した。その考え方のモデルは、医薬系や栄養・健康科学でおなじみの治験の方法である。新薬やビタミンの効果があるかどうかを判断するには、調査の対象者をランダムに二つのABグループに分けて、つまり対象者の条件を同じにして、Aに新薬、Bに偽薬（影響しない偽物）を投与してABを比較すれば、新薬の効果が分かるという理屈である。このランダム化比較実験を経済学に適用すれば、例えば、最低賃金制の導入が雇用者数の増減に与える効果が「正確」に測定できると期待できる。自然科学の実験では、仮説が検証できるように装置を設計するが、社会現象では、原因以外の変数を同一条件（統制）にして、原因（政策）変数だけを変化させて、結果（政策の効果）を観察する社会実験装置を作るのは不可能に近いし、ランダム化比較実験をするのはかなり難しい。ところが、そのような実験装置に近い状態（自然実験）のデータを収集できる場合を発見し、自然実験に近いデータを収集する方法とその統計分析が急速に高まっている。

こうした新しい動向は、経済学の実証研究革命とも信頼革命ともよばれるほどで最近の経済分析の主流になっている。そして、ランダム化比較実験をベースにした因果推論が統計学のコア・ユーザーの新兵器になっている。最近の統計学の本は、もっぱらこの分野の紹介が多い。伊藤公一朗『データ分析の力――因果関係に迫る思考法』（光文社2017）、山口慎太郎『子育て支援の経済学』（日本評論社2021）などを参考にするのがいいと思うが、ビッグデータや人工知能の動きが重なって、社会科学の実験科学化がさらに進むだろう。実験科学であれ、自然実験であれ、真逆の結果を想定する政策論争（最低賃金をあげると雇用が減少するという説と雇用が増加するという説）が決着するとすれば、これほど素晴らしいことはない（しかし、雇用の状況はさまざまだから、最低賃金制の効果に決着はつきそうに思えないが）。

統計学の因果推論と社会科学の実験科学化の進歩を大いに期待しているが、最近のメーカーとコア・ユーザーはこの実験科学化に大きくシフトしている。社会科学の進歩に役立つと思うが、大衆的ユーザーも一緒にそちらに流されそうなのは少し寂しい。大衆的ユーザーとして統計学を利用している私の持論は、統計学の野外科学的活用にある。答のない、よく分からない問題やテーマを前にして何とかそれらしい一つの結論を出さなければならない、という状況に誰でもしばしば遭遇する。仮説も何も分からないような時に有効な方法が野外科学だ。現場の言葉を組み立てながら仮説を発想するKJ法と同じように、現場の数字を収集し、数字を組み立てながら仮説を発想することも出来る。それを、KJにならって、数字の組み立て工学と呼ぶことにしている。統計学のメーカーやコア・ユーザーの研究成果に学びながら、現場の近くにいる強みを生かして、数字（相手）の身になって考えながら、利用できるものはで何でも利用する。それが数字の組み立て工学の精神であり、数字の野外科学である。

具体的な組み立て事例を以下で紹介するが、抽象的な説明にすぎたかもしれないので、事例の先取りをして一つ数字を紹介しておこう。言葉の断片だけではその意味がよく分からなくても、似ている言葉を集めて組み立てると、言葉の意味が分かりやすくなる。このKJ法と同じように、数字の断片だけではその意味がよく分からなくても、その数字と似ている数字を集めて組み立てると数字の意味が分かりやすくなる。

例えば、「学生生活に満足した卒業生85%」といった数字が、卒業生調査の結果としてしばしば報告されている。しかし、この満足度が何を意味しているかはよく分からない。そういう場合には、満足度と近い関係の数字を探すのが一つの便利な方法だ。満足度との相関係数が最も大きい数字を探すと「よい友人に巡り合えた」という数字が見つかる。さらに、二番目に近い数字は、「よい教師に巡り合えた」、三番目に「部活動の時間」という数字が集まってくる。このように似ている数字を集めてグルーピングすると「満足度」は、「豊かな人間関係が形成されたかどうか」という意味空間に位置づけられる数字だと解釈できる。満足度という一つの数字だけをみているよりも、理解の幅が広がる。数字と数字の「相関関係」や「因果関係」を探索して、数字を組み立てるのが統計分析の基礎である。言葉と言葉の相関や因果や対立の関係から図解を作成するKJ法とよく似ている。

3.2　学習過程の調査枠組み

アンケート調査は、主として数字を収集する方法だが、調査票のつくり方はかなり悩ましい問題を孕んでいる。インタビューや野外観察のためには、仮説をもたずにフィールドに出るのが望ましいが、アンケート調査では、仮説をもたずに思いつくままに質問項目を並べるのは避けた方がいい。同じアンケート調査を繰り返すことは滅多にないから、あらかじめ質問の範囲を設定し、質問項目の関係を仮説的に想定しておかないと調査項目の取捨選択ができないし、調査の目的が曖昧になってしまう。したがって、よい調査票を作るためには、調査票を作成する前に、インタビューを重ね、質問項目の関係を仮説的に設定するのが望ましい。言い換えれば、設定した仮定を検証できるように調査票を作るのが戦略的に有力な調査票づくりだ。このように考えると、インタビュー調査が野外科学であり、そこから発想された仮説を検証するアンケート調査は実験科学だというようにも分けられる。つまり、インタビューは発見型の調査であり、アンケートは数字で仮説を統計的に検証する調査だといえる。発見型のKJ法が統計分析と馴染まない、あるいは対立すると考えられる一つの理由である。

分類の仕方として間違っていないが、この分類に固執するのは賢明ではない。一つないし数個の因果関係だけに絞り込んで、その関係を検証することが目的であれば、仮説検証型の実験科学だといえる。実験経済学では、一つの因果関係だけに絞り込んだ仮説検証型のアンケート調査もある。しかし、社会調査としてのアンケートのテーマは、かなり複雑で、曖昧な関係を対象とすることが多い。したがって、仮説を想定して調査を設計するのは望ましいが、事前の仮説に限定して、仮説検証型の統計分析にこだわる必要は全くない。事前の仮説は、社会調査として最低限の成果を保証するための有力な戦略だと考えておくのがよい。仮説にとらわれず、調査の目的に関連する複雑な数字の関係を自由自在に組み立てれば、事前の仮説とは違った新しい発見に遭遇するかもしれないのである。実験科学の装いを戦略にして、野外科学的に探検するところに社会調査の面白さがある。

卒業生の調査票を作る前には、工学部、高専、東薬の卒業生のインタビューを繰り返し行ってきた。その経験に基づいて調査票を作成しているから、自由に語られた自由記述欄の言葉に数字を対応させることができたといえる。すでにIntroductionで説明したように、私たちの調査票の設計図は、二つの柱とその二つを関係づける梁から構成されている。二つの柱は、「在学中の学び」と「現在の仕事」であり、この二つの柱に架けた梁が、「大学での学びは、仕事にどのように生かされているか」という問いであり、教育効果の測定にあたる。この測定法として、次の二つを設定した。一つは、アウトプット法であり、いま一つが振り返りの直接評価法である。このうち、振り返り法による授業科目の役立ち度と満足度については、自由記述の言葉に対応する数字としてすでに紹介した。Chapter 3と次のChapterでは、数字を組み立てながら言葉を紡ぐアプローチを報告するが、ともにアウトプット法に焦点をあてる。したがって、教育のアウトプットが、現在の仕事にどのような影響を与えているか、という問いを統計的に分析するが、その前段階として、ここでは、教育のアウトプットが生成されるプロセスを解明する。学習過程の分析になるが、分かりやすい言葉に言い換えて、「どのような学び方をすれば学習成果(アウトプット)を高められるか」という問いを考えることにする。

「どのような学び方」を数字で表現するために、「高校時代の学びと入試形態」と「在学中の学び」に関する質問項目(変数)を調査している。システム論的にいえば、「高校と受験」がインプット変数、「在学中の学び」がスループット変数、そして学習の成果がアウトプット変数になる。したがって、このChapterの分析の対象は、調査票の設計図から破線で表示した領域を除いた実線の範囲内になる。

インプット、およびスループットの調査項目は、工学部と高専調査に準じているが、多くの学生調査・卒業生調査の経験も参考にさせていただいた。調査の項目について、若干の説明を加えておく。

インプット変数は、入学してくる学生の多様性とその特性を把握する指標である。性別、中学・高校の学業成績、課外活動の経験、入学試験の形態、志望順位、現役浪人の基礎情報に加えて、「高校時代の学びの姿勢」「東薬を受験した理由」を調査

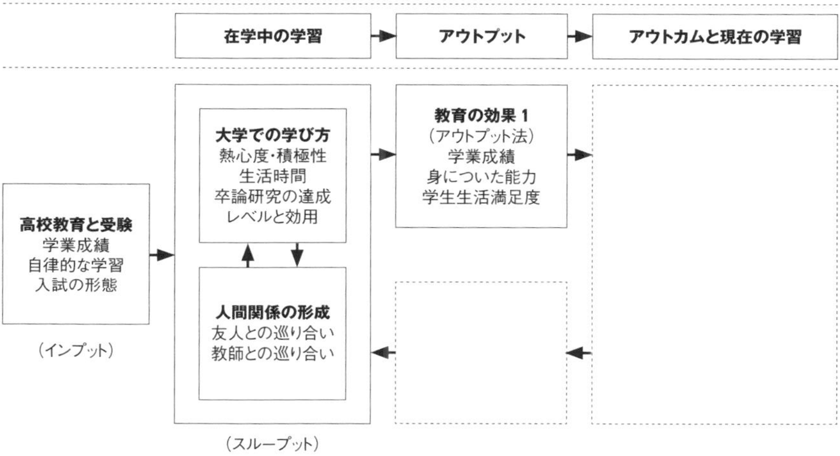

図3.2 調査票の設計図とChapter 3の範囲

した。学びの姿勢の調査項目は次の五つである。

1｜授業で分からなかったところは自分で考えたり調べたりした
2｜授業時間以外に科学的研究の記事を読んだ
3｜授業以外に興味あることを自分で勉強した
4｜分からなかったことを1週間以上考え続けたことがある
5｜出来そうもないことにあえて挑戦した経験がある

質問の選択肢は、「とてもあてはまる（4点）」「ややあてはまる（3点）「あまりあてはまらない（2点）」「まったくあてはまらない（1点）」であり、それぞれを点数化し、五つの平均点を「自律的学習度」の指標にした。

スループットの在学中の学びは、大学での学びの多様性を把握するために、「学習の熱心度」と「学習および諸活動の生活時間」に加えて、「学習の積極性」を調査した。「積極的学習」の指標として、次の7項目の平均点を採用した（点数化は高校の自律的学習と同じ）。

1｜図書館を利用した
2｜他の学生と一緒に勉強した

3｜教員に学習のことについて相談した
4｜学術的な書籍や論文を積極的に読んだ
5｜レポートをしっかり準備して書いた
6｜授業内容が理解できるまで考えたり調べたりした
7｜授業をきっかけにして自分なりの興味関心を形成していった

いま一つ、在学中の学びとして重視した項目として卒論研究がある。すでにChapter 2で紹介したように、卒論研究の達成レベルとして次の五項目（4点評価）の平均点を用いた。

1｜自分から率先して能動的に取り組んだ（積極性）
2｜自主的に最新情報を収集し、理解した（情報収集力）
3｜結果を解釈し、次の研究計画を立案できた（研究立案力）
4｜研究成果を学術雑誌に投稿するレベルに達した（学術力）
5｜卒業後もさらに研究を深める意欲と興味を駆り立てられた（研究意欲）

最後のアウトプット変数として私たちが取り上げたのは、次の三つである。

1｜最終学年の学業成績（5段階）
2｜卒業時に身につけた知識能力（12項目の平均点／Chapter 2の**図2.13**を参照）
3｜学部での学生生活全般の満足度（4段階）

この三つは高専調査の成果を踏まえたものであり、学習成果を多元的に認識する上で有力な方法だと考えている。ただし、2の卒業時に身についた知識能力については、薬学部と生命科学部の特性を踏まえて作成しており、薬学部は生命の12項目に3項目を加えた15項目の平均点を用いる。

3.3 （最終学年の）学業成績が高い人の行動特性を探る（薬学部）

学習過程の調査枠組みは、高等教育研究として馴染みの深い領域であり、特段の新鮮味はない。経済学では学力の生産関数研究として、社会学ではカレッジ・インパクト研究として、多くの蓄積がある。経済モデルの代表的事例では、教育のアウトプットを学力にして、その学力は、クラス規模、教員の質、施設環境の質、生徒の資質などのインプットによって影響を受けると仮定する。そして、例えば少人数クラスにすれば子どもの学力が向上する、という因果関係が成り立つかどうかが問われる。ところが、この一つの因果関係ですら、向上「する」説と「しない」説が対立して決着がついていない。クラス規模以外の変数を同じに（統制）して、異なったクラス規模の学力を比較実験するのはかなり難しい。最近では、証拠に基づいた政策（Evidence-based Policy）が何かと話題になり、証拠づくりの調査が盛んだが、教育政策の因果推論は経済政策よりも複雑であることを承知しておくことはとても大事だと思う。

一方、社会学が扱う領域は、扱う変数を含めて、経済学よりもかなり広い。カレッジ・インパクトの研究をレビューしているS.ウルタドが、「カレッジ・インパクト研究者は、大学生の様々な成長の違いを機関の公式の構造（機関の特性とプログラム）や大学環境の違いや機会に関連づけようとしている」（ガンポート 2015）と述べているように、学生の「様々な成長」をアウトプットと考えれば、カレッジ・インパクト研究が扱う範囲は限りなく広くなるし、成長に影響する機関の特性や大学環境の変数も膨大になる。したがって、それぞれの研究者の関心に応じて、様々な研究が蓄積されてきた。日本では、A.アスティンのInput-Environment-Output（I-E-Oモデル）が有名である（Astin 1977）。このモデルの拡張版を含めて、日本版の学生調査を組織的にリードしている山田礼子の研究が詳しいのでそちらを参考にしてほしい（山田 2009）。

私たちの調査設計もこうした先行研究の影響を受けているが、教育機関の特性（規模・威信・専門・カリキュラム）によって学生の成長がどのように異なるか、という機関横断的調査ではない。一つの大学を対象にしているから、同じ教育機会の利用の仕方、ないし学習行動の違いが、本人の成長に与える影響を分析することになる。分析の独自性をあげれば、次の二つになる。

一つは、学生の成長としてのアウトプットを三つに絞っていることである。絞った理由は、高専卒業生調査の経験による。そこでは、学業成績に加えて、エンジニアとして身につけた知識能力（汎用能力）と学生活全体の満足度を取り上げた。学業成績は、公式カリキュラムに即した総合的な認知能力の評価であり、初中教育の学力に相当する。卒業時に身につけた知識能力では、カリキュラムだけでなく、隠れたカリキュラムや課外活動などからも影響を受ける汎用能力を含めている。

学校全体の満足度を教育のアウトプットにすることは少ないが、あらゆる社会サービスの最終的なアウトプットは顧客の満足度である。学生たちは、多様な動機をもちつつ、提供されている学習の機会を主体的に取捨選択し、自分たちの興味を実現させているが、その成果は三つのアウトプットに反映している。高専の結果をまとめて表現すれば、学業成績の高い学生は勤勉な「理論派」、汎用能力が高い学生はエンジニアとしての「実践派」、そして学校満足度が高い学生は「友好派」として特徴づけられる（矢野 2018）。三つのアウトプットが高専生の学びの実像を描いているようで面白いと思った。この結果と比較する意図もあって、ここでも三つのアウトプットに絞ることにした。ただし、卒業時に身についた知識能力は、薬学部と生命科学部の特性を考慮しつつ、一般の大学でも通用するように工夫した。

第二の特徴は、この三つのアウトプットが高い人の行動特性を探るために、数字の組み立て工学的アプローチを選択したところにある。高校時代の学びと在学中の学びがアウトプットにどのような影響（インパクト）を与えているかと問うのも、該当する変数を調査するのも、面倒だが難しいことではない。しかし、それぞれの変数の関係をアウトプットに結びつける作業はかなり厄介である。どのような変数を選択しても他の変数と無関係であることはなく、しかも相関関係なのか、因果関係なのかを区別するのは難しい。先行関係から、高校時代の経験が原因で大学時代の学びが結果だといえても、高校時代の様々な経験は相関関係にあるから、どの高校経験が大学のどの学習に影響しているかの因果を特定するのは困難を極める。アウトプットに与える影響となれば、さらに複雑だ。

こうした状況から特定の関係を解明する一つの方法は、複数の構造モデル（因果関係）を仮定することである。モデルに用いた変数の相関行列に照らし合わせれば、複数の構造モデルのうちどれが適切なモデルといえるかが評価できる方法がある。共分散構造分析であり、統計学のメーカーに敬意を表したくなる方法である。統計ソフトのお陰で一つの構造モデルを想定してその適合度を知るのはかなり易しくなっている。面白い複数の構造モデルが仮定できれば、複数の仮説モデルを比較検証できる魅力的な作業になるが、私自身はまだ面白い複数の仮説モデルを発想できていない。むしろその前に面白い仮説を思いつくための作業が必要だと思っている段階である。なお、蛇足ながら、共分散構造分析の構造モデルを描くパス図は、相関関係と因果関係を組み合わせた関連図になっており、その発想はKJ法の図解とよく似ている。KJから直接に伺った話を思い出す。「KJ法の提唱に対して民間会社は敏感に反応し、その採用に積極的だが、大学の学者の反応は非常に鈍い。鈍い大学の中で例外的に敏感に反応し、面白いと賛同してくれたのは、思いがけないことに統計学者だった」というエピソードである。数人の有名な統計学者のお名前を伺ったが、「文化人類学者が私たちと同じようなことを考えていて面白い」というのが統計学者の感想だったと記憶している。共分散構造分析のみならず、相関の高い数字を集めて思考を節約する因子分析やクラスター分析、遠近距離のマトリックスから空間をデザインする多次元尺度法など推測統計学の発想は、KJの発想とよく似ている。

話を元に戻すが、ここで考えたい変数を具体的にあげておくと次の20項目になる。かなり多いが、サンプル数は4千人を超えており差支えはない。

1｜高校教育と入学の特性（インプット変数）

① 性別としての男性ダミー
② 高校3年の成績
③ 指定校推薦ダミー（指定校推薦だけを取り上げ、それ以外を同じ基準）
④ 第一志望ダミー（第二志望、第三志望を基準）
⑤ 現役ダミー（浪人およびその他を基準）
⑥ 高校の自律的学習度（5変数の平均点）
⑦ 受験理由：自分に向いた仕事に就ける
⑧ 受験理由：興味ある分野の研究ができる

2｜大学の学び環境と学び方（スループット変数）

⑨ よい教師に巡り合えた
⑩ よい友人に巡り合えた
⑪ 専門講義の熱心度
⑫ 基礎実習の熱心度
⑬ 人文社会系一般教育の熱心度
⑭ 理数系一般教育の熱心度
⑮ 外国語の熱心度
⑯ 予習復習自学自習の時間
⑰ 部活動の時間
⑱ アルバイトの時間
⑲ 大学での積極的学習（7変数の平均点）

⑳ 卒業論文研究の達成レベル（5変数の平均点）

これらの20変数は、すべて相互に作用しており、それぞれの相関係数はほとんど統計的に有意である。したがって、これらの変数からアウトプットに至る因果経路を特定するためには、仮定を設ける必要があるが、ここではアウトプットの高い人の行動特性を探索するという視点から数字を組み立てることにする。言い換えれば、網羅的なインプットとスループットの変数からアウトプットを予測するという方法（重回帰分析）を採用する。数字を組み立てる基本は、クロス集計と回帰分析である。ここでは、二変数の二次元的関係（単回帰分析）からはじめて、変数を追加しながら、三次元、四次元へと空間を組み立てる手順を採用する。この場合、予測力の高い変数から順番に組み立てるとアウトプットの高い人の行動特性が分かりやすいので、重回帰分析のステップワイズ法を採用する。この方法は、社会科学的にはあまり評判がよくない。機械的に出力される結果から説明変数を決めるのは学問的に意味がない、あるいは、意味のない変数が紛れ込む、という知的退廃的イメージがあるからだろう。理論的推論を検証するという立場の学問からすれば、ごもっともだが、機械学習の視点からすれば、「教師あり学習」の有力な道具でもある。

ここでは、意味のない変数が紛れ込む可能性はないし、アウトプットを高める第一の要因は何かを知ることはアウトプットの性質を理解するのに有益な情報である。まず、薬学部の最終学年の学業成績を取り上げて、学業成績が高い人の行動特性を少し丁寧に探ってみよう。

統計ソフトを使えば学業成績を一つの変数だけで予測するのに最適なモデルを探してくれる。それを探すのが第一ステップで、その結果、専門講義の熱心度が選択された。学業成績と専門講義熱心度の相関係数は0.48であり、単回帰分析の説明力（＝予測力）は、0.23になる。その結果が、**表3.1**の第一ステップである。すべての相関係数を比較すると、専門講義熱心度が一番大きい。学業成績が高い人は、何よりもまず専門講義に熱心に取り組んでいる。あたり前といえばあたり前だが、学ぶ意欲があってこその「高」成績というのはアンケート調査の妥当性が保証されているようで安心できる。

次に、変数を一つ加えて学業成績を最もよく予測する最適なモデルを選択したのが、第二ステップの重回帰分析である。第二ステップの選択も情報量基準によっているが、第一ステップで除外された19の変数と学業成績の間にある偏相関係

表3.1 学業成績の重回帰分析

モデル	変数	非標準化係数		標準化係数	t 値	有意確率	調整済み R2 乗
		B	標準誤差	ベータ			
第一ステップ	(定数)	1.106	0.065		16.924	0.000	0.232
	専門講義の熱心度	0.748	0.022	0.481	33.620	0.000	
第二ステップ	(定数)	0.718	0.071		10.089	0.000	0.262
	専門講義の熱心度	0.657	0.023	0.423	28.606	0.000	
	卒論達成レベル	0.315	0.025	0.184	12.459	0.000	

数の大きさの順番とほぼ一致する。偏相関係数は、第一ステップの変数である「専門講義の熱心度」の影響を除いた相関係数である(SPSSでは、除外された変数の偏相関を表示してくれる)。この偏相関係数が一番大きいのは、「卒論研究の達成レベル」である。ステップワイズ法は、厳密な情報量基準による数理的選択だが、変数の意味を解釈するには、数理的厳密性よりも、相関係数および偏相関係数の大きさの順番だと考えた方が理解しやすい(変数間の関係によって、選択の順番が少し変わることもある)。

第二ステップの結果が、**表3.1**の二段目の結果であり、モデルの予測力は0.262になる。予測力が3%しか上昇しないのは、二つの説明変数の相関係数が高いため(0.31)、専門講義熱心の影響を除くと卒論研究の達成レベルによる単独の効果が小さくなるからである。専門講義に熱心に取り組み、卒論研究の成果をあげた人が、「高」成績であり、入学前のインプットよりも、入学後に学ぶ意欲が重要だといえそうである。

しかし、同様の手順を続けて第三ステップのモデルになると、「高校3年の成績」が入ってくる。大学に入れば、入学前の条件はチャラになるとはいえないようであり、(大学の)学業成績は(高校の)学業成績に通じる共通の潜在的行動特性があるように思われる。

以上のステップを回帰分散分析の有意確率5%を超えない範囲まで繰り返した結果が、**表3.2**である。表の8変数が統計的に有意であり、その他の12変数は有意ではなかったので除外されている。

表の結果をまとめると、専門講義の熱心度と卒論研究の達成レベル、および大学での積極的な学習姿勢が強いほど、最終学年の成績が高くなっている。積極的

表3.2 学業成績の最終予測モデル

モデル	変数	非標準化係数		標準化係数	t値	有意確率	調整済み R2乗
		B	標準誤差	ベータ			
第八ステップ	(定数)	0.293	0.096		3.061	0.002	
	専門講義の熱心度	0.568	0.025	0.365	22.831	0.000	0.232
	卒論達成レベル	0.258	0.027	0.151	9.495	0.000	0.262
	高校3年の成績	0.144	0.015	0.137	9.443	0.000	0.281
	大学の積極的学習	0.264	0.038	0.122	6.988	0.000	0.287
	第一志望ダミー	-0.217	0.033	-0.094	-6.484	0.000	0.292
	高校の自律学習度	-0.150	0.032	-0.072	-4.664	0.000	0.296
	指定校推薦ダミー	0.176	0.052	0.051	3.385	0.001	0.300
	現役ダミー	0.114	0.035	0.048	3.253	0.001	0.301

な学習は、レポートの作成や授業内容の理解、図書館の利用など授業関連の学習に積極的に取り組んでいる項目であり、入学後の本人の努力が確実によりよい学業成績を達成させている。ところが、大学での学び方(スループット)の変数は、この三つに限られ、三つ以外の大学での学び方、例えば、「基礎実習の熱心度」「予習復習自学自習の時間」「よい教師との巡り合い」などは除外されている。これらの変数が、学業成績に関係がないわけではない。相関関係はあるが、それぞれの効果は、主要な三つの変数に吸収されて、その影響を除くと偏相関がゼロに近くなったということである。学業成績の高い人の行動特性を特徴づけるためには、主要な三変数に着目すれば十分である。

一方、この三変数以外に影響する変数は、入学前のインプット変数になる。成績に影響する変数の数だけからすれば、入学前の五つの条件が大学での学びを規定しているかのように見える。たしかに、高校3年の成績は、大学の学業成績にも反映され、高校時代の学業優秀者は、大学入学後も優秀であり続ける傾向にある。

高校3年時の学業成績と対照的なのは、高校時代の自律的学習である。この変数は、授業中の勉強だけでなく、授業以外にも好奇心をもって自発的に勉強していることを示しており、とても素晴らしい学習態度だといえる。ところが、この自律的学習は、大学の学業成績にマイナスの影響になっている。自律的学習と大学の学業成績の単純な相関関係はプラスだが、重回帰分析ではマイナスに転換している。このような変数を抑制変数という。少し説明を加えておく。

このような結果になる第一の理由は、自律的学習度が、専門講義の熱心度、卒論研究の達成レベル、大学での積極的学習度の三つとの相関関係が強いからである。とくに、積極的学習との相関係数が高く、0.40になる。積極的学習の変数に自律的学習度の要素が含まれているので、この要素が学業成績に与える効果を除くと、自律的学習度の直接効果は小さくなる。第二の理由は、主要な三つの変数と比べて、学業成績と自律的学習度の相関係数はそれほど高くない。主要三変数と学業成績の相関は、0.32 〜 0.48であるにもかかわらず、自律的学習度と学業成績の相関は0.15にとどまっている。この二つの理由が重なって、自律的学習度は、主要三変数を経由した間接効果が大きく、その大きすぎる影響を抑制すると直接効果がマイナスになってしまう。

主要三変数が同じ得点ならば、自律的学習度の得点が高い人よりも低い人の方が学業成績は高いということである。不思議に思うかもしれないが、次の二人のケースを想定してみよう。①自律的学習度の得点が低くて、主要三変数が同点の人。②自律的学習度の得点が高くて、主要三要素が同点の人。このうち②は、自律的学習度が高いお陰で主要三要素が①と同点になっている。①は、自律的学習度の力を借りずに、主要三要素が同点になっている。この二つのケースを比較すると①の自律的学習度の力を借りずに、つまり高校時代の経験に頼らずに、入学後に頑張った人の方が学業成績をあげる力が強いという結果になっている。繰り返すが、高校時代に自律して学ぶ習慣がなくても、入学後の主要三変数を高める努力のできる人は、学業成績を上げる力が強いということになる。このように、自律的学習度は、学業成績を高める直接的な力にならないが、高校の学業成績は、入学後も学業成績を高める力になっている。つまり、高校の自律的学習は大学の学業成績とは親和性が無く、高校の学業成績は大学の学業成績との親和性が強い。ややくどく説明したが、この二つの違いは、学業成績というアウトプットの性質を理解するのにとても象徴的だと思う。

5位以下の予測力の低い変数は、すべてインプット変数になっている。第一志望ダミーの係数がマイナスになっているのは、志望順位が高いほど「専門講義の熱心度」が高いからである。第一志望と学業成績との相関係数はゼロに近いので、専門講義の熱心度の影響を取り除くと第一志望の効果はマイナスになる。講義の熱心度が同じなら、第二志望の学業成績の方が高いということでもある。第一志望の入学者が、大学として望ましい入学者のように思えるが、入学後の努力がなければ、卒業時の学業成績には結びつかない。

この他、指定校推薦組と現役組は、入学後の教育に適応しやすく、学業成績にプラスの効果をもたらしている。しかし、その影響力は小さく、大学での学び効果と比べれば、学習成果をあげる重要な条件とはいえない。

説明変数の間にある相関関係のために効果が相殺される事例は、ステップワイズ法によって除外された変数に現れる。除外された12変数とそれぞれの学業成績との相関係数を示しておくと**表3.3**のようになる。基礎実習の熱心度は、学業成績との相関係数が0.34とかなり高いが、講義の熱心度との相関が0.64と非常に高い。この講義熱心度の影響を除くと、基礎実習の熱心度と学業成績の偏相関係数は非常に小さくなり、モデルから除外される。熱心度の他の変数、および予習復習自学自習時間（相関係数0.25）が除かれているのも同じ理由による。相関の高い熱心度は、最初からモデルに投入する必要がない変数だともいえる。アルバイトと部活の時間は、学業成績とマイナスの相関関係にある数少ない変数だが、統計的に有意な予測モデルには含まれず、除外される。

その一方で、学業成績との単相関がそれほど高くなくても、スループットの主要三変数との相関が低い変数は、説明変数間の相互作用によって相殺される影響

表3.3　除外された変数と単相関係数

	最終学年成績との単相関
男性ダミー	-.067**
自分に向いている仕事に就ける	.113**
興味のある分野の研究ができる	.158**
よい教員に巡り合えた	.188**
よい友人に巡り合えた	.053**
基礎実習の熱心度	.341**
人文社会系の熱心度	.189**
理数系の熱心度	.281**
外国語の熱心度	.200**
予習復習自学自習	.249**
部活時間	-.029*
アルバイト時間	-.084**

が小さく、最後まで残りやすい。最終予測モデルで残っていた「第一志望」「指定校推薦」「現役」といった入学前のインプット変数は、そのケースである。それぞれの影響力(標準化係数)は小さく、予測モデルの説明力は、0.1%から0.4%ほど増えるだけである。このように、学業成績というアウトプットの高い人の行動特性は、在学中の熱心な学習行動を示す三変数に代表され、入学前のインプット変数の影響はむしろ小さいといえる。

重回帰分析は、説明できそうな変数を使って予測力を最大にするための道具であり、統計ソフトを使えば誰でも簡単にできる。その簡単さに比べて、説明変数とアウトプットの関係はとても複雑である。その複雑さを紹介するためにやや詳しく説明したが、アウトプットの高さを予測するには、どの変数に着目するのが当たりやすいかを考えれば、**表3.2**の予測モデルの順番の変数に着目すればよい、ということになる。

こうした重回帰分析法は、真理の探究という科学的思考の道具として人気はなくなっており、統計のエリート・ユーザーは採用しない方法だが、マス・ユーザーが野外科学的に仮説を発想する道具として有力だと思う。そればかりでなく、実用性という観点からみても重回帰分析の考え方は有力である。ここでは、たかだか20変数の予測モデルの話をしているが、AIや機械学習モデルになれば、百万から千万を超える変数を多層に重ねた巨大な重回帰モデル形式になる。そこでは、変数の関係がどのようになっているかよりも、予測が当たるかどうかが決め手である。いずれにしろ、数字の組み立て工学の観点からすると、平面(二変数関係)から空間(三変数関係)、さらに超平間(多変数関係)へと数字を組み立てるプロセスまでは理解しておいてほしいと思う。

3.4 学業成績が高い人の行動特性は生命科学部でも共通している

以下では同様に、アウトプットを高める行動特性を知るために、ステップワイズ法を適用した。その結果を逐次に紹介する。まず生命科学部の学業成績は、**表3.4**のようになる。影響力の強さの順番は違うが、生命科学部も専門講義の熱心度が第一の要因であり、第二位が大学での積極的学習になる。卒論研究の達成レベルよりも積極的な学習が学業成績の高い人の特性になっている。

高校3年の成績が三番目に強い影響を与えているのも、高校の自律的学習度が

表3.4 学業成績の最終予測モデル(生命科学部)

最終学年の学業成績			学業成績との相関係数
モデル	予測変数の順番	標準化係数	
1	専門講義の熱心度	0.311	0.50
2	大学の積極的学習	0.300	0.48
3	高校3年の成績	0.228	0.25
4	第一志望ダミー	-0.145	-0.11
5	卒論達成レベル	0.143	0.37
6	高校の自律学習度	-0.114	0.17
7	アルバイト時間	-0.092	-0.18
8	理数系の一般教育熱心度	0.102	0.39
9	受験理由:興味ある研究ができる	-0.072	0.06
10	専門科目の実習熱心度	-0.083	0.33
	調整済みR2乗	0.418	

マイナスの要因になっているのも、薬学部とかなり共通している。生命科学部でも、高校3年の成績は、大学の学業成績にも反映され、高校時代の学業優秀者は、大学入学後も優秀であり続ける傾向にある。

6位までは、両学部に共通しているが、7位以降に生命科学部の特徴が現れている。薬学部では弱いながらも有意な変数として、指定校推薦ダミーと現役ダミーがプラスの効果をもっていたが、生命科学部では、この二つの影響はみられない。大学時代の要因(スループット)として特徴的なのは、「理数系の一般教育熱心度」がプラス効果、「専門科目の実習」がマイナス効果になっていることである。理数系の一般教育熱心度が登場するのは、理学部の生命科学部らしいが、専門科目の実習がマイナスになるのは、講義熱心度との相関が高い(0.63)ために、学業成績に与える効果が抑制されるためである。

「第一志望」の入学者、および「興味のある分野の研究ができる」という受験理由をあげているグループの学業成績が振るわない(マイナス効果)のは、かなり哀しい結果のように思える。プラスになるはずの要因がマイナスになるのは、入学前に想定していた期待が覆された気分になるので少し説明を加えておく。ダミー変数ではない志望順位と学業成績の単相関をみると0.11であり、第一志望(1)よりも第三志望(3)の成績が高く、志望順位が高くても入学後の学業成績に結びつくわけではないし、志望順位と専門講義の熱心度とはほとんど関係がない（r = 0.05／統計的に有意ではない）。こうした単相関の関係が重回帰分析でも残っているということである。

一方、「興味ある分野の研究ができる」という受験理由が、マイナスの効果になるのは、「専門講義の熱心度」や「大学での積極的学習」とプラスの相関関係にあるからである。これらの影響を除去すると、受験理由が学業成績にマイナス効果をもつ。重回帰分析による抑制効果である。

大学時代の要因として気になるのは、「アルバイト時間」がマイナス要因になっていることである。しかも、大学時代のスループット変数との間にもマイナスの相関関係がある。講義の熱心度だけでなく、すべての熱心度、および積極的学習と卒論研究の達成レベルも0.11程度のマイナス相関になっている。アルバイトのために学業がおろそかになっているが、おろそかにせざるをえないほどアルバイトに追われているのが実態かもしれない。生活時間調査の中核である予習復習自学自習の時間は、すべてのアウトプット変数と無関係として除外される。学習時間は大切な指標だが、他のスループット変数と比べて弱い相関関係にある。それに比べて有意に負の効果をもたらすアルバイト時間の影響に注意を払った生活時間の分析が必要だと思う。

3.5 卒業時に身についた知識能力（社会人基礎力）が高い人の行動特性

次に、アウトプットの一つとして取り上げた「卒業時に身についた知識能力」に着目して、同じ分析を重ねると学業成績の特性とは大きく異なることが分かる。ここで取り上げた知識能力には、専門知識と教養的知識に加えて、粘り強くやり遂げる力やチームワーク力など8項目の汎用能力を含めている（Chapter 2の**図2.13**を参照）。この12項目は両学部に共通だが、薬学部については、専門カリキュラムのコンピテンシーを考慮して、①医療と薬の倫理を遵守する力②チーム医療に参画する力③地域社会の活動を通して疾病の予防に貢献する力の三つを追加して計15項目を「卒業時に身につけていた」と思うかどうかを調査した。社会人基礎力が身についているかどうか、の指標だといってもよい。

学業成績と同様の分析をした結果が**表3.5**である。生命科学は、統計的に有意な変数が四つにすぎなく、分かりやすいのでこちらを先にみてみよう。第一ステッ

表3.5 卒業時に身についた知識能力のステップワイズ分析(学部比較)

卒業時に身についた知識能力総合平均点(薬学部)

モデル	予測変数の順番	標準化係数
1	大学の積極的学習	0.130
2	卒論達成レベル	0.180
3	高校の自律学習度	0.098
4	外国語授業の熱心度	0.068
5	自分の向いた仕事に就ける	0.058
6	興味のある分野の研究ができる	0.070
7	男性ダミー	-0.050
8	アルバイト時間	0.058
9	よい友人に巡り合えた	0.051
10	人社系一般教育の熱心度	0.053
11	指定校推薦ダミー	0.040
12	専門講義の熱心度	0.038
	調整済みR2乗	0.216

卒業時に身についた知識能力総合平均点(生命科学部)

モデル	予測変数の順番	標準化係数
1	卒論達成レベル	0.299
2	高校の自律学習度	0.220
3	よい友人に巡り合えた	0.115
4	専門科目の実習熱心度	0.102
	調整済みR2乗	0.216

プで選択されるのは、相関係数が最も大きい(0.42)卒論研究の達成のレベルであり、学業成績の第一位だった専門講義の熱心度は無関係になって除外されている。そして、第二ステップの変数に入ってくるのが、高校時代の自律的学習度である。大学の学業成績ではマイナスになっていた変数が二番目のプラス要因になっている。高校時代から授業以外の興味に自主的に取り組む知的好奇心は、学業成績には反映しないが、汎用能力を高める学習行動である。逆に、高校3年の成績は、相関係数が0.08と小さく、ここでは有意な影響を与えてない。二つのアウトプットの特性の違いがよく現れている。

上位二つの要因に「身についた知識能力」の特性が顕著に現れている。自由記述の言葉で確認されたように、卒論研究は、知識の向上だけでなく、様々な汎用能力の向上に役立っている。主体的に工夫しなければならない卒論研究と授業以外に興味関心を広げる高校時代の自律的学習の二つが汎用能力(社会人基礎力)を育んでいる。

この二つに続くのが、「よい友人に巡り合えた」と「専門科目の実習熱心度」である。人間関係から学ぶ内容の多様性、および卒論研究と具体的に繋がっている「実習の熱心度」がプラスの効果をもつところにこのアウトプットの共通性が窺われる。

薬学部は、12の変数が選択されているが、上位の三つを除くとプラスの効果は小さい。第一位は、大学での積極的学習だが、二位と三位は、生命科学の二大要因と一致して、卒論研究の達成レベルと高校の自律的学習度になっている。

学業成績の第一位だった専門講義の熱心度が最下位になり、除外されていた外国語授業の熱心度と人文系一般教育の熱心度が上位にある。専門知識の集積である学業成績と違って、幅広い能力を身につけるこのアウトプットの性質がよく現れている。さらに、学業成績のマイナス要因だったアルバイトの時間が、プラスの要因になっている。アルバイトで社会人としての汎用能力が身についたという日常的な会話を反映している。入学前のインプット変数では、「自分の向いた仕事に就ける」「興味ある分野の研究ができる」という受験理由をあげた人および指定校推薦組がプラス効果になっている。

唯一マイナスの効果として残るのは、男性である。学業成績では無関係だったにもかかわらず、男性が低い理由については、別途に検討すべき課題かもしれない。

3.6 満足度が高い人の行動特性——高い満足度は生涯の財産

最後に、学生生活満足度が高い人の行動特性をみると**表3.6**のようになる。「とても満足」「やや満足」「あまり満足していない」「まったく満足していない」の4件法で調査したが、「まったく満足していない」のは2%未満なので、回帰分析では、二つの不満をまるめて三段階の分析にした。

表にみるように、両学部ともに、第一位が「よい友人との巡り合い」であり、納得できる結果になっている。続いて「よい教師との巡り合い」が登場し、キャンパス生活における社会関係の重要性がはっきりと現れる。部活時間は、薬学部で三位、生命科学では四位の要因になる。さらに薬学部では、学業に支障をきたす要因だったアルバイト時間が、プラス要因になっている。学習のアウトプットを評価するためには、公式的なカリキュラムだけでなく、課外活動にも視野に広げる必要があることを示している。学生生活の満足度は、「豊かな人間関係が形成されたかどう

表3.6　学生生活満足度のステップワイズ分析(学部比較)

学生生活全般の満足度(薬学部)

モデル	予測変数の順番	標準化係数
1	よい友人に巡り合えた	0.352
2	よい教師に巡り合えた	0.137
3	部活時間	0.152
4	基礎実習の熱心度	0.074
5	自分の向いた仕事に就ける	0.072
6	専門講義の熱心度	0.065
7	アルバイト時間	0.037
8	第一志望ダミー	0.035
9	卒論達成レベル	0.034
	調整済みR2乗	0.279

学生生活全般の満足度(生命科学部)

モデル	予測変数の順番	標準化係数
1	よい友人に巡り合えた	0.388
2	よい教員に巡り合えた	0.210
3	専門講義の熱心度	0.117
4	部活時間	0.115
5	男性ダミー	-0.094
	調整済みR2乗	0.304

か」という意味空間に位置づけられる数字だと解釈できると先に述べたのは、こうした分析結果による。

その一方で、人間関係や課外活動だけでなく、薬学部の「基礎実習の熱心度」「専門講義の熱心度」「卒論研究の達成レベル」などの学習行動、および「自分に向いた仕事に就ける」という実践的学習へのコミットメントが学生生活を満足させる要因になっていることを忘れるべきではない。こうした教育に関連した変数が、満足度を高める要因になっているところに、専門職を養成する薬学部の満足度を特徴づけている。生命科学部も同じ傾向があり、専門講義の熱心度が満足度を高める第三位の要因になっている。

自由記述で語られていたように、キャンパスにおける人間関係の形成は、楽しい思い出であると同時に、生涯の財産になっている。「学生生活を振り返って、現在どれくらい満足していますか」という質問に「満足している」と回答する気持ちの背後には、表にみるような行動特性の集積がある。そこには、恵まれた人間関係だけでなく、授業から学んだ経験も埋め込まれている。こうした多層的な集積に、大学で学んだ満足度とレジャーランドの満足度との違いがあると思う。レジャーランドの満足度は、その時だけの消費的な満足か、せいぜい楽しい思い出にすぎないが、大学の多層的な満足度は、楽しかった消費的な満足度や思い出だけではなく、生涯にわたって影響する投資的性質を帯びていると解釈できる。そのことが表の結果に現れていると思う。大学をレジャーランドとよぶメタファーの底の浅さが露わになっているようで面白い。

3.7 アウトプットにみる学びの多元性と多様性——まとめと要点

3.7.1 三つのアウトプットは、勤勉派・自立派・友好派の学習スタイルを代表している

つまらぬ数字の羅列を聞かされてウンザリする向きも少なくないと思うが、数字の野外科学をするためには、一つ一つの数字を拾い集めながら、似ている数字をグルーピングする（まとめる）作業を地道に重ねることが肝要になる。

三つのアウトプットに絞ってそれぞれの成果を高める学習行動のトップ4をまとめると**表3.7**のようになる。数字は客観的であり、統計分析のプロセスは論理的だが、分析結果の数字を誰もが同じように理解するわけではない。分析者の理解を他者に伝えるためには、結果を言葉に変換して説明する必要がある。数字を解釈して説明するまでが統計分析の仕事である。分析したらこのような結果になりましたという数字の羅列は、最後の解釈を他人にかませる方式であり（その方がありがたい場合もあるが）、不完全な仕事だと思う。したがって、結果の数字の解釈は、組み立てた数字から新しい言葉を組み立てる作業になる。繰り返し述べてきたように、数字を組み立てる作業は言葉を組み立てる作業と共通するところが多いのである。Chapterの副題に「数字を組み立てながら言葉を紡ぐ」と付したのはそのためである。

表3.7は、調査票の元の言葉に戻してグルーピングした数字のない結果として読むことができる。専門の講義に熱心に取り組み、図書館を利用し、理解できるまで考えたり、調べたりする学習の努力が、確実によりよい学業成績を達成させている。こうした努力家としての姿勢は、高校時代から持続する気質のようで、高3の学業成績が変数名として登場するのはこのアウトプットだけである。四つの変数名が語っている気持ちを考えれば、「学業成績が高いグループ」には、「勤勉派」という表札がふさわしいように思う。学業成績は一般に認知能力の証とされるが、同時に「勤勉」という非認知能力の証でもある。学業成績の高い人を頭でっかちだ

表3.7 三つのアウトプットと勤勉派、自立派、友好派の学習スタイル

		学業成績	身についた知識能力	満足度
薬学部	第一位	専門講義の熱心度	大学の積極的学習度	よい友人との巡り合
	第二位	卒論達成レベル	卒論達成レベル	よい教師との巡り合い
	第三位	高校3年の成績	高校での自律的学習	部活動の熱心度
	第四位	大学での積極的学習度	外国語学習の熱心度	基礎実習授業の熱心度
		学業成績	身についた知識能力	満足度
生命科学部	第一位	専門講義の熱心度	卒論達成レベル	よい友人との巡り合い
	第二位	大学での積極的学習度	高校での自律的学習度	よい教師との巡り合い
	第三位	高校3年の成績	よい友人との巡り合い	専門講義の熱心度
	第四位	第一志望入学(ー)	専門の実習科目熱心度	部活動の熱心度

と理解するのは一面的だろう。学業成績の知識が会社で役に立つ、立たないという議論も一面的で、学業成績が仕事に役立つとすれば、それは知識が役に立つのではなく、学校も仕事にも勤勉に取り組む非認知能力が役立っているのかも知れないのである。

これが私の解釈である。しかも、上位4変数のうちの三つが両学部で同じになっている。高専調査の経験を重ねても、学業成績を高める学習行動はどこでもほぼ共通している。生命科学部の第一志望入学者は、マイナスに要因になっており、このグループはやや勤勉に欠けるようだという解釈になる。数字を組み立てる意義は、組み立てながら数字の意味を解釈し、言葉を紡ぐところにある。

次に、身についている知識能力が高い人は、主体的に取り組んだ成果である卒論研究の達成レベルが高く、高校時代から分からないことは自分調べたり、興味あることを自分で勉強したりして自律的学習をしており、大学での学習も授業以外の時間に積極的に取り組んでいる。加えて、勤勉派のようには講義に熱心ではないが、外国語に熱心だったり(薬)、実習科目に熱心だったりして(生命)、自分の好きな領域に積極的に取り組んでいる感じが伝わってくる。このようにグルーピングしていくと、身についた知識能力が高い人は、主体的な自習を実践する「自立派」の学習スタイルだといえる。

身についた知識能力は、社会人基礎力に近い内容から構成されており、しかも客観的な能力水準ではなく、「身についていると思う」主観的評価である。Introductionで述べたように、私たちは「身についている」と「思う」というところ

に意義があると理解し、自己効力感の指標として位置づけている。このように位置づけたのは、回答された数字の気持ちを調査票の言葉に戻って解釈したからである。だとすれば、身についていると思う自己効力感は、主体的に学ぶ力によって形成されている。

第三の学生生活満足度は、分かりやすい。満足度の高さは、豊かな人間関係とともに育まれており、「友好派」の学習スタイルである。ただし、楽しく遊んでいるわけではなく、基礎実習（薬）や専門講義（生命）の熱心度も埋め込まれているところに学生生活満足の投資的性格が潜んでいる。

以上の三つのまとめに関連する重要な要点を二つ指摘しておきたい。

3.7.2 学習成果（＝アウトプット）の多元性と学生の自由裁量性と裾野派の問題

三つのアウトプットの山に登るルートは、同じではなく、山によって異なっている。同じ山でも登るルートが決まっているわけではなく、その道は多様である。しかし、三つの山は遠く離れてそびえたっているわけではなく、山の裾野では繋がっているはずである。繋がっていないかのように分析してきたことに欠陥があるともいえる。今までの分析では、三つのアウトプットは無関係であることを装って分析をすすめてきた。相関係数が1であれば、三つの山は完全に重なっており、0であれば、遠く離れた山になる。

そこで、三つのアウトプットの相関係数をみると**表3.8**のようになる。学部によってやや異なるが、およその理解をするには二つの学部をまとめても差し支えない。最終学年の学業成績と卒業時の共通知識能力との相関係数が最も高く、0.24である。表の「共通」知識能力は、薬学部と生命科学部に共通した12項目の平均点を用いている。学業成績が高い人は、ある程度共通知識能力も高くなる。一方、学業成績と満足度は、かなり小さい0.12であり、共通知識能力と満足度は0.19になる。いずれも無関係ではないが、それほど大きいわけではない。それぞれの山の

表3.8 三つのアウトプットの相関係数

	最終学年の成績	共通知識能力平均点	学生生活満足度
最終学年の成績	1	.239**	.115**
共通知識能力平均点	.239**	1	.188**
学生生活満足度	.115**	.188**	1

影響をみるためには、例えば学業成績を予測するモデルの20変数に、共通知識能力と満足度を加えて計測する方法もある。例えば、薬学部の学業成績モデルに、二つのアウトプット変数を追加すると共通知識能力が7番目に有意な変数として登場し、満足度は除外変数になる。学業成績は共通知識能力と裾野を共有する領域があり、満足度とは離れた位置にあるというイメージになる。

アウトプットの相関関係にも意味はあるが、そこにこだわるよりも、三つの山は異なっていると認識することの方が重要だと思う。というのは、三つの山の上位をともに踏破する人は少なく、それぞれの得意／不得意、あるいは好みによって、学習機会を取捨選択しながら行動した結果が異なったアウトプットに現れている。そう考えるのがよい。そこで、学業成績と身についた知識能力を上／中／下の三段階に分け、満足度をとても／やや／不満の三段階に分けて、三重クロス表の分布をみると**図3.2**のようになる。

アウトプットに相関があるといっても、三変数の分布はかなりばらついている。「成績上位－身についた知識能力上位－とても満足」の三拍子がそろっているのは、全体の6%にすぎない。「中位－中位－やや満足」の中腹組は8%である。ここで重要だと思うのは、上位が一つ以上ある人を合計すると67%になることである。卒業生の7割近くが一つ以上の山を踏破していることになり、自分の得意と

表3.9 三つのアウトプットの分布

最終学年成績	満足度	身についた共通知識能力			合計
		下位	中位	上位	
下位	不満	2.9%	1.6%	0.8%	5.3%
	やや満足	5.5%	4.5%	2.3%	12.3%
	とても満足	2.6%	1.9%	1.8%	6.4%
ふつう	不満	2.2%	1.3%	0.6%	4.1%
	やや満足	6.9%	8.2%	6.4%	21.4%
	とても満足	2.9%	4.0%	3.5%	10.3%
上位	不満	1.3%	1.7%	1.1%	4.1%
	やや満足	6.1%	8.4%	8.0%	22.6%
	とても満足	2.5%	4.7%	6.2%	13.4%
合計		33.0%	36.3%	30.8%	4757

好みをかなりの人が発揮している感じだ。逆に、上位なしが33%、つまり三人に一人は山の中腹で下山（卒業）したことになる。中腹ならまだよいとして、三つの山の裾野にとどまっている「すべて下位」が3%になる。

三つのアウトプットに分けて表現した意義は、学習成果（アウトプット）を一つの尺度によって序列化するのではなく、複数の学習成果を多元的に理解する重要性を示したところにある。多様な学生の期待に応える機会を整えるのが大学の役割であり、その機会をどのように利用するかは学生に委ねるのが健全だと思う。学習成果といえば一般に、公式的カリキュラムの効果に焦点があてられやすいが、学業成績以外の学習成果（身についた知識能力と満足度）に視野を広げると、専門科目以外の学習、および課外活動やアルバイトを含めた社会関係の構築が学習成果を高める力になっている。つまり、キャンパスにある多様な機会が、学習成果を高める多様なルートを提供していることになる。学生の興味関心に応じて、多様なルートを選択できるようにするのが、自由と多様性を尊重する大学にふさわしく、同じ大学の同じ環境条件にあって、勤勉派・自立派・友好派が混在し、共存し、多様な人間関係が結べるところにキャンパスの魅力がある。そして、三つのいずれにも含まれない低空飛行の裾野派に目配りし、彼・彼女を支援するパイプを別途に用意することを忘れるべきではない。

3.7.3 多様な学習機会と教師の役割

四つの主要な要因に絞ると専門講義の熱心度、積極的な学習、卒業論文研究が際立つが、それら以外の多様な機会が取捨選択されて、学習成果の多元性と多様性が成立していることも忘れるべきではない。

外国語教育や人文系の一般教育は、学生たちに比較的軽く扱われており、これらに熱心に取り組むのは3割ほどに留まっている。しかし、これらの授業が学習成果に影響しないわけではない。それどころか、薬学部では、外国語教育と人文系の一般教育が、卒業時の知識能力を高めているし、生命科学部では、理数系の一般教育に熱心になるほど学業成績が高くなっている。すべての学習機会に熱心に取り組むのは難しいし、そこまで頑張る必要もないだろう。各自の興味関心に応じて、取捨選択するのが現実的な学び方である。専門講義への熱意を少し緩めて、外国語に注力するのも、学習成果を上げる一つの方法になる。こうした多様性なルートの存在が、ステップワイズ法による下位の変数に現れている。

しかし、今回の調査は、学生サイドからの調査に限定しており、教育を提供する大学側の努力が学習成果に与える影響を検証する調査になっていない。その限界の中にあって垣間見られるのは、「よい教師との巡り合い」の影響である。満足度を規定する二番目の要因になっているが、学業成績や身につけた知識能力に影響していないわけではない。今回の報告では省略したが、高校時代のインプット変数が、在学中の学び（スループット変数）に与える影響の分析も検討している。その分析で目立ったのは、「よい教師との巡り合い」の効果だった。その一端を紹介しておく。

専門講義の熱心度を従属変数にして、高校時代のインプット変数と「よい教師との巡り合い」および「よい友人の巡り合い」を説明変数とする重回帰分析の結果が**表3.10**である。インプット変数が講義の熱心度に有意な影響を与えている。しかし、標準化係数を比較すると最も影響が強いのは「よい教師との巡り合い」である。その一方で、「よい友人との巡り合い」は、講義の熱心度にプラス効果がないどころか、マイナスになっている。勉学面からすれば、よい友人というよりも悪友の雰囲気だ。生命科学部の例は省略するが、ほぼ同じような結果になる。ただし、よい友人との巡り合いは、マイナスではなく、無関係という結果になる。

部分的な情報提供になるが、講義の熱心度だけでなく、大学での積極的学習を従属変数としても、「よい教師との巡り合い」が、「高校の自律的学習」に次いで二番目に大きい要因になる。ここでも「よい友人との巡り合い」は、プラスで有意だ

表3.10　専門講義の熱心度（薬学部:R2乗=0.175）

	非標準化係数		標準化係数	t値	有意確率
	B	標準誤差	ベータ		
（定数）	1.326	0.083		16.004	0.000
男性ダミー	-0.160	0.022	-0.107	-7.384	0.000
高校3年の時の成績	0.071	0.010	0.105	7.179	0.000
高校の学習自律性	0.198	0.021	0.147	9.549	0.000
自分に向いた仕事に就ける	0.103	0.013	0.121	7.873	0.000
興味ある分野の研究	0.098	0.013	0.124	7.660	0.000
よい教師との巡り合い	0.166	0.013	0.193	12.553	0.000
よい友人との巡り合い	-0.045	0.018	-0.038	-2.551	0.011

表3.11 よい教師、よい友人との巡り合い(%)

	まったく	あまり	やや	とても	合計
よい教師に巡り合えた	7.7	26.0	42.9	23.4	100.0
よい友人に巡り合えた	0.9	5.1	32.7	61.2	100.0

が、その効果は小さい。このように、よい教師との巡り合いは、満足度を高めるだけでなく、講義の熱心度を高めたり、積極的学習を促したりして、主要な二大変数を底上げする力になっている。そのことを痛感するのは、教員の努力次第で学生の学習を活性化させる可能性がまだ大きく残されていると推測されるからである。その根拠は、**表3.11**の数字にある。

よい教師、よい友人に巡り合えたか、の調査項目によると、「とてもあてはまる」の割合は、友人が61%であるのに対して、教師は23%。「あまりあてはまらない」の割合は、友人の5%に対して教師26%になる。この数字からすると、よい友人と巡り合う可能性を今より大きくするのは難しく、すでに飽和状態にある。それと比べれば、よい教師に巡り合える可能性はまだ広く開かれている。学習成果を高める要因として、別途に詳しく教員の役割を明らかにする調査研究をすれば面白いと思う。

参考文献

・Astin, A. W. (1977) *Four Critical Years: Effects of College on Beliefs, Attitudes, and Knowledge*, Jossey-Bass Publishers
・川喜田二郎((1967)『発想法』中公新書
・ガンポート、P. J.編著(2015)伊藤彰浩・橋本鉱市・阿曽沼明裕監訳『高等教育の社会学』玉川大学出版部
・矢野眞和(2018)「高専女性の活躍とキャリア不安」矢野眞和・濱中義隆・浅野敬一編『高専教育の発見——学歴社会から学習歴社会へ』岩波書店
・山田礼子(2009)「日本版大学生調査による大学間比較」山田礼子編『大学教育を科学する——学生の教育効果の国際比較』東信堂

Chapter 4

在学中の学びが職業キャリアを豊かにする

数字を組み立てながら言葉を紡ぐ 2

4.1 アウトプットがアウトカムに繋がるルートの解明

本書では、アウトプットを学習成果と同じような意味に扱い、学習成果として三つのアウトプットを取り上げたという言い方もしてきた。学習成果という日本語を「学習の成果」、あるいは「学習した成果」と解釈すれば、教育システムのアウトプット＝学習成果として支障はないと考えてのことである。しかしながら、文科省や高等教育学界の専門家からすれば、学習成果はラーニング・アウトカム（Learning Outcome）の訳語であり、アウトプットではないと批判されると思う。今世紀に入ってからの大学教育改革の要になっている一つが、ラーニング・アウトカムという外来語である。最近の教育界の審議会答申では、外来語が使われることが多く、答申の最後には必ず用語解説が掲載されている。

それによると「学習成果（ラーニング・アウトカム）」は、「プログラムやコースなど、一定の学習期間終了時に、学習者が知り、理解し、行い、実演できることを期待される内容を言明したもの。学習成果は、多くの場合、学習者が獲得すべき知識、スキル、態度などとして示される。またそれぞれの学習成果は、具体的で、一定の期間内で達成可能であり、学習者にとって意味のある内容で、測定や評価が可能なものでなければならない」とされている。学習の測定可能な期待を明示して、期待の達成度を評価（アセスメント）して公表する授業アセスメントが、大学のアカウンタビリティを高めるという筋書きになっている。

これに従えば、学習成果は、学習者に「期待される」、あるいは「獲得されるべき」内容であり、学習者が卒業時に獲得したアウトプットではない。この用語に従えば、学習成果の達成度、つまり授業アセスメントがアウトプットだといってもよさそうだが、学習成果という言葉が流行りだしてから、アウトプットという用語を使う高等教育関係者はいなくなった。授業アセスメントは、アウトプットの範疇に入れた方がいいと私は思うが、このアセスメントをアウトカムと読み替えて、アウトカム重視の教育が新しいかのように論じる人もいる。しかし、システム論やSocial Policyに親しんできた私としては、アウトプットという言葉を使わずにアウトカム概念を組み立てるのは絶望的に難しい。小中学校の学力がアウトプットでないとすれば、何が小中学校のアウトプットなのか。学力をアウトカムというならば、何がアウトプットなのか。私の言葉の組み立て方は、システム論やSocial Policyの常識に基づいている。内部システム(ここでは教育システム)の最終結果(出力)がアウトプットであり、そのアウトプットが外部システム(社会経済システム)に影響を与える総体をアウトカムとよんでいる。アウトプットのないアウトカムはなく、アウトカムのないアウトプットはない。教育経済学では、「所得の向上」を教育効果の指標としているが、所得の向上は、教育のアウトプットではなく、教育の経済的アウトカムである。OECDのアウトカム研究では、経済的アウトカムだけでなく、生活の満足度や健康や社会的信頼などを社会的アウトカムとし、教育が社会経済に多様な影響を与えている事実を政策策定のためのエビデンスにしている。個人のレベルからすると、教育システム内で身についた学力や規範がアウトプットであり、そのアウトプットが卒業後の人生(働き方、所得、仕事の満足度、健康など)に与える影響をアウトカムという。そのアウトカムを総称して、Post-graduate Outcomeともいわれる。

このような言葉の組み立て方からすれば、学生が獲得した知識や能力などはアウトプットであり、そのアウトプットは、卒業後の仕事や生活で発揮される能力にも影響する。アウトプットの影響を受けた能力は、経済的アウトカムにならえば、能力的アウトカムといえる。もし、卒業後に発揮されたこの能力的アウトカムをラーニング・アウトカムとよび、そのラーニング・アウトカムの卒業時の達成度をアウトプットとすれば、私の言葉の組み立て方に繋がる。しかし、そのような考えを示唆してくれる文献は見当らない。もっぱら学習者に期待されるラーニング・アウトカムのリストをアプリオリに作成し、それを評価せよという筋の話が多いように思う。

最近の風潮からすれば、紹介してきた三つのアウトプットの測定という発想が陳腐なのかもしれない。そうかもしれないと想像すると執筆意欲も萎えるが、私は、アウトプットとアウトカムの関係をシステム論的に理解して、大学教育のアウトカムを研究してきた。しかし、アウトカムという日本で馴染みのない言葉を使うことはせず、一般的に流通している効果(effect)を使ってきた。効果よりも成果を使うのが適切かもしれないが、アウトプットとアウトカムの訳語はともに成果なので、議論が混乱する。教育の成果というとどちらの意味なのか分からなくなる。本書では、成果という言葉は避けるようにしている。ときどき使ってきた学習成果という日本語は、学習の成果という普通の言葉遣いであり、学習のアウトプットという意味である。大学教育のアウトカムという言葉は使わず、大学教育の効果(effect)とよぶことにしているので、ここで改めて確認しておく。effectもoutcomeもoutputが外部システムに与える「影響」のことであり、ともにimpactとも言い換えられる。

Introductionの繰り返し説明が長くなったが、このChapterでは、三つのアウトプットが、卒業後の職業的キャリアに与える影響を数字で組み立てながら解明し、大学教育の効果を分析する。私の研究スタンスからすれば、アウトプットからアウトカムに繋がる道の見える化が優先順位の高い研究課題になる。「アウトプットからアウトカムへ」という最近の教育界のシフトは、教育の内部関係者の都合で教育システムを設計するのではなく、教育のアウトプットが社会経済システムに与える影響、つまり教育のアウトカムを理解してから教育システムを設計する必要性から発想されたものだと想像できる。だとすれば、第一になすべき作業は、教育のアウトカムの実態を把握することである。この作業なくして教育システムを設計するのは、内部関係者の都合を外部関係者の都合に代えて、教育システムを外部からいじくるに似ている。教育が政治の気紛れと経済の景気に傷つかないようにするためには、内部関係者も外部関係者もともに、教育のアウトプットがもたらす効果を見えるようにする必要がある。卒業生調査の意義はここにある。

ここでは、「大学での学びは、仕事にどのように生かされているか」という問いの数字をアウトプット／アウトカム法に基づいて組み立てるが、アウトカムという用語を使って、ここで扱う調査の範囲を実線枠で描いておくと**図4.1**のようになる。形式から言えば、「ラーニング」▶「アウトプット」▶「アウトカム」という論法である。アウトカムにあたるのが、仕事の年収と満足度であり、それぞれをアウトプットの経済的効果と社会的効果として分析する。あわせて、「現在身につけている知識能力」(社会人力とよぶ)を調査している。この社会人力も、大学教育の影響を受けているはずなので、社会人力をアウトプットの能力的アウトカム、あるいは能力的効果といってもよいと考えている。社会人力は、大学教育だけでなく、現

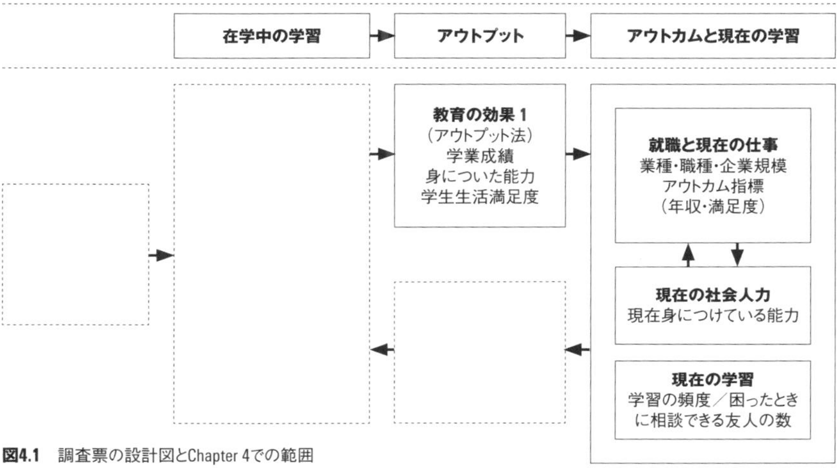

図4.1 調査票の設計図とChapter 4での範囲

在の学習と相談できる友人からの影響を受けているので、この点もあわせて調査している。

この設計図による数字を組み立てながら、アウトプットがアウトカムに繋がるルートを解明する。こうした数字のルートを言葉で表現すれば、自由記述で語られているKJ図解の五つのルートと重なってくることが分かると思う。

4.2 アウトプットは、年収と満足度にあまり影響しない?

教育が卒業後のキャリアにどのような影響を与えているかを明らかにするために、個人の社会的属性および職種などの雇用状況を調査しているが、職業的キャリアの豊かさを評価する指標として、次の二つを代表させることにした。一つは、市場の評価である年収。いま一つに、個人の主観的評価である仕事の満足度を回答してもらった。教育のアウトプットが、経済的アウトカムの年収と社会的アウトカムの満足度に与える影響を教育の効果として、その分析を段階的に組み立てる。

4.2.1 アウトプットは年収と関係ないといってよいか

アメリカ生まれの教育経済学のコアである人的資本(Human Capital)理論は、

「学校で学んだ知識が仕事の生産性を向上させる」という前提に立っているが、この仮説には首をかしげる人が多いと思う。「学校で学んだ知識は社会に出て役に立たない」「企業の人事課は大学の専門知識に期待していない」という人的資本理論の逆説が、日本の風評である。学歴によって所得に差があるのは、学んだ知識ではなく、本人の生まれつきの能力（あるいは地頭）の違いだという教育無効説の方が説得的かもしれない。

しかし、生まれつきの能力に還元して教育無効説を論じるのは、何も説明していないのと同じだ。生まれつきの能力ではなく、現在働いている社会人の知識能力を測定し、その能力と所得の関係を説明する方法があってもいいはずである。ところが、日本の教育界では、人的資本理論に対する批判は根強いが、それに代わりうる代替的な調査研究が乏しい。

同窓生調査は、同質的なグループを対象にしており、にもかかわらず、在学中に身についた知識や能力には違いがある。同窓生の学びの差異（アウトプット）が年収に与える影響をみれば、そしてそれにあわせて、現在身につけている社会人の知識能力を調査すれば、人的資本仮説と教育無効説の対立とは違った局面が拓かれるかもしれない。まずは単純に、アウトプットと年収の相関係数をみることからはじめると**表4.1**のようになる。

世間の風評の証になるような結果である。学部を問わず、男女を問わず、学業成績と年収の相関係数はほぼゼロに近く、成績と年収とまったく関係がない。それどころか、生命科学の男性の相関係数は、-0.13（危険率5%で有意）になっている。学業成績の知識を身につけると仕事の生産性が向上し、所得が増えるという話どころではない。知識ばかり身につけて、仕事には役立たず、かえって知識が邪魔になって、生産性が低下する、という風景をみる人がいるかもしれない。

大学の知識と仕事の生産性は関係ないという風評もあって、知識よりもチームワークやコミュニケーション力などの汎用能力が大事だという説が有力視されて

表4.1　アウトプットと年収の相関係数（**危険率1%水準で有意、*5%水準で有意）

	薬学部		生命科学部	
	年収（男）	年収（女）	年収（男）	年収（女）
学業成績	0.03	-0.01	-.127*	0.08
卒業時の知識能力	-.061*	-.070**	-0.06	0.00
学生生活満足度	.059*	0.00	0.03	0.07

いる。ラーニング・アウトカムが提案されるのも同じ理由からだろう。私たちが調査した「卒業時の知識能力」は、主に汎用能力が身についたかどうかの指標である。学業成績は役に立たなくても、こちらは役に立つと考えてもおかしくないが、残念ながら、表にみるように、こちらも年収と関係がない。薬学部では、男女ともにマイナスの相関にすらなっている。

さらに第三のアウトプットの学生生活満足度では、薬学部男性で唯一プラスに有意になっている。大学時代の友好派は出世するといえば日本的だが、相関係数0.06ではとてもそのような話をする数字ではない。

アウトプットと年収の関係は、人的資本仮説からみて芳しくないし、マイナスの相関という奇妙な結果もある。しかし、二変数の相関係数という数字には注意しなければならない。年収に強い影響を与えている変数として年齢がある。「高学業成績かつ若年」の年収がたとえ高くても、「低学業成績の中年」には遥かに及ばないという関係が混在している。したがって、学業成績と年収の関係をみるためには、年齢の影響を除いた相関係数(偏相関係数)をみた方がいい。ここでは、年齢ではなく、卒業後の労働経験年数の影響を除いた偏相関係数を計算すると**表4.2**のようになる。

これによると薬学部の男性では、学業成績と年収の相関係数は統計的に有意にプラスに変わっている。一方、生命科学部の男性では、有意にマイナスという奇妙な関係は消滅し、無関係に変わり、あわせて、キャリアパスが多様な女性では、両学部ともに無関係である。専門職系の男性薬学部の学業成績は年収と有意な相関関係にあり、理学系で、多様な職に就く生命科学部では無関係になるという結果は、**表4.1**の単相関係数よりは腑に落ちやすい。しかし、0.075の相関係数はかなり小さく、心もとない。1%の危険率で有意な判定になるのは、サンプル数が多いからである。

汎用能力を反映しているはずの卒業時の知識能力は、男性のマイナス相関は消

表4.2 労働経験年数の影響を除いた相関係数(偏相関係数)

	薬学部		生命科学部	
	年収(男)	年収(女)	年収(男)	年収(女)
学業成績	0.075**	-0.002	0.004	0.080
卒業時の知識能力	0.033	-0.065*	0.080	0.071
学生生活満足度	0.064*	0.013	0.095	-0.026

減し、女性のマイナスは変わらない。関係がないというのは理解できても、卒業時に知識能力を身につけたにもかかわらず、かえって年収が下がるというのは不条理である。何かの事情があるように推察される。女性の年収は、労働経験年数だけでなく、正規／非正規の雇用条件から大きな影響を受ける。そこでさらに、正規／非正規が年収に与える影響を除いた相関係数をみると-0.02に減少し、有意な差にならず、マイナス効果が消滅する。

このように、二つの相関係数だけから判断すると間違った解釈になってしまうので、さらに、第三、第四の変数を追加しながら数字を組み立てることが重要になる。次節では、さらなる組み立てを検討する。

4.2.2　アウトプットと仕事満足度（＝主観的幸福度）の関係も小さい

人間の全面発達と人格の形成を尊重する教育観からすれば、教育経済学は陳腐なアプローチに映るかもしれないが、世俗的な教育の効果を無視するのは現実的ではない。貨幣的価値と非貨幣的価値の双方を視野に入れた複眼的な分析が望ましい。

非貨幣的価値といってもその広がりは際限ない。「豊かさとは何か」「生活の質とは何か」といった問いは、1960年代後半から繰り返し議論されてきた古いテーマである。「GDP（国民総生産）が大きくなれば、幸せになるわけではない」という反省による発想だったが、21世紀に入ってからは、GDPの成長が期待しにくくなった経済事情から、「所得に代わるより良い暮らしの指標（Your Better Life Index）」を求める政治的、かつ学術的関心が高まっている。そうした議論をまとめた報告書として、『OECD幸福度白書』（明石書店2012）『主観的幸福を測る——OECDガイドライン』（明石書店2015）がある。そこでは、主観的幸福度を測定する指標の開発と幸福度を規定する要因の分析が報告されている。

そこでの代表的な幸福の指標は、「キャントリルの階梯（Cantril Ladder）」といわれる生活満足度調査である。今回の調査では、OECDレポートに準じて、「あなたは現在の仕事について、どれくらい満足していますか」について、まったく満足していない（0点）から、とても満足している（10点）の段階を示して、あてはまる点数を回答してもらった。薬学部男性の度数分布をみると**図4.2**のようになる。

図にみるように、8点の頻度が最も多く、26%を占める。次いで7点が20%。半分近くが、7か8を選択しており、平均スコアは、7.21になる。7と8の残りの半分

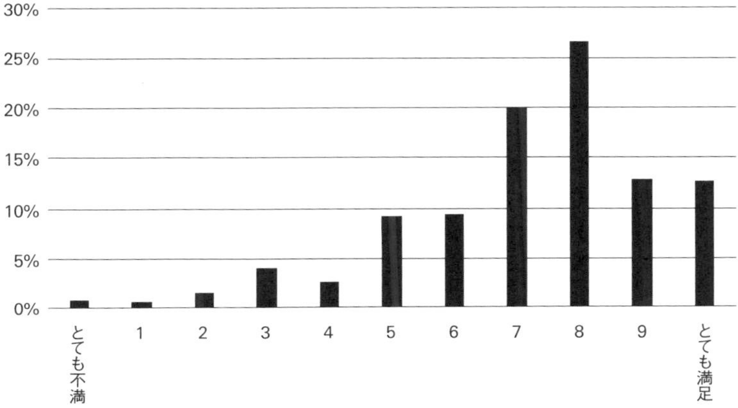

図4.2 仕事の満足度(=主観的幸福度)の分布

は、満足組と不満組にほぼ2分される。こうした分布の形状は、多くの調査で共通してみられる現象である。

非貨幣的価値の指標としてこの主観的幸福度を用いることにした。分析の手始めにアウトプットと仕事満足度の相関係数をみると**表4.3**のようになる。年収と比べると薬学部の場合にプラスの相関がみられ、学生時代のアウトプットが高いほど幸福になれそうな感じになっている。教育の社会的効果の一つといえるが、相関係数は小さいし、生命科学部ではまったく関係がみられず、心もとない。

例外的に比較的大きい関係にあるのは、学生生活満足度との相関関係であり、生命科学部の男性では、相関係数が0.25ほどになる。学部、男女を問わず、0.2前後の相関があるのは、何かしらの意味があると思われる。意味の解釈として、三つ考えられる。

第一は、アウトプットの社会的効果とみる因果関係説である。学生生活満足度

表4.3 アウトプットと仕事満足度の相関係数

	薬学部		生命科学部	
	仕事満足(男)	仕事満足(女)	仕事満足(男)	仕事満足(女)
学業成績	.056*	.058*	-0.08	0.05
卒業時の知識能力	.071**	.076**	0.08	0.02
学生生活満足度	.215**	.223**	.247**	.161**

の高い人は、人間関係の豊かな友好派だと措定したが、学生時代の友好派は、社会に出ても友好派である可能性が高い。人脈づくりに長けた友好派は、社会に出ても満足度の高い仕事ができるようになるという解釈になる。これも教育の社会的効果だといえる。

第二に、逆の因果関係的解釈もありうる。現在の仕事に満足している人は、昔の学生生活の思い出にも満足しやすいと考えられる。現在が原因で学生時代の思い出は結果になる。

第三に、本人のポジティブな性格に還元する解釈もあるだろう。「満足していますか」と質問された場合、満足していると答える人は、学生生活でも仕事でも、昔でも今でも、いつも満足していると答える傾向にあるように推察される。ものごとを肯定的に、あるいは否定的に考えるという性格が主観的な調査に現れる可能性は否定できない。

いずれの解釈も否定できないが、さらに数字を組み立てながら、解釈の説明力を高める作業が何よりも大切になる。なお、仕事満足度についても、年収と同じような偏相関係数を計算したが、それほどの違いは生じないので割愛する。

4.3 学習とキャリアと年収——学びの三層モデル

4.3.1 数字を組み立てる三つの要件——「雇用」と「卒業後の学び」と「現在の知識能力」

アウトプットの経済的効果も社会的効果もかなり寂しい結果のようにみえるが、卒業生の言葉を思い出せば、「だから言ったでしょう。当然の結果だと思います」という声が聞こえそうだ。専門職に必要な知識を教えている薬学部でさえ、「学生時の知識は現場ではあまり役に立たなかった」と言われるし、それに続けて卒業後の学びの重要性を指摘する言葉が多かった。「薬局薬剤師としての勉強は卒業してからがスタート」「現在の知識やスキルは社会人になってから得たものがほとんどである」「仕事に必要なスキルは、卒業後の勉強で身につけている」「学生時代よりも、社会人になった後のほうが勉強する機会が多い」という。

同じような言葉は、生命科学部でも語られていた。「正直学んだ専門知識が活かせているとは思いません」「まったく関係のない業界に進んだので、ほとんど役に立ってはいません」「（生かされていることは）まったくありません」という無関係組が薬学部よりも多いのは確かである。「専門と仕事」の関係を四つに分類して知識の役立ち方を紹介したが、関係の有無や強弱だけで分類するのは適切ではないようだ。卒業後の学習によって、役立つ「感じ」が多様に変質するからである。Chapter 1の生命科学部編で述べたように、専門と仕事の「緩い関係」が「強い関係」になるのも、「無関係」が「緩い関係」を感じるようになるのも、卒業後の学習次第である。

薬学部であれ、生命科学部であれ、どの学部でも、仕事に必要な知識量は、大学時代に学んだ知識よりも多い。卒業生が語っているのは、知識と仕事の関係性だけでなく、「卒業後の学び」と「現在の知識能力」との関係によって、教育効果が変質するらしいということである。したがって、アウトプットの経済的効果と社会的効果を分析するためには、次の三つの要件を組み込まなければならない。

第一に、どのような仕事に就いているか、どのような雇用環境にあるか、基本的な勤務形態による所得の違いを押さえておく必要がある。つまり、雇用機会が同じだと仮定した上で、アウトプットの効果を検討しなければならない。年齢の影響を除いた相関係数の話の一般化になる。

第二の要件は、卒業後の学習である。卒業生が語っているように、大学の知識が役に立つかどうかは、卒業後の学びとの関連から理解しなければならない。人的資本理論においても、卒業後の職場訓練が所得を向上させる大きな要因になっている。

第三の要件は、現在身についている知識能力を視野に入れる必要性である。現在の仕事をこなす本人の力量が所得を規定する第一の要因であるのは間違いない。大学のアウトプットが所得に与える影響のプロセスには、卒業後の学習と現在の力量の二つが媒介している。

次節以降では、この三要件の数字を順番に組み立てながら、アウトプットの経済的効果と社会的効果を明らかにしたいと思う。その前に、使用した学習要件の数字を紹介しておく。

卒業後の学習状況が継続的に分かれば素晴らしいが、その全体を追跡するのはかなり厄介である。しかし、私の生涯学習の調査経験によれば、いま学習している人は昔も学習しているし、昔に学習していない人は今も学習していないものである。こうした学習行動の継続性を考慮して、現在の学習状況を調べることにした。「現在の仕事や将来のキャリアのために、次の活動に1か月あたりどれくらいの時間を費やしていますか」という質問である。

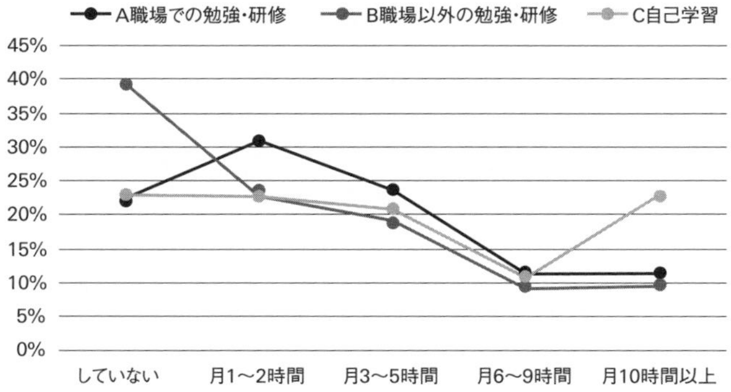

図4.3 現在の学習頻度

「A職場の研修」「B職場以外(学校を含む)の研修」「Cそれ以外の自己学習」について回答してもらった結果が**図4.3**である。図に示した学習時間分類の中央値(月10時間以上は12時間とした)を用いれば、ABC三種類の学習時間の合計を算出できる。それによると、いずれの学習もしていない者は1割弱にとどまり、半分近くが月に10時間以上の学習をしている。さらに、月に20時間以上の学習者は、15%ほどを占める。20時間となれば、週あたり5時間ほどの勉強である。これほどに熱心な学習者と何もしない者の間で、何らかの経済的差異が生じるのは自然なことだと思われる。ABCの合計時間を「現在の学習時間」として以下の分析に用いることにする。

いま一つの変数として、「現在の知識能力」(現在、身についていると思う知識能力。両学部共通の12項目、薬学部はプラス3項目)を用いる。Chapter 2で紹介した15項目の図を再掲しておくが、「大学の専門知識技術」と「英語力」を除くと「身につけている」割合は、卒業時と比べて格段に増加し、卒業後の成長ぶりを際立つ。「現在の仕事に必要な知識」を卒業時に身につけていたのは、25%にすぎないが、今では80%が身につけていると回答している。「仕事に必要な知識は卒業後に身につけた」という言葉がこうした数字に現れている。

チームワーク力は強いが、リーダーシップ力は弱いという個別の能力についての特徴を知る意義もあるが、5段階評価を点数化し、その総合点(平均)を現在身につけている知識能力の得点とした。両学部共通12項目のうち8項目は、どの仕事でも必要な汎用能力である。現在の仕事に必要な力量の総体を表わす指標であり、以下では、「現在の知識能力」=「社会人力」として説明することにする。社会人力

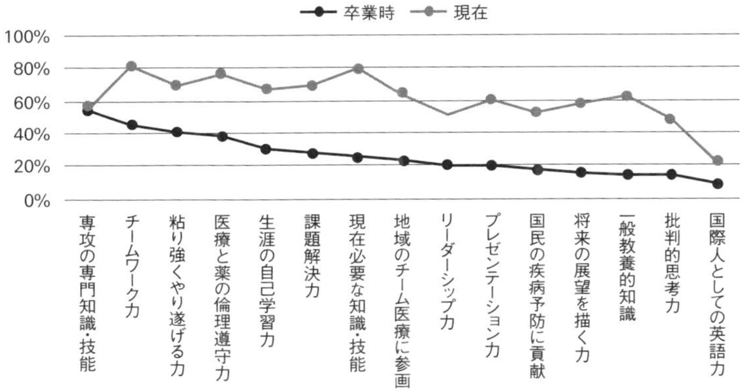

図4.4 「かなり」身についていると「やや」の合計割合(卒業時と現在の比較)

とよぶのは、いささか短絡的だが、現在の仕事を遂行している本人が「身についていると思っている」ことの意味は深くて重い。自分の能力に自信があるという意味では自己効力感の指標でもあり、それがあってこそ生産性が高まる。そのような言葉遣いからすれば、「卒業時」に身につけた知識能力は、社会人基礎力になる。そのような言葉を使いながら、適宜に分析結果を紹介する。

ところが、学部と男女による差異が大きいので、それぞれを個別に報告しなければならず、かなり煩雑になる。薬学部は60代を含む長いキャリアを包括しているが、生命科学部が40歳未満の世代に限られている。壮年層を含むキャリアと若年層中心のキャリアには大きな違いがあるし、女性のキャリアの多様性は、女性を対象として詳細な分析が必要になる。あまりにも煩雑になるので、本書の趣旨に沿った結果を強調するために、まずデータが豊富な薬学部の男性を分析し、それとの比較から生命科学部と女性の特徴を指摘する方法をとる。

4.3.2 雇用機会からみたキャリア選択の所得効果

一般の大学の就職では、仕事の内容を深く考えずに、小企業よりも大企業、無名企業よりも有名企業という基準で会社を選択する傾向にあり、就職すれば長く務めるのがあたり前で、転職するのは経済的損失が大きいと思い込まれている。このような「就社」ではなく、何をしたいかの目標を定めて「就職」をすべきだ、と学生に説くのは簡単だが、サラリーマンのキャリアと所得のデータを収集して、分析すれば、「就社」が合理的な選択だということがよく分かる。大卒ホワイトカラーの職業を特定するのは困難だし、所得を規定する力は、職業よりも会社の従業員規模が圧倒的に大きい。しかも、転職すると所得はマイナスになるから、動かずに我慢するのが合理的だ。

この種の分析経験と薬学部卒業生のキャリアを重ねてみると薬学部の特徴がよりはっきりするし、部外者からみても新鮮である。そこで、「所得は何によって決まるか」という基本モデルに基づいて、薬学部の職業キャリアの特徴をみておきたい。この時に参考になるのが、ミンサーの所得関数である。ミンサーは、学校教育と職場訓練(O.J.T.;On the Job Training)の二つが労働力の質を向上させ、所得が決まるというモデルを定式化した(Mincer J., 1974)。実証分析では、学校教育の投資量を学校教育年数、職場訓練の投資量を労働経験年数で測定している。このモデルによって、年齢によって所得が向上するのは、年齢主義的処遇による結果ではなく、仕事の経験を重ねた熟練の成果だという解釈が理論化された。日本の年功制や年齢主義的処遇のすべてが、職場訓練による成果だとは断定できないが、労働経験年数という万国共通の変数で所得を説明し、その結果を国際比較できるようになったメリットは大きい。ここでは、この人的資本理論の蓄積を踏まえてアウトプットの経済的効果を分析し、解釈する。

最初に、基本的な雇用機会と所得の関係を重回帰分析によって確認しておこう。分析では、所得として対数変換した年収を用いる。対数変換によって、説明変数が年収に与える効果を「円」単位ではなく、「%」単位で表示できる(表の非標準化係数は、説明変数が1単位増加すると年収が何%増えるかを示す)。**表4.4**は、日本的雇用構造に関連する主なキャリア変数による所得の重回帰分析である。なお、分析の対象は、「現在、働いている者」だけを対象としているので、無職や退職者などを含めていない。モデルの説明力は0.45であり、個人の所得を外形的変数で45%予測できるというのはかなり大きい数字である。モデルの予測所得と実際の所得の間の相関係数からすれば、0.67になる。

説明変数の順番に結果の特徴を説明する。労働経験年数は、ミンサーのモデルに基づいており、大学を卒業してから今まで何年働いているか、を指標にしている。しかし、この経験年数による所得は、卒業後に一貫して上昇しつづけるわけではない。熟練の効果はある年数で限界に達する。訓練後の労働期間が短くなれば、O.J.T.をしてもペイしなくなるのでO.J.T.投資がゼロになる。そのことを表現しているのが、労働経験年数を2乗した変数である。経験年数の一次関数(線形)では

表4.4 雇用機会からみたキャリア選択の所得効果(調整済みR2乗=0.449)
(有意水準:***0.1%水準で有意、**1%水準で有意、*5%水準で有意)

		非標準化係数	標準化係数	有意水準
	(定数)	6.609		***
熟練	労働経験	0.015	0.406	***
	経験2乗/100	-0.122	-0.419	***
業職種 (その他基準)	製薬ダミー	0.227	0.187	***
	MRダミー	0.279	0.153	***
	病院ダミー	-0.061	-0.042	
	薬局ダミー	-0.057	-0.055	*
	教育公務ダミー	0.041	0.024	
企業規模 (99人以下基準)	100〜999規模	0.060	0.052	*
	1000以上規模	0.173	0.174	***
	官公庁ダミー	0.091	0.052	
経営者	経営者ダミー	0.472	0.362	***
転職(なし基準)	1回転職	0.095	0.085	***
	2回転職	0.030	0.021	
	3回以上転職	0.037	0.026	

なく、二次関数(放物線)として所得を定式化しているのはこうした理由からである。ただし、年数の2乗は年数との相関係数(0.967)が高く、共線性のために重回帰分析が不安定になる。この二変数の共線性を避けるために、20年を基準にして、経験年数を−20から+20に変換し、このセンタリング変数とセンタリング2乗の相関を小さくするように操作している。以下の表は、この方法で計測した数値である。

標準化係数の大きさは、所得を規定する力の強さを示すが、最も大きいのは、この労働経験年数である。放物線を描いていることが確認できればここでは十分だと思うが、数字の解釈として触れておくと、傾き(微分)がゼロになる年数は、経験年数の係数0.015を2乗項{(0.122/100)×2}で割れば求められる。この年数(20年基準のセンタリング)が約6年になるので、卒業後26年ごろ、50歳少し前ごろが年収のピークになる。

次に、第二グループの業職種をみてみよう。ここでの変数はすべてダミー変数である。現職が製薬であれば1、製薬でなければ0にしたのが製薬ダミーである。「その他」職を比較の基準点にして、他の五つの職種の平均所得がどの程度多くなるか、少なくなるかを測定した結果である。製薬ダミーをみると、非標準化係数が0.227。その他職と比べて所得が22.7%多いということである。MRの係数はさらに大きく、その他職よりも27.9%多い。この二つの職種は、有意確率が非常に小さい(0.1%水準で有意)が、病院と教育・公務員は、「その他」職と比べて有意な差が認められない。薬局ダミーは、5%基準で有意にマイナスであり、その他職と比べて所得が5.7%ほど少ないことになる。以上にみるように、職業キャリアの所得効果は、製薬とMRが25%前後ほど高くなる。それ以外の職種では、薬局の薬剤師職がやや低めになるが、それほど大きな違いはみられない。こうした職種にみる薬学部卒業生の働き方は、時代によって大きく変動している。ここでは立ち入らないが、製薬業の縮小と薬局ドラッグストアの拡大という労働市場の変容は、薬学部研究としてはきわめて重要な課題になるはずである。

次いで、企業規模による効果をみてみよう。比較の基準を100人未満の小企業にすると、100～999人規模(中企業)の所得は、6%ほど高くなり、5%水準で有意。1000人以上の大企業では17.3%の増加になり、0.1%水準で有意である。一般の通念を反映して、大企業ほど所得が高いけれども、大企業と中企業の間にある格差が際立っている。官公庁などの公的機関は、5%水準で有意な差があるとはいえない。官公庁の平均化された人事管理の結果だろう。

企業規模とは別に、経営者か否かを区別する経営者ダミーを投入したが、経営者は、非経営者に比べて47.2%ほど高い所得になっている。このように恵まれた経営者が、分析対象者の17%を占めている。一般の労働者と比べて明らかに多く、薬業界の特徴だろう。彼らを特別に抽出して分析しないとデータの解釈に混乱が生じるので注意する必要がある。例えば、経営者ダミーを投入せずに重回帰分析を行うと企業規模の効果が常識では理解しにくい結果になる。つまり、小企業を基準にすると中企業はマイナスになり、大企業は有意な差が認められないことになる。このようになるのは、経営者の7割が29人以下の小企業に属しているため、比較基準の所得が嵩上げされるからである。表の企業規模は経営者の影響を除いた効果になっている。

最後に、転職の効果をダミー変数によって計測した。一般労働者の分析経験からすれば、転職の効果はほとんどマイナスになる。「転職はよくて7掛け」といわれるほどに、終身雇用・年功序列の日本的経営は、かなり広く深く浸透している。

ところが、薬学部卒業生の転職は、一般労働者とはかなり異なっている。一回の転職組は、転職せずに動かない人たちよりも所得が9.5%増えている。薬業界は、専門職としての自由な移動が許容されている社会のようである。二回、三回の転職組には、所得の増減はみられないが、マイナスにならないというのは驚きである。就職時の初職から現職に至る多様な労働移動を詳しく追跡すれば、かなり面白い業界研究になるように思う。

以上が、雇用機会からみたキャリア選択の所得効果である。標準化係数の大きさの順に特徴をまとめれば、第一に、キャリア形成にとって最も重要なのは、労働経験の蓄積による熟練である。次いで所得効果が大きいのは、経営者になることだが（係数0.36）、経営者の背後には、両親が医療・薬関係の職業であるケースが多く、個人の努力だけで経営者になれるわけではなさそうである。第三の要因グループは、係数が0.19 ～ 0.15の範囲にある「製薬か、大企業か、MRか」の選択である。このグループに次ぐのが、一回の転職（0.085）である。何回も転職すればよいわけではなさそうなので、熟慮した一回の転職が望ましいようである。

4.3.3　学業成績は、年収にプラスの効果あり

以上は、雇用機会の所得効果を示しており、機会の選択によって、卒業生の職業キャリアがどのように変わるかがよく分かると思う。しかし、ここで考えたいのは、業界研究ではない。こうした雇用機会や年齢を同じにした場合に、アウトプットの大きさによって所得が変わるかという問いである。そこで、この雇用機会のモデルに、三つのアウトプットを追加すると**表4.5**のようになる。雇用機会の説明変数は省略して、アウトプットの効果があるかどうかだけを確認しておく（雇用機会の係数も、追加した変数の影響で若干変動するが、有意性の判定にほとんど関わらない）。

表にみるように、最終学年の学業成績は、危険率1%で有意な影響を与えている。5段階の成績が1ランク高くなれば、所得が2.2%上昇するという結果だ。下位（1点）と上位（5点）の間を比較すれば、5単位の増加だから、上位の所得は下位よりも11%（= 2.2 × 5）ほど高くなる。雇用機会の選択が同じであっても、学業成績の良かった者ほど所得は高くなる。その一方で、学生時代の満足度と卒業時の知識能力総平均点の二つのアウトプットは、有意確率が15%を上回り、卒業後の所得に有意な影響を与えていない。

表4.5 三つのアウトプットの経済的効果(調整済みR2乗=0.453)

		非標準化係数	標準化係数	有意水準
雇用機会	(省略)			
アウトプット	学業成績	0.022	0.058	**
	卒業時の知識能力	0.002	0.003	
	生活全般満足度	0.020	0.028	

学業成績のいま一つの測定方法として、ダミー変数法がある。「下位」を基準にして、「やや下位」「中位」「やや上位」「上位」のダミー変数による重回帰分析を行った。これによると、「下位」と「やや下位」「中位」の間には、統計的に有意な差が認められなかった。「中位」より低い三つのグループの間に所得の差はないが、「やや上位」は、下位よりも8.3%所得が高く、「上位」は9.2%の増加になる。学業成績による推計では、下位から上位になるにつれて2.2%ずつ連続的に上昇する計算になるが、「下位」を基準にすれば、「やや下位」と「中位」は同じで、「やや上位」は8%増、「上位」は9%増という効果になる。

工学部を含めて一般の大学の場合、重回帰分析の学業成績がプラスの効果を持つことはほとんどないが、薬剤師という知識の専門職社会においては、学業成績が所得に影響しないわけではない。専門職にふさわしい結果だが、成績の効果を発揮させるには、中位以下ではなく、上位グループに入るだけの勤勉さが必要である。しかしながら、学業成績を追加投入しても、モデルの説明力がそれほど増えるわけではない。年収を予測するのが目的ならば、学業成績を投入する価値はあまりないが、学業成績は年収と無関係だとはいえないことを確認しておきたい。

4.3.4 卒業後の学習が学業成績の効果を隠す——人的資本と社会関係資本

年齢とともに所得が向上する最も大きな要因は、労働経験による「熟練」の形成である。経験によって仕事を覚えるのは確かだが、それだけが卒業後の学習ではない。そこで、私たちは、「現在の学習時間」と「現在の知識能力」という二つの要件を考慮し、人的資本(Human Capital)の質を測定することにした。それに加えて、「仕事上の難しい問題に直面したときに、個人的に相談できる友人はどれくらいいますか」(相談できる友人の数)という変数を取り上げた。仕事の成果の多くは、個人の力量によるだけでなく、チームや仲間との協力による結果だといってよい。ど

表4.6 卒業後の人的資本と社会関係資本が所得に与える効果(調整済みR2乗=0.475)

		非標準化係数	標準化係数	有意水準
雇用機会		(省略)		
アウトプット	最終学年の成績	0.014	0.035	0.074
現在の学習	現在の知識能力	0.082	0.106	***
	現在の学習時間	0.003	0.062	**
	相談できる友人の数	0.032	0.064	**

のような人間関係を保有しているかは、一つの強力な資本である。「何を知っているか、よりも誰を知っているか」が重要だという説でもある。社会学では、人的ネットワークが資本であるという考え方を社会関係資本(Social Capital)と呼んでいる。

卒業後の人的資本の形成と社会関係資本を先のモデルに加えて数字を組み立てると**表4.6**のようになる。ただし、三つのアウトプットのうち無関係だった二つを省略し、学業成績だけを投入した。雇用機会の変数の記載は省略する。

興味深い結果として次の三点を指摘しておきたい。第一は、現在の学習要件と学業成績が相関しているために、学業成績の直接効果が弱くなるということである。有意確率は7.4%に減少し、5%危険率で有意でなくなり、しかも非標準化係数0.014(1.4%の効果)と小さくなる。「大学で学んだ知識よりも、卒業後に学んだ知識の方が大きい」という卒業生の言葉を数字に変換した表現だといえる。モデルの数字を解釈すると卒業生の言葉のようになるといってもよい。

第二に、「現在の知識能力」の所得効果がかなり大きい。標準化係数をみると0.11であり、表中で最も大きい。それだけでなく、雇用機会の変数を含めても、労働経験年数、経営者ダミー、製薬ダミー、MRダミー、大企業ダミーに次ぐ大きさである。現在の知識能力が現在の人的資本の質を代表しているといえる。加えて、この知識能力を向上させている学習時間も、1%危険率で有意である。現在の知識能力の影響の方が大きいのは、現在の学習と過去の学習の累積が現在の力量を支えているからだろう。

第三に、社会関係資本としての友人の数は、有意確率が0.001であり、学習の時間とともに、仕事の難問を相談できる友人の数が大切だといえる。友人が数人増えれば、所得が3%増える勘定であり、人間関係が資本になっている。

4.3.5 学習歴が社会人力を向上させる——教育の効果が見えない理由

雇用機会の所得効果モデルに、「教育のアウトプット」と「卒業後の学習」を投入して組み立てると一つの仮説的な図柄が浮かんでくる。卒業後の学習は、雇用機会の要件を統制しても所得に安定的に有意な影響を与えているが、効果のあった唯一の学業成績は、卒業後の学習に吸収されて、影が薄くなる。吸収されるのは、学業成績が卒業後の学習と相関関係にあるからである。吸収の状況をみるために、アウトプットと卒業後の学習、および対数年収の相関関係を確認してみた。それが、**表4.7**である。

この表で注目すべきなのは、「学業成績」を横にみた時の「学業成績」と「卒業後の三つの学習」との関係である。「学業成績」と「現在の知識能力」の相関係数は0.16だが、「現在の学習時間」との相関は0.06と小さく、「相談できる友人の数」とは0である。卒業後の学習三要件を追加して学業成績の効果が弱くなったのは、効果の一部が「現在の知識能力」に吸収されたからである。学業成績と相談できる友人の数が無相関であるのも興味深い。学業成績は、人的資本の形成に役立つが、社会関係資本の形成には役立たないといっている。社会関係資本の形成に役立つのは、学生生活満足度である。つまり、勤勉派よりも友好派が、卒業後の社会関係資本を豊かにする。こうしたところにも、数字の背後にある卒業生の言葉が聞こえそうである。

次いで、「現在の知識能力」を縦にみてみよう。アウトプットと相関があるのは、学業成績だけでない。質問項目が同型の卒業時の知識能力との高い相関(0.28)は

表4.7 アウトプット三要素と卒業後の学習三要件、および対数年収：相関行列

	学業成績	卒業時の知識能力	学生生活満足度	現在の知識能力	現在の学習時間	相談できる友人の数	対数年収
学業成績	1	.229**	.072**	**.164****	.064**	-0.02	.049*
卒業時の知識能力	.229**	1	.133**	**.278****	.086**	.113**	0
学生生活満足度	.072**	.133**	1	**.210****	.066**	.179**	.069**
現在の知識能力	.164**	.278**	.210**	**1**	.312**	.200**	.301**
現在の学習時間	.064**	.086**	.066**	**.312****	1	.220**	.141**
相談できる友人の数	-0.02	.113**	.179**	**.200****	.220**	1	.130**
対数年収	**.049***	**-0.05**	**.069****	**.301****	**.141****	**.130****	**1**

当然として、学生生活満足度との相関係数も0.21である。卒業時の知識能力と学生生活満足度の二つは、年収との相関関係が弱くて見えなかったが、現在の知識能力にはプラスの影響を与えている。つまり、三つのアウトプットの所得効果は部分的で、見えなくなるほど微弱だったが、現在の知識能力の向上には確かな貢献をしている。そして、現在の知識能力と対数年収との相関は0.30であり、労働経験年数と年収との相関係数（0.29）に匹敵する数字である。

「現在の知識能力」を縦にみてまとめれば、「現在の知識能力」は、労働経験年数に匹敵する経済的効果をもつ大黒柱的な要素であり、この柱を支えているのが、三つのアウトプットである。そして、現在の学習時間（0.31）と友人の数（0.20）が、さらにこの柱を太くしている。

ここで数値化した「現在の知識能力」は、仕事をしている社会人の力量を測定する試みである。社会人としての実力を測る社会人力調査の研究が開発されてもいいはずだが、それらしき試みはまだ十分ではない。もし、よりましな社会人力が測定されたとして、それを用いて**表4.6**のような所得関数を計測すれば、アウトプットの効果はやはり間違いなく消滅するだろう。

社会人力を測定し、「社会人力はいかに形成されるか」という問いを解明すれば、学業成績などの効果がはっきりするはずである。そこで、大学教育のアウトプット、熟練形成としての労働経験年数、および現在の学習時間と友人の数を取り上げて、これらの全体が社会人力に及ぼす効果を測定すると**表4.8**のようになる。

ここで顕著なのは、いままで取り上げてきた学習関連の諸指標、つまり学習の

表4.8　学習歴と社会人力の形成（自由度調整済みR^2乗＝0.257）

	非標準化係数	標準化係数	有意水準
（定数）	2.360		***
経験年数	0.013	0.260	***
経験年数2乗	-0.001	-0.186	***
学業成績	0.051	0.100	***
卒業時の知識能力	0.230	0.245	***
学生生活満足度	0.115	0.119	***
現在の学習時間	0.017	0.249	***
相談できる友人の数	0.075	0.117	***

履歴のすべてが、社会人力の向上に有意な影響を与えているということである。しかも、有意確率はすべて0.000である。標準化係数ベータを比較すると、いずれも0.10 ～ 0.26の範囲にあり、要因の強さに強弱はあるが、すべてが同じ程度に社会人力を向上させているところが興味深い。社会人力を高める勉強の方法は、一つに限定されるわけではなく、多様であり、それぞれの勉強の総体が社会人力を支えている。

繰り返すが、重要なポイントは、学業成績も卒業時知識能力も満足度も、ともに、社会人力を向上させる要因になっているところにある。同じ構図は、高専の卒業生調査でも、某文科系私立大学の卒業生調査でも確認しており、かなり普遍的な関係である。教育のアウトプットは、直接的に所得の向上に役立つわけではないが、学習経験の蓄積が社会人に必要な実力を高め、その社会人力が所得の向上をもたらしている。統計学の言葉を用いれば、アウトプットは所得を向上させる「直接効果」をもたないが、社会人力を経由した「間接効果」をもっている。学生時代の学習が不十分であれば、卒業後の社会人力も劣り、その結果、所得も伸び悩む。この構図を「学び習慣仮説」と呼んできたが、薬学部でも共通している。

もう一つ驚くのは、学生生活の満足度も学業成績と同じ間接効果をもっていることである。大学の満足度は、レジャーランドでの満足度とは大きく異なっている。レジャーはその場かぎりの消費的満足だが、大学の満足度は、将来に影響する投資的な側面をもっている。学業成績と満足度の二つの効果を分かりやすくするために、二つの組み合わせによる社会人力の平均点を示すと**図4.5**のようになる。

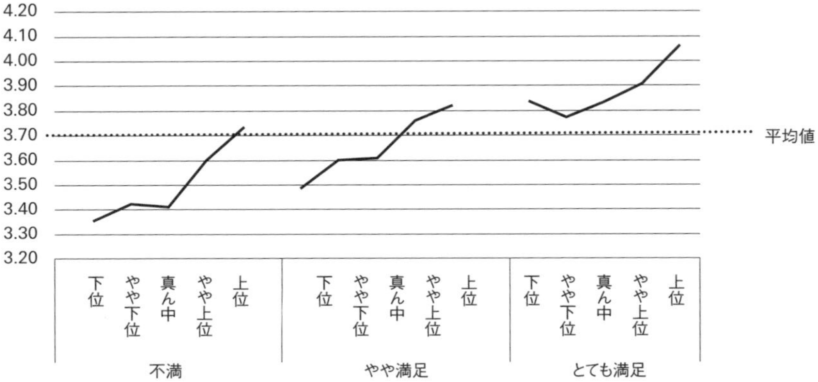

図4.5　学業成績と学生生活満足度による社会人力

「学生生活全般の満足度」の「不満」(14%)、「やや満足」(55%)、「とても満足」(31%)の三分類と5段階の学業成績を組み合わせ、それぞれの社会人力を計測した結果である。全体像から分かるように、満足度が高くなるにつれて折れ線グラフの全体が上にシフトし、成績上位ほど社会人力が上がるので、折れ線グラフは右上がりになっている。二つの変数が社会人力に統計的に有意な影響を与えている、という統計分析の数字を一目で分かるように図化したものになっている。不満のままに卒業してしまうとたとえ成績が上位でも、社会人力は平均水準に止まってしまう。その一方で、「とても満足」した卒業生の社会人力は最高水準であり、成績が下位でも平均値を上回っている。成績が振るわなくても充実した卒業生は、社会で元気に実力を向上させているようである。これと同じ図は、高専の調査でも確認されており(矢野ほか、2015)、かなり普遍的な構図だといえる。

学生生活の満足度といえば、軽くて安易な調査のような感じもするが、なかなか捨てがたい重要なアウトプットである。いいかえれば、不満を持ったままの卒業は、将来に禍根を残すレガシーコスト(負の遺産)になっている。大学不満の原因を探る「不満の研究」は、かなり優先順位の高い教学マネジメントだと思う。

4.3.6 学びの三層モデル

以上にみるように、アウトプットが所得に与える効果をみるためには、直接効果だけでなく、間接効果をあわせて理解しなければならない。学習と所得の関係の間に社会人力という補助線を引けば、直接効果と間接効果の存在が見えるようになる。補助線がないままに所得の直接効果だけをみていると、「大学教育は役に立たない」「学業成績は意味がない」といった教育無効説や学業成績無効説を信じてしまうことになる。教育の効果を見えにくくしているのは、直接効果よりも間接効果が大きいためである。

直接効果があるかどうかは、すべての変数を投入した重回帰分析(**表4.6**)の有意判定をみればよい。これと**表4.8**の有意判定を組み合わせれば、直接効果と間接効果の有無が分かる。したがって、労働経験年数と現在の学習時間と友人の数の三変数は、所得を向上させる直接効果もあるし、間接効果もある。それに対して、大学のアウトプットは、直接効果はないかもしれないが、間接効果はある。アウトプットの直接効果がないことを批判したり、悲しんだり、あるいは即戦力の教育を声高に主張する向きもいるが、4年や6年の過ごし方によって、その後の長い人生

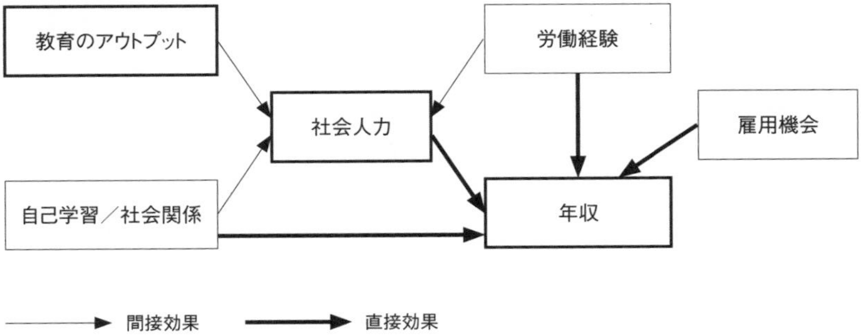

図4.6　学習歴が所得を向上させるメカニズム

を支える社会人力が左右されるという事実は、相当に重い意味があると私は思う。数字を解釈した言葉の構図を描いておくと**図4.6**のようになる。

こうした構図を元の変数を使ってモデル化して、関係の強弱を示す数字を入れないと満足しない計量派もいると思うが、数字を野外科学的に組み立てながら、アウトプットの経済効果を仮説的に発想するアプローチからすれば、KJ図解的に関係を表示するまでが最も重要な作業であり、研究である。この図が、学び習慣仮説の薬学部版になるが、他の大学、学部でも通用すると思う。その意味でも仮説的である。図解がすべてを説明していると思うが、教育学的関心からすれば、図の間接効果、つまり社会人力に影響する三つの要素だけに着目すればよい。ここに話を絞れば、薬学部版の学び習慣仮説は、「学びの三層モデル」として次のようにまとめることができる。

人生を豊かにする社会人力は、三つの階層的学びによって形成されている。第一が、大学教育によるアウトプットである。これが社会人力を育てる基層を成しており、基層が軟弱だと社会人としての成長は心もとない。アウトプットが高いほど社会人力が高まるというこの基層効果をモデル1（アウトプットモデル）とする。第二の学びが、職場の実務経験年数であり、O.J.T.による社会人力の成長である。主体的な学びというよりも実務経験を重ねることによって自然に身につく熟練の形成である。アウトプットモデルとこのOJTモデルの二つをプラスした効果をモデル2とする。第三層の学びが、自己学習と社会関係資本（友人）による主体的な学びである。友人との相互学習を含めた主体的な学びの総体を自己学習モデルとし、以上の三つをプラスした成長の効果をモデル3とする。

学びの変数をこの三つのグループに分けて、この順番に社会人力の計測モデル

表4.9 学びの三層モデル――薬学部

モデル	重相関係数	調整済み R2乗	R2乗変化量	有意確率F変化量
モデル1:アウトプットモデル	0.342	0.116	0.117	0.000
モデル2:プラス・OJTモデル	0.418	0.172	0.057	0.000
モデル3:プラス・自己学習モデル	0.510	0.257	0.085	0.000

(**表4.8**) を逐次に追加していくとモデル1からモデル3に至るにつれて、社会人力の予測精度が向上することが分かる(階層的重回帰分析)。その変化を示すと**表4.9**のようになる。

基層だけのアウトプットモデルでは、社会人力の予測値と実際の値との相関係数(重相関係数)は0.34だが、労働経験年数が分かれば、重相関係数が0.42に上昇し、自己学習も加わると0.51になるという段階的な数字である。重相関係数の2乗がモデルの予測力になるが、表はR2乗が段階的に増加することを示している。モデル3の重回帰モデルは、**表4.8**と同じである。

社会人としての力量が本人の稼得能力を規定しており、その社会人力が三つの学びの階層によって形成されている。それがこのChapterの一つの結論だが、大学の学びは、基層に閉じ込められているわけではなく、二層および三層の学びを強化している。今の友が学生時代の友に支えられているように、今に学ぶほどに昔の学びが生きてくる。三層の関係性を解明する課題は残るが、数字の野外科学として価値のある提案だと思う。

4.4 生命科学部にみる三層モデルの特性

薬学部を範型として生命科学部の数字を組み立て、経済的効果の特徴をみておきたい。数字を見る前に注意しておかなければならないのは、卒業生の対象者はほとんど40歳未満に限られ、そのサンプル数も少ないことである。働いている薬学部の男性サンプルは1881人であるに対して、ここでの分析対象は234人に留まる。サンプル数が少なくなれば、誤差の範囲が大きくなり、統計的に有意になる数字の範囲も広がる。例えば、薬学部と同じような相関係数でも、薬学部では有意になるが、生命科学部では誤差の範囲になり、有意な関係にならないことにもなる。

しかも若年層の所得は、年功制の影響を強く受けて、本人の実力を反映した数字になりにくい。学歴別の所得をみるとこうした日本の特徴がはっきり現れる。高卒と大卒の所得格差が広がるのは、35歳以降のことであり、50歳ぐらいに学歴間格差が最大になる。欧米では、30歳ぐらいに学歴間格差がはっきりと現れ、その格差がその後に長く続く形になる。このような日本的雇用の性質のために、若年層を対象にして教育の経済的効果を評価するのは難しいことを知っておく必要がある。教育社会学者が関心をもっている大学から仕事への移行は、卒業年数の短い初期キャリアを対象としているが、このタイムスパンでは、所得を用いた経済的効果の測定はほぼ不可能に近い。40歳未満の生命科学部卒業生を対象にしても、対数年収は労働経験年数だけで43%説明できる。つまり、相関係数は0.66になり、薬学部の相関係数0.29とは大違いになる。日本の労働市場の年齢主義的処遇が、本人の実力を見えにくくし、教育の効果を隠蔽する一つの要素になっている。

こうしたデータの性質を理解した上で、はじめに「雇用機会の所得効果モデル」と「三つのアウトプット」を重ねた重回帰分析の結果を示すと**表4.10**のようになる。

サンプル数の関係から雇用機会の変数を少なくしているが、モデルの説明力(0.538)は薬学部(0.453)よりも大きい。ひとえに労働経験年数の効果が大きいか

表4.10　雇用機会とアウトプットの経済的効果(自由度調整済みR^2乗=0.538)

	非標準化係数	標準化係数	有意水準
(定数)	5.563		***
労働経験年数	0.057	0.703	***
修士卒ダミー	0.090	0.105	*
製薬業ダミー	0.079	0.085	
大企業ダミー	0.118	0.139	*
転職ダミー	0.027	0.029	
最終学年の成績	0.024	0.068	
卒業時の知識能力	0.009	0.015	
学生生活満足度	0.049	0.072	

らである。それ以外に効果があるのは、修士の学歴ダミーと大企業ダミーの二つだけである。生命科学部では、半数ほどが大学院に進学しており、大学院の進学効果は学生たちの関心が高いテーマである。大学院卒の所得は、学部卒よりも9%増えるという結果になっているが、卒業後の労働経験年数をベースに測定しているから、二年間の年齢差も考慮して評価する必要がある。大学院については、もう少し詳細な調査と分析が必要だが、高専卒業生の調査でも修士卒は安定的な経済的効果がみられた。

製薬業は所得の高い業界だが、若年層の範囲では有意な差が認められず、業種よりも企業規模の所得差が大きい。転職はマイナス要因になるのが一般の労働市場の特徴だが、ここでは有意な差はみられなかった。総じて、若年層に特有の労働市場を反映していると思う。

これらの雇用機会を統制して、三つのアウトプットの経済的効果をみると統計的に有意な差は認められない。想像通りだが、学業成績の非標準化係数は0.024であり、薬学部の0.022に匹敵する。薬学部では危険率1%で有意だが、生命科学部の有意確率は21%になる。サンプル数が少ないと誤差が大きくなるので、同じような係数(平均)でも学業成績にプラス効果があるとはいえなくなる。

次に、薬学部モデルにならって、「現在の知識能力」「現在の学習時間」「相談できる友人の数」の学習要件を加えた所得効果を推計すると**表4.11**のようになる。

薬学部と同じように、現在の知識能力と相談できる友人の数は、所得を向上させる直接効果をもっている。雇用機会の変数を含めて標準化係数を比較すると、労働経験年数が圧倒的に大きな影響になるが、次いで二番目に大きな要因が現在の知識能力であり、三番目が相談できる友人の数になる。修士卒の学歴や大企業ダミーよりも、二つの学習要件が所得に大きな影響を与えている。しかし、理由は定かではないが、現在の学習時間が所得に与える直接効果はみられない。

最後に、所得向上の要になっている「現在の知識能力(社会人力)」は、いかに形成

表4.11 卒業後の人的資本と社会関係資本が所得に与える効果(R2乗=0.552)

		非標準化係数	標準化係数	有意水準
雇用+アウトプット	(省略)	(省略)		
現在の学習	現在の知識能力	0.155	0.207	**
	現在の学習時間	-0.002	-0.030	
	相談できる友人の数	0.069	0.153	**

表4.12 学習歴と社会人力の形成(自由度調整済みR2乗=0.270)

	非標準化係数	標準化係数	有意水準(有意確率)
定数	2.001		***
労働経験年数	0.029	0.257	***
学業成績	0.058	0.117	(0.063)
卒論達成レベル	0.218	0.267	***
学生生活満足度	0.138	0.144	*
現在の学習時間	0.016	0.232	***
相談できる友人の数	0.064	0.101	(0.097)

されるかという「学びの三層モデル」を確認しておこう。**表4.12**は、学びの三要素をすべて投入し、学習歴と社会人力の関係を示したものである。

生命科学部の特徴を考慮して、説明変数を一つ変更している。若い世代が多いために、社会人力と卒業時の知識能力(社会人基礎力)の相関係数(0.51)は、薬学部と比べて(0.28)かなり大きい。調査では、社会人力を先に質問し、その後に卒業時を振り返ってもらっている。そのためか、若い世代では卒業時の知識能力が高めに評価される傾向にある。二つの高い相関のために、他の変数が影響を受け、社会人の形成過程が見えにくくなるので、社会人基礎力の変数を除くことにした。生命科学では、卒業論文研究を教育の大きな柱にしており、しかも、Chapter 3で紹介したように、卒論研究の達成レベルが社会人基礎力を高める第一位の要因になっている。卒業生の言葉からも、卒論研究の経験を通して多様な汎用能力を身につけていることは確認済みである。こうした経験を踏まえて、生命科学部の教育のアウトプットとして、卒業時に身についた知識能力に代えて、卒論研究の達成レベルを採用することにした。**表4.12**にみるように、卒論研究の達成レベルの標準係数は、労働経験年数をやや上回るほどであり、卒業後の社会人力形成を支える最も大きな力になっている。その一方で、学業成績の非標準化係数は薬学部並みだが、有意確率は6.3%であり、5%危険率を上回る。学業成績よりも卒論研究に強い関心が払われている生命科学部らしい結果である。しかし、学生生活満足度は、薬学部に優るとも劣らない効果をもっており、満足度の重要性がここでも明らかにされている。学業成績と満足度の二変数の組み合わせによる社会人力のグラフを描けば、薬学部の**図4.5**とほぼ同じ形になる。

表4.13 学びの三層モデル——生命科学部

モデル	R	調整済みR2乗	R2乗変化量	有意確率 F変化量
アウトプットモデル	0.405	0.152	0.164	0.000
プラスOJTモデル	0.472	0.208	0.059	0.000
プラス自己学習モデル	0.539	0.270	0.067	0.000

現在の学習時間と友人の数にも生命科学部の特徴がみられる。生命科学部では、現在の学習時間はプラスに有意だが、友人の数は5%危険率で統計的に有意でない。この結果は、所得の直接効果（**表4.11**）と真逆になっている。現在の学習時間は、所得の直接効果がないけれども、社会人力の形成には役立っており、間接的に所得を向上させている。一方、相談できる友人の数は、所得の直接効果がプラスであり、社会人力の形成にはあまり役立っていないという結果になっている。

統計的な判断からすれば、このような解釈になるが、人的資本と社会関係資本の形成に影響する学びの効果には強弱の揺らぎはあるが、多様な学びが社会人力を豊かにし、その社会人力が所得の向上をもたらしているのは確かである。その形成過程を階層的重回帰分析による学びの三層モデルとして表現すれば、**表4.13**のようになり、薬学部と同型になっている。三層からなるモデル3（表のプラス自己学習モデル）の重回帰分析の結果は、先の**表4.12**と同じである。

4.5 女性の働き方と学びの三層モデル——より深刻な学びの非連続性

女性の就業形態は多様だが、ここでは単純化して、就業形態として「パート職であるか、ないか」のダミー変数だけを追加的に投入することにした。他の雇用機会の変数は男性と同じである。働き方の多様性を分類するには不十分だが、教育の経済的効果を測定するための統制変数としては十分だと思う。

まず、薬学部の女性を対象に、雇用機会モデルに教育のアウトプット変数、および現在の学習要件を加えたトータルの分析結果を示すと**表4.14**のようになる。モデルの説明力は0.47であり、男性とほぼ同じである。

パート職と非パート職では、100%、つまり二分の一（逆にみれば2倍）の所得格差があるが、他の雇用機会変数の所得効果にそれほどの違いはみられない。製薬

表4.14 雇用・アウトプット・卒業後の学習要件が所得に与える効果（調整済みR2乗=0.471）

		非標準化係数	標準化係数	有意水準
	（定数）	5.896		***
熟練	労働経験年数	0.010	0.175	***
	労働経験2乗／100	-0.044	-0.093	***
業職種（その他基準）	製薬ダミー	0.280	0.097	***
	MRダミー	0.310	0.048	*
	病院ダミー	0.053	0.025	
	薬局ダミー	0.051	0.034	
	教育公務ダミー	0.101	0.029	
企業規模（99人以下基準）	100〜999規模	0.039	0.022	
	1000以上規模	0.181	0.106	***
	官公庁	0.079	0.026	
経営者	経営者ダミー	0.438	0.133	***
転職（なし基準）	1回転職	0.080	0.046	
	2回転職	-0.078	-0.041	
	3回以上転職	-0.019	-0.011	
パート	パートダミー	-0.949	-0.590	***
アウトプット	学業成績	0.001	0.001	
	卒業時の知識能力	-0.094	-0.080	***
	学生生活満足度	-0.017	-0.014	
卒業後の学習	現在の知識能力	0.152	0.119	***
	現在の学習時間	0.003	0.025	
	相談できる友人の数	0.019	0.022	

業、MR職、大企業、経営者の年収が高いのは男性と同じである。転職の回数は所得に影響せず、転職が不利にならない専門職らしい結果になっている。労働経験年数も放物線を描いているが、係数を比較すれば、カーブは男性よりもなだらかである。こうした雇用条件が同じだと仮定して、教育のアウトプットの所得効果をみてみよう。

男性と同じように、学業成績と学生生活満足度は、所得に直接的な効果をもた

表4.15 大学時代と反転する卒業後の学び

	学業成績	卒業時の薬学知識能力平均点	現在の薬学知識能力平均点	現在の学習時間合計	職場での勉強	職場外での勉強	自己学習
男性	3.14	2.73	3.71	11.36	3.72	2.99	4.72
	∧	∧	∨	∨	∨	∨	∨
女性	3.28	2.81	3.54	8.04	2.32	2.24	3.51

らさない。ところが、卒業時の知識能力は、統計的に有意な差があり、しかもマイナスの効果になっている。一方、卒業後の学習関連では、現在の学習時間と相談できる友人の数の二つは所得効果がない。唯一、現在の知識能力だけが、所得に大きなプラス効果をもたらし、その効果の係数は男性よりも大きい。この効果が大きすぎるために現在の知識能力と相関している卒業時の所得効果をマイナスに抑制している。卒業時と現在の相関係数は0.37であり、男性の0.27よりも大きい。

こうした女性の特徴の背後には、大学時代と仕事時代の学習の非連続性がある。**表4.15**に示したように、大学時代の教育のアウトプットは、女性の方が優れている。学業成績と卒業時の知識能力の平均値は、女性の方が高く、統計的に有意な差が認められる。ただし、学生生活の満足度に男女差はない。ところが、現在の知識能力になると、男女差が逆転し、男性の方が高くなる。現在の学習時間をみても男性の時間の方が長い。職場・職場外・自己学習の時間のいずれも女性の方が短くなっている。学生時代の熱心な学びが、仕事の世界で断絶しており、女性の能力の成長が阻まれている。

大学時代の頑張りが仕事に繋がりにくいという問題は深刻だが、現在の知識能力（社会人力）は、男性と同様に、学びの三層構造によって支えられている。「学習歴と社会人力」の関係を**表4.16**に示したように、学業成績の効果はやや劣るが、他の学習歴はすべて社会人力の形成に貢献している。この社会人力は労働経験年数に匹敵する所得効果をもっており（**表4.14**の現在の知識能力）、大学教育と卒業後の学習が経済生活を豊かにしているという学びの三層構造は、男女ともに共通している。人的資本の形成が重要であるがゆえに、在学中の学習と卒業後の学習の間にある非連続性は、女性の働き方を考える上で避けてはいけない教育問題だといえる。

この問題は、生命科学部の女性にも共通しているが、若い世代を対象としているために、学習の効果が数字には現れにくい。**表4.17**は、雇用とアウトプットと現

表4.16 学習歴と社会人力の形成——薬学部・女性（自由度調整済みR2乗＝0.303）

	非標準化係数	標準化係数	有意水準
（定数）	1.958		***
労働経験	0.009	0.206	***
労働経験2乗／100	-0.048	-0.132	***
学業成績	0.021	0.039	*
卒業時の知識能力	0.333	0.363	***
学生生活満足度	0.111	0.119	***
現在の学習時間	0.023	0.268	***
相談できる友人の数	0.089	0.131	***

表4.17 雇用・アウトプット・卒業後の学習要件が所得に与える効果——生命科学部・女性（調整済みR2乗＝0.619）

		非標準化係数	標準化係数	有意水準（有意確率）
	（定数）	5.213		***
雇用機会	労働経験年数	0.059	0.587	***
	修士卒ダミー	0.125	0.118	*
	製薬ダミー	0.046	0.039	
	大企業ダミー	0.090	0.085	(0.098)
	転職ダミー	0.009	0.008	
	パートダミー	-1.405	-0.314	***
アウトプット	学業成績	0.002	0.005	
	卒業時の知識能力	-0.001	-0.001	
	学生生活満足度	0.031	0.037	
現在の学習	現在の知識能力	0.096	0.105	(0.059)
	現在の学習時間	0.001	0.022	
	相談できる友人の数	0.049	0.086	(0.077)

在の学習の三つの所得効果を示したものである。モデルの説明力は、0.62と高く、男性の0.55よりも大きい。予測値と実際の値との相関係数からすれば、0.79になる。個人の所得を予測するモデルとしては、あまり見られないほどに大きな数字である。しかも、卒業後の「年数」と「パートか否か」の二つだけで所得が分かると

いう画一的な労働市場になっている。この二つ以外で統計的に有意なのは、修士卒ダミーだけになる。大企業ダミーの有意確率は10%である。若年層女性の画一的な処遇には少し驚かされる。

こうした雇用の条件下にあって、教育のアウトプットは所得に無関係である。この点は、今までの結果と同じだが、ここでは、現在の学習の三変数も5%危険率で有意でない結果になっている。今までにない寂しい結果だが、現在の知識能力の有意確率は6%であり、友人の数も8%である。測定誤差のために判断を誤る可能性は残るが、現在の知識能力（社会人力）が身についている人ほど、そして、相談できる友人が多いほど、所得が高くなる傾向は、生命科学部の若い世代の女性にも通じているとみてよい。

今までの手順に従って、三つの学習歴が社会人力に与える影響をみると**表4.18**のようになる。アウトプットとしては、卒論研究の達成レベルが最も大きな影響を与えている（標準化係数が最大）。男性と同様に、生命科学部の卒論研究は、卒業後の社会人力を規定する要の要因になっている。労働経験に加えて、現在の学習時間と友人の数も社会人力を確実に高めている。ここでも学びの三層構造が成立しており、学部・性別を問わず普遍的な学び習慣が形成されているといえる。

しかしながら、大学時代の学びと卒業後の学びの男女差が逆転するのは薬学部と同じである。**表4.19**に示したように、学業成績と学生生活満足度は、女性の方が高い。ただし、卒論研究は男性の方が頑張っており、卒業時の知識能力には男女差がない。ところが、現在の知識能力も学習時間もともに、男性の方が大きくなる。学生時代は女性の方が勤勉だが、その勤勉さは卒業後に実を結ばないという残念な結果になっている。

表4.18　学習歴と社会人力の形成——生命科学部・女性（自由度調整済みR2乗＝0.212）

	非標準化係数	標準化係数	有意水準
（定数）	2.022		***
労働経験	0.025	0.240	***
学業成績	0.016	0.031	
卒論達成レベル	0.278	0.288	***
学生生活満足度	0.082	0.088	(0.106)
現在の学習時間	0.016	0.220	***
相談できる友人の数	0.096	0.143	**

表4.19 アウトプットの男女差と社会人力の男女差——生命科学部

	学業成績	学生生活満足度	卒論達成レベル	卒業時の知識能力	現在の知識能力	現在の学習時間
男性	3.15	2.16	2.51	2.92	3.60	10.29
	∧	∧	∨	≒	∨	∨
女性	3.37	2.26	2.34	2.95	3.47	7.91

この結果と現在の学習の経済的効果が弱いという現状を重ねると、女性の人的資本の形成を強化すること、そして、大学と仕事における学習の非連続性という女性に特有の問題を解決することが、優先順位の高い社会政策だといえる。

4.6 学習と主観的幸福度の相関関係——幸福の教育学

4.6.1 「雇用機会」よりも「学習」の効果が大きい

教育の経済的効果の分析を終えて、仕事の満足度を主観的幸福度の指標とし、教育の社会的効果の一つの断面を取り上げる。薬学部の分析からはじめるが、まず経済的効果の分析と同じ変数を取り上げ、年収と幸福の違いを比較してみよう。

その前に、主観的幸福度は、年収とどのような関係にあるかを確認しておく。仕事満足度と年収の相関係数は、男性の場合、0.29であり、決定係数は7.8%。女性は、相関係数0.17、決定係数2.9%と低くなる。満足度は年収だけで決まらないのは明らかであり、男性でも満足度の92.2%は年収以外の要因に左右される。

「幸せはお金で買えない」のは間違いないが、幸せを100%説明できる方程式が存在するわけではない。すべての人が共有できる変数を使って、多様な個人の幸せを説明するには限界がある。幸福度の測定に社会の関心が集まるのは、幸福を向上させる要因が分かれば、より良い暮らしのための社会政策を構築できると考えるからである。

OECDの報告書が、幸福を向上させるいくつかの要因（所得、住居、健康、教育、社会的繋がり、市民参加、環境、生活の安全など）を検証しているのはそのためである。OECD事務局は、世論調査法によって「生活満足度の決定因子」を探求しているが、多様な分野の説明変数を投入した大規模調査（12,736サンプル）でも、幸福度の説明力は35%である。残りの65%は偶然や個人的な要因で決まる(OECD 2012・2015)。

薬学部男性の年収の幸福説明力(7.8%)が小さいとはいえ、日常生活を想えば、所得以外の幸福説明変数を探すのは、無いものねだりだといえなくもない。例えば、35%の説明力が上限だと想定すれば、分かる範囲(35%)の中で占める7.8%は、実質的に22%(7.8 / 35)の力になる。お金だけがすべてではないが、お金を頼りにしてしまう現実は、7.8%よりも22%の力を頼りにする気分だと思う。

幸福度研究に意義があるのは、100%を説明するモデルの開発ではない。所得以外に幸福度を向上させる要因が分かれば、よりましな社会政策が開発できると考えてのことである。所得を規定する要因の研究も同じだが、こうした研究スタンスを前提にして、以下の分析結果をみてほしい。薬学部からはじめる。

所得の分析にならって、雇用機会と学習関連指標が、仕事満足度に与える影響を男女別に分析すると**表4.20**のようになる。女性の場合だけ、就業形態が「パートであるか、否か」のダミー変数を追加している。年収だけの説明力と比較すると10%以上改善されているが、雇用機会の影響はきわめて限定的である。それに比べて、学習関連の効果がとても大きい。

仕事の経験年数が増えても満足度が上がるわけではないし、製薬やMRも企業規模も転職も、仕事の満足度を上昇させる要因にはなっていない。女性のパートダミーも無関係であり、雇用の所得効果とは大違いである。雇用機会の中での例外は、「官公庁(地方自治体・公的機関を含む)」と「経営者」のダミー変数である。男性の官公庁がプラスになるのは、生活の安定が幸福度を高めるという先行研究に通じているかもしれない。経営者は、所得が高いだけでなく、満足度も高く、自己実現に成功した証だろう。

幸福度の先行研究と比較して意外なのは、経験年数がまったく有意な影響を与えていないことである。OECDレポートでは、幸福度は年齢によって異なり、U字型を描くのが一般的で、中年齢層よりも若年層と高齢層の方が幸福だという。35歳～55歳の生活が厳しいと言われれば、子育てと子どもの教育に追われた中年家族を思い起こされるが、今回の調査では、U字型仮説は観察されず、年齢との関係はみられない。

一方、雇用機会の効果とは違って、学習関連指標は幸福度にかなり強い影響を与えている。三つの学習成果の中では、在学中の学生生活満足度が、所得に次ぐ大きな要因である(女性の場合は、年収よりも標準化係数が大きい)。学生時代の友好派

表4.20 仕事満足度を規定する要因(調整済みR2乗:男性=0.189、女性=0.171)

		薬学部男性			薬学部女性		
		非標準化係数	標準化係数	有意水準	非標準化係数	標準化係数	有意水準
	(定数)	2.481		***	2.663		***
年収	年収(100万円)	0.088	0.169	***	0.050	0.083	*
熟練	労働経験年数	0.002	0.010		0.004	0.026	
	労働経験2乗/100	0.037	0.030		0.028	0.024	
業職種(その他基準)	製薬ダミー	-0.168	-0.033		-0.032	-0.005	
	MRダミー	0.012	0.002		0.207	0.013	
	病院ダミー	-0.029	-0.005		-0.317	-0.062	
	薬局ダミー	-0.124	-0.028		-0.080	-0.022	
	教育公務ダミー	0.098	0.014		-0.053	-0.006	
企業規模(99人以下基準)	100～999規模	0.063	0.013		-0.045	-0.010	
	1000以上規模	0.144	0.034		0.037	0.009	
	官公庁	0.652	0.088	*	0.393	0.052	
経営者	経営者ダミー	0.554	0.099	**	0.514	0.064	*
転職(なし基準)	一回転職	0.056	0.012		0.136	0.032	
	二回転職	0.281	0.047		0.144	0.031	
	三回以上転職	0.093	0.015		-0.024	-0.006	
アウトプット	学業成績	0.012	0.007		-0.030	-0.018	
	卒業時の知識能力	-0.081	-0.027		-0.210	-0.074	**
	学生生活満足度	0.453	0.145	***	0.482	0.165	***
卒業後の学習	現在の知識能力	0.581	0.177	***	0.845	0.270	***
	現在の学習時間	0.025	0.113	***	0.020	0.074	**
	相談できる友人の数	0.162	0.077	**	0.200	0.094	***
就業形態	パートダミー				0.165	0.042	

のアクティビティーが卒業後にも発揮され、今も豊かな人間関係が構築されている姿が想像される。しかし、学業成績と卒業時の知識能力は、仕事の満足度に有意な影響を与えていない。学業成績がよければ幸福になるとは言えないらしい。女性の場合には、卒業時の知識能力がマイナスの直接効果(抑制変数)になっている。

卒業後の学習関連で際立つのは、現在の知識能力と学習時間である。標準化係数を比較すると、現在の知識能力の係数は年収よりも大きく、現在の知識能力（社会人力）は、所得を向上させるだけでなく、幸福度も向上させる。加えて、相談できる友人の数も、所得と同様に、幸福に欠かせない社会関係資本になっている。OECDレポートでも、「頼れる友人がいる」は、「食料購入費の不足」（マイナスの要因）に次ぐ、二番目に強い要因である。

この幸福度方程式の説明力は19%であり、まだOECD（35%）の半分にとどまるが、所得だけでなく、幸福のためにも、学習活動（＝人的資本と社会関係資本の形成）が欠かせない要因だという事実は、とても重要だ。

4.6.2 教育は幸福とともにある――ポジティブな生活スタイルを支える学習がキャリアの豊かさをもたらす

OECDレポートと比べて説明力が小さい理由は、はっきりしている。今回の調査対象者は比較的恵まれた階層に限られているし、幸福度研究をメインにしていないので、必要な情報を入手していない。前者の恵まれた階層という面からすれば、「食料購入費の不足」「失業」など、OECD調査でマイナスに影響している変数がここでは対象外になっている。後者の入手していない理由については、「結婚や子どもなどの家族関係」「健康」「社会参加活動」などの調査を行っていない。とくに既婚や子どもは、幸福の普遍的な要件だとされているが、今回は調査していない。

OECD調査は、一般の成人を対象にして幅の広い情報を収集しているので、それだけ説明力が高くなる。その一方で、OECD調査の教育に関連した指標は「中等教育卒か高等教育卒か、の学歴」に限られている。それと比較すれば、在学中と卒業後の学習が幸福度にかなり強い影響を与えているという今回の分析結果は、幸福度研究としても、教育の効果測定を分析する研究としても意義があると思う。

しかしながら、主観的幸福度を分析して痛感させられたのは、主観的な意識を規定する要因を探るのは難しいということだった。キャントリルの階梯という主観的満足度の意味はあるが、幸福度の測定アプローチは、多様であって、一意的ではない。私たちの調査設計では、主観的満足度に加えて、エウダイモニア幸福度指標を部分的に採用している。エウダイモニア（eudaimonia）というのは、ギリシャ語でよい精神、ないし、よい繁栄のことである。OECDガイドラインを参考にして、エウダイモニアに関する質問を設けた。「自分の生活について、どのように感じているか」を質問したもので、「どう感じているか0から10の尺度」で回答してもらった。

A　とても前向きなほうだとか感じる
B　いつも将来には楽観的であると感じる
C　自由に生き方を決めることができると感じる
D　自分の行っていることが重要で価値があると感じる
E　自分で行っていることに達成感を感じる
F　悪いことが起きると、元の自分に戻るのに時間がかかると感じる

F以外は、点数が高いほど幸福感が高いことを含意している。しかし、こうした生活の感じ方を幸福度の理解にどのように活用するかは決まっているわけではなさそうである。私たちは、「生活の感じ方」というよりも、基本的な「日常生活の構え」を知る上で意味があるのではないかと考えて、この調査項目を引用した。「前向き」「楽観的」「自己決定」「価値の自己肯定感」「達成感」「耐性力」といったそれぞれの言葉のキーワードは、ポジティブな生活の構えを表現している。そこで、こうしたポジティブな生活の構えが主観的幸福度を支える基盤ではないかと考えて、A～Fの指標を仕事満足度の方程式に追加してみた。いずれも相関度が高い変数なので、一つずつ追加した結果、全体の説明力が最も高くなったのは、Eの「達成感」だった。

それが**表4.21**の結果で、男性の説明力は19%から36%に大幅に増える。女性も38%にまで上がる。達成感と仕事満足度の相関が高いからである。男女計でみた二つの単純相関係数は0.57だから、達成感だけで仕事満足度の30%が説明できることになる。表の標準化係数を比較すれば明らかなように、達成感がきわめて強い要因だということが分かる。しかし、説明力がOECDの幸福方程式に近くなったと喜ぶ場面ではなく、結局のところ、主観的満足度による幸福度もエウダイモニア幸福度も同じものを測定しているというにすぎない。どちらが原因で、どちらが結果だという関係ではなく、相互に作用した相関関係にある。

しかし、二つの幸福度の相関関係を確認するだけでなく、**表4.21**の結果の解釈は、幸福の背後にあるキャリアの豊かさを読み解く糸口を提供していると思う。教育の社会的効果の一つの断面を探るという視点から、次の三点を指摘しておきたい。

表4.21　「達成感を感じる」を追加した時の仕事満足度（調整済みR2乗:男性=0.359、女性=0.382）

		薬学部男性			薬学部女性		
		非標準化係数	標準化係数	有意水準	非標準化係数	標準化係数	有意水準
年収・雇用機会	年収・雇用機会	（省略）			（省略）		
アウトプット	学業成績	0.002	0.001		-0.022	-0.013	
	卒業時の知識能力	-0.124	-0.041		-0.218	-0.076	**
	学生生活満足度	0.307	0.098	***	0.231	0.079	***
卒業後の学習	現在の知識能力	0.077	0.024		0.181	0.058	*
	現在の学習時間	0.015	0.065	**	0.015	0.056	**
	相談できる友人の数	0.091	0.044	0.052	0.148	0.070	**
達成感を感じる	達成感を感じる	0.442	0.475	***	0.468	0.530	***

第一は、エウダイモニア幸福度と仕事満足との相関が高いとはいえ、その影響を除いても、三つの学習関連指標が、仕事満足度に有意な影響を与えていることである。「大学の生活満足度」「現在の学習時間」「相談できる友人」の三変数である。意識と意識の相関ではなく、学習時間と友人の数という客観的な数字が主観的な幸福感に影響を与えている事実は注目に値する。エウダイモニア幸福度が同じでも、学習時間と友人の二つの客観的変数は、仕事の満足度をさらに高める効果がある。

第二に、結果の中で目立つのは、「現在の知識能力」が有意な指標になっていないことである（男性の場合）。これはとても重要な結果だ。先に述べたように、現在の知識能力は、年収も満足度もともに規定する肝心かなめの指標だった。社会人力と呼んできたのは、その強みを強調したかったからである。ところが、この社会人力が幸福に直接的な影響を与えていないという結果になっている。

こうした結果になるのは、「現在の知識能力」と「自分の行っていることに達成感を感じる」の相関が高いからである。この二つの単純相関係数は0.43であり、現在の知識能力は、他のエウダイモニア指標とも同じような高い相関関係にある。エウダイモニア幸福度が同じあれば、現在の知識能力は、仕事の満足度に影響を与えていないのである。つまり、現在の知識能力という指標の効果は、エウダイモニア幸福度の効果に丸め込まれている。

調査票を振り返って考えてみよう。「○○の知識能力を身につけていますか」と質問されて、「身につけている」と答えるのは、自分自身の能力に自信があるからだと想像できる。あるいは、逆に、「身についていないな～」と感じるのは、自分の実績に自信がないからだろう。すでにIntroductinであらかじめ説明したように、現在の知識能力の総合点は、自己効力感の強弱を測定しているに近い。年収も高く、仕事に満足しているから、「身についている」と自信をもって答えているとも考えられる。「現在の知識能力」が、年収や満足度と相関関係にあるからこそ、年収や幸福の規定要因を探る補助線になり、「社会人力がいかに形成されるか」という問いが生まれる。

達成感という変数を投入すると現在の知識能力の効果が消えるのは、現在の知識能力という指標は、自己効力感に近いという解釈が間違っていないことを示している。「前向き」「楽観的」「自己決定」「価値の自己肯定感」「達成感」「耐性力」といったエウダイモニア幸福度は、「身についている知識能力」を構成している15項目と重なるところが少なくない。「身についている」というのは、客観的な評価ではなく、主観的な評価だから、意識による意識の説明というトートロジー問題から逃れられないが、エウダイモニア幸福度を投入することによって現在の知識能力の意味がよく分かるようになったと考えるべきだと思う。

第三に、エウダイモニア的な生活の構えが幸福を左右するという解釈の教育的意義を指摘しておきたい。繰り返すが、「前向き」「楽観的」「自己決定」「価値の自己肯定感」「達成感」「耐性力」といったキーワードは、ネガティブではなく、ポジティブに生きる構えを表現している。自分が選んで進学した大学や学部を、不満に思って不平をいうよりも、よいところを選択して、ポジティブに学習にコミットするのが賢明であり、そうすれば、「とても満足」して卒業できるだろう。エウダイモニア幸福というポジティブ得点と仕事の満足度の相関が高いのは、こうした意味でも必然である。

そもそも、教育という営みは、楽観的でなければやっていけない行為であり、未来に向けて前向き、積極的でなければ成り立たない。アクティブ・ラーニングが重視されるのは、学習過程で「達成感」を味わうことができるからである。最終的な大きな達成感を経験するためのカリキュラムが卒業論文研究である。達成感を味わう過程でチームワークや人間関係のあり方を学んだりもする。卒業論文研究の効用分析で報告したように、困難に耐えた達成感が仕事の糧になっている。

以上のように数字を野外科学的に組み立て、数字の断片を繋ぎ合わせてグルーピングすれば、教育はエウダイモニア幸福度の得点を向上させることを狙いにしていると解釈できるし、エウダイモニア幸福の向上は教育の理念と親和性が強い。教育は未来への投資である。投資は、現在の満足を優先した快楽主義的な消費の対極にある。今の消費的満足を少し我慢して、未来のより大きい満足を手に入れる努力をする、つまり禁欲主義的な生活様式が投資である。快楽主義者にとっては、現在の価値が未来の価値よりもずっと大きいが、現在よりも大きい未来の価値を重視するのが、投資的人間である。しかし、未来の投資効果が大きくなる保証はないから、投資はいつもリスクをはらんでいる。リスクがあっても投資するには、未来に対して「前向き」で「楽観的」に、自信をもって自分自身で決めなければならず、悪いことが起きても元の自分に戻せる「耐性」が欠かせない。

このように考えるとエウダイモニアを構成しているポジティブなキーワードは、教育の実践に組み込まれた生き方であり、教育理念との親和性が高く、教育の投資的考え方と共通している。より良い幸福のための生き方は、積極的な学習動機と一体化しており、現在の学習時間が多い生き方は、未来志向の生活スタイルである。学習時間が現在の知識能力およびエウダイモニア幸福度と相関するのは意味ある発見だと思う。「幸福の教育学」というサブタイトルをつけたくなったのはこうした解釈による。

(知識能力が身についていると思う)意識と(幸福度という)意識の相関関係をベースに多くを語るのは、根拠の乏しいレトリックになりかねない。客観的な因果関係を解明する社会科学的作法から逸脱しているという批判もでるだろう。しかし、教育のアウトプットが人生を幸福にしているか、という未開拓な問いを探索するには、数字を野外科学的に組み立て、それを言葉に変換することからはじめるのが賢明である。それが私(データ蘇生学)の研究作法である。この先を展開するには、心理学が得意とする因子分析と共分散構造分析を活用するのがよいと思うが、そのためにはそれにふさわしい調査設計からはじめる必要がある。ここでの数字の組み立てがその調査設計に役立っていれば上出来である。

付記しておく。社会人力として説明してきた「現在の知識能力」が「達成感を感じている」生活と相似形だとすれば、「達成感を感じる」生活の背後には、「学びの三層構造」が作用しているはずである。それを確認すると**表4.22**のようになる。説明力は「現在の知識能力」よりや小さくなるが、三層の学び変数がいずれも有意な影響を与えている。

表4.22 「達成感を感じる」と学習歴（薬学部男性――自由度調整済みR2乗=0.131）

	非標準化係数	標準化係数	有意水準
（定数）	3.283		***
学業成績	0.090	0.050	*
卒業時の知識能力	0.373	0.113	***
学生生活満足度	0.496	0.147	***
労働経験	0.017	0.102	***
労働経験2乗／100	-0.088	-0.067	**
現在の学習時間	0.048	0.197	***
相談できる友人の数	0.295	0.131	***

4.6.3 生命科学部でも、「現在の知識能力」と「達成感」は、「仕事の満足度」とともにある

「仕事の満足度」と「現在の知識能力」、および「達成感を感じる」の三つが一体化しているという意識の構造は、生命科学部でもほぼ共有化されている。**表4.23**は、生命科学部の仕事満足度の結果である。

男女ともに雇用機会の条件は、仕事の満足度とはほとんど関係ない。雇用の不安と家族の不安定は、主観的幸福度を損う大きな要因だが、正規社員として働いている男性・若年層では、大企業であれ、転職の有無であれ、満足度を規定する要因になっていない。男性では年収も無関係になっている。女性の場合は、パート職であるかどうかは関係ないが、年収はプラス要因である。大学教育のアウトプットも、学業成績が高いとかえって仕事の満足度が下がるという傾向が男性にみられるが、全体としてあまり関係がない。

結局のところ、モデルの説明力は、卒業後の学習、それも現在の知識能力が身についているどうかが決め手になっている。現在の学習時間は女性で有意、相談できる友人の数は、男性で有意というように部分的である。

「達成感を感じる」というエウダイモニア幸福度の指標を追加すると薬学部と同様に、モデルの説明力は上昇し（男性＝0.34、女性＝0.42）、現在の知識能力の効果は見えなくなる。数字は省略するが、「ポジティブな生活スタイルを支える学習がキャリアの豊かさをもたらす」という解釈は、学部を横断する普遍的な事象だといえる。

表4.23 仕事満足度を規定する要因(調整済みR2乗:男性=0.191、女性=0.157)

		生命科学部男性			生命科学部女性		
		非標準化係数	標準化係数	有意水準	非標準化係数	標準化係数	有意水準
	(定数)	2.155		*	3.035		**
年収	年収	0.001	0.086		0.002	0.207	*
雇用機会	労働経験年数	-0.019	-0.049		-0.019	-0.052	
	修士卒ダミー	-0.255	-0.063		-0.361	-0.089	
	生命現職製薬ダミー	-0.182	-0.041		-0.329	-0.059	
	大企業ダミー	-0.172	-0.043		0.150	0.038	
	転職ダミー	-0.033	-0.008		0.079	0.018	
アウトプット	学業成績	-0.243	-0.144	*	0.117	0.068	
	卒業時の知識能力	-0.371	-0.125		-0.446	-0.136	
	学生生活満足度	0.288	0.090		0.341	0.108	
卒業後の学習	現在の知識能力	1.390	0.393	***	1.033	0.314	***
	現在の学習時間	0.019	0.079		0.041	0.156	*
	相談できる友人の数	0.326	0.152	*	-0.213	-0.094	
就業形態	パートダミー				0.551	0.060	

4.7 数字と言葉が繋がっている

以上が、アウトプット法による教育効果の測定であり、在学中の学びが職業キャリアを豊かにするプロセスを組み立てた結果である。組み立ての鍵は、「現在身についている知識能力」にある。その重要性を強調して、これを社会人力とよぶことにした。しかしながら、この社会人力が年収と満足度を高めているという因果関係が検証できたわけではない。数字の身になって考えれば、「現在身についていると思う知識能力」は、むしろ逆で、現在の年収と主観的幸福度から影響を受けているかもしれない。因果関係よりも相関関係にあり、社会人力と年収と主観的幸福度の三つは、一体化していると考えるのが現実的だろう。

因果関係がはっきりしなければ、教育の効果を測定したことにならない、という批判があると思う。客観的な信頼できる社会人力が測定できれば面白いし、そのような研究開発を推進する価値は十分にある。もしそれが可能になっても、社会人力はいかに形成されるかという問いが鍵になる。そして、その問いを検証すれば、よりましな社会人力も学びの三層構造によって形成されるだろうというのがこのChapterでの仮説である。同時に、その社会人力も年収や主観的幸福度と強く相関するだろう。教育の効果を因果推論的に厳密に測定するのは、かなり難しい作業である。しかし、厳密に分からなければ、教育の効果がないと断定できるわけではない。むしろ、教育無効説が成り立っていない証拠を確認しながら、どのような学びをすれば、幸福に近づけるかを考える方が生産的だと思う。

ここでの数字の組み立ては、教育無効説を排除しつつ、三つのアウトプットを代表する勤勉派と自立派と友好派が社会人として大いに活躍できる可能性を示している。加えて、意外な結果もあった。卒業時の知識能力（社会人基礎力）の高い自立派だけが、現在の知識能力（社会人力）を高めるわけではなかった。学業成績も学校満足度も、そして卒論研究の達成レベルも社会人力を高める効果をもっている。社会人力を高める教育のアウトプットが一つだけ存在するわけではない。三つよりも多元的なアウトプットが、さまざまなルートを通して、複合的、試行錯誤的に作用して、社会人力を成長させている。その一方で、アウトプットの山登りに成功しなかった裾野派は、卒業後に苦労をするかもしれない。しかし、卒業後の学びによるリカバリーのチャンスは常に開かれている。学習による人的資本の形成は、長期にわたる営みであり、たかだか4年、6年の大学の学びで終わるわけではない。

そのように考えれば、卒業生の言葉は、教育無効説よりも役立ちルートの語りが多かったし、数字の解釈と重なるところが少なくなかった。「在学中の知識やスキル、経験は、卒業後、どのような形で生かされていますか」と質問されて、現在の年収や満足度に役に立っている知識やスキルを思い出す人は少ないだろう。しかし、本人が現在身につけている知識や能力に照らし合わせて、現在の力量に役立っている大学時代の知識や経験を思い出す可能性は高い。「生かされていますか」という問いは、「あなたの社会人としての現在の力量は、どのように形成されましたか」という問いでもある。したがって、そこで語られていた五つの学びルートは、学業成績、卒業時の知識能力、卒論研究の達成レベル、および学生生活満足度という教育のアウトプットの経験を本人の現在の知識能力（社会人力）に変換する言葉の表現だと読み解くことができる。

数字を組み立てる過程で、五つの学びルートの言葉がしばしば思い出されるのは、社会人力の形成という同じ土俵を語っているからだと思う。薬学部の五つの学びルートは次のようになっていた。

1｜専門知識が有益なルート
2｜基礎レベルで知識が繋がるルート
3｜仕事に移行する過程での支援が役立つルート
4｜研究室の世界が仕事の世界に通じる卒業論文研究ルート
5｜在学中に培われた人間関係が今に生かされるルート

1と2は、学業成績の高い勤勉派との親和性が高いし、4は卒業時の知識能力を高める自立派の得意とするところであり、5は、友好派のメインルートになっている。3は、アウトプットに直結していないが、人間関係の拡大と汎用能力の伸長に絡んでいる学びルートである。いずれにしろ、五つのルートによって、現在の力量を高める効果に繋がっている。

卒業生の仕事ぶりが多様な生命科学部も、五つの学びルートが語られている。

1｜専門知識ルートも存在するが、仕事によって役立ち方が多様
2｜教養という価値のルート
3｜英語と情報技術の実用的ルート
4｜研究力が仕事力のベースになっている卒業論文研究ルート
5｜友人関係が人生を豊かにするという人間関係ルート

1、2、3 にみる知識の複線型ルートに生命科学部に求められる多様性がよく現れている。社会人力を高める学業成績の効果が弱かったのは、こうした知識の多様性によると思われるし、卒業生の言葉も多様化していた。この学業成績に比べて卒論研究の達成レベルの効果はとても大きかった。勤勉派の立ち位置が不安定であり、それよりも自立派が元気なように感じられるのも、社会人力の方程式から浮かぶ生命科学部の姿である。5は、満足度の高い友好派だが、満足度の第三要因には、「専門講義の熱心度」が入っている。2の教養という価値が、専門講義の満足度を高めているのも生命科学部の特徴である。卒業生の仕事と専門の関係を類型化して、それぞれの学びの三層構造を比較分析すれば、生命科学部の特徴がよりはっきりすると思うが、そこまでは今後の課題にしておきたい。

五つの学びルートをここで取り上げたのは、数字を組み立てながら、その意味を解釈する言葉を紡ぐと卒業生たちの言葉と繋がってくるからである。しかし、卒業生たちの声は、今に役立つ学びルートだけではない。いま一つの重要な指摘は、現状の教育に対する反省であり、批判であり、改善の提案である。アウトプットがキャリアを豊かにしているからといって、現在の教育がすべて肯定されるわけではない。最後に、この問題を取り上げる。

参考文献

- Mincer, J. A.(1974)*Schooling, Experience, and Earnings*, N.B.E.R.
- OECD編著(2012)徳永優子ほか訳『OECD幸福度白書——より良い暮らし指標:生活向上と社会進歩の国際比較』明石書店
- OECD編著(2015)桑原進監訳、高橋しのぶ訳『主観的幸福を測る——OECDガイドライン』明石書店
- 矢野眞和・濱中義隆・浅野敬一編(2018)『高専教育の発見——学歴社会から学習歴社会へ』岩波書店

Chapter 5

卒業生による授業改善の提案

統計分析による言葉の組み立て法

5.1 改善すべき授業の計量テキスト分析

卒業生の言葉をまとめた成果の一つは、母校の教育に対する反省と批判的コメントにある。薬学部では、「確かなキャリア」に繋がる学びのルートだけでなく、「知識偏重の教育になっていないか」という反省が語られている。「国家試験に合格すればいいわけではなく、大学よりも卒業後に学ぶことが多い」という現実を踏まえて、「知識偏重の教育にならないように、教育と研究の意義を考え直すべきではないか」という。生命科学部では、「卒業後のキャリア不安」が拭いきれず、「教師と学生の信頼関係の必要性」が語られ、「キャンパス生活の信頼感や連帯感が、挑戦するキャリアの学びを支える条件」になっている。

Chapter 1で紹介した内容、例えば「「教育と研究」「教師と学生」のバランスを欠くことなく、大学の役割を見直す必要がある」(1.5のV 薬学部)、「「キャリア不安」「サボる学生」「不人気教師」という三大問題がある」(1.9の2 生命科学部) という指摘は、両学部に限定される話ではなく、かなり普遍的な教育問題である。調査では、授業改善の提案を具体的に聞き出したいと考えて、いま一つの自由記述欄を設けた。「問44授業・カリキュラム・教員の指導など、本学が改善すべきであると思う点などについて、ご意見をお聞かせください」である。問43と同様に4割ほどの卒業生が回答を寄せている。卒業生調査の一つの意義は、OB・OGの実体験を参照にして、東薬が抱えている教育問題の所在を探り、問題解決の糸口を引き出すところにある。

自由記述という形式では、問43(「在学中の学びがどのように生かされているか」)と同じだが、言葉を解釈するスタンスはかなり異なる。「問43生かされ方」調査の重要なポイントは、「生かされ方」の意味の広がりをなるべく大きく把握するところにある。たとえ一人だけの意見でも、それが「生かされ方」の意味の広がりを理解する貴重な言葉になったりする。むしろ、少数意見によって、目から鱗のように、物事の実態がよく見え、理解できるようになることが多い。したがって、「単語」の分類や「頻度」は考慮せず、「何について」語っているかという「文章」の意味を最大限に拡げて収集し、似ているかどうか、という視点から文章をグルーピングした。KJ法によるアプローチを採用したのはこうした理由からである。

それに対して、問44は、意味の広がりを理解する必要性があまりない。質問の意図ははっきりしており、「改善すべきと思う事柄は、何か」を知るのが目的である。同時に、その改善を望む者が「どれほどいるか」という「頻度」が重要になる。具体的な教育改善策を検討するためには、それを支持する者の数が欠かせない条件である。

そこで問44の分析にあたっては、使われている「単語」とその「頻度」からテキストの内容を分析する数量的アプローチをとることにした。用いた統計ソフトは、KH coderである（樋口 2020）。

分かりやすい基礎レベルからすれば、この分析手法が得意とするのは、次の二つである。一つは、出現する単語（品詞）の頻度が分かる。品詞については、名詞、サ変名詞、複合語、形容動詞、動詞などで分類され、それぞれの頻度がカウントされる。「サ変名詞」というのは、動詞「する」に接続して、サ行変格活用の動詞になりうる名詞のことである。動作を表す漢語（「勉強」する）や名詞化した動作の外来語（「エンジョイ」する）などがこれにあたる。複合語は、「薬剤師」が「薬剤」と「師」に分けて集計されることを避けるように検出できるようになっている。

品詞の頻度ベスト10を学部別に示すと**表5.1**のようになる。学部による頻度の違いから、学部による関心の置き所が分かる。名詞をみれば、「学生」「大学」「教員」のトップ3は両学部ともに同じだが、生命科学部では4位に「英語」が登場している。英語の授業改善を希望する声が大きい証拠である。薬学部も英語の改善を望んでいるが、頻度は18位である。具体的な授業科目が30位までに登場するのはこの英語だけである。薬学部では、「知識」「カリキュラム」が4位、5位になる。知識を重視する薬学部らしく、カリキュラムに対する関心も強い。

サ変名詞をみると、薬学部は、「勉強」と「卒業」が2、3位になり、国家試験のための勉強と卒業の大切さが窺われる。生命科学部は、「講義」「研究」が2、3位になっており、専門職教育と理学教育という学部の差異が現れているようだ。複合語に

表5.1 頻出語のベスト10

	名詞				サ変名詞				タグ(複合語)			
	薬学部		**生命科学部**		**薬学部**		**生命科学部**		**薬学部**		**生命科学部**	
1	学生	448	学生	129	授業	478	授業	103	薬剤師	380	研究室	50
2	大学	373	大学	70	勉強	184	講義	50	東薬	240	生命科学部	43
3	教員	223	教員	66	卒業	162	研究	34	国試	170	生命科学	22
4	知識	182	英語	38	教育	154	実習	33	国家試験	151	研究者	21
5	カリキュラム	179	自分	37	研究	118	指導	29	合格率	67	東薬	16
6	社会	157	先生	35	実習	116	卒業	25	研究室	66	先生方	15
7	自分	137	機会	34	理解	105	就職	22	他大	61	他大	13
8	機会	131	知識	34	講義	104	改善	21	社会人	58	講議	12
9	内容	115	学部	25	指導	89	仕事	20	学生時代	53	社会人	11
10	薬学部	96	卒業生	25	経験	84	教育	18	研究者	45	外研	10

なると両学部の教育の特質が顕著に現れる。薬学部の上位は、「薬剤師」「国家試験」「合格率」、生命科学部は「研究室」「生命科学」「研究者」が上位に来ている。

品詞の頻度だけでは、学部教育の看板の違いは分かるが、その内容までは分からない。いま一つの基礎集計が、「共起ネットワーク」である。同じセル（ここでは一人のコメント文）の中に「一緒に出現している語」の「組み合わせ」が多いほど、「共起している」とみなしたネットワークの表示である。「学生」（名詞）と「授業」（サ変名詞）がよく一緒に出現（共起）していれば、二つの語の関係は強く結ばれることになる。共起ネットワークを星座のように美しく図解化してくれるソフトが完備されている。

共起ネットワークの強さと頻度の大きさに着目するといくつかの共起グループに分けることもできる。薬学部における主なネットワークに着目してまとめると、次のような話題が改善のテーマになっていると推察できる。

1｜授業ネットワーク／学生－授業－カリキュラム－内容－講義－実習－興味
2｜教員ネットワーク／教員－指導
3｜薬剤師ネットワーク／薬剤師－知識－薬学－教育
4｜国家試験ネットワーク／国家試験－国試－対策－合格率

5｜病院ネットワーク／病院－薬局
6｜研究ネットワーク／研究－研究室
7｜東薬ネットワーク／卒業－就職 －入学－レベル
8｜社会ネットワーク／社会－機会－経験

計量テキスト分析の初心者である私には、その長所を適切に説明できないが、名詞と名詞の組み合わせだけでなく、名詞と動詞の組み合わせなどもいくつか組み合わせていけば、単語だけでなく、文章の内容に至るまでの分析ができるようになると思われる。内容分析といわれる由縁であり、言葉の組み立て工学の一つの方法だといってよい。同時に、単語の組み合わせによる数量化は、統計分析に馴染みやすく、KH coderにはいくつかの統計分析ソフトが搭載されている。誰もが自由にアクセスできるようにこのようなソフトを提供している樋口耕一氏に敬意を表したい。

上等な統計分析はコア・ユーザーに委ねたい。私のような初心者は、自分の手触りで分かる範囲のツールを使って、野外科学的に言葉を組み立てるのが賢明だと思う。幸いにも、KH coderには、「KWIC（Key Words in Context）コンコーダンス」と「コロケーション統計」という便利なツールがある。KWICは検索機能であり、ヒットする単語の文章が表示され、元のデータベースにアクセスできるようになっている。例えば、授業という単語がヒットする文章は、実に478にまで及んでおり、その内容は多種多様である。その一つ一つを確認するのは大変だが、授業の内容をいくつかに分類する方法として「コロケーション統計」がある。これを用いれば、授業という単語の前後五つの間に出現する単語を集計してくれる。それによると「授業」という語の前後五つの単語の間に最も多く出現する名詞は、「内容」だということが分かる。「授業 － 内容」というコロケーションの出現頻度は、授業内容という複合語を含めて40件である。続いて、授業のコロケーションが多いのは、「授業 － 学生」（23件）「授業 － カリキュラム」（22件）「授業 － 教員」（16件）であることが分かる。こうしたコロケーション統計を手掛かりにして自由記述の文章を読んでいくと、上記の1の「授業」ネットワークで語られている内容が理解しやすくなる。そのようにして次に、2の教員ネットワークの内容を追跡するという手順を繰り返し、全体のネットワークを理解するように努めた。

つまり、共起ネットワーク ▶ コロケーション統計 ▶ KWICの順に薬学部と生命科学部の自由記述欄を読むことにした。ネットワークとコロケーションの道標があるおかげで、自由記述を読む視野がはっきりするし、卒業生たちが求める教育改善の焦点がどこにあるかもよく分かる。この手順で共起ネットワークを読み取り、学部別に学内レポートを作成した。しかし、レポートのボリュームが大きすぎるので、ここでは三分の一ほどにまとめて整理し、全学の共通課題と学部の特性を紹介しておく。どこの大学、学部でも参考になるところが少なくないと思う。

5.2 授業をめぐる教師と学生の不協和音——三つの不整合

教師の主戦場は、「授業」と「研究室」にある。卒業生たちの教育改善要求の多くは、この二つの主戦場をめぐる話題である。頻出語の頻度で示したように、両学部ともに、「授業」が最も数の多いサ変名詞であり、生命科学の複合語の第1位は「研究室」だった。薬学部の複合語の第1位は「薬剤師」だが、「東薬、国試、国家試験、合格率」という薬学部に特有な言葉に続く第6位が「研究室」である。薬剤師教育に関心が高いのは当然として、それを別にすれば、「授業」と「研究室」で真剣勝負するのが教師としての矜持だと思う。大げさな表現だが、どの世界の仕事にも主戦場があり、そこでの真剣勝負が仕事の質を決める。したがって、授業と研究室教育の質は、真剣に取り組む教師の努力次第ということになるが、教育はモノの生産と違って複雑である。授業の質を向上させるためには、教師だけでなく、学生の真剣勝負も必要だ。つまり、教師と学生の相互理解と相互研鑽があってこその授業であり、研究室である。

したがって、教師と学生の呼吸が合わないと不安定な師弟関係が生じて、相互不信になる。卒業生の言葉を読んでいると教師と学生の間にある不協和音を感じさせられる。言い換えれば、両者の関係は不安定であり、整合性がとれていないようである。教師の言い分も多々あると思うが、まずは、学生の言い分を聞いてから、教師の対応策を検討するのがここでの調査アプローチである。

はじめに授業をめぐる教師と学生の不協和音を取り上げ、そこに生じている三つの不整合を指摘する。

5.2.1 「教師－授業」にみる不整合——教師の授業力に温度差

「教師－学生」のコロケーションから検索される言葉は、両学部でかなり共通しており、学生からみた授業は、「教師による差がありすぎ」(薬)であり、「先生により授業の質の差が大きい」(生命)ようである。「ダラダラした授業」「教科書を読むだけ」(薬)「教科書を黒板に写すだけ」(生命)などの具体的な批判もあるが、「真剣な講義、熱のある講義を求めています」(薬)というのは、両学部に共通した学生の総意だろう。

授業の中の教員は、「良い／悪い」に二極化する傾向にあり、教師の授業力にはっきりした温度差がある。授業力を高めるためには、教授法などの技術的改善も必要だが、同時に、学生と真剣勝負する教師の態度が不可欠だ。

5.2.2 「学生－授業」にみる不整合——興味の引き出しを求める受身的な学生

教師だけでなく、学生の学習意欲にも温度差がある。「講義室の人数が多くて、集中できない」「私語や入退室する学生が放置されている」(薬)という苦情もあるし、「私語がうるさい学生が多く、過去問が入手できれば合格できる試験科目もあり、やるせなく感じることが多かった」(生命)というように、学ぶ動機を欠いた手抜き学生もいる。

こうしたやや寂しげな授業風景の中にあって、学生が期待しているのは、「学生の興味を引き出す授業」「参加できる授業」「考えさせる授業」(薬)であり、「科目の重要性が必要性、さらには将来との繋がりが分かるように授業を工夫してほしい」(薬)と望んでいる。

生命科学も同じである。「参加型の授業を取り入れて、授業に飽きない工夫をすれば、学生の成長に繋がる」「この授業を受けてみたい思わせるような選択授業を1、2年次からはじめる」「学生が興味をもてるように工夫してほしい」というように、学生の学ぶ動機を引き出してくれる授業を求めている。

学生も真剣勝負で授業に臨んでほしいと思うが、学ぶ動機に欠ける学生も少なくない。「興味を引き出すような授業を工夫してほしい」という要望からうかがえるように、授業に自ら積極的に参加する姿勢よりも、教師を頼りに受け身的に受講している学生が多い。

5.2.3 カリキュラム「観」の不整合――卒業生のカリキュラム論／考え方の違い

教師と学生が相互に理解しあうという調和的な関係が成立しているとは言い難く、相互の期待がずれているケースは少なくない。しかし、こうした不整合の背後には、教師と学生の努力不足だけではなく、カリキュラム観の違いがある。学生が期待する興味の内容は学生によって違うし、教師が重要だと思ってる内容と学生の興味は必ずしも一致しない。「授業－カリキュラム」、「薬剤師－知識」、「生命科学－カリキュラム」のコロケーションでみると学生たちが授業に期待する内容は同じではない。教師と学生のカリキュラム観がずれていれば、折角の努力も実らない。学生からみたカリキュラム観、あるいは求めている知識の特質を学部別にまとめておくと次のようになっている。

（薬学部のカリキュラム観）
・大学理念重視型（学生の要望よりも、大学の理念を明確にしたカリキュラム）
・基礎理論重視型（実学よりも、基礎の薬学理論を重視したカリキュラム）
・仕事重視型（理論よりも仕事の実践、仕事に活かされる内容の授業）
・国家試験重視型（国試に不必要な科目は選択にし、国試に役立つ授業）
（授業に期待する薬学部の知識類型）
・研究開発型（薬学研究を発展させるための知識）
・仕事領域拡大型（製薬など薬剤師の仕事領域を拡大させる知識）
・実務拡張型（薬剤師としての薬の知識を拡張させる疾患・治療などの知識）
・実務直結型（薬剤師の日常的実務を充実させるための知識）
・国家試験型（国試対策のための知識）

薬剤師教育と薬学教育の間には幅広い知識のスペクトラムがあるし、国試に合格できなければ薬学部としての存在意義が問われる。すべての学生に幅広い薬学知識の全体を教授するのは、素人目からみてかなり難しいように思う。「科目」というキーワードで検索される薬学部の特徴は、仕事重視型と国家試験重視型の科目を求める声に加えて、「必須科目が多すぎる」という指摘にある。国家試験型のニーズからすれば、国試対策に特化し、それ以外は選択科目にしてほしいという要望になる。その是非は脇においても、「科目の重複がある」「科目と科目との繋がりが見えない」というような意見がでないようにする努力は不可欠だろう。

カリキュラムの体系化については、教師たちの努力が重ねられているはずだが、その体系が学生たちに伝わっているかどうかは、別の問題である。生命科学部の場合も、扱う知識の幅が非常に広いために、学生たちの授業を見る目線は錯綜している。生命科学のカリキュラム観をまとめておくと次のようになっている。

(生命科学のカリキュラム観)
・知識のジャンルが広いために、カリキュラムの体系が伝わっていない
・知識の使い方が分かるような問題解決型のカリキュラムを強化してほしい
・実践に役立つ知識カリキュラム(英語・情報・統計・教職などの資格的スキル)を準備
・研究志向のプログラムを強化する
・社会経済系の教養知識の重視と多様な人的交流を増やす

以上が「カリキュラム」で語られている卒業生たちの内容だが、大学のカリキュラム論としていずれも間違った意見ではないだろう。しかし、すべての学生ニーズに応えるのがカリキュラムの設計思想ではない。設計思想と設計図の責任は大学にあり、それをしっかり学生に伝えるのは教師の義務である。最終的に、「大学という場所では、専門科目の学び方は本人のやる気次第だと思います」という卒業生の意見は正しいが、教員同士の不整合があってはならないし、教員と学生のコミュニケーション不足による考え方の不整合、および学生の間での理解の不整合は避けなければならない。こうしたカリキュラム改善案が提案されるのは、カリキュラムの考え方が学生に十分に浸透していない証であり、大学および教師はこうした卒業生の問いに答える義務がある。

5.3 授業の改善——信頼関係の構築と多様なニーズへの対応

5.3.1 「教師－学生」にみる共同体の揺らぎ——低学年からの師弟関係／先輩後輩関係

授業というフィルターを通して「教師－授業－学生」の三者関係をみると教師と学生の相互理解が浸透しているようには見えない。しかもカリキュラムに対する学生の考え方は多様であり、同じ授業に臨む学生の期待は必ずしも一致していない。

そこで、「教師－学生」の二者関係（コロケーション）を直接的に取り出してみると、「教師と学生のコミュニケーションが少なすぎる」「教員が学生に親しみをもってほしい」「教師と学生の双方にゆとりを持たせるべき」（薬）など、教師と学生の信頼関係が問われるような言葉が検索される。生命科学部も「学生と教員との交流が少ないと感じた」「キョリが遠かった」「（教師、学生ともに）モチベーションが低い」という言葉がつづき、キャンパスのアカデミックな共同体は衰退しているかのようである。

その一方で、「教員の方々の指導はとても丁寧で分かりやすく、勉強はとても楽しかった」（薬）、「教員の面倒見がよく、友達も作りやすい大学だ」（生命）という共同体健在説もある。衰退説と健在説がまだら模様に共存しているが、アンケート調査の数字にみられたように「良い教師との巡り合い」や「良き友人との巡り合い」がキャンパスライフの満足度に大きな影響を与えている。授業をめぐる三つの不整合を緩和させる一つの方法は、キャンパスの人間関係、とりわけ教師と学生の関係を豊かにすることである。

図5.1の上は、「授業」を媒介にした「教師と学生とカリキュラム」の三つの不整合を不等号で表現したものである。先に紹介したように、この不整合が授業ネットワークを形成するコアになっている。この図をベースにすると、「教師－学生」のコロケーションは、下図の底辺に表記したように、授業をめぐる不整合を改善する方法として位置づけられる。

教師と学生は授業の場で対峙するのがほとんどであり、とりわけ低学年の場合には、授業以外の接触時間は少ない。しかも、教える意欲と学ぶ意欲に温度差があり、カリキュラムに対する考え方の違いが重なって、相互の期待はどんどんずれてしまう。三つの不整合を完全になくすのは難しいかもしれないが、不整合を改善するためには、教師と学生の直接的なコミュニケーションを豊かにするしかない。「教師と学生のコミュニケーションが少なすぎる」という悲しい指摘に、素直に向き合うべきだろう。図に示したように、不等号関係を是正するためには、教師と学生の直接的な関係を豊かにして（等号関係）、カリキュラムに対する相互の理解を深める会話を日常的に確保する必要がある。

日常的なコミュニケーションによって、教師と学生の相互理解が深まることに気づくのは、研究室に所属する4年次以降のことである。「早い段階から（研究室の）先生との交流があれば、研究の興味をもちやすい」（薬）「1年生の時から少しの時間でもいいので、研究室に配属してもっと生命科学の楽しさを実感出来たらよ

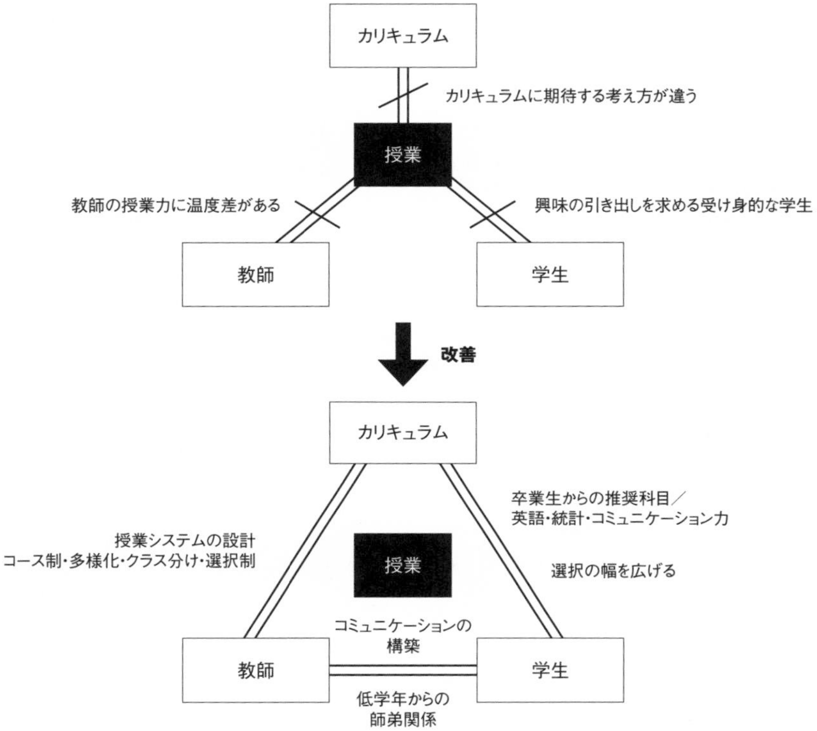

図5.1　教師・学生・カリキュラムの不整合と相互理解への道

かった」（生命）という要望が出るのは、低学年での師弟関係が薄いからである。つまり、研究室だけでなく、低学年からの師弟関係を構築する機会が増えれば、三つの不整合を緩和できるだろうし、カリキュラムの体系も授業の意義も理解しやすくなる。師弟関係だけでなく、低学年と先輩・大学院生、さらには卒業生との交流もカリキュラムの理解に有効だろう。

カリキュラムの考え方の違いは、学生間だけでなく、教師間にもある。卒業生から指摘された考え方の違いについて、教師たちと学生たちがともに議論し、お互いの意図を理解できるようになれば、アカデミックな共同体が構築できるように思う。大学は共同体ではなく、利害組織だという考え方もあるが、教育の成果を利害で評価するのは難しく、嫌だからといって組織成員の参入退出を自由できるわけでもない。やはり、教師と学生の個人的利害関係だけに囚われず、みんなで協力して解決する共同体意識が欠かせない。

図5.1の下図には、以下で説明する「授業－学生」(選択の幅を広げる)および「授業－カリキュラム」(コース制などの授業システム)をめぐる改善策のポイントも示しておいた。共起ネットワークを形成するコアのコロケーションに着目して野外科学的に言葉を組み立てると、複雑な授業ネットワークは、授業をめぐる三つのトライアングルとして縮約できる。シンプルだが、不整合と改善策の授業トライアングルは、いずれの大学に通じる枠組みになっていると思う。

5.3.2 授業科目の充実——「英語」が第一位

学生時代には積極的ではなかった授業も、卒業してみれば「もっとまじめに取り組めばよかった」と後悔するケースは少なくない。卒業生が推奨している授業科目には、彼・彼女たちの暗黙の後悔が含まれている。具体的な推奨科目として際立っていたのが「英語」である。とりわけ、生命科学部の言及頻度が多い。

「英語」の必要性は確実に高まっているが、その重要性は必ずしも在校生に伝わっていない。「授業にどれほど熱心に取り組んでいましたか」というアンケート調査の結果をみても、「外国の授業」は、「人文社会系の一般教育科目」並みの熱心度で、「あまり熱心ではない」「まったく熱心でない」が65%を占める。

「高専」卒業生調査では、「専門講義」「実習」「卒論」「一般教育」「英語」という授業科目を振り返って「もっと取り組めばよかったと思いますか」を質問している。その中で「もっと取り組めばよかった」と後悔する授業科目の筆頭が「英語」だった。しかも、後悔する者の過半数が、在学中は英語の取り組みに「熱心ではなかった」と回答している。東薬調査では、「もっと取り組めばよかった」という質問項目を用意していないが、自由記述に頻出する授業科目の筆頭が「英語」であるのは、高専と同じように「在学中はあまり熱心ではなかった」が、「もっと勉強しておけばよかった」と後悔しているように思われる。

仕事の実務を踏まえた卒業生の切実な後悔でもあり、本人の努力次第で何とかなるかもしれない授業科目である。卒業生が後悔している切実な体験を卒業生に伝える必要性はあるが、すべての学生が英語に熱心になる必要はないだろう。すべての卒業生の英語力を高めることに苦慮するよりも、2、3割ほどを対象にした「とても熱心な」英語アドバンス・コースを充実させれば、かなり大きなカリキュラム改革成果をもたらすと思う。

5.3.3 推奨科目やカリキュラムの多様性とコース制・クラス分け・選択制・大学院制

授業科目の充実が求められているのは、「英語」だけではない。卒業生の推奨科目の代表的事例を列挙しておく。

(薬学部)
・専門科目(病理学・医療薬学・生化学・生薬学・医療学・解剖学)
・実務実習(好評だが、改善の余地あり)
・一般教養・基礎科目(不毛か、必要か。意見が分かれる)
・役に立つ一般教育科目(統計と経済の関連科目)
・コミュニケーション能力の向上
(生命科学部)
・実習(好評だが、マイナーチェンジが必要)
・統計学の関連科目
・実践に役立つ知識(英語・統計に加えて、情報・教職などの資格関連のスキル)

以上が代表的な推奨科目、および改善する必要のある授業科目である。「英語」とともに両学部に共通している科目が二つある。一つは、薬学部の「実務実習」と生命科学部の「実習」である。ともに、カリキュラムの柱であり、卒業生の支持も大きい。しかし、いずれも改善の余地があるという指摘があり、重要であるがゆえに具体的な検証が求められる授業科目である。

いま一つは、「統計」に関する分析スキルである。「統計学は非常に重要なので、しっかり学んでおいた方がいい」(薬)「企業で働くと統計解析に精通しておいた方が有利だ」(生命)というように、研究職だけでなく、多様な職種で統計を活用する仕事が増えている。「統計学の講義はテキストにあるような数式を交えた理解は難しい。むしろ、統計が必要な場面、考え方、研究や身近にみる統計の使われ方などの実例を挙げて解説された方が、統計が必要な学問だと理解でき、面白い講義になる」(生命)とうのは適切なアドバイスだ。

時代や学生の変化に応じて、授業科目の内容を改定・改善する必要性は常に生じるが、難しいのは、カリキュラムの考え方の違いにどのように対処するかという問題である。とりわけ、薬学部のように、研究開発型の知識から国試対策のための知識まで、授業に対する期待の幅が広い場合には、その全体を統合する教育システムを構築するのはかなり難しいように思える。「研究重視か、教育重視か」という見方からすれば、「研究志向のプログラムを強化してほしい」「実践に役立つ資格的スキルを準備してほしい」と二つに分かれる生命科学にも共通する考え方の違いである。

こうしたカリキュラムの考え方の違いに対処する提案として語られるのが、「コース制」「クラス分け」「選択制」の導入である。「研究は関係ないと考えている学生用の学科やコースがあればいい」、「特別コースをつくって研究人材を育ててほしい」(薬)、「理解度が非常に高い学生が一定数いる一方で、そうでない学生も一定数いる。ある程度、細かくクラス分けした方がいい」(生命)というのは、きめ細かな教育システムの分化を求める提案である。

教育重視、研究重視のコース制だけでなく、英語や統計のアドバンス・コースなどもコース制度の柱になるだろうし、選択科目の充実にもなる。「必須科目が多すぎる」言われている薬学部は、卒業生の推奨科目を考慮して、科目の選択制を増やすのも重要なカリキュラム改革だといえる。

コース制・クラス分け・選択制は、多様な学習ニーズを画一的に同化せずに、機能的に分化する方法である。こうした教育システムの機能分化の延長上にあるのが、学科制や大学院制である。「博士課程に進学しやすくして、研究に従事する道を拓く」(薬)という提案は、研究重視の大学院対応である。逆に、大学院進学率が半分を占める生命科学部では、「本学修士になれなかった人間へのアフターケアという支援がない」(生命)という苦情があり、学部卒で就職する不安が語られている。学部教育と大学院教育の機能分化(役割)を学生に分かるように説明する必要がある。

カリキュラムの考え方の違いを解消するためには、教師と学生のコミュニケーションが不可欠だと先に述べたが、そもそも「コミュニケーション能力の向上」は、薬学部卒業生が推奨する科目の一つになっている。この重要なコミュニケーション能力は、公式的なカリキュラムだけでなく、キャンパスの日常生活の中にある非公式な会話や文化(隠れたカリキュラム)によって修得されるものである。

コミュニケーションに加えて、学生の学習ニーズと教師の教授ニーズの多様性に対応できるように、教育システムの機能を分化させることが必要になっている。さらに、卒業生の学習ニーズは、在学生のためのカリキュラム要望だけではないことにも注目しておく必要がある。

「社会人になってからの研究が求められており、それをフォローしていただけるような仕組みをつくってほしい」「卒業後に相談、研究できる機会をつくってほしい」(薬)という提案は、とても重要だ。在学中の学生だけを前提に教育研究システムを設計するのは完全ではない。卒業後の学習支援に加えて、卒業生の生涯研究のためのシステム設計が求められている。こうした社会人の学習参加が在校生とともに実践されれば、在校生のよい知的刺激になるのは間違いない。

5.4 「教育と研究」のジレンマを解消するために

5.4.1 「研究室」「卒業論文研究」の多様性——光と影

次に、「研究室」をめぐる改善点をまとめておく。「研究室」での卒業論文研究は、理系教育の最終コーナーであり、記憶に残る大学の思い出である。五つの学びルートで紹介したように、「"研究室の世界"は"仕事の世界"に通じるところが多い」(薬)、「研究力は仕事力のベースになっている」(生命)。言葉だけでなく、数字でも、卒業論文研究は、「仕事に必要な汎用的スキルが身につく」だけでなく、「良好な人間関係の構築が生涯の財産」になり、「忍耐力ややり抜く力などの非認知能力が向上する」ことが示されている。

したがって、問44の改善提案にも、「私は卒論で成長できた。そのような学習の機会は低学年で取り上げてもよいと思う」「自分で考えて作業する訓練のためにも、プレゼン力を高めるためにも国試対策だけでなく、卒論をした方がいい」(薬学)のような「成長体験と研究のすすめ」が登場する。この点は生命科学も同じだ。「4年生の1年間は本当に楽しい時間でした」「教員と学生がいつでも気軽に実験やその他(進路や雑談まで)のことを話し合えたのはよかった」(生命)という。

その一方で、問44は「改善すべき事柄」としての「卒業論文研究」であり、研究室の教育や運営の改善が語られる。つまり、光の部分だけではなく、影の部分を知ることが出来る。それが問44の利点である。影の部分には、両学部に共通する領域もあれば、学部の特性によるところもある。共通点と相違点に分けてまとめておく。

[共通する改善点——指導不足・コミュニケーション不足・主体なき卒研]

共通する影の部分は、改善すべき事柄の提案である。次の三つにまとめられる。第一は、卒研指導のレベルが研究室によって大きく異なっていることである。授業の質に温度差があるという指摘と同じ問題である。研究室の教育方針も運営も教師の個人的裁量に委ねられるところが多いので、教員個人の判断に温度差が生じやすい。

「(研究室の人数が多くて)教員の指導が不十分だった」「指導があいまいだった」「やりたいテーマが与えられなかった」などが重なって、「(卒論)がつまらなかった」(薬)という評価になる。「研究室によって教員の指導力が異なる」(生命)のは、生命科学部でも指摘される。

研究室の個人的裁量に任せるだけでなく、一定の指導ルールを設定するのが望ましいかもしれない。同時に、こうした指導力の違いは、研究室内での教師と学生とのコミュニケーション不足と深く関連している。これが、第二の改善点になる。

「先生方の研究は立派だと思うが、自分の今に繋がらない」「研究の面白さが分からなかった」(薬)というのは、指導不足ともいえるが、コミュニケーション不足でもある。「研究室での人間関係(教員間の不和)は改善したほうがいい」「研究室以外の教員ともコミュニケーションをとりやすい環境であった方がいい」(生命)は、コミュニケーションの重要性を指摘するに留まらず、狭い研究室に閉じられている息苦しい人間関係の告発である。研究室の素敵な師弟関係は、微妙な人間関係の上に構築されており、息苦しい関係にいつ豹変するか分からないほどに、ひ弱で不安定である。そのことを教師は常に自覚しておく必要がある。

第三に、指導不足、コミュニケーション不足は、「主体なき卒研」という病理をもたらしかねない。「卒論が研究の作業手伝いになっている」(薬)のように、自分の研究の意義が分からないままに、「研究の手伝い」や「研究の前処理」に終わっているという不満は少なくない。学生自身が主体的に研究にコミットしているという実感を持てないままに終わるのは、卒業論文研究の効用を大いに損なう病理現象である。「外研先(外部研究機関での実習)で、先生の論文をパソコンで入力するような作業をさせられ、アルバイトのような扱いを受けないようにしてほしい」(生命)というケースもある。

[薬学部の改善点][生命科学部の改善点]

二つの学部に特有な改善点についても学内レポートを作成しているが、一般の読者には馴染みが薄い事柄でもあり、本書では割愛することにした。

5.4.2 教師のための研究と学生のための研究の狭間——研究の教育的意義

品詞の頻出語リストによれば、「研究」も上位にランクされる。生命科学部では、「授業」「講義」に次ぐ第3位のサ変名詞であり、薬学部も「授業」「勉強」「卒業」「教育」に続く第5位の頻度になる。「教育と研究」をするのが大学の役割だから当然の結果だ。しかし、最近では、研究よりも教育を重視すべきだとする大学観が強くなっているから、卒業生の多くが「研究」に言及している事実は興味深い。もちろん、全員が研究の推進を主張しているわけではない。「教育と研究」の二つの目的があるといっても、この複合目的を達成する道筋は多様である。その多様な道筋は、学部によって異なるので、学部別にまとめておく。

［**薬学部——研究・教育・臨床はトリレンマか?**］

出現頻度が最も多かった複合語は、「薬剤師」であり、第2位が「東薬」。それに続くのが「国試」「国家試験」「合格率」である。この順位に、薬学部の特徴がよく現れている。「東薬」という言葉には、母校は「国家試験に合格するため」の大学ではない、という先輩たちの気持ちが込められている。とりわけ、「東薬－研究」のコロケーションは、「昔は研究の東薬といわれた」「東薬は研究で地位を築いてきた」という言葉になる。しかしながら、伝統の「研究」大学から今の「6年制教育」を考えるのはかなり難しいけれども、「東薬なら教育も研究も臨床も大丈夫というイメージを世間にもってもらうようにすべきであり、それが大学のブランド力になる」という卒業生の戦略的提案は、大切にして育てるべき東薬の道筋だと思う。

薬学部の教育は、「創薬のための薬学教育」と「臨床のための薬剤師教育」のどちらを重視するか、というジレンマを抱えている。どちらを選んでも何らかの不利が発生し、態度を決めかねる葛藤状態をジレンマという。新興の大学であれば、国家試験に合格するための薬剤師教育に徹するのが有力な戦略であり、ジレンマにならずに済むかもしれない。ところが、伝統ある東薬は、この二つの教育ジレンマに加えて、「研究」大学の伝統が重なって、「研究も教育も臨床も」が期待されている。言い換えれば、「研究も薬学教育も薬剤師教育も」といえるが、三つから一つを選択しなければならない葛藤状況にあると理解すれば、現在の東薬はトリレンマの状況にあることになる。

「研究－教育」のコロケーションをみると、研究と教育の両立を支持する両立派と二つを分離するのが望ましいという分離派に分けられる。前者の両立派には、研究と教育を両立してきたのが東薬だという認識があり、6年制になっても予備校化することなく、研究と教育を大切にしてほしいと期待している。後者の分離派は、「教員というよりも研究者が多く、授業が下手でした」「指導専門の教員が授業をしたほうがよい」など、研究と教育を分離して、教育に力を入れてほしいという立場である。

「研究」というキーワードで検索される内容を詳しくみるとこの二つに加えて、次の四つのタイプに分けられる。

・両立･研究推進派
大学の研究者だけでなく、企業で活躍する研究者の養成に力を入れつつ、教育と研究の両立を期待している。東薬の伝統を強く意識したタイプである。

・分離･教育充実派
教育充実派は、「研究が優先され、教育が疎かになっている」という批判を内在しており、教育と研究は分離した方がよいという立場である。この分離･教育充実派には、薬学教育と薬剤師教育のどちらを重視するか、というジレンマが含まれている。

・研究の教育的意義派
「小さなテーマでよいから、自分で考え、取り組む経験があってこその大学」など、研究マインドを育てることが社会人になってからの成長を支えるという考えである。研究の教育的意義に着目するタイプで、研究と教育の二つを一体化しているという意味では、両立･研究推進派に近い。

・研究不信派
四つ目として、「先生方の研究は立派かも知れないが、自分の今には繋がらない」というように、研究の意義が学生にまったく伝わっていない研究不信派がいる。研究不信派は、研究よりも教育を重視してほしいという分離･教育充実派に近い。

以上の四類型が「研究」という言葉で語られている主な内容である。大きくまとめれば、両立派と分離派に二分され、ヒットする件数もほぼ拮抗している。

［研究の生命科学部――学生のためになる研究と多様な学生ニーズへの対応］

科学の最前線を歩む生命科学部では、「研究」が学部の生命線になっている。研究に関連する品詞（研究、研究室、研究者、研究職、卒業研究）の頻度は153件に及び、回答者の52%が「研究」に言及している(因みに、薬学部は回答者の22%)。「研究の生命科学部」が生命科学部のウリである。

したがって、薬学部のように両立派と分離派に分かれることはなく、研究と教育は一体化している。しかしながら、卒業生の全員が研究者になるわけではないから、研究と教育の二つが常に両立しているわけではない。博士課程まで進学する研究と教育の一致派を含めると三つのタイプに分けられる。

・研究と教育の一致派
博士課程まで進学して研究職に就くタイプにとっては、研究と教育がほぼ一致している。
・研究の教育的意義派
研究職に就かなくても、研究の経験が多様な仕事に役立っているとするタイプ。薬学部のケースと同様に、「研究」の経験によって専門の認知能力だけでなく、論理的思考力・プレゼン力・チームワーク・忍耐力などの非認知能力が高まるという「研究の教育的意義派」である。卒業論文研究の「役立ち度」が高いというアンケートの数字にも生命科学部の強みが現れている。
・研究と教育の不一致派
研究の教育的意義は広く受け止められているが、必ずしも全員に浸透しているわけではない。現在の教育が卒業後の仕事に結びつかないケースもあり、研究の意義が伝わらない研究不信派もいる。不一致からの主な指摘として二つの代表的意見がある。

一つは、「研究者以外の講義」を増やしてほしいという要望である。研究の道に進まない卒業生には、「研究者」の講義よりも幅の広い知識が求められている。第二は、「学部就職者」に対する配慮である。「学部卒の場合、就職するための経験が足りない」という悩ましさがある。

生命科学部の就職先は、非研究職の方が多く、業種も職種も多様だから、学生の学習ニーズも必然的に多様化する。多様な学習ニーズに配慮しながら、「学生のためになる研究と教育の体制」をどのように作るかが、「研究の生命科学部」の宿命である。

[研究の教育的意義——ジレンマを解決する第三の道]

「研究のない大学」はないと私は考えるが、研究と教育を両立させるのは、それほど簡単ではない。教師の「研究」をそのまま学生に教授すればよかったのは、その学生がいずれ同類の教師になる古い時代の大学である。学生のニーズが多様化しているにもかかわらず、今でもこうした古い大学観を持つ教師もいないわけではないが、もはや生き残るのは難しい。

そのため、研究する大学と教育する大学に二分する方法が提案されたりもする。大学システムの機能分化という方法である。つまり、「薬剤師」養成大学と「創薬」科学大学に分類する方法になる。「分離・教育充実派」は、研究の意義が実感できないので、教育に専念してほしいという機能分化説である。一方、最先端を探求する「研究の生命科学部」は、教育と研究を分離すると学部の魅力が半減してしまう。しかし、最先端に辿りつくにはかなりの学習時間を要するために、教育と研究が一致しないままに卒業してしまうという学部教育の不安が残る。

研究と教育のバランスに対する各派の考え方は、カリキュラム観にみる教育の考え方の違いと重なっている。この重なりの理解がとても大切になる。カリキュラム観の不整合を解決するためには、教師と学生のコミュニケーションが不可欠だと述べたが、そのコミュニケーションの要は、教師のための研究と学生のための研究についての相互理解にある。

つまり、「研究」というサ変名詞は、「教師のため／学生のため」という二面性から語られている。卒業生が語っているのは、二面性の見え方の違いであり、その違いが期待するカリキュラム観に現れている。薬学部の「両立／分離」説、および生命科学部の「一致／不一致」説の背後にあるのは、研究の二面性である。このように考えると両学部に共通して語られている「研究の教育的意義」が、研究と教育のジレンマや対立、あるいは不一致を解決する道だといえる。研究の教育的意義は、研究を通した教師と学生の研究室コミュニケーションによって成り立っているが、それは、4年次あるいは5・6年次の「研究室」に限られている。「閉じられた」研究室、「温度差のある」研究室という欠点を補正しつつ、教師のための研究を学生のためにもなる研究に変換する「授業」と「授業外」の教育的工夫が、研究と教育を統合する第三の道である。

5.5 学部別の固有問題

5.5.1 薬学部の固有問題——薬剤師職と非薬剤師職

改善提案の多くは、「授業」と「研究室」をキーワードにした共通課題に含まれるが、薬学部に固有な課題として残るのは、「薬剤師・国家試験・病院ネットワークの改善」である。

そこでのポイントは、次の三つに集約される。第一は、国家試験の合格を重視する教育を望むか、国試対策に偏る予備校化を批判するか、の二つの意見が交錯していることである。これは、すでに報告したカリキュラム観と重なっている。

第二に、「薬剤師」といっても、それに必要な知識は多様であり、卒業生が期待する学習の知識には三つのタイプがある。①**実務直結型**（薬剤師の日常的な仕事に限定して考えるタイプ／実務知識重視）②**実務拡張型**（薬剤師ならではの強みの知識だけでなく、医療・疾患などの知識をあわせもつことを重視するタイプ）③**仕事領域拡大型**（病院・薬局だけが薬剤師の職場ではなく、製薬・製造業で働くための知識を大切にするタイプ）。この三タイプに、国家試験型と研究開発型の知識を加えたのが、先に紹介した知識の5類型である。

第三に、「病院 − 薬局」のコロケーションによると、「病院と薬局の薬剤師教育」に限定しても、「現場」からの改善提案は少なくない。その一方で、「病院・薬局以外の仕事」についての情報やカリキュラムを提供してほしいという要望がある。薬学部の就職先は、薬剤師職／非薬剤師職の二つに大きく分岐している。そして、非薬剤師職が主流の伝統から薬剤師職が多数派を占める6年制に変貌してきた。この推移をどのように理解して、東薬の教育・研究システムを設計するかが今に問われている。

5.5.2 生命科学部の固有問題——挑戦するキャリアの付帯条件と先輩との交流

「研究の生命科学部」は、未知への挑戦を前提にして成り立っており、薬学部のように卒業後の「確かなキャリア」が見えているわけではない。生命科学の教育を「挑戦するキャリア」と表現したのは、学問の挑戦だけでなく、教育によるキャリアの挑戦が求められているからである。「生命科学部」と「生命科学」は、複合語の第2位(43件)と第3位(22件)の頻度であり、この二つを合わせると第1位の「研究室」(50件)を大きく上回る。学部の看板が改善提案の対象になっているところに、生命科学部の固有問題がある。

「生命科学部」から検索される内容は、次の三つに分けられる。

第一は、薬学部との比較を強く意識した言説で、薬学部との交流(単位互換、選択履修)を深める要望と職業に直結する資格が必要だという提案が含まれる。第二は、生命科学部の魅力を指摘する内容である。「様々な学問を学ぶ機会があったからこそ世の中を色々な視点で見るスキルが身についた。その懐の深さが生命科学部の魅力の一つではないか」などは、生命科学部の教育冥利に尽きる一文ではないだろうか。その一方で、第三に、生命科学部の不安を語る内容も少なくない。卒業後のキャリアに対する不安は多いが、それだけでなく、生命科学部の組織体制(リーダーシップ、先生方と事務方のチームワーク)に対する不安を述べているケースもある。

一言でいえば、「魅力と不安」が同居しているところに、生命科学部の特徴がある。それは、挑戦するキャリアに固有の性質でもある。先に紹介した五つの生命科学部のカリキュラム観にも生命科学部卒業生の考え方の違いがよく現れている。

要望の多かった「英語」に加えて、実践に役立つ「資格的スキル」と「教養」と「薬学部との交流を含めた多様な人的交流」の四つが、挑戦するキャリアに生きるための付帯条件になっている。生命科学部的知識の「魅力」だけでは、キャリアに「不安」が残る。四つの付帯条件の充実は、不安の緩和に大いに役立つ。とりわけ、努力を重ねてきた卒業生の経験から学ぶ人的交流は、不安を克服する貴重な機会になると思う。

「卒業」というサ変名詞は第6位の頻出語だが、そこでも、卒業時の不安とカリキュラムの改善がリンクして語られている。さらに興味深いのは、「卒業生」にヒットする言葉の内容である。それを読むと、卒業時の不安を克服し、元気に活躍している頼もしい卒業生はかなり多いことが分かる。「こんな仕事もあるんだ」という卒業生の経験を在校生に伝えたいとも言っている。卒業生の活躍リストは、学部の財産目録である。未知の領域を開拓するためには、専門の知識のみならず、幅の広い教養と豊かな人的交流が不可欠だが、とりわけ先輩たちとの交流が有力である。

5.6 おわりに——数字にみる教師・学生関係の一つの断面

以上が、卒業生による改善提案の内容である。あれもこれもの多くを実行するのは難しいが、教員たちの日頃の議論を重ねれば、参考になるところも少なくない。日ごろの議論の意思決定に役立つ内容になっていれば、調査の価値が大いに上がると思う。この調査を機会に教員たちの議論が活発になれば、それが卒業生調査の最大の成果だと思う。

最後に、執筆しながら気になった一つの数字を紹介しておきたい。「教員の授業力をアップする必要がある」「教師と学生のコミュニケーションが大事」とたびたび述べてきた。教員たちも十分承知のことかもしれないが、教師の努力が学生たちにどのように伝わっているかが、重要なポイントだ。そして、その努力は、時代（世代）によって変わってきたかもしれない。FDが導入される前後によって、教師を見る学生のまなざしが変わったかもしれない。

そこで思い出したアンケート調査の結果を紹介しておく。在学中の満足度調査の項目に次の二つが含まれている。「教員の指導および授業のすすめ方」と「教員と話をする機会」である。それぞれについて、「とても満足している（4点）」「やや満足（3点）」「あまり満足していない（2点）」「まったく満足していない（1点）」かを選択してもらった。この二つの項目についての平均点を学部別・世代別に推計した値を**図5.2**に示した。2.8点という数字は、満足していない（2点以下）より「やや満

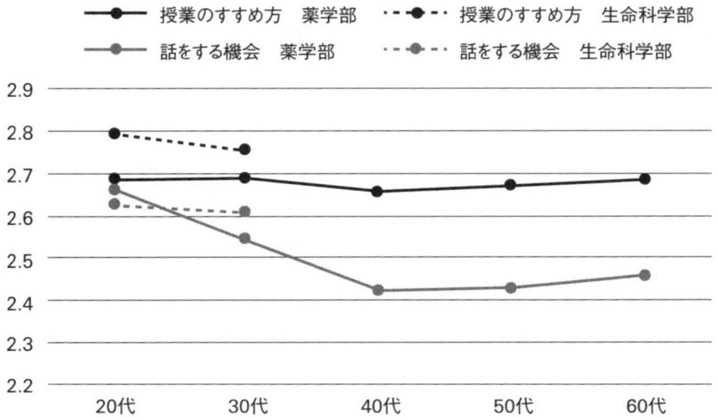

図5.2　授業の進め方と話す機会（満足度）

足」の3点に近いことになる。

まず、「教員の指導および授業のすすめ方」をみると、生命科学部の満足度が薬学部よりも高いけれども、世代による違いはほとんどない。この数字だけから、授業の改善が進んでいないとはいえないが、授業のすすめ方、主として講義スタイルの形式は、昔も今もあまり変わっていないようである。この満足度と授業の改善とは必ずしも一致しないが、時代によって教員の指導や授業のすすめ方が良くなったのではないか、という事前の期待からすれば、やや残念な気もする。

しかし、「教員と話す機会」については、40代以上の世代と比べると近年の卒業生の満足度はかなり上昇している。とくに、20代の満足度が高い。教師と学生の距離は昔よりもかなり近づいており、教師と学生のコミュニケーションは昔と比べてかなり豊かになっている。共同体の崩壊説と健在説が共存していると述べたが、昔に存在していた共同体が今になって衰退したわけではなさそうである。話は逆で、昔よりも教師と学生の関係は良好になっているようである。師弟関係よりも友達関係に変質したのかもしれないが、好ましい変化だと思う。

いま一つの数字から教師と学生の関係を確認しておく。「(在学中に) よい教師に巡り合えましたか」という質問項目がある。「とてもあてはまる (4点)」から「まったくあてはまらない (1点)」までの4件法である。その世代別平均点をみる (**図5.3**) と薬学部の40代►30代►20代の上昇が顕著に現れている。生命科学部の20代・30代に、大きな違いはみられないが、20代でやや減少しているのが気になる。

自由記述の内容分析から教師と学生のコミュニケーション関係が大事だと繰り

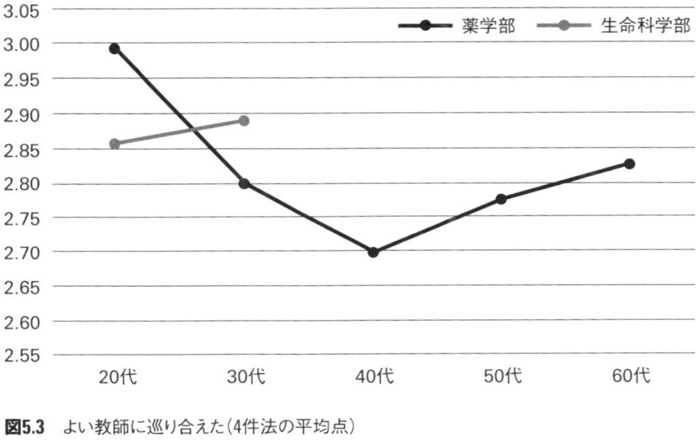

図5.3　よい教師に巡り合えた (4件法の平均点)

返し述べてきたが、ここでの数字からすれば、最近の教師・学生関係は、昔と比べて良好になったといえそうである。良好な人間関係をベースにして、「授業」と「研究室」のあり方について、教師と学生が活発に議論するようになることを期待したい。

参考文献

・樋口耕一(2020)『社会調査のための計量テキスト分析――内容分析の継承と発展を目指して 第二版』ナカニシヤ出版

Part 2
ある社会工学者の50年と大学改革

Chapter 6
社会工学からみた教育経済学

6.1 教育経済学との出会い

教育の経済的効果に関連して、人的資本(Human Capital)理論の一端に触れたが、人間を資本と考えるこの経済的発想は、教育界ではすこぶる評判が悪い。経済の成長と所得の向上のためには、機械設備(物的資本Physical Capital)よりも人間(人的資本)に投資するのが効率的だ、という理論と証拠をいくら並べても、「教育を経済に従属させる」発想が教育を悪くすると批判される。関係性を逆転させ、「経済を教育に従属させる」発想をしたらどうかと思うが、詭弁のそしりを免れない。

「教育は経済に馴染まない」という気分は、教育界のみならず、世間一般にも共有されているが、その気持ちもよく分かる。私も20代の頃は、教育を経済合理的に考えるのは如何なものか、という懐疑心の方が強かった。教育経済学という研究領域があるのをはじめて知ったのは、26歳(1970年)の時である。そのころ私は、東京工業大学に新設されたばかりの社会工学科の社会工学基礎講座の助手をしていた。社会工学については後で紹介するが、社会経済システムを数理的に解析するメソドロジーを学科として共有化するために、いくつかの共同研究が遂行されていた。その一つが、大蔵省(当時)から社会工学科に委託されたPPBS(Planning Programming Budgeting System)の研究である。1960年代のアメリカで導入された計画的予算制度で、省庁の政策目標を効率的に達成できるように予算を評価しようとする試みである。計画(planning)に連動した代替的なプログラム(Programming)を、費用・便益分析などの技法を用いて客観的に評価し、予算編成(Budgeting)を効率化する制度である。アメリカの全省庁にPPBSを導入するというこの制度は1971年に廃止されたが、希少な行政予算を効率的に運用する必要性と計画化は、その後も変わらぬ万国共通の社会的・政治的要請である。

アメリカのPPBSを参考にして日本の社会経済政策を考えるという共同プロジェクトの一環として、教育システムのPPBS研究も立ち上げられた。それを担当したのが、社会工学基礎講座助教授の原芳男先生である。助手であった私もこのプロジェクトに参加することになる。原先生のバックグラウンドは社会学であり、教育社会学であるが、私はこのプロジェクトに参加するまで、教育とはまったく無縁の門外漢であり、PPBSも初耳だった。原先生のアドバイスに沿ってゼロからのお勉強をはじめることになるが、社会工学として面白そうな研究テーマのように思われた。1966年以降にOECDは、教育のシステムズ・アプローチと教育計画技術の関する大きな会議を3年続けて開催していた。第一回は、「教育計画における数学的モデル」(OECD 1967)、翌年が「教育計画における予算・プログラム分析と費用効果分析」(OECD 1968)、そして「教育計画における資源活用の効率性」(OECD 1969) と続いていた。さらには、1967年にワシントンで、教育におけるOR(オペレーションズ・リサーチ)の大規模なシンポジウムが開催され、教育に対するアプローチのためには、社会学者、心理学者、経済学者、OR分析者のコミュニケーションを密にすることが必要だとされ、膨大なレポートが報告されていた(Levine 1969)。工学部の経営工学科を卒業している私は、経営におけるORについての基礎知識をもっていたから、教育の世界で展開されているORやシステムズ・アプローチに親近感を覚えた。

OECDやORの会議レポートを読むことから私の教育研究がはじまった。システム分析の方法と教育システムの関連性は理解できた気がしたし、その方法をまとめる報告書も書いた。けれども、分析方法の言葉と統計資料の数字がなかなか噛み合わなかった。噛み合う数字を見つけられなかったともいえるし、理論的に理解できても実際の数字の扱い方が良く分からなかったともいえる。システム分析の方法と教育統計の間にある隔靴掻痒感に悩まされ、数字を組み立てる手足が動かず戸惑うばかりだった(頭だけでなく、手足を動かすのが工学の作法である)。最終的にこのプロジェクトの数量分析編では、「私立大学の財政分析と補助金」というテーマに取り組んだ。どのような経緯でこのテーマに辿り着いたかは、ほとんど記憶にないが、原先生の指導によっているのは間違いない。PPBS研究としてはともかく、今にして思えば、まことに今日的なテーマの先取りだったのではないかと驚いたりもする。

このプロジェクトの経験から、教育経済学という新しい学問が1960年にアメリカ経済学会を中心に誕生したことを知ったし、教育の費用・便益分析の方法もいくつか知った。しかし、これを教育のPPBSにどのように結びつければよいかは分からなかったし、教育を経済合理的に考えれば教育問題が解決するとも思えなかった。自分の想像力不足を棚において、教育は経済に馴染まないし、そもそも教育を経済的に考える発想に無理があるという感触だった。

PPBSは、ケネディー、ジョンソン政権下の国防長官マクナマラが、国防総省の予算を効率的に運用するために費用・効果分析を導入したことからはじまっている。その研究開発の中心的メンバーだったヒッチは、国防総省からカリフォルニア大学に移り、教育のシステムズ・アプローチの研究を手掛けている。そして、軍事問題では、空軍、海軍、陸軍の順にモデルのフィットが難しいが、難しい陸軍以上に教育の方が難しいと述べていた(Hitch 1969)。空軍はほとんど兵器体系から構成されているから、兵器体系を独立的に分類し、どのような兵器体系が望ましいかを評価しやすい。しかし、海軍、さらに陸軍になるほど、他の集団との協力なくして軍事目的を達成できないので、集団を合理的に機能分割し、それぞれの機能を単独に評価するわけにはいかなくなる。PPBSのリーダーが、陸軍よりも教育の方が難しいと述べていたことがとても印象的で、私にできないのはあたり前だと言い訳にしていたのをよく覚えている。教育は経済に馴染まないという感情も、難しさゆえの逃げ口上だったように思う。いずれにしろ、教育のPPBSという難問を私立大学の財政問題に還元して乗り切った気分になり、ホッとしたのを覚えている。一過性のPPBSプロジェクトを終え、再び教育の研究をすることはないだろうと思っていた。

実際、PPBS研究と重なるようにして、新しいプロジェクトが動き出していた。原先生は、経済企画庁(当時)の委託を受けて、新しくタイム・バジェット(Time Budget; 日本語では生活時間にあたる)の調査研究プロジェクトを立ち上げた。お金の予算よりも時間の予算の方が面白そうでもあった。国民生活審議会の「社会指標(Social Indicator)」研究の一環として実施されたものである。生活の豊かさを評価するためには、国民所得のような経済指標に変わる社会指標が必要だという1960年代の国際的関心に基づいた研究である。お金の使われ方から生活の豊かさを測るエンゲル係数のような指標に代わって、万人に平等に与えられた1日24時間の使われ方から生活の質を測る方法の研究開発である。生活時間の国際比較ができるように調査地点と調査方法を国際標準に合わせるように設計した。調査対象地(松山市)の成人2000人をランダムにサンプリングするために、住民台帳のカードを一枚一枚めくる作業をしながらの本格的な社会調査をはじめて体験した。この最終報告書は、『生活時間の構造分析――時間の使われ方と生活の質』(経済企画庁国民生活調査課 1975) として出版された。

経済的豊かさよりも自由裁量の時間と生活の多様性が大事だという生活時間調査の報告書を書き終えた1974年の初夏に、「国立教育研究所が研究員の募集をしているが、応募したらどうか」と原先生から話があった。国立教育研究所(現在の国立教育政策研究所)という文部省(当時)の研究機関があることを私はまったく知らなかったし、研究所の研究者は、ほとんどが教育学部の大学院出身の専門家であるのに対して、こちらは、工学部出身の、しかも大学院の学歴もない、只の工学士である。採用されることはないだろうと思っていたが、そんな怪しい私を研究員として採用してくれたのは、国立教育研究所の第二研究部教育行財政研究室室長の市川昭午先生だった。30歳になった1974年のことである。

確かにPPBSの勉強はしたけれども、日本の教育を研究した実感はなかったし、日本の教育学者がどのような研究をしているかもほとんど知らなかった。「矢野さんは、どこの学会に所属しているの?」と隣の研究室長に聞かれて、「えっ?」と返事に窮した。私はどこの学会にも所属していなかったし、ましてや、学会で研究発表するという経験をしたこともなかった。教育界にはたくさんの学会があることも、学会に所属するのはあたり前らしいことも、はじめて知って驚くあり様だった。

こんな極楽とんぼだから、市川先生が、日本の教育行政、教育財政の研究分野でパイオニア的な仕事を重ねて高く評価されている有名な研究者であることを知らなかった。無知は論に負けずでご容赦いただくしかない失礼な会話を繰り返していたように思うと冷や汗ものだが、にもかかわらず、部下である私の研究テーマについて、室長は何かを指示することもなく、最大限の研究の自由を与えてくださった。先生は、社会指標の検討を踏まえて、国民福祉指標概念に基づく教育支出の推計も行われていたので、PPBSの研究だけでなく、タイム・バジェットの研究にも関心をもっていただいた。関心だけでなく、学校における時間配分が学校管理においていかに重要なテーマであるかについて、あるいは、学校の時間厳守と会社の時間厳守の関係についてのコメントをいただけたのは嬉しかった。

自由な研究環境を与えていただけたのは、研究所として稀なことであり、ひとえに市川室長の傘のお陰であることを知るのはだいぶ後のことになる。自由とはいえ、教育行財政室の研究員としての研究をするのは当然であり、その分野の勉強も少しははじめた。いろいろ読み比べてみれば、つねに新しい領域を切り拓かれた市川先生のアプローチが最も刺激的であることまでは分かったが、豊富な理論知識と研究実績の厚みに圧倒されるばかりだったし、正直なところ、底の浅い知識しか持たない私には理解できない領域の方が多かった。素人にとって印象的だったのは、教育費や教育財政は、教育政策の骨格であるにもかかわらず、日本の教育界ではこの分野の研究が乏しいという実態、および教育費の長期時系列データから教育改革との関係を読む面白さを市川論文から知ったことである。教育費は一例だが、教育統計の数字を読む解釈力、つまり数字を言葉に変換する想像力の豊かさと重要性を知ったのは大きかった。教育財政の研究が乏しいという実態は、教育研究の新参者には都合がいいかもしれないとも思った。

入所当時の74年から77年にかけて、第二研究部では「私学の自律性と公共性に関する研究」というプロジェクトが遂行されており、その一環として、高等学校を訪問したり、高校生調査の分析をしたりしていた。多くの教育研究者と身近に接することができたのはありがたかったが、共同研究の一員としての貢献は乏しかったと反省するしかない。自分自身の研究テーマが定まらず、不安定だったことも問題だったように思う。

そのような精神的不安的状態の時期に、市川先生は、教育の経済的側面に関する研究を盛んにする必要があると考えて、研究所内に「現代教育経済研究会」を組織され、教育計画室の菊池城司室長と牟田博光研究員の両名と私の四人による共同研究プロジェクト（トヨタ財団の助成金による研究）が立ち上げられた。

PPBSの研究以来、逃げ腰になっていた教育経済学に取り組むのが研究員として現実的なテーマ選択だと考えるようになったのは、「現代教育経済研究会」が発足した1976年（32歳）のことである。これが、教育経済学との本格的な出会いであり、この出会いは、市川先生との出会いからはじまった。

6.2 数字の野外科学

教育投資論や教育の費用・便益分析の文献を読んでみたが、やはり面白そうだとは実感できなかった。分からないから面白くないというのが正しいかもしれない。困った。困ったときにはどうすればよいか。社会工学科時代の学習経験で、どんなテーマでも何とかなる、何とかする、という力を身につけたはずだった。だから、国立教育研究所という新天地に行っても何とかなるだろう楽観的に構えていた。川喜田先生の野外科学とKJ法は、そのための強力な武器である。企業内教育のように、仕事の世界に埋め込まれているよく見えない様々な教育的機能を掘り起こして、その教育の全体が企業経営に果たしている影響（効果）を描くというテーマであれば、会社をフィールドにしたKJ法的野外科学が有効だと思う。しかし、学校教育の費用・便益分析という技術的アプローチにKJ法が直接的に役立つわけではない。対象によって方法を自由自在に変える、というのは社会工学で学んだ研究戦略の一つである。

もう一つの野外科学がある。それが、数字の野外科学だ。社会工学基礎講座の教授は、経済学の阿部統先生だった。私は、経済学者と社会学者がコンビになっている極めて稀な講座の助手をしていた。阿部先生の授業に2年生向けの「社会工学演習第一」という科目があった。お手伝いでその授業に参加したことがある。それは、各種の政府統計資料を配布して、その数字を読んで気がついたことを発表し、まとめるという授業だった。そのシンプルさにとても驚いたが、数字を読む重要性をよく知っている阿部先生でなければ思いつかない演習方法だし、どのような学生の気づきにも対応できる読み方ができないと誰もが簡単に真似できる授業でもない。政府統計には、様々な社会経済統計があり、それらを読めば日本の社会経済システムの特徴がよく分かる。数字を解読するには、数字と会話できなければいけないし、数字の身になって考えられなければならない。つまり、数字の解釈は、数字によるブレーン・ストーミングに他ならないし、それを組み立てる想像力が必要になる。「数字の野外科学」や「言葉と数字の組み立て工学」という発想は、後になって思いついた言葉だが、こうした数々の経験の積み重ねがあった。市川先生の教育統計の読み方の魅力もこうした発想に関係している。

困ったら数字のブレーン・ストーミングからはじめるのが一つのよい方法である。政府統計に厚生労働省の「賃金構造基本統計調査」（賃金センサス）がある。一般労働者の賃金を調査し、それを各種の属性によってクロス集計したものである。性別や年齢別だけでなく、産業別・企業規模別・勤続年数別、そして学歴別の5重、6重のクロス集計表が掲載されている。どのようなクロス集計表を作成するか。その判断には、作成者の社会観がはっきり現れる。つまり、日本人の賃金に与える影響が大きいと作成者が「思っている」変数が選択される。企業規模や学歴によるクロス集計がこれほど詳しく掲載されるのは日本ぐらいである。欧米の所得統計で頻繁に集計されるのは、職種別（専門職、管理職、ホワイトカラー、ブルーカラー、ワーカー、スキル、ノンスキルなど）の所得であり、欧米の学歴別や企業規模別の所得データを探すのは難しい。企業別労働市場の日本と職業別労働市場の欧米と違いが統計表の集計に現れている。統計数字のクロス集計が社会をみる眼鏡になっている。

ともかく、日本の賃金統計は、学歴別の集計がはやたらに詳しく、6重クロス表になっている。学歴によって所得の差異が生じる学歴社会だという思いの強さを反映しているといえる。教育の費用・便益分析は、この学歴別集計を使う方法である。大卒と高卒の所得の差が大学進学の便益であり、この便益と大学進学の費用を秤にかければ、大学進学の投資効果（＝収益率）が計算できる。

Chapter 2の薬学部編（1）「数字でみる」確かなキャリアのコーナーで、薬学部卒業生の生涯所得を紹介し、薬学部卒は、大卒者の平均を上回り、大企業の大卒と同じぐらいだと報告した。高卒者（18歳～60歳）の生涯所得がおよそ2億円であるのに対して、大卒者（22歳～60歳）が2億6千万、大企業大卒者が3億円、薬学部卒（24歳～60歳）は、大企業大卒を上回って3億1千万円になっている。

収益率の計算過程の説明は省略するつもりだったが、薬学部の例を引いて気になった。薬学部の便益は高そうだが、授業料は平均よりも高いし、しかも2006年4月入学者からは6年制が導入された。2年の教育期間延長になれば、働く時期もそれだけ遅くなり、高卒で働いていたら得られるだろう所得をさらに2年大きく逸失することになる。この逸失（放棄）所得は、学校教育の費用であり、機会費用といわれる。高い授業料（直接費用）も機会費用も、2年分増加していることを計算すれば、6年制薬学部の年収が大企業並みだとしても、薬学部のコストパフォーマンスが高いといえるかどうかは分からない。このコスパを評価するのが、費用・便益分析である。薬学教育関係者が6年制教育のコスパをどのように考えているかは知らないが、世俗的な発想だと一笑に付すわけにはいかないテーマだと思う。

ここまで来たついでに薬学部のコスパを計算してみよう。しかし、6年制の卒業生は、調査した時期に近い6年間だけである。6年制教育の投資効果を測定できる条件はまだ整っていないが、一つの思考実験として試算してみた。とりあえず、6年制卒業生の所得が先輩たちの所得水準と同じになると仮定し、薬学部の費用と便益を図示すると**図6.1**のようになる。不規則に変動しているのが、卒業生調査による年齢別の年収から高卒者の平均年収を差し引いた薬学部の便益である。図の滑らかな曲線は、賃金センサスから推計した大卒の平均、および大企業大卒の便益である。ただし、男性のみを対象にしている。

縦軸の便益が、各年齢別の大卒年収所得から高卒年収所得を差し引いた金額（単

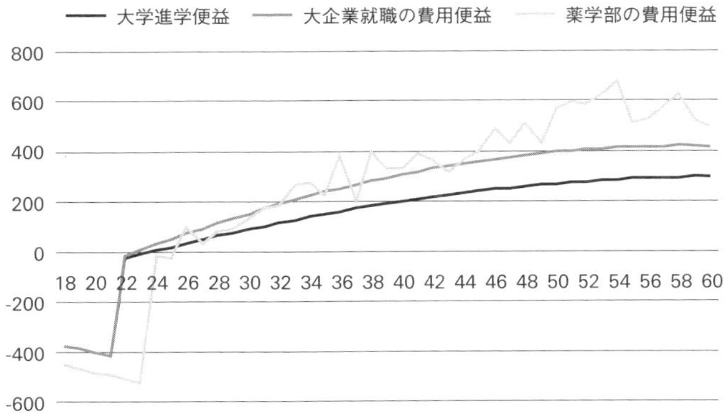

図6.1 薬学部の費用・便益と大卒の費用・便益の比較

位万円）である。年齢別の年収所得は、賃金センサスのクロス表から補完法で推計した。22歳の便益はほぼゼロであり、歳とともに学歴による所得差が拡大する。40歳を過ぎると大卒者の年収は高卒者の年収よりも200万円以上多いことになる。大企業の年収をベースにすると50歳頃には400万円の開きが出る。この二つの滑らかの曲線が大卒の便益カーブである。滑らかなのは、平均値を補完的に推計しているからである。一方、薬学部卒の年収は卒業生調査による。各年齢のサンプル数は100人前後なので、測定誤差があり、それぞれの平均年収をみても不規則に変動している。揺らぎながらも、大卒の曲線よりも上位にあり、大企業大卒の曲線上を上下しつつ、50歳を過ぎると大企業大卒よりも上位を推移している。測定誤差があるのはやむを得ないが、大卒の平均的年収を着実に上回っているのは確かだ。

次に、教育の費用は、18歳から22歳と18歳から24歳の期間のマイナス所得として表示している。四年制大卒の費用は、毎年120万円の授業料として概算し、それに加えて、高卒者の年収を機会費用として計上している。高卒の年収は18歳（255万円）〜21歳（298万円）と増えるので、各年の機会費用も増加する。直接費用と機会費用を合算すると400万円ほどが毎年の大学費用になる。

費用と便益の関係を評価する方法として現在価値法がある。卒業後10年先、20年先の貨幣価値は、18歳時点の価値と同じではない。20年後の便益200万円を18歳の現在価値に割り引くためには、貯蓄の複利計算の逆算をすればよい。つまり、割引率（利子率）をrとすれば、200万円／$(1+r)^{20}$が200万円の現在価値である。この逆算を各年齢の便益に対応して計算しなければならない。因みに、割引率を5%（r = 0.05）として計算すれば、20年後の200万円の現在価値は200万円／2.65 = 75万円になる。授業料よりも安い。

割引率を0から1%、5%、6%と大きくしていくと将来の便益の現在価値はどんどん小さくなっていく。**図6.1**の数字は、割引率が0の場合の貨幣価値なので、単純に費用と便益を比較すれば、便益の方が格段に大きい。しかし、現在価値法を適用すると割引率が大きくなるにつれて、便益が小さくなり、「費用の現在価値＝便益の現在価値」になる割引率を見つけることができる。このようにして推計した割引率を教育投資の内部収益率、略して収益率という。

図のグラフの元になっているエクセル・データをエクセルのIRR（Internal Rate of Return：内部収益率）関数を使ってドラッグすると一瞬にして計算してくれる。その結果は、

大学の収益率＝ 6.2%
大企業大卒の収益率＝ 8.7%

大学進学のために投資した資金（費用）の総額は、利子率6.2%の利益をもたらす投資案件と同じだというメタファーが成立する。こうした収益率の計算は、あらゆる公共投資、あらゆる民間投資の意思決定に用いられている方法である。AというプロジェクトとBというプロジェクトを比較する場合も、A･Bの費用とA･Bの将来便益の予測値を現在価値に換算する方式によってA･Bのいずれかが選択される。ファイナンスの教科書のChapter 1は、この現在価値法である。

薬学部の費用は、6年間の機会費用と授業料200万円が合算され、平均500万円ほどになる。この費用と便益が同じになる収益率を計算すると、

6年制薬学部＝ 6.3%
4年制薬学部の費用として便益を計算する＝ 8.1%

4年制時代の薬学部は、たとえ授業料が高くても、大企業に就職する大卒者（8.7%）に匹敵するコスパの高い学部だった。ところが、6年制卒業生の待遇が4年制よりも上昇しなければ、6年制のコスパは、平均的な大卒（6.2%）とほぼ同じになる。このような手順から分かるように、各大学が自大学卒業生の年収を調査すれ

ば(これほど詳しい調査でなくても)、各大学の学部別収益率は簡単に計測できる。測定誤差を小さくするのは大変だが、一つの目安にはなるだろうし、知っておいて悪くはない情報ではないだろうか。

薬学部6年制の導入は、薬剤師の社会的地位の向上と関係している。その社会的地位が6年制によってどのように変質したか。それはお金の話よりも大事だ。その現実を知らない私が語るのは無謀だが、社会的地位は経済的地位と無関係ではないし、経済的地位の変化は無視できない。薬剤師の仕事環境の変化が薬学部の進学需要にフィードバックされるのは必然である。薬剤師の仕事の変化については専門家によって研究されていると思うが、その議論のためにも、費用・便益という世俗的な事実に目を向けるのは決して悪いことではない。10年後の6年制薬剤師の処遇とその変化を知るためには、現在の処遇が分かっていなければならない。したがって、卒業生調査の年収データは、10年後の年収と比較できる貴重な数字になるだろう。経済的事実を事実として調査研究し、その事実を真摯に受け止める覚悟とその上に立つ教育論が必要だと思う。

教育の経済的事実を経済学者の戯言として放置するのではなく、教育関係者が教育の経済的事実を自ら受け止めて、それを包括する教育論を展開しなければならない。それが、「現代教育経済研究会」を立ち上げた市川先生の趣旨である。そのためには、経済的事実をたくさん集め、その数字を読むことからはじめるに限る。そう考えて、賃金センサスを最大限に活用するように努めた。産業別・企業規模別のクロス集計ごとに学歴別・年齢別の賃金が掲載されている。大卒と高卒の収益率を計算するにも、どの産業・企業規模の高卒とどの産業・企業規模の大卒を比較するかによって、収益率は多様に変動する。平均の収益率だけでなく、高卒と大卒の産業・企業規模による組み合わせをすべて計算するとどうなるか。この集計をクロス収益率とよぶことにして、大学のクロス収益率だけでなく、短大、高校のクロス収益率をすべて計算するという作業をすることにした。

そのころは、エクセルのIRR関数はなかったから、割引率を小数点第一位の範囲で繰り返して現在価値を計算し、費用と便益が等しくなる割引率を近似的に探索する計算プログラムを作成した。プログラムを作れば、大量のクロス収益率の計算は忍耐力次第で簡単にできる。野球は体力ではなく頭が勝負であり、研究は、頭ではなく体力が勝負だ、ということに気づいたのはこのころだった。体力勝負の後は、クロス収益率の読み方、ないし解釈である。

数字と対話しながら、「高校を卒業する時点で就職できる会社が大企業だったか、あるいは、金融業だったか、という高校の就職機会によって、大学進学による期待収益率は異なる」というクロス収益率もあれば、「高校での就職機会は平均だと考えて、大学卒業後に大企業に就職できれば、どれほどの収益が期待できるか」というクロス収益率もある。前者の収益率を「高校での就職機会別大学進学効果」、後者の収益率を「大学卒業時の就職効果」と呼ぶことにした。このように収益率を解釈すれば、「進学と就職の多様な進路選択」を説明する読み方ができる。

さらには、大学別、学部別の就職先（産業と企業規模）が分かれば、その就職分布と産業別・企業規模別の収益率とリンクさせて大学別、学部別の収益率が推計できる。こうした推計をすると個人の進路選択だけでなく、教育システムの階層性と多様性が理解できるようにもなる。

さらに、女性の収益率を計算すれば、男性との違いがはっきり現れる。例えば、女性の場合は、短大の収益率が、四大よりも高く、短大進学の経済合理性が支持されるし、大企業よりも中企業の収益率が高く、女性の活躍場所は、大企業よりも中企業にありそうだという仮説が発想できる。

賃金センサスをフィールドにして、縦から横から数字を眺め、かなり歩き回った。この数字とのおしゃべりが、数字の野外科学といえる最初の仕事だった。オーソドックスの経済学者は、このようなダサい作業はしない。経済学の理論から演繹的に導き出される行動モデルを措定し、そのモデルの妥当性を数字で美しく検証するのがオーソドックスな研究作法のようである。

理論から仮説を導出し、検証するという実験科学的アプローチよりも、まずはフィールドに出て、そこから仮説を発想する野外科学的アプローチの方が性にあっていたし、それが社会工学の作法だと考えてきた。悪くない方法だし、現実に役に立つのはこちらの方だという自負もあった。そのため社会科学に対する理解が疎かになっていたのは否定できない。理論を自由自在に使いこなすのも社会工学の基本姿勢だから、社会科学の理論に学ぶことも忘れてはいけない。このことを痛感させられたのは、収益率の解釈に困ってからのことである。

6.3 数字と理論の出会い

困ったのは、たくさんのクロス収益率の解釈ではない。最も単純な二つの収益率の意味が分からなかった。当時の計算では、大学の収益率が8.2%であるのに対して高校の収益率は6.4%だった。10数年の時系列を計算しても、つねに高校の収益率の方が大学よりも小さい。このような数字になる理由や解釈の仕方が分からなかった。教育投資論の教科書的理解によれば、教育の投資量が大きくなるほど、つまり高学歴ほど、投資効率（収益率）が減少することになっている。限界収益逓減の法則が投資理論の前提である。しかし、「大学の収益率＞高校の収益率」という関係からすれば、限界収益が逓増するという解釈になりかねないが、それでいいのかという疑問である。世界銀行の豊富な収益率計測によっても、世界的傾向として、高等教育収益率＜中等教育収益率＜初等教育収益率という不等号関係が世界の平均像になっており、初等教育への優先的な投資が望ましいと報告されていた（Psacharopoulos 1973）。

観察された数字は、需要曲線と供給曲線の交点（均衡点）を示しているだけであって、交点の数字から直接的に需要曲線や供給曲線が観察できるわけではない。したがって、観察された高校の収益率と大卒の収益率を結ぶ線が限界収益曲線になるわけではない。しかし、素人感覚からすれば、高校よりも大学に進学したほうが得だというようにみえてもおかしくない。誰もが大学に進学したいと思うのは、大学のメリットが大きいからだと言っておけば、それですむかもしれないが、理論的に腑に落ちないし、限界収益逓減の法則という経済学の大前提に反する。

理論と数字を矛盾なく説明する論理が分からず困っていた時に、Becker G.（1975）に収録されている論文（Addendum：Human Capital and Personal Distribution of Income：Analytical Approach）を読んでびっくりした。私の疑問を氷解してくれる論文に遭遇して、正直、感動した。この収録論文の初出は、1967年となっているので、不勉強をいたく反省させられた。

図6.2にベッカーの論文の要点を示した。図の左の基本モデルのように、個人の投資行動を考えれば、誰にとっても、投資の限界収益率（投資の需要）は逓減し、資金調達力（機会ないし家計）の限界利子率（投資の供給）は逓増する。この二つの交点で、個人の投資量と収益率が決まるというのが基本モデルである。ベッカーは、限界収益率曲線は個人の「能力」によって上下にシフトし、限界利子率曲線は、個人の「資金調達力（家計所得）」によって上下にシフトすると図式を説明している。したがって、基本モデルのように、能力と機会（家計）の違いによって、均衡点（観察される収益率）は多様にばらつくことになる。

そこで、個人の能力があまり違わないケース（図の中央）を想定してみよう。全員が同じ限界収益率曲線に直面していれば、家計の豊かな層は資金を容易に調達で

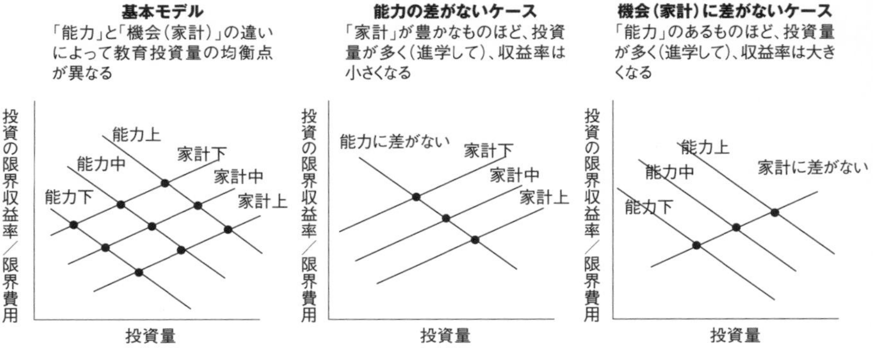

図6.2　人的資本投資における需要と供給の均衡モデル

きるので、投資量を増やすのが合理的な行動選択になる。したがって、資金を調達しやすい富裕層の投資量（進学）は大きくなるが、その収益率は小さくなる。逆に、貧しい家計は、投資できなくなるが、収益率は高くなる。こうした状況では、大学の収益率＜高校の収益率になる。

一方、大学の収益率＞高校の収益率になるのは、進学する機会にあまり差がなく、個人の能力の違いが大きいケース（図の右）である。教育機会が平等化しているところで、能力選抜が強化されれば、大学の収益率＞高校の収益率になりやすいと解釈できる。このベッカーモデルを参照すれば、世界銀行の収益率の世界的傾向は、能力の違いで進学が決まるのではなく、教育機会（家計）の不平等が目立つ社会の出来事だと考えられ、日本の収益率の構造は、大学進学が、家計よりも能力によって決まっている場合に生じやすいと考えられる。言い換えれば、教育機会が平等化すれば、能力に応じた進学が合理的であり、学歴が能力のシグナルになりやすいということになる。

以上の説明は、理論的に導き出される仮説であって、事実かどうかは、別の問題である。検証するに値する仮説を演繹的に導き出してくれるのが理論の強みだ。数字の野外科学的アプローチで道に迷い、数字の解釈で困っているときに、なるほどと思うような説明をしてくれる理論が、よい理論だ。それが私の勉強法だった。

ベッカーに驚かされたのは、この論文だけではなかった。同じ本のAddendumにThe Allocation of Time and Goods over Timeという論文が収録されている。生活時間調査は、社会学的な文脈による研究が主流だったが、そこに経済学的な視点を導入している経済学者の論文が新鮮だった。そこでは、時間の価値を時間あたり賃金率で評価し、労働時間だけでなく、家事時間、育児時間、余暇時間の配分を経済合理的に説明するモデルが展開されている。時間の価値を賃金率で評価するのは、教育の機会費用と同じ考え方である。もし働いてたら得られるだろう賃金を放棄して家事時間に配分すれば、その家事のコストは時間×賃金率になる。時間賃金率の高い人ほど家事のコストが高くなるから、時間賃金率の高い人ほど労働時間は長くなり、その収入を家事節約の財・サービスを購入し、家事時間を減らすように行動するのが合理的になる。この理論は、高学歴女性ほど賃金が高いという事実を踏まえると、女性の家事時間や育児時間が学歴によってどのように異なるかを分析する時に貴重な仮説を提供してくれる。

生活時間調査プロジェクトの折に少し目を通したA Theory of the Allocation of Time（Becker 1965）の論文執筆者とHuman Capitalの著者が同じ人物だと知ったのは、Addendumを読んだ時だった。私の意思とは無関係に降ってきた二つの研究プロジェクト（PPBSとTime Budget）が、ベッカーのお陰で、共通の土俵にあるテーマとして結びついた。驚くとともに、嬉しくもあった。教育や生活という日常的な営みは、地続きの行動選択問題であり、学問の専門分野で生活が分断されているわけではないことがよく理解できた。同時に、経済学者として視野の広いベッカーに感服するだけでなく、理論としての経済学に敬意を払うべきだと33歳ごろになってはじめて実感した。

私の卒業論文の指導教員は経済学出身であり、社会工学基礎講座の教授も経済学出身だったから、経済学の基本用語は、耳学問的に少しは分かっているつもりだったが、ミクロ経済学とマクロ経済学の理論の体系を勉強したことは一度もなかった。社会工学科の助手の頃には、原先生のゼミで社会学を中心に学んできたが、経済学の勉強不足を自覚するようになった。そこで、経済学講座シリーズのミクロ経済学の上下とマクロ経済学の3冊を選んで、内容の要点をまとめるノートを作りながら、丁寧に自学自習することにした。二度目はノートを読み直して理解の濃淡をチェックし、三度目に三冊を通読して理解を固めた。経済学の専門家からすれば、入門にすぎないかもしれないが、経済学者にならないのであればこれぐらいで十分ではないかと思った。

不遜だと叱られそうだが、現実の社会問題を考えるためには、「経済学者にならない人のための経済学」「社会学者にならない人のための社会学」「教育学者にならないための教育学」というテキストがあればいいのにと思った。社会科学の理論は役に立たないという人もいるが、現実の社会問題を理解するには、自分の感性だけではなく、理論の助けがあると大いに助かる。その一方で、専門の学者になると理論の思考枠組みから自由になれなくなったり、現実の問題を自分の専門領域に引き込む力が強すぎたりする。教育学の各種の専門学会も自分の専門が一番大切だと思いすぎる。しかし、現実の社会問題は、専門家の都合で発生しているわけではない。理論を尊重しながらも、現実の問題に真摯に向き合うことが肝要である。それが川喜田先生の教えだった。理論から導かれる推論は、ブレーン・ストーミングの素材を提供してくれる貴重な情報源である。社会工学者としては、考える対象に応じて、理論や方法を自由自在に選択し、組み立てるのがいい。そのような思考を強化する上で、数字の悩みを解消してくれた経済理論に出会えたのは、大きな収穫だった。現実の問題から先に入り、必要に応じて理論や方法を勉強するという学び方は、社会工学に入門してからの私の基本姿勢である。

「現代教育経済研究会」における私の研究は、市川・菊池・矢野の共著『教育の経済学』(1982) にまとめられている。そのChapter 1で市川先生が述べているように、私たちの研究は、経済学者がみる教育経済学とは視線のベクトルが真逆である。経済学者は、マクロの国民所得やミクロの個人所得という経済現象を説明する変数として教育を発見した。それが教育経済学誕生の経緯だが、私たちの研究関心は真逆である。教育問題や教育現象を説明する変数として経済変数を取り上げている。教育学大全集(全35巻)の一つになっているのは、教育の経済的事実を教育関係者に届けることを意図した市川先生の編集である。

6.4 教育社会の設計――社会工学からの提案

「現在教育経済研究会」のお陰で教育社会学会での研究報告ができたし、一部の教育研究者との研究交流ができるようになった。新しい縁も生まれて、1981年の1月から、広島大学の大学教育研究センター(当時)に異動することになった。センターのリーダーである喜多村和之教授は、哲学のバックグラウンドから未開拓な日本の大学研究のフィールドを切り拓いていたパイオニアである。「教育の経済学的アプローチは好きになれないが、大事だと思う。自由に研究してほしい」という最初の会話がとても気に入った。センターの関正夫教授は工学教育、馬越徹助教授は比較教育・韓国教育の専門家であり、異分野からの新しい知的刺激を受けることができたのは有難かった。センターの研究員制度をフルに活用した研究員集会が毎年開催され、全国から名だたる高等教育の研究者が集う一大イベントになっていた。広島での国際会議だけでなく、海外との交流も盛んで、私も国際会議で報告する機会を与えていただいた。紀要の『大学論集』は、まだ萌芽期にあった大学研究の交流場として貴重であり、在任中に三本の論文を書かせてもらった。

三人の専任スタッフの活躍ぶりは素晴らしく、驚くばかりだった。すでに整備されていた路線に乗せていただきながら、足を引っ張ったりする新米助教授に先生方も閉口されたと思う。お詫びとお礼と感謝しかない。わがままだと言われれば返す言葉はないが、国研と広大の11年間は、今どきの大学ではありえないほどに恵まれた自由な研究環境だった。わがままついでに、国研時代の仕事の延長上に高等教育の経済分析を重ねて、博士請求論文を執筆する時間もいただいた。論文のタイトルは、『収益率に基づいた教育計画の経済学的分析』である。審査を母校の社会工学科に申請したこともあって、「教育計画」というタイトルを付した。社会工学科は、プランニング・スクールの性質を有しており、設立当初は、社会経済計画コースと都市計画コースの二コース制になっていた。

助手時代に勉強し、中途半端なままに逃げたPPBS研究プロジェクトを私なりにアレンジしたような博士論文だった。これがきっかけで、社会工学科の社会工学基礎講座に戻ることになった。研究所と研究センターを歩いてきたから、講義をする教育経験はなかった。社会工学科で何を教えるかに悩まされた。社会工学基礎講座としては、教育経済学を講義するわけにはいかない。教授の原先生は、社会構造論と社会動態論の授業を担当されていた。私は、社会調査と社会計画論を担当することにした。社会調査では、何よりも最初にKJ法を教えてきたが、社会計画論については、新たな勉強を重ねる必要があった。

工学部教育の要は研究室教育にあるから、講義に優るとも劣らず、研究室のテーマと運営が重要になる。かねてから原先生は、教育社会学は見晴らしのよい学問だと話されていた。幼児教育から死の教育まで、人生は社会化の連続であり、人生が教育社会学の対象になっているという話だった。それに倣って、「人生の社会工学」を矢野研究室のテーマにすることにした。子どもの問題からお墓の問題まで、人生に関わる諸問題を何でも自由に取り上げ、それを理解するに必要な言葉と数字を集めて組み立てる。学生が自ら組み立てて、自分なりの掘立小屋(物語)を建てる。必要に応じて、統計を勉強し(先輩から学ぶことが多い)、参考文献を参照すればよい。もちろん、アドバイスはするし、先輩たちの厳しい突っ込みもある。この一連の作業が研究であり、研究は会社の仕事と同じだというのが私の持論である。

それが、20代の私の学習法でもあった。こうした研究室の運営が適切だったかどうかは、卒業生の判断に委ねるしかないが、学生たちが建てた掘立小屋には面白い建物が少なくなかった。そこから私自身が多くのことを学んできた。

社会調査の演習も担当していたから、社会調査ができるプロジェクトがあれば、積極的に参加し、調査データの収集に心掛けた。大井町の街づくり調査、松山市の生活時間調査、神奈川県の生活時間と芸術・文化活動調査、交響楽団の鑑賞者調査、社会学会の社会階層と社会移動調査への参加、などが大きな調査だった。工学部の卒業生調査をするようになったのはこうした流れの産物だった。社会調査による数字の収集だけでなく、文科省や厚生労働省の政府統計を活用する研究プロジェクトもいくつか立ち上げた。

ゼミの学生には、興味のあるテーマを選んで調査に参加してもらうことも多かった。生活時間調査は、原研究室の大きな遺産（超高層マンションにおける幼児の生活時間調査から高齢者の生活時間調査まで）もあり、生活時間に関する研究の蓄積は、この分野の専門家の間でとても有名だった。この財産の上に乗って、原先生の松山市調査から20年後に同じ調査を実施した。20年の生活の変化を追跡するためである。その成果は、原先生の門下生である平田道憲さんと矢野研の卒業生の加藤毅さんと共編著『生活時間の社会学』（1995）にまとめた。私にとっては、教育研究ではない、最初で最後の執筆本になる。さらなる展開が可能な面白い研究領域だと思う。

社会計画論については、新しいノートづくりからはじめることになったが、人生の社会工学を考えるには、「揺りかごから墓場まで」のイギリスの社会政策（Social Policy）に学ぶのがよいと考えた。経済学と社会政策との対立的思考が面白く、とても良い知的刺激になった。経済学は、価格を媒介にして、お金を支払ってでも手にいれたい欲望（demand：需要）に資源を配分する市場メカニズムを理論化しているが、社会政策は、価格ではなく選挙による立法府を媒介にして、好ましい社会の必要（social needs）に資源を割り当てる官僚的ルールを設計するプロセスを理論化している。市場と政府の二つの社会装置に私的ニーズ（personal needs）を充たす社会的ネットワーク（家族・コミュニティ・非営利組織）を加えれば、社会問題の所在を理解しやすくなる。

社会問題は、しばしば社会システムの不安定性に起因している。不安定になる一つの要因は、「人間の欲望がその欲望を充たす資源を上回っている」という「不等号問題（欲望＞資源）」にあり、これを「等号化（欲望＝資源）」するルールとしての社会装置が、市場・政府・社会的ネットワークだという理解になる。単純化しすぎだが、家庭・学校・会社という三つの社会システムの問題、および家庭►学校►会社►家族という人生を理解するには入門しやすい枠組みだろうと考えた。

工学は、「計測」と「制御」と「設計」から構成されている。社会工学は、社会の設計であり、設計するには、社会の計測と社会の制御（計画）が必要になる。このような授業にしたのは、社会工学科の学生たちに、「社会工学」の「工学」とは何かだけでなく、「社会」とは何か、を考えてほしいと思ったからである。三つの社会装置は、人生の社会工学を考える窓として分かりやすいと思って講義したが、授業の雰囲気からすれば、空振り三振が多くて、打率は低かった感じだ。非力を反省するしかない。こうした話は、講義ノートだけの世界で、活字にはしていない。部分的に残っているのは、「人生の社会設計とコミュニティ」（刈谷剛彦編『創造的コミュニティのデザイン』有斐閣、2004）ぐらいである。

以上のような教育研究生活を過ごしてきたが、学生たちの前で教育経済学の講義をすることはほとんどなかった。私が教育を研究していることを知っているのは博士課程の学生ぐらいだったと思う。しかし、私の研究活動は、『生活時間の社会学』を除けば、教育が中心だった。在任中に三冊の教育研究本を出版しているが、三冊目に『教育社会の設計』（矢野 2001）という本を著した。帯に「社会工学からの提案」という言葉を付した。人生の社会工学や社会システムの設計を考えていると、教育は人生および社会の中心にあることがよく分かる。教育を中心に社会システムを設計するのが望ましいと考えて、教育社会（Education-based Society）を構想した。教育学でもなく、経済学でもない教育研究本の主張は、一部を除いて、教育学者にも、経済学者にも、一般読者にも届かなかったが、教育経済学を私なりに読み直した社会工学からの提案である。

私の教育研究に影響を与えたのは、社会工学科の経験だけではない。それよりもインビジブルカレッジ（invisible college）ともいえる「教育経済政策研究会（EPSE：Economic and Policy Study in Education）」における自由な発表と討論からの影響が大きかった。私が東京に戻った折に、教育の経済的側面を含めた政策科学的研究を若い世代を含めて盛んにする必要があるという市川先生の意向を受けて、菊池城司大阪大学教授（当時）と相談し、年に一度の合宿形式の研究会を1990年に発足させた。教育社会学会をリードするコアメンバーから大学院生までが集う研究会であり、経済学者や教育行政学者も招くように企画した。全国の大学から4、50名が集まる自由な研究発表会とコメントは、学会よりも刺激的だった。市川先生が国立学校財務センター(当時)を退官された2001年に研究会も閉じることにしたが、非公式に繋がったEPSEのような見えない大学は、公式的な大学制度に優るとも劣らない機能を果たしていたと思う。この20年の大学改革は、大学間の競争を促し、自分の大学の強化を図るプログラムを最優先する財政支援になっている。こうした機運が自由気ままな研究環境と見えない大学の絆を弱めていないかと心配になる。

6.5 経済学からみたラーニング・ソサイエティ

社会工学からみた教育経済学は、教育社会の設計に繋がる。これが私の結論である。著書の英文タイトルでは、Learning Societyにしていたが、教育を社会の基盤に据えるという意味合いを強調すれば、Education-based Society とした方がいいと思っている。その議論の前提にあるのは、教育が人生を豊かにするという仮説である。この仮説を検証する一つの方法として思ついたのが、Introductionで述べた卒業生(同窓会)調査である。この調査によって、仮説が検証されているといえるかどうかは、読者の判断に委ねたい。

しかしながら、経済学からみた教育の研究は、私が勉強していた60、70年代の人的資本理論よりも進歩している。その進歩をフォローするのは本書の趣旨ではないが、生産現場の学習が経済を動かしているという新成長学派の理論に触れておく必要性はありそうだ。それを正確に理解するには、ミクロ的な基礎原理から演繹的にマクロを組み立てる動的均衡理論の世界に入ることになるが、その詳細は大学院レベルで訓練を受けないと分からないように思う。まず数学的に難解である。ニュートン力学から量子力学に飛ぶような話になっている。私の理解できる範囲内でその一端を紹介しておきたい。

その難解数学を封印して、ノーベル経済学賞を受賞したスティグリッツがグリーンウォルドと共に『CREATING A LEARNING SOCIETY(学習社会を構築する)』という本を著し、その翻訳が出版されている(スティグリッツ・グリーンウォルド 2017)。動的均衡理論からすれば、「規制のない市場が効率的であるとはいえない」「規制のない市場は、情報、イノベーション、そして知識社会という、この新しい世界での成功には決して繋がらない」「国の成功を決めるのは、動学的比較優位、人や研究への投資、ラーニングです」(序文)というように、市場重視・競争重視の新古典派モデルを根本的に批判している。

この本は、難解な数学を使わずに書かれているが、読みやすいとはいえない。動的均衡理論を知るよりも、最先端にいる経済学者がラーニング・ソサイエティを構想する「根拠」を知ることが、一般読者には最も重要なことだと思う。二つのポイントだけをみておきたい。

第一のポイントは、時間とともに変化する経済の動きを左右するのは、競争ではなく、学習だとしているところにある。新古典派の経済学では、規制を緩和して企業間の競争を促せば、すべての企業が最も効率的な資源配分（ベストプラクティス）を達成する、と想定している。もし、瞬時にベストプラクティスに到達するなら、学習する必要性はなくなる。しかし、現実の企業社会では、生産要素の質が同じでも、ベストプラクティス企業とそうでない企業との間に大きな生産性格差がある。この生産性格差をなくし、ベストプラクティスに近づく動態経路を解明するためには、競争ではなく、学習が不可欠だと述べている。

第二のポイントは、どのような経済政策がラーニング・ソサイエティの構築に繋がるかを特定するために、ラーニングを促進させる産業貿易政策、金融政策、知的所有権制度の構築を提案していることである。その上で、政策を特定することよりも、「政治システムがラーニング・ソサイエティを構築する利点を認識できるかどうか」、および「どのようにして考え方を変えるかを理解すること」が難しいと述べている。

競争よりも学習の重要性を繰り返し述べているけれども、競争すれば最適な資源配分が達成され、生産性も極大化されるという新古典派モデルの教義（ドグマ）は、今でも経済界・政界の主流であり、規制を緩和する改革の殺し文句になっている。教育の世界でも、この2、30年ほど、「自由化」「市場化」「規制緩和」「競争」の導入が教育をよくするという話ばかりを聞かされ、経済を知らない教育界を小ばかにするような教育改革が続いてきた。スティグリッツのいうように、経済の世界でも規制のない市場が効率的でないなら、今までの教育改革は何だったのか。スティグリッツの本をどのように読むべきなのか。説明責任は、経済学者にある。新古典派モデルが間違いなら、難しい数学が分かる専門家同士の間で正否を決着してほしいものである。二つの真逆の論理に決着をつけられないのなら、二つとも危うさを持っているということである。教育研究者も文部官僚も、経済学者や経済官僚に騙されない程度に経済学を勉強したほうがよさそうである。

付記しておくと、新古典派の人的資本理論も、教育・訓練の重要性を強調してきた。ここで紹介している動的均衡理論との違いは、教育・訓練を外生的な要因としてモデル化するか、内生的な要因としてモデル化するか、という区別にある。静学的な新古典派モデルでは、労働力の質が経済活動の外から与えられ、その外生的労働力の質が生産性を瞬時に（無時間的に）決めることになる。一方、スティグリッツのラーニング・ソサイエティは、外生的に与えられた労働力の質が同じでも、経済活動過程における内生的な学習の時間経路によって生産性が左右される物語になっている。「時間とともに変化する経済の動きを左右するのは、競争ではなく、学習だ」というのは、内生的成長の説明である。

新成長学派とよばれる内生的成長の理論は、知識基盤経済という言葉が普及し始めた1980年代後半からの動きである。スティグリッツのいうラーニングは、「どのようにして生産性を向上させるかに関する学習である」。そこには二つの側面があり、「ひとつは、ベスト・プラクティスの改善であり、もう一つはベスト・プラクティスに追いつこうとする企業の生産性改善である」（pp. 25）。こうした学習を扱うのは経済学では新しいとのことだが、実務家には、経営学の方が役に立つ。経営学で扱われている学習は、内生的な学習そのものである。例えば、手元にある『「学習する組織」入門』（小田 2017）には、「集団としての意識と能力を継続的に高め、伸ばし続ける組織」をつくるノウハウが詳しく記されている。

このようにスティグリッツのラーニングは、生産性向上のための内生的学習であり、生産現場の経験に学ぶことが重視されている。したがって、「学校教育機関以上に、職場などで行われる教育の方がはるかに重要だ」という立ち位置にある。同時に、学校教育と職場内訓練の補完性を認識し、「正規の学校教育制度で行われるのは、ラーニングのほんの一部にすぎないが、政府は確実に、この学校教育がその後の人生のラーニングのための適切な土台を作るようにしておかなければならない」（pp. 342）とも述べている。

大学に在学する期間は、長い人生の一部だが、人生のラーニングのための土台になっている。我田引水的感想だが、大学教育が学びの基層を形成し、それにO.J.T.と自己学習などの内生的学習が重なって社会人力が形成されているという学びの三層モデルは、ラーニング・ソサイエティ論と整合的だと思う。学校時代につくられる学びの基層は、「ラーニングのほんの一部にすぎない」というほどに浅くはないと思うが。

Chapter 7
生涯研究の時代

7.1 「学び方を学ぶ」ために「考え方を変える」四つの対話モデル

スティグリッツを引用したのは、最先端の経済学を紹介するためだけではない。この本を読んで私が思い出したのは、50年前の社会工学とKJとの巡り合いだった。思い出しのきっかけは、「学び方を学ぶ」「考え方を変える」というスティグリッツの言葉である。スティグリッツは、「学び方を学ぶというラーニング」の重要性を何度も指摘しつつ、「どのようにして考え方を変えるか」を理解するのがとても難しいと述べている。学習を障害する要因についても触れている（pp. 80）。現実の世界を観察する時、「私たちはすでに頭の中にある信念を通して世界をみる傾向があり、信念と矛盾する情報を軽視し、信念と一致する情報は特に際立って認識する」という「確証的バイアス」が生じる。つまり、偏った認知や信念や認知フレームが、考え方を変えることを難しくしている。

科学的研究においても、日常的な社会観察においても、私たちは、しばしば既成の概念や思い込みに拘束されて、社会の変化の兆しに気づかず、考え方をなかなか変えられない。新しいアイデアを創り出すためには、既成の概念にとらわれずに社会を観察することがとても大切だ。仮説を検証するためにデータを集めるのではなく、関係のありそうなデータを片っ端から集め、そのデータをして語らしめ、データの語る物語にしたがって、新しいアイデア（仮説）を発想させる。それがKJの教えである。50年前を思い出したのはこういう文脈からである。

思い出しながら、「学び方を学ぶ」というのは、「考え方を変える」方法を身につけることではないかと考えた。とりあえず、「考え方」は、「知識の集合体」として構成されているとしておく。今までの考え方を変えずに、同じことを繰り返す仕事もあるが、仕事の環境が変われば、考え方を変えなければならなくなる。考え方を変えるというのは、やり方を変えると言い換えてもよい。いずれにしろ、変えるためには、「自己と他者との対話」が不可欠である。そこで、考え方を変える対話の状況を想定してみる。自己が「ある考え方」を「知っている（○）」場合もあれば、「知らない（×）」場合もある。他者も同様に、知っている（○）／知らない（×）がある。この二つの区分を設定すれば、自己と他者との対話は、**図7.1**に示した四つのモデルに類型化できる。

「知っている」自己が「知らない」他者との対話によって他者の「考え方を変える」対話がモデル1の「教える」行為である。知識やスキルを教え授ける「教授」モデルであり、「啓蒙」といってもよい。その真逆に、「知らない」自己が「知っている」他者との対話によって、「自己」の「考え方を変える」のは、先生に教わる生徒のようなもので、モデル2の「学習」であり、勉強型の学びだ。学習という言葉のイメージは、「考え方」を身につけるという意味合いを越えている。「考え方を変える」という全体を学習といってもよいぐらいである。しかし、次のモデル3、4を含めると学習という言葉の意味が混乱するので、ここでは、モデル2を狭義の「学習」として定義しておく。

なお、この二つのモデルは、学校の教師と生徒のような固定化した関係を想定していない。教えたり、教えられたりする互換関係を前提にしている。学習しつつ教え、教えつつ学習する二者関係が望ましい。

「考え方を変える」方法は、教授と学習の二つのモデルに限定されない。自己も他者も「知らない」状況で対話しながら、「考え方を変えなければならない」場面がしばしば起きる。従来の考え方では対処できない場面では、知らないもの同士が対話しながら、変えなければならない問題を発見し、解決し、考え方を変える。この問題解決行動は「考え方を変える」プロセスであり、これがモデル3の「研究」という行為である。二人で未知の世界を「探検」する行為であり、探検は、研究である。

	自己	他者	対話の形式	対話モデルの二類型		
モデル1	○（知っている）	×（知らない）	教授／啓蒙	教育	問題解決スキルの教授と学習	ベストプラクティスに追いつく
モデル2	×（知らない）	○（知っている）	学習／勉強			
モデル3	×（知らない）	×（知らない）	研究／探検	研究	問題の発見と解決	ベストプラクティスの改善
モデル4	○（知っている）	○（知っている）	常識／懐疑			

図7.1　「考え方を変える」（意識変革）四つのモデル

もう一つ大事なモデルがある。自己と他者が共に「知っている」にもかかわらず、対話をしているうちに「考え方が変わる」場合がある。両者が知っていれば「常識」の範疇だが、常識を懐疑しつつ、そして既成の概念にとらわれずに対話するのが、新しい考え方に到達する有力な方法だ。天邪鬼だと揶揄される場合もあるが、常識を疑うことのない研究は存在しない。知らないもの同士が対話しつつ「考え方を変える」(研究する)ためには、お互いが「知っている」と思っている考え方(常識)を疑ってみるのがいい。モデル3とモデル4、つまり研究と常識は表裏一体になっている。

モデルの1と2はペアになっており、自己と他者が相互に研鑽する対話モデルである。同様に、モデルの3と4も切り離せない関係にある。したがって、この四つのモデルは、大きく二つに分けられる。

モデル1と2が、教育であり、3と4が研究にあたる。KJ流に解釈すれば、問題の発見と解決という一連の行為が研究であり、研究には、知らない者同士の対話と常識にとらわれないモデル3と4の思考が不可欠である。そのためには、問題を解決するためのスキルを学習するのが望ましいとして提唱されたのがKJ法である。スティグリッツは、ラーニングを二つに分けているが、「ベストプラクティスに追いつこうとする生産性の改善」は、ベストプラクティスを教師にしたモデル1と2の対話であり、ベストプラクティスの改善は、研究であり、モデル3と4の対話にあたる。

一般的に「研究」といえば、大学の学術研究、あるいは研究所の研究開発などを想像しがちである。そのため、大学の研究の見直しが議論されると、学術研究の振興、科学技術イノベーション、大学院博士課程の充実、という話になる。それはもちろん大事だが、それだけで社会の研究力は向上しない。一部の研究大学や一部の人を重点的に支援する学術政策だけでなく、大衆化した大学に研究活動を埋め込む努力をしないと、そして、企業の現場も研究に投資しないと、社会のいたるところで発生している分からない問題を解決することができない。学術研究だろうと普通の仕事の現場であろうといずれも、知らないもの同士の対話による新しい考え方の発見が求められている。そうした研究行為は、イノベーションの行為だといってよい。変化が激しく、前例が通用しにくい今日の社会においては、日常生活や仕事の現場においても、誰もが「研究/探検」しなければならない場面に遭遇している。スティグリッツが学習社会の構築を提唱する所以はここにある。

優れているとされた日本的経営を支えてきたのは、O.J.T(On the Job Training)

と階層別研修の二つの制度だが、最近ではその効能に陰りがみられてきた。二つともに、答えを知っている「教師」が存在してこその学びである。「上司は教師だ」という暗黙の教育的人間関係が、企業内教育と日本的雇用の強みを支えてきた。そして、上司も教師として教授するだけでなく、つねに生徒として学習する立場にもあった。つまり、モデル1と2を相互に互換される人間関係が考え方を変える力を培ってきた。しかし、企業内、あるいは社外に信頼できる教師がいなければ、分からないもの同士が一緒に「研究する」「懐疑する」対話が求められる。学習するモデル2と研究するモデル3の間に線引きをして、学習する人と研究する人を分断してはいけない。誰もが学習し、研究する必要がある。ベストプラクティスを改善するには、「教師なし」の研究モデルが必須である。

「学び方を学ぶ」ためには、第二の学習モデルだけでなく、第三の研究モデルの経験が必要になる。海外の文献や知識（＝教師）を探して学習するだけでなく、現場の情報を収集し、探検する必要がある。研究の面白さは研究の実践によってはじめて分かる。O.J.T.は今でも有効だが、未知の世界を研究する力をつけるためには、教授・学生、および上司・同僚・部下が共に探検しながら、新しい「考え方」「やり方」を発見する経験を繰り返すしかない。研究しながらの訓練、つまりO.R.T.（On the Research Training）が、研究力を高める優れた方法だ。

「学び方を学ぶ」ためには、「考え方を変える」四つの方法を往来する経験を繰り返すのがいい。つまり、O.J.T.とO.R.T.が考え方を変える確かな方法だ。

7.2 移動大学の実験と遠回りの大学改革

四つのモデルは、企業の生産現場で日常的に重ねられている行為だが、その努力の濃淡には大きな違いがある。その違いがベストプラクティスの企業とそれに追いついていない企業の生産性格差に現れる。スティグリッツの本を勝手読みすればこういう解釈になるが、私の関心は、企業ではなく、大学にある。

大学は、「学び方を学び」「考え方を変える」ことを目的にした公的組織だ。「考え方を変える」専門機関だから、企業は大学に学べばよさそうなものだが、そのような雰囲気にはまったくない。それどころか、大学は企業に学ぶべきだと財界から発破をかけられているあり様である。なぜ、このような事態になるのか。四つのモデルを参照して、大学の教育研究システムに何が起きているかを考えてみたい。

現場を調べて情報を収集し、既成概念にとらわれずに、情報を組み立て、そこから問題を発見し、解決策を提案し、検証する。Chapter 3の数字の野外科学で紹介したように、この一連の問題解決プロセスが研究だとKJが喝破したのは、50年あまりも前のことである。その頃大学は、学生運動のさなかにあって混迷していた。KJは、紛争当時の大学の危機的状況と学生の精神的荒廃を深刻に受け止め、「居住性のよいテントを使った臨時のキャンパスで、私の野外科学的問題解決学の教育をしてやろうと考え」、東工大教授の職を辞し、移動大学を立ち上げた（川喜田1997）。二週間のテント生活を通して、チームワークと野外科学の手法であるKJ法と問題解決学を学ぶ大学である。

人里離れた自然環境豊かな山や海や川の近くに張られた俄か仕立ての素敵なテント村のキャンパスに、全国から百名ほどの参加者が集う。それだけでも壮観だ。既成の概念にとらわれない思考の鍛錬には格好の学び舎である。京都大学山岳部出身の探検家であり、地理学者であり、人類学者であり、ネパール学術探検隊の隊長でもあったKJならではの発想だ。キャンパスのある地元の地域開発などをテーマにして、メンバーで知恵を出し合い（ブレーン・ストーミング）、フィールドのインタビュー調査もする。何よりも大事なのは、現場の現状を把握することだ。現場が教師だ。日本列島を教科書にして、全国を移動する。1971年の3月には、復帰前の沖縄にも移動し、伊武部ビーチにテントを張った。発起人の一人でもあった私は、移動大学に三回ほど参加させていただき、既成概念にとらわれない研究の作法を学ぶことができた。そこでの対話によるスキルの学習と研究が、その後の長い研究生活の糧になっている。

教授の職を辞して移動大学を起業するというKJの決断力には驚くばかりで、誰も真似ることは出来ないが、KJの発想に学ぶことは出来る。学ぶのが賢明だと思う。そこには、50年後の今を読む力がすでに秘められていた。

「問題解決は研究である」とする移動大学は、二つの教育理念から構成されていた。一つに、キャンパスは教師と学生の相互研鑽の場だという理念である。教師は、学生を教育対象として見るのではなく、相互の知恵を出し合う対話を尊重する考え方である。いま一つは、教育即研究、研究即教育、という理念である。教育者は、研究なくして本物の教育はできないものだと悟る必要があり、同時に、研究者が教育を面白くて自分にも得になることだと実感できるような状況を創り出さなければならないと述べていた。

四つの対話モデルにあてはめれば、自己と他者が相互に研鑽するモデル1とモデル2の互換性をもった学習モデルであり、同時に、常識を疑いながら(モデル4)、問題の解決を志向するモデル3の研究をするキャンパスになっている。ことさらに新しい理念だと思わないかもしれないが、この二つは、私にとって衝撃的だった。50年前に身近に起きていたもう一つのカリキュラム改革論議は、移動大学の理念と真逆だった。

当時の私は、社会工学科の助手として勤務しており、その傍ら移動大学に参加させてもらっていた。学生たちの悲鳴のような問題提起を受けて、学科の教員たちが集まり、「大学の何を改革すればよいのか」を真摯に議論した。議論の末、結局のところ、カリキュラムを改革することに尽きるのではないかというコンセンサスに辿り着いた。それでは、カリキュラムの何を改革するのか。その議論の過程で忘れられない話題が二つある。

一つは、教師と学生の関係である。若い教員がこう発言した。「教師の教育方針という次元に、学生の要望という次元を組み合わせてカリキュラムを見直してみたらどうだろうか」。もっともな意見ではないだろうか。が、司会役の学科長の言葉は明快だった。「学生のことを考える必要はありません」と即答された。びっくりしたが、教授たちはもちろん、他の教員からの異論は何もなかった。そういうものかと、やり過ごしたことを今でもはっきり覚えている。若い教員というのは、私であり、学部卒の新米助手であり、最年少だった。

そのころの教授たちは、旧制大学の卒業生である。旧制大学の学生観というのはそういうものだったのかもしれない。学生の要望は、素人の要望であり、学生の将来に必要な知識が何であるかは素人には分からない。必要な知識が分かるのは、その道のプロである教師だというのが、知的エリート集団の考え方だった。旧制大学育ちのKJが、教師と学生の相互研鑽を語るのは、かなり異次元の発想だ。

いま一つの体験は、カリキュラムの体系化である。学生のことを考える必要はないという学科長の提案は、さらに明快だった。教師が提供するカリキュラムは、学科のコンセプトに即して秩序立て、教育内容を体系的に説明できなければならないという。ここでの重要なポイントは、この提案の根幹に、「教育と研究の分離」があるということだ。教員がどのような研究をするかは自由だが、教育は教員の自由ではない。自分の研究内容とかけ離れていても、学科組織の教員として、教えるべき事柄は、教えなければならないという説である。

この二つがカリキュラム会議の主な話題だった。カリキュラムの体系化に異論が出なかったわけではなく、学科のコンセプトを体系的に説明することに成功したとはいえなかった。異なった専門の教員が集まった社会工学科のコンセプトには、同床異夢のところがある。意見の相違があるのは致し方ないし、相違があってこその健全が求められる。専門が異なるけれども、よりよい社会の設計という同じ夢をもつ、つまり異床同夢が健全ではないかと私は思った。

昔の社会工学科の話題を引いたのは、二つのエピソードが、移動大学の理念と真逆だからである。真逆のベクトルは、「教師と学生の関係」と「教育と研究の関係」にみられる相反する考え方として表現できる。教師と学生の相互研鑽は、両者を「一体化」する理念だが、その反対に学生を教育する対象としてみる「分断」形式がある。教育即研究は教育と研究の「統合」だが、その一方で、二つの機能を分化する「分業」を主張する考え方がある。

この50年前の体験は、ほぼすっかり忘れていたが、大学教育改革が盛んになりはじめて、昔を思い出した。とりわけ、2008年の中央教育審議会答申『学士課程教育の構築に向けて』では、順次性のある体系的な教育課程の編成が強調されている（中央教育審議会 2008）。学科のコンセプトを体系的に説明できなければいけないし、同床異夢はもちろん、異床同夢などという不謹慎は許されない。同床同夢のカリキュラム体系でなければならない。答申の基本方針は、教師と学生の分断であり、教育と研究の分業体制になっている。昔に体験したカリキュラム改革論が、大衆化した大学にふさわしい学士課程教育として推進されていることに驚かされた。そして、この答申と真逆になる移動大学とは何だったのかを考える価値があると思った。

この二分法はかなり普遍的に使えそうである。これを用いれば、大学教育の機能を分類できるだけでなく、この50年の大学改革の動きを説明できる。大学教育の機能分類と改革の動きを二分法で表現すると**図7.2**のようになる。

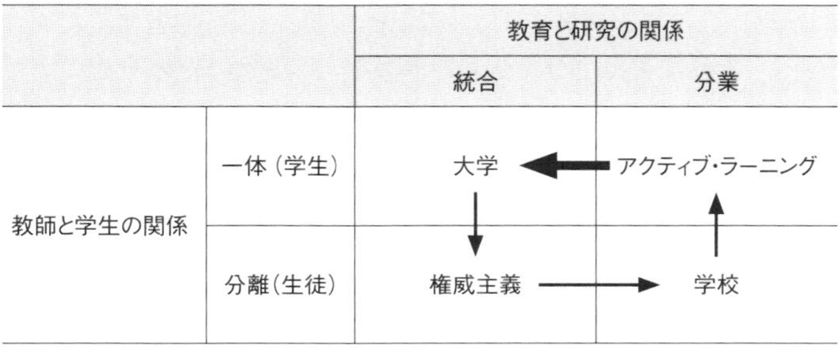

教育と研究の関係
統合
分業
一体（学生）
大学
アクティブ・ラーニング
教師と学生の関係
分離（生徒）
権威主義
学校

図7.2 カリキュラムの理念と大学改革の変化

昔々のフンボルトの大学理念を持ち出せば、大学とは、教師と学生が相互に研鑽する場であり、両者が一体となって研究し、教育する統合の場だと観念されていた。つまり、「一体・統合」の類型が大学の基本的理念だった。ところが、大学の大衆化によってこうした古典的大学観に亀裂が生じた。その亀裂は教師と学生の分断からはじまった。古典的な大学観で育った教師からすれば、自分の研究を教育すれば教育と研究が自然と統合されるはずだった。ところが、大衆化した学生のニーズは、教師の研究関心とは遠く離れていた。この「統合・分離」の類型は、教師の独断による権威主義的な教育である。これに対する反発と反省から大学のカリキュラム改革が主導されるようになった。教師による属人主義・断片主義の科目編成からカリキュラムの体系化、つまり、「順次性のある体系的な教育課程の編成」という大学改革がはじまった。「分離・分業」のカリキュラム改革は、生徒が勉強しやすいように体系的に教授する**図7.1**のモデル2であり、大学の学校化だ。最近の大学生は自分自身を生徒と言うようになり、学生と生徒の区別がなくなっている。学校教育法上の通称にこだわることはないかもしれないが、既知の知識を吸収する「生徒」と自ら主体的に未知なるものを探求する「学生」の違いは意図的に区別したほうがいいと思う。

主体性に欠ける生徒が増えたこともあって、学校化の改善策として注目されるようになったのが、アクティブ・ラーニングだ。教育と研究の分業体制を前提にして、教師と学生、あるいは学生同士が一緒に解答を考える「一体・分業」の類型にあたる。

図に表示したように、権威主義►学校►アクティブ・ラーニングという推移を辿ってきたのがこの50年来の大学改革だった。アクティブ・ラーニングだけでなく、P.B.L.やサービス・ラーニングや探究学習なども同類であり、大いに奨励されるべき改革だと思う。そして、その発想は、KJの問題解決研究にかなり近くなる。しかし、既知の問題を自分たちで解決するようなP.B.L.だったり、学習するための便法だったりすると、それはそれで効果的な学習法だが、未知の世界を探検する研究モデルとはいい難い。アクティブ・ラーニングが「研究し、懐疑する」第3と第4のモデルにシフトすれば、「一体・分業」から「一体・統合」の「大学」類型に先祖返りすることになる。

教育と研究を統合し、教師と学生を一体化する大学類型は、昔々の古いフンボルト大学ではなく、これからの新しい大学の姿である。研究のない大学は、大学ではない。アクティブ・ラーニングや探究学習は、かなりO.R.T.に近く、一つの研究実践であり、すでに中等教育改革の柱になっている。そこで育った彼らを受け入れる大学が、研究を二の次にして、学生を生徒に見立てる教育に専念しているのは奇妙な現象である。今の「学校型」大学のままでは、高校生に愛想をつかされることになる。

先祖返りの新しい大学類型を考える時に昔と大きく変わっているのは、研究の性質であり、知識の生産様式である。伝統的な大学の研究は、個別のディシプリンを進化させる知識の生産様式であり、モード1の研究だった（ギボンス 1997）。モード1の時代では、知識の生産と流通の拠点は大学だった。ところが、知識の生産様式は、大学だけでなく、民間の研究所、企業、各種のメディアに広く分散し、ディシプリンの研究領域に依存することなく、ディシプリンを超えた学際的アプローチによって、現実社会の問題の発見と解決を志向するようになっている。モード1からモード2に知識の生産様式が大きく変貌した。

KJの研究理念は、モード2の研究であり、企業における知識の生産様式もモード2である。50年前にKJ法が急速に企業に普及したのは、企業のニーズにかなっていたからである。その一方で、KJ法は日本の大学にはあまり普及しなかった。モード1の研究にこだわっているからだ。大学は、**図7.2**のような遠回りの改革ルートを経て、元の大学ポジションに戻ろうとしている。さっさと橋を渡って元に戻ればよいが、「大衆化した今の大学に研究はいらない。研究よりも教育に力を入れるべきだ」という「学校モデル」を支持する為政者や官僚や大学理事がまだかなりいる。そのような大学では、モード2の研究を必要としている企業の期待に応えられない。

その一方で、モード2の教育と研究を志向する大学は着実に増えている。学際領域とか、文理融合とか、STEM教育（Science, Technology, Engineering, Mathematics）とか、データサイエンスだとか、50年前には珍しかったモード2が教育改革の流行語にまでなっている。これらの領域では、現実の社会経済問題の解決、つまり研究を抜きに語れない。研究をしなければ、教育も出来ない。KJが、教育即研究、研究即教育を理念として掲げたのは、問題解決学の実践として必然だった。教育と研究の分業体制から統合体制に移る機運は熟している。遠回りして元に回帰する「大学」類型は、モード1とモード2が同居する新しい大学である。

7.3 生涯研究の時代

しかしながら、モード1とモード2が同居する大学づくりはかなり難しい。モード2の研究を実践してきた私の実感からすれば、モード1がしっかりしないとモード2も発展しないし、モード2の研究蓄積がモード1の研究を進化させるという関係もある。私の研究経験では説得力に欠けるが、世界一流の社会学者ハルゼーが『イギリス社会学の勃興と凋落』で指摘しているように、制度化される社会学も社会政策学も、「産業社会の発展とともに発生する社会的経済問題を解決しようとする努力からはじまった」。現実の問題を実証的に分析する経験は、ディシプリンの理解を深め、ディシプリンの幅を広げる有意義な作業である。

新しい大学づくりは難しいが、やってはいけない禁じ手が二つある。第一に、モード1とモード2の二つの大学に分類して、分離してはいけない。二つの相互交流なくして、二つの進歩はない。第二に、教育と研究を分離してはいけない。「考え方を変える」四つのモデルからいえば、学習する人と研究する人を分けてはいけない。企業の現場が必要としているのは、四つのモデルを自由に往来できる人材である。「考え方を変える」専門機関である大学が、四つのモデルの実践を放棄するのは自殺行為である。

二つの禁じ手を書きながら、30年前のゼミを思い出した。大学院生だった加藤毅さんが、モード1とモード2、教育と研究という二つの軸をクロスして、社会工学科のあり方について問題提起をした。とても面白い話題提供で、ゼミが大いに盛り上がった。加藤説の所在がどこにあったのか、詳しい内容を忘れたが、二つの軸をクロスしてモード2時代の大学像を検討するのはかなり有力な枠組みだと思ったのはよく覚えている。

加藤モデルを思い出しながら、加藤説を推測すると次のような話ではなかったかと思う。まず、**図7.3**の左に示したように、二つの軸がクロスした四つの類型ごとに大学を特化させて、大学を分類する発想が浮かぶ。モード1研究大学、モード2研究大学、モード1教育大学、モード2教育大学、である。イメージ的には、この順番に大学が階層化されそうである。モード1研究大学が、学問をリードするエクセレントな大学であり、最後のモード2教育大学は、社会で生きていくための素養を身につける基礎的な教養イメージになる。しかし、このように分類された大学では、「考え方を変える」四つの方法が身につかないし、モード1とモード2の相

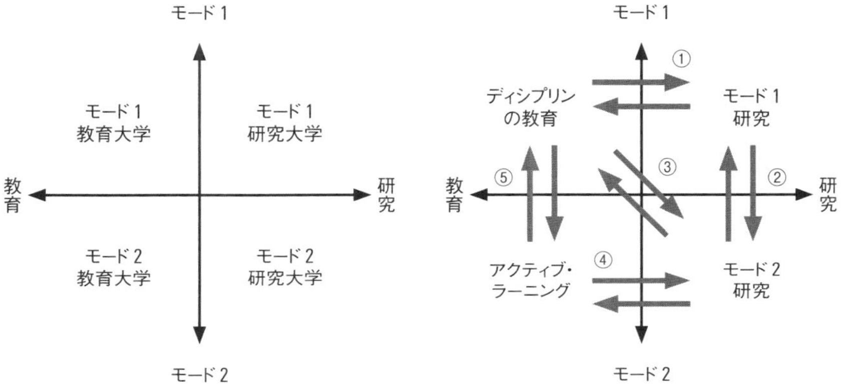

図7.3 やってはいけない大学分類と望ましい交流

互作用による知的刺激が失われる。

加藤説は、このような四類型大学を問題外の外において、各領域の交流の重要性を主張していた。とくに、社会工学のようにモード2の研究をするためには、モード1、つまりディシプリンをしっかり学習しなければならないし、その上で、モード2の研究を往復する必要があると述べていたと記憶している。第2象限の教育と第4象限の研究を往復する提案であり、ディシプリンのないモード2研究は、非力だという判断があった(と思う)。

それ以外の議論も提案していたが、加藤モデルを借用して、望ましい交流のあり方をここでの文脈に即して考えてみた。説明を分かりやすくするために、第2象限のモード1教育を「ディシプリンの教育」としておく。制度化された専門分野の知識をしっかり訓練して身につけるという意味合いである。そして、第3象限のモード2教育を「アクティブ・ラーニング」として特徴づけておきたい。学習者が主体的に参加しつつ、問題解決学習や体験学習などを通して社会で必要な汎用的能力、および教養的素養を身につけるという意味合いとして位置づける。リベラルアーツ型の教養教育に近いと考えてもらってもよい。

第1象限のモード1研究は、伝統的に制度化された学問の探究であり、いつの時代にも欠かせない領域である。しかし、制度化された学問を守るだけでなく、モード2研究との交流をすれば、専門分野の幅も広がる。モード1の研究者も、たまにはモード2の研究をした方がよいし、モード2の研究者もモード1の研究を手掛けてみるのがよい。四つの大学に分類するのではなく、それぞれの象限を学生だけでなく、教師も自由に移動できる環境を整備するのが、これからの大学の要件だと思う。

各象限の壁を越えた相互交流を矢印で表現すると図の①〜⑤までのケースに分けられる。アクティブ・ラーニングとディシプリン教育の間を往復する⑤のケースは、教育と研究を分業させた現在の大学改革の到達点になる。⑤の教育交流だけに留めることなく、ケース④の研究交流を加えるとモード2研究の大学像になる。つまり、モード2の研究大学をつくるためには、⑤④③の交流を自由に移動できるようにするのが望ましい。第3象限⇒第2象限⇒第4象限という時間の流れを想定すると、1年次にアクティブ・ラーニングを徹底して、複数のテーマについての課題探究学習論文を執筆する。これによって何を学ぶ必要があるかを自覚して、2、3年次に、複数のディシプリンをしっかり身につける。そして、4年次にモード2の卒業論文を執筆する。これがモード2大学の学部教育イメージであり、**図7.2**の大学改革の変化からすれば、「アクティブ・ラーニング」から「大学」に戻る経路になる。

⑤と①の交流ルートを辿ってモード1研究に移動するのも自由である。モード1研究の大学も、この領域だけに留まるのではなく、①②③を自由に移動する、あるいは交流するのが面白いと思う。1年次からモード2研究（第4象限）からはじめて、第2象限のディシプリン教育を経由してモード1研究（第1象限）に至るのもよいだろう。

どのような交流ケースを想定しても構わないが、二つの象限の交流だけでは不十分である。三つの象限を移動しないと二つの壁を越えた交流にはならない。いま一つ大事なのは、モード1の研究が大学の本流だと思い込まないことである。しかし、世間では一般に、研究といえば、学術研究であり、制度化された学問を思い出すようだ。最近の大学改革では、研究力の低下に関心が向けられているが、そこでも、研究力の低下は、制度化された学問の論文数の低下だと理解されている。もちろん、これは大きな問題だ。論文数の低下は、制度化された学問の生産現場が魅力的な研究環境になっていない証だが、それを改善するには、一部の有力大学だけを見ていてはいけない。日本の研究を実質的に支えているのは、現在の大学院生である。有力大学の研究を支えているのも大学院生である。そして、彼らの大学人としての就職先のほとんどは、有力大学ではなく、すべての大学である。したがって、有力大学の研究環境を整備しても、日本の大学全体の研究環境が魅力的でなければ、大学院生の将来のキャリアは明るくならない。そのようにいえば必ず、若手研究者を支援する政策という話になる。今の若手ではなく、今の若手の将来展望が明るく見えなければならない。若手から見える将来は現在の先輩たちの姿である。日本の大学全体の研究環境が魅力的でなければならないというのは、そういう時間軸を考えてのことである。つまり、日本の大学の再生産、あるいは持続可能性を考えれば、大学を分類せずに、「教育と研究」「モード1とモード2」の垣根をなくして、大学全体の教育と研究を活性化するのが望ましいことになる。

研究力の低下は、学力の低下よりも深刻な社会問題である。一部の大学の研究力だけでなく、社会の研究力を向上させるために、大学と企業が「考え方を変える」投資を日常的に積み重ねる必要がある。深刻なのは、大学改革の司令塔の「考え方を変える」のが難しいところにある。そう思うと絶望的になるが、政府も企業も研究に投資するのが賢明な時代になっているのは確かだろう。

遠回りの大学改革を振り返ると、50年前の移動大学の理念は、教育と研究を自由に往復する研究人間の養成だった。一つの実験例ではない。スティグリッツの学習社会の構築も、生涯教育の必要性だけでなく、生涯研究の必要性を語っている。学習モデルと研究モデルの二つが揃わなければ、ベストプラクティスの改善も、ベストプラクティスに追いつくこともできない。スティグリッツの学習社会の構築は、既存の知識をあまねく普及させるだけではなく、未知の研究力をあまねく浸透させることにあると理解してよいだろう。

生涯教育という言葉は、1960年代からの流行語だが、これからは生涯教育だけでなく、生涯研究の時代になる。生涯研究という言葉は、私の造語ではない。移動大学のテント村のキャンパスには、三つの大きな旗が掲げられていた。「生涯教育」の旗に並んで、「生涯研究」の旗がたなびいていた。もう一つの旗には「雲と水と」と書かれていた。どこに流れて行くかは、雲と水に聞いてくれという川喜田自然流である。50年の歳月が流れて、「生涯研究」の旗は今の時代にふさわしいように思える。

Chapter 8

O.R.T.で学んだ社会工学

8.1 社会工学という冒険

50年前の経験を引いて、今を語るのはボケ老人のなせる業だと嗤われるかもしれない。確かに時代は変わった。パスモだとか、スマホだとか、「自動」車だとか、日常生活の道具環境はSFの予想を遥かに超えて変貌し、ITの技術革新はすごい。その一方で、50年前の発想とあまり変わらないコンセプトが、新しい出来事のように語られることも少なくない。学際、文理融合、STEM教育、数理・データサイエンス・AI教育プログラム、というような最近の流行り言葉を耳にすると、今更と思ったり、文理融合の難しさをどの程度理解した上での提案なのかと心配になったり、数科目の数理関連科目の開設に認定書を発行する施策の意義がどこにあるのかと訝ったりもする。

おせっかいかもしれないが、モード2の魁といえる社会工学で私が体験したO.R.T.は、「考え方を変える」四つのモデルの具体的な実践だった。その意義を振り返れば、学際や文理融合の教育と研究を考えるのに少しは役立ちそうな気がする。O.R.T.の経験に先立って、日本で唯一の文理融合型の社会工学科がどのように誕生し、どのような経緯を辿ったかについても触れておきたい。ただし、ここで触れている内容は、私と社会工学との個人的な接点を紡いだものであり、個人的な目線からみた社会工学科の一断面にすぎないことをお断りしておく。もっぱら記憶頼みでもあるので、思い違いがあればご寛恕いただきたい。社会工学とは何か、何であったか、いかにあるべきかを問えば、関係した教員と卒業生の数ほどの解があると思うし、その多様性こそが、社会工学の魅力だったと理解してほしい。

そもそも社会工学科が誕生した背後には、東京工大における一般教育のユニークな歴史がある。戦後の新制大学は、旧制大学系列と旧制高校系列の複合的な合併によって発足した。そして、2年間の一般教育は旧制高校の系列が、専門教育は旧制大学の系列が担当するという仕切られた構図になっていた。2年間の教養学部の制度化である。

ところが、東京工大は、他の学校と合併することなく、一つの旧制大学がそのまま一つの新制大学になった珍しいケースである。旧制の東京工大には、予科もなく、一般教育を担当する教員がいなかった。新制の一般教育カリキュラムを考えるにあたっては、何の拘束もなく、まったく自由に設計図と人事構想を白紙に描くことができた。技術者教育における一般教育の重視を謳った和田小六学長の改革理念に支えられて、フリーハンドを最大限に生かした人文社会科学群のスタッフが全国から招聘された。人社群と略称された教員たちは、教養学部の教授会として分離されることなく、理工学部教授会のメンバーとして迎えられた。東京工大の人社群は、著名人の蒼々たる集団になっていった。私が受講した一般教育を思い出せば、社会学の永井道雄（後の文部大臣）、経済学の阿部統、文化人類学の川喜田二郎、心理学の宮城音弥、政治学の永井陽之助、統計学（ゲーム理論）の鈴木光男、文学の江藤淳、論理学の石本新、科学史の八杉龍一、哲学の吉田夏彦、技術史の山崎俊雄、という顔ぶれだった。私の入学前には、哲学の鶴見俊輔、文学の伊藤整がいた。いずれも親しく先生と呼ぶには失礼にあたる著名人だった。

私は、1964年に入学しているから、ほぼ60年前の話になる。当時の入学試験は全学一本であり、学科の所属は2年次に決まる。2年から専門教育がはじまり、2、3、4年次にも一般教育が受講できる「くさび形」のカリキュラムがすでに導入されていた。社会工学科は、まだ創設されていなかった。

高校時代からラジオ、テレビ、自動車、コンピュータなどの機械いじりが好きだったという学生が多い工業大学だが、それほどの機械好きでもない私は、2年次に経営工学科に進学した。技術と経営の両方が分かるところに魅力を感じたからである。経営工学は、テーラーの科学的管理法の流れをくむ文理融合教育の走りといえる新しい学科である。内容もよく知らないままに、社長になるのに役立つかもしれないという気分で進学したが、入科式の学科長の言葉にびっくりした。「経営工学科は、社長を養成するところではない。工場長を養成するところである」といわれた。工場の生産をトータルに管理する知識と技術を修得するが学科のコンセプトのようだから適切な物言いだと思うが、「えっ?」と叫びたくなったのをよく覚えている。

それはともかく、経営数学やORや品質管理など数理で経営を分析する手法は、面白いと思っていた。数理をコアにして、工作機械や電気工学や化学工学の実習もあれば、会計と法律の専任教員もいるという理・工・文複合型のカリキュラムになっていた。学生の目から見て多様にすぎると思ったが、製造業のどの業種に就職しても工場長になれるように配慮されているかのようだった。ポスト製造業時代の経営工学のコンセプトは、すでに大きく変わっていると思うが、その事情はよく知らない。

東薬卒業生の教育アウトプットの類型を引けば、私の学業成績はほぼ真ん中で、勤勉派とはいえなかった。クラブ活動で人脈を広げるほどの友好派でもなかった。しいて言えば、自分勝手に勉強する自立派だったかもしれない。私の興味は、専門教育よりも一般教育に向いていた。200人あまりの大教室の片隅で、一般教育科目の授業を楽しんでいた。とくに、社会学、経済学、文化人類学の授業に興味を引かれた。内容はまったく覚えていないし、何かを学んだといえるわけでもない。ただ、永井道雄の「エリートは孤独に耐えなければならない。闇に虚空を切らなければならない」、川喜田二郎の「ペルシャ以来の官僚制を打破しなければならない。下からの組み立て民主主義をつくらなければならない」という語りだけは記憶に残っている。「何を言っているかよく分からないけれど、何か気になることを語る」ところに大学らしさがある。とすれば、東京工大の人社群は、「大学らしさ」の象徴だったように思う。後に、先生として親しく御指導いただくことになるとは思いもよらない大教室の片隅の体験だった。

その人社群が、土木・建築の都市計画グループと協力して、社会工学科を創設したのは、私が3年生になった時のことである。「何か気になること」を語っていた人社群が、社会工学という何だかよく分からいことをやり始めたことにびっくりした。経営システムを設計するのが経営工学だとすれば、社会を対象にしたシステムの設計とはどういうことなのか、よく分からないが面白そうだとは思った。社会工学科の専門科目が開設されたのは、4年生になってからのことであり、就職と卒論に忙しかったので受講はしていない。

就職については、思い出がある。自立派の学習のもう一つの経験は、読書からの影響である。マルクスとフロイトを知らないのは馬鹿だ、という学生文化がかすかに残っていた時代だから、薄っぺらながらも一応の幅広い読書はしたが、私が影響を受けたのは、シュンペーターだった。新結合がイノベーションを生み出すという物語がとても刺激的だった。就職を考えるころには、技術と資本(お金)の新結合を考える仕事をしたい、それがバンカーの仕事ではないかと思うようになり、そうだ、銀行に行こう、と思い立って、銀行の門を叩いた。しかし、頭の固い銀行は、工学部出身の私を採用しなかった。大学院に進学するとか、研究者になりたい、という希望は頭の片隅にもなかったから、銀行を諦めて、工学部らしく、自動車会社の就職に決めた。

理工学部の最後のイベントは、卒論である。大学の本格的なO.R.T.は卒論からはじまる。東薬の卒業生が「研究室の世界は仕事に通じる」(薬学部)「研究力は仕事力のベースになっている」(生命科学部)というのは、工学部の卒業生にも通じるだろう。東薬では、卒業論文研究、あるいは約して卒論研究とよばれているが、一般には、卒業論文、略して卒論だろう。研究を付したほうがいいと思うが、ここでは卒論にしておく。この卒論の形式は、学部や大学によって大きく異なるし、教員の関与や指導の程度もまちまちである。教員の指導がほとんどなく、学生個人の自主的努力に任せっぱなしの放牧型から手取り足取りの訓練型もあれば、教師の研究の下請け型もある。テーマの設定の仕方もさまざまである。学生の資質や研究のテーマにもよるから、どれが望ましいとはいえないが、学生とテーマとの相性も考えながら微妙に調整するしかないだろう。

工学部の卒論は、その重要性が学生にも深く浸透しているから、3年生までの非勤勉派も友好派も、4年になって自立派に豹変するケースが少なくない。私が所属したのは、4年次に新しく助教授に就任された黒沢一清研究室だった。先生の授業はまだ開講されていなかったから先生の研究内容をまったく知らなかったが、経済学の専門家であることから迷わず志願した。先生の卒論テーマの決め方は、いくつかのテーマを示されて、その中から関心のあるテーマを学生が選ぶという方式だった。私が選んでテーマは、「ラッカープランによる付加価値生産性の成果配分に関する研究」というものだった。すっかり昔のことで、卒論が保存されているわけでもないので、もっぱら記憶による。

アメリカの経営コンサルタントであるラッカーは、付加価値に占める賃金の割合(労働分配率)が長期に安定しているという法則を発見した。この法則を経営に導入すれば、労使協議制によるモラール向上の経営管理ができるとするラッカープランを提案した。会社の付加価値生産性が向上すれば、その成果を過去の労働分配率に応じて労働者に分配するというルールを事前に協約すれば、労働者のモチベーションが高まるし、会社の生産性も向上するという発想である。このラッカープランを参考にして、付加価値生産性の成果配分を考えるというテーマである。趣旨はシンプルだったが、研究としては難しかった。付加価値生産性と賃金の関係についての各種の統計データを収集し、分析した。マクロの産業別データの推移は日本でも安定的だったが、個別会社の有価証券報告書を調べると付加価値生産性も賃金もその変動幅は大きかった。ラッカープランやそれに似たスキャンロンプランを導入したことのある会社を訪問し、インタビューもした。しかしながら、収集した数字や言葉をどのように組み立てればいいのか、その組み立て方には自信も納得感もないままに締め切り時間の関数に従って書き上げたという記憶しかない。恥ずかしい出来だったが、マクロとミクロが乖離しながら動いているという社会の現実だけが不完全燃焼のままに心に残った。

ここで紹介できるようなO.R.T.ではなかったが、その内容よりも忘れられないのは、先生の言葉である。「卒論はとても大事です。1年間で考えたことは、皆さんの生涯に何かしら関わってきます」という話をされた。「大げさだな」と軽く聞き流していた。ところが、30歳を過ぎて、教育経済学に出会った頃に黒沢先生の言葉を思い出した。人的資本理論は、教育が生産性を向上させ、その成果が賃金に反映されるという話になっている。付加価値生産性の向上と分配という卒論の経験が思い出され、どうしてこのような巡りあわせになったのかと不思議な気がした。大学最後の1年間、同じテーマを考え続けるうちに一つの思考パターンが記憶の底に残るのかもしれない。黒沢説を他で耳にしたことはないが、卒論による1年間の思考の鍛錬は生涯ものかもしれないと思ったりもする。同じテーマを1年間考え続けること自体が、O.R.T.の第一歩といえそうである。逆に、1か月ぐらいで参考文献を適当に並べて提出する卒論では、何の役にも立たないだろう。私が民間会社に長く勤めていれば、労使協議の仕事をしていたかもしれない。

不完全燃焼のままに卒論を書き終えて、自動車会社で働くことになった。群馬県太田市のスバル360の名車を生産する工場を管理する工程管理室に配属された。経営工学の卒業生をどこに配属するかは、会社も承知していたようで、経営工学はすでに会社側に認知されていた。生産工程の自動化が進んでいた時代で、生産ラインをコンピュータで制御するプログラムの開発と生産ラインの設計が喫緊の課題になっていた。プログラムの勉強をさせてもらいながら、生産工程の現場を歩いたおかげで、プログラム・ソフトの1／0を機械のスイッチのオン／オフに結びつける仕組みがよく分かった。生産ラインの自動化をリアルに実感できたのは楽しかった。

しかし、忘れられないのは、社会工学のことだった。社会工学科は、人社群と土木・建築との合流であり、カリキュラムも社会経済計画コースと都市計画コースの二つから構成されていた。私の関心は、社会経済計画である。人社群から社会工学科に移られたのは、経済学の阿部統先生、社会学(永井道雄)研究室の助手をされていた原芳男先生、統計学(ゲーム理論)の鈴木光男先生だった。文化人類学の川喜田二郎先生は移られなかった。人社群の先生方は、社会工学科の大学院が設置され次第、大学院の教員になり、授業と研究指導ができるようになっていた。社会経済計画系には、経済企画庁経済研究所所長の林雄二郎先生、および工学博士で哲学博士でもある科学技術論の山田圭一先生が、産業計画講座の教授と助教授に就任されていた。6月頃の『経済セミナー』という月刊誌で、鈴木先生が「社会工学の誕生」を熱く語っていたのをよく憶えている。

散発的な情報を知るたびに、社会工学という未知の領域に飛び込んでみたいという思いが募るばかりだった。学生時代に勉強をしなかった人ほど卒業すると勉強したくなるという法則がありそうである。経済学研究室には、本を借りに顔を出したこともあったので、思い切って阿部先生に手紙を書くことにした。社会工学にとても興味があること、会社を辞めて、3年に学士編入するか、研究生になるか、大学院に進学するか、を考えていること、相談させていただければ嬉しいこと、などを綴った。入社して3か月ほど経った頃のことである。何の展望もなかったが、1年間ぐらい働かなくても生活できる資金を貯金する計画だけは立てていた。東京の一人暮らしの生活費は、下宿代を含めて2万円ぐらいだったから、24万円の貯金を当面の目標にした。その頃の国立大学の授業料は、1か月千円であり、年間1万2千円だった。ほぼ無償に近い授業料であり、ほんとにありがたい時代の話である。初任給は、3万円の時代だが、生産現場の昼夜二交代制や残業の手当が含まれると貯金するのはそれほど難しくなかった。こうした経済計算をしていたことをはっきり覚えている。私は、後々に大学無償化論を提唱しているが、その提唱は、18歳の大学入学を想定していない。中卒・高卒・大卒を含め働いている社会人が勉強をしたくなった時にいつでも大学に入学できるような社会をつくる必要があると考えてのことである。社会に出て働けば、勉強する意欲もはっきりする。親の授業料負担主義と18歳入学主義を改める大学無償化論を提唱した原点には、会社を辞めて、大学に復学する経済計算をしていた新入社員の経験がある。

ライン制御のプログラムもまだ書けず、生産工程の不具合やトラブルが発生すれば、右往左往するだけの新入社員が辞めるための貯金に熱心だというのは、不謹慎極まりない話である。辞めるつもりではいたが先のことは分からず、仕事ぶりは、同期の中でも熱心な部類だったと思う。手紙は出したものの、阿部先生も返事を書くのに困惑しているだろうと推察していた。ところが、まず手紙の返事が来て驚いた。内容を読んでさらに驚いた。助教授の原先生に会って相談して下さいと書かれていた。原先生が研究生として受け入れてくれるということかな、学士編入かな、だとすればいつ辞めるかな、まだ貯金は足らないし、などと想像していた。8月の夏休みの暑い週末、原先生の研究室を訪問することになり、はじめてお会いした。ご挨拶をして、社会工学を勉強したい旨の話をしたと思うが、話は思わぬ展開になった。青天の霹靂とはこういうことかもしれない。生涯でこれほど驚いたことはない。「社会工学を勉強したいということだけど、助手になるのはどうですか。助手になれば、お金がもらえて、勉強もできますよ」といわれた。

「助手って何のこと。何をすればいいの?」。事態がよく読みきれないままに、断る理由があろうはずもなく、上の空のままに、9月30日の誕生日に会社を辞めることにした。入社してから半年後のことだった。櫓なき船の大海に乗り出せるがごとしの大冒険がはじまった。助手の辞令が出たのは、11月1日付だった。

8.2 はじめての社会調査、はじめてのO.R.T.

勉強したい、勉強したいと言いながら、「何を勉強したいの」と聞かれて、答えに窮するほどに頼りにならない助手の誕生だった。先生方も無謀な判断をしたものだと思うが、私の手紙を読まれた阿部先生は経営工学の黒沢先生と相談されたようである。丁度、社会工学基礎講座の助手候補を探しているタイミングであり、私と面談する前に阿部先生と原先生は採用の方針を決められていたらしい。研究分野が特定されていない新設の社会工学基礎講座という特殊な事情と助手の募集中というタイミングが重なった偶然の採用だった。阿部先生に手紙を書くのが遅かったら助手になる機会はなくなっており、私の人生は一変していたことになる。文理融合の経営工学科を卒業していたこと、および人事の幸運のタイミングに感謝して、助手というよりも、コンピュータ・プログラムとデータ分析が少し分かる技官として勉強させていただくことにした。

半年ぶりに戻ったキャンパスは、1968年という学生運動の季節であり、卒業時の静かな風景とは様変わりしていた。勉強したいと思って大学に戻ったキャンパスで、大学解体が叫ばれていた。そんなキャンパスにあって、あの川喜田二郎が大学問題の研究会を開催されていた。KJ法の研修会もあったので、さっそく参加させていただいた。一般教育の授業で話は聞いていたが、KJ法を自分で実践してみると「既成概念にとらわれず」「己を空しくして」「データをして語らしめ」「言葉と言葉をグルーピングして」「表札をつける」というシンプルな作業は、なかなかの意味深であり、なるほどと感心しつつ、シュンペーター流にいえば言葉と言葉の新結合かな、などと邪念が入るとさらに難しく、第一回目の図解の完成に私は挫折している。「大学問題をどう解決するか」という川喜田研究会には集まった10数人の助手、院生、学生は、KJ法を修得したメンバーであり、知恵を出し合い、KJ図解を作成した。そこから「大学問題」の「解決策」としての「移動大学の実験」が決断され、実行に移すまでに半年とかからなかった。あの川喜田二郎が、川喜田先生になり、KJと呼ぶまでになった。

スティグリッツの「学習社会の構築」を読んで思い出した移動大学の話題に再び触れたのは、私のキャリアとKJの関係を説明しておきたかったからだが、それだけではない。大学解体だけが声高に叫ばれ、その先を見通す想像力を誰もが欠いていたこの時代状況（東大安田講堂事件が1969年1月）にあって、何が教育の核心であるかを見抜き、具体的なオールタナティブを実践してみせた教育実験の意義は極めて大きかったと今さらに思うからである。遠回りの大学改革と表現したように、その実践は、50年後の今になっても輝きを失っておらず、今の大学教育のコアに組み入れるにふさわしいカリキュラム改革だったと思う。

あの頃、社会工学とは何かについては様々な機会を通じて議論されていた。日常的な言葉でいえば、工学的な知識・技術を使って、社会問題を解決するのが社会工学だということになる。工学的な知識・技術といってもいろいろだが、一つのコアが数理になる。したがって、計画数理講座が、社会経済計画コースと都市計画コースの二つを繋ぐ要に位置づけられていた。経営工学のコアが数理になっているのと同じだ。こうした社会工学観のポイントは、方法やディシプリンにとらわれずに、「現実の社会問題」に真摯に向き合うところにある。社会工学科のメンバーには、問題の解決に役立ちそうなディシプリンや方法を貪欲までに活用するという姿勢が窺われた。都市計画のグループは、社会工学科が創設される前から、都市問題の解決に役立つ理論と方法を模索して、人社群の経済学研究室や心理学研究室との共同研究をすすめていた。何も数理を使うだけが社会工学ではない。KJの社会工学は明解だった。野外科学による問題の発見と仮説の発想にはじまり、そこから問題の解決策と検証に至るプロセス全体になる。大学に戻ってすぐにKJ

法を使えるようになったのは、とてもありがたかった。数理とKJ法を貪欲に活用しようとする私の姿勢は、社会工学入門と同時に整った。

社会科学的な文脈からいえば、自然科学に対して工学があるように、社会科学に対して社会工学があってもよいはずだということになる。科学は、自然や社会の現象のなぜ(Why)を問い、なぜを説明するのが仕事だが、工学は、自然科学の法則を応用し、問題をいかに(How)解決するかを考える。社会科学では、マルクスの歴史法則主義的な社会観が支配的だった時代に、イギリスの哲学者カール・ポパーはこの歴史主義を批判した(ポパー 1961)。そして、マルクスのような全体主義的改革ではなく、小さなことがらの積み重ねで社会を改良するピースミール(漸次的)ソーシャル・エンジニアリング(社会工学)を提唱した。私は、このピースミール社会工学の考え方に賛同しているが、夢が小さく部分的に映るためか、日本の社会科学の世界では、あまり人気がない。英語のsocial engineeringがあまりよいニュアンスで用いられないのも原因だと思われる。最近のソーシャル・エンジニアリングといえば、ネットワークに侵入するために必要となるパスワードなどの情報を盗み出す方法のことだとされている。

社会工学とは何かを見聞きしながら、「社会工学は、まず先に問題ありき」の原則に立って、現実の問題に取り組むことにした。着任して数か月後に、原先生が立ち上げられた調査研究プロジェクトに参加させていただくことになった。日本住宅公団(当時)から委託された「分譲住宅管理組合の実態調査」プロジェクトである。「公団分譲住宅団地における管理の実態を調査し、望ましい管理および供給方式を検討する」のが調査の目的になっている。

日本住宅公団が、賃貸住宅ではなく、分譲住宅を供給するようになったのは、1965年ごろであり、大きな分譲住宅が供給されるようになったのは67、8年からのことである。公団の賃貸団地では、管理の事務と責任のすべてを公団が負っていた。しかし、分譲団地の共有部分について、公団に管理責任はない。区分所有者である住民(=組合員)によってつくられる管理組合が管理の責任を負うことになる。これを法律で定めた区分所有法は、1963年に施行された新しい法律であり、入居してはじめてこの法律を知るというのがほとんどだった。法律は定められても、管理組合の運営が成功するか否かは、まったく分からない状況だった。公団に管理責任がないとはいえ、公団の名を冠した団地である以上、管理について無関心ではいられない。「管理の実態」を調査し、「望ましい管理と供給方式」を検討したいというのは、公団の切実な問題だった。その基礎資料の作成が、住宅公団から原先生に委託された。

原先生の指導のもと、助手の私と原研究室に出入りしていた二人の学部3年生（佐枝三郎さん、宇治川正人さん）がこの調査プロジェクトに参加することになった。1969年の新年早々のことである。今までにない新しい問題であり、この分野の専門家がいるわけでもない。何が問題なのか。公団も原先生もはっきり分かっているわけではない。先行研究があるわけでもなく、分譲団地の調査に入ったのは、私たちがはじめてだったと思う。知らない者同士が集まって、対話しながら、新しい考え方を探検する研究であり、野外科学のはじめての経験だった。はじめての社会調査であり、はじめての本格的O.R.T.でもあった。私にとっては、2回目の卒論であり、二人の学生は、このテーマに関連した卒論を執筆している。

はじめての社会調査から学んだことは多かった。ここで学んだ思考のプロセスが、その後の私の研究法と勉強法の原点になっている。道なき道に分け入って、そこに何とか新しい道をつける。それが社会工学の精神である。その共同作業は、面白いばかりでなく、思考の鍛錬としてとても役立つ。アクティブ・ラーニングの重要性と同じであり、アクティブ・ラーニングは研究として位置づけるのがよい。ここで習得した思考の財産を三つ紹介しておきたい。

第一は、KJ法とアンケート調査の併用である。分譲住宅管理組合の実情を知るために、まず9団地の管理組合を訪問し、理事長にインタビューすることからはじめた。面接の結果をカード化して、KJ法によって言葉を組み立てると徐々に視界が開け、広がってくる。未知の世界を手探りで探検する武器として、KJ法はとても心強い。共有施設の財産価値を維持するのが管理組合の目的だが、管理する組合員は日常生活の場で暮らす住民である。住民同士の連帯感にどれだけコミットするかというコミュニティ意識と管理組合の業務との葛藤も生まれてくる。騒音や道路、学校などの団地の内外のさまざまなトラブルも発生し、管理組合の責務を超える問題の解決に直面する実情なども明らかになった。

しかし、こうした現状の理解は、理事長からみた世界である。住民の行動と認識を明らかにするために住民に対するアンケート調査も行った。経営工学で習った統計分析とアンケート調査との違いを知って戸惑ったが、机上の講義や演習よりも分析の必要に応じて統計学を学ぶのが最も効果的な勉強法である。ここでの分析に必要だったのは、クロス集計である。クロス集計のコンピュータ・プログラムを書くのははじめてだったが、クロス集計が最もシンプルで最も重要な分析法であることを肌で実感できたのはよかった。このようにして、定性的分析と定量的分析を同時に学ぶことができたのは有難かった。社会調査のO.R.Tのためには、二つの併用がおすすめである。

第二の思考の財産は、KJ法とアンケート調査を接続する方法である。二つを併用するだけでなく、この二つを上手に接続しなければいけない。そのためには、定性的分析と定量的分析の特徴を押さえておく必要がある。この辺の事情は、原先生の社会学的想像力とセンスによる指導が大きく、ありがたかった。先生は次のように述べている。「社会現象を把握する場合、その複雑さのために、特に必要と考えられる定性的変数を抽出しなければいけない。その変数間の関係を構造化することによって一つの結論に導く方法が定性的分析である」。そして、「所与の定性的変数の背後に定量的変数があると仮定し、何らかの手法に基づいて、定量的変数を導き出す。この定量的変数を統計的に処理して一つの結論を導き出すのが定量的分析である」。「ここで明確にしなければならないのは、社会調査における結論は、定性的なものであり、定量的分析は、あくまでも定性的な結論を導く中間手段にすぎないことである」。すなわち、「定量的分析に用いた変数は、あくまでも定性的に抽出したものであり、分析結果の数字も一つの定性的な傾向を示す指標以上の意味は持ちえないのである」。この一連の文章は、「分譲住宅管理組合の実態調査」からの引用である（原 1971）。このような原先生の話を聞きながら、KJ法と統計分析の実習をするという贅沢をしていたことになる。今にして思えば、社会現象の定性的分析 ▶ 定量的分析（中間的手段）▶ 定性的分析という原先生の説明は、言葉 ▶ 数字 ▶ 言葉という組み立て工学の変換プロセスになっている。O.R.T.は、無意識に多くのことを体得させる強力な学習法だと改めて思う。

理屈よりも忘れられないのは、定性的変数の抽出と変数間の関係の構造化を目の前で見せてくれたことである。それに続けて、その構造的理解があってはじめて、アンケート調査が設計できることを知った。つまり、KJ法とアンケート調査を接続する方法が分かった。

インタビューを踏まえて、施設の共同管理は難しそうで、将来が思いやられ、住民の共同体意識の危うさなどを学生たちとおしゃべりしていた時に、先生が黒板に二つの線を描いて、**図8.1**を示された。管理組合は、町内会的な組織とは異なった性質の管理技術を要求しており、その上、管理組合は自発的組織であり、理事全員が無給で管理業務を行っている。理事長のインタビューを考察しながら、管理組合の現状を理解する二つの重要な軸が指摘できるとして、縦軸に管理能力の有無（＋－）をとり、横軸に自治の有無（＋－）をとって、その組み合わせによる四つの

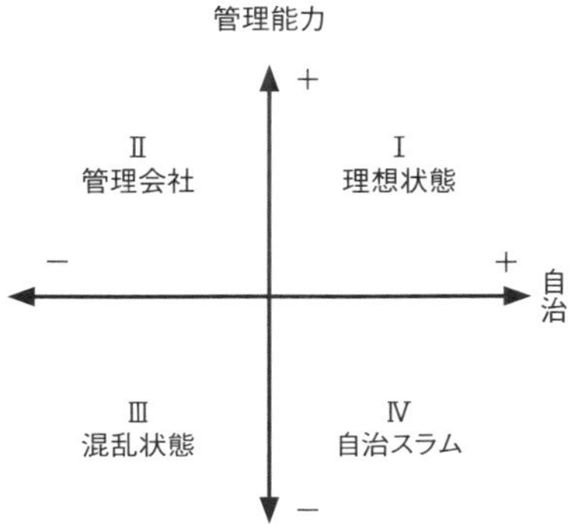

図8.1　管理組合の4類型

異なった領域を区別された。

二つの条件の有無から構成される4類型を図のようにネーミングすれば、各象限の特徴は推察できると思う。第2象限の管理会社は、自治が無く、管理業務のすべての意思決定を区分所有者である住民以外の第三者（管理会社）によって行われる場合である。詳しい説明は省略するが、重要なポイントは、理想状態の第1象限も混乱状態の第3象限も、長期にこれを維持するのはほとんど不可能だというところにある。一つの類型に自己完結的に留まることはなく、どこにあって有無の逆作用が働き、時間とともにダイナミックに象限の間を推移するという流動的なモデルである。社会システムの均衡維持は、つねに一時的でしかありえず、つねに逸脱への可能性を内蔵しているという社会学理論に基づいた解釈である。

社会学をほとんど知らない私たちにとっては、先生の解釈をどこまで理解できたか怪しいが、二つの軸をクロスして複雑な社会現象を説明するという方法をはじめて目の当たりにして、感動した。そのことははっきり覚えている。複雑な社会現象を理解するためには、「特に必要とされる定性的変数」を抽出しなければならないという具体例である。

さらに重要なのは、この枠組みがあってはじめて、アンケート調査の質問項目が具体的に決定できるということである。管理組合の問題処理能力、管理組合についての知識、管理方式（管理組合か、専門会社か）の選好、住民の共同体意識と行動などの項目が浮かんでくる。調査項目が浮かんでくるような枠組みをもたずに、思いつきの質問項目を羅列するのは社会調査の悪い例である。

調査の設計については、先生からいま一つの枠組みが提案された。管理組合に

		問題解決の空間			
		個人	近隣	団地内制度	団地外制度
問題が発生する空間	個人	◎			拡大解決
	近隣		◎		
	団地内			◎	
	団地外	縮小解決			◎

図8.2　問題の発生と解決の類型（◎現地解決型）

は、多様な不満が寄せられてくるが、それらのすべてを管理組合が解決できないし、する必要もない。不満の解決は、重要なテーマであり、この問題を特徴づけるために提案されたのが、**図8.2**の問題の発生と解決の類型である。個人・近隣・団地内・団地外で発生した不満とどの範囲で解決したかを組み合わせたモデルである。

個人レベルの不満の発生は、「ピアノやステレオなどの私的騒音」、近隣レベルは、「子供のいたずら、自転車置き場」、団地内レベルは、「駐車場、芝生の管理」、団地外レベルは、「交通安全、道路、外部騒音」といった問題になる。これらの不満の有無にあわせて、どのような解決行動をとったかを質問した。1）何もしなかった、2）個人的に処理、3）近所で相談する、4）管理組合に連絡する、5）公団に連絡する、6）警察や行政に連絡する、などの区分である。不満と解決の類型から、現地解決型（◎印）、拡大解決型、縮小解決型の類型を想定できる。こうした類型が複数の団地でどのように異なっているかを比較したり、どのような住民がどのような解決行動をとるかが分析できたりする。

図8.1と**図8.2**は、いずれも二つの軸をクロスしたマトリックス表示になっている。その後の多くの社会調査の経験からいえることだが、KJ法とアンケート調査を接続する有力な方法、および定性的分析（言葉）と定量的分析（数字）を接続する有力な方法は、マトリックスである。定性的な分析枠組みをマトリックスで表示すれば、定量的分析のためのアンケートの調査項目が浮かんでくる。定量的変数をクロス集計（＝マトリックス）すれば、定性的な傾向が浮かんでくる。卒業生調査の枠組みは、高校・大学・仕事の流れ図（フローチャート）になっているが、この分析枠組みは言葉の組み立てでも、数字の組み立てでも利用できるようになっており、言葉と数字を接続させる考え方は同じである。お気づきのように、本書では二分法による4分類マトリックス法がしばしば活用されている。重要な定性的な変数が一つ浮かんだら、もう一つの変数を考えてクロスするのは悪くない。

第三の財産は、社会学である。「まず先に社会問題ありき」は思考を鍛える一つの方法だが、社会問題の背後には、すでに鍛えられた思考の体系が必ずある。いわゆる専門知識であり、ディシプリンである。ディシプリンにとらわれないのが望ましいが、ディシプリンを無視するのは無力である。佐枝さんと宇治川さんは、私の2学年後輩になるが、社会工学の授業をすでに2年近く受講しているから、社会工学については彼らが先輩になる。このような近さにあったからKJ法も統計分析プログラムの作成も分析も共同して遂行できて、助手としては大いに助かった。彼らと議論していると先生が、「その議論は、社会学でいえばこのような説明になるね」という展開になることがしばしばあった。なるほどと思う話が多かった。社会学の勉強をしたいという私たちの提案に応えて、週に一度の社会学ゼミを開催してくれた。キャンパスは、授業放棄やストライキで騒々しい折のことだった。パーソンズのSocial Systemの英語版を丁寧に読みながら、分からずに詰まってしまうと具体的な日常的事例を引きながら、専門用語と文脈をなるほどと納得できるように説明してくれた。授業放棄やストライキがなければ、二人の学生を交えたゼミも成立しなかったと思う。私にとっては貴重な勉強の機会になった。社会学の社会の見方は一意的ではないことも分かったが、モード2の研究を経験するとディシプリンを理解しやすくなる。経験を重ねるほどに、著名な学者の理論であるかどうかよりも、現場の状況からみて納得できる理論かどうかが重要だと思うようになった。

モード2の研究とディシプリンの教育の往復運動が必要だと先に述べたのは、こうした実体験による。以上の三つが、はじめての社会調査から学んだ思考の財産である。1年間半ほどのプロジェクトにしては、大きすぎると思えるほどの成果だった。とはいえ、当時は、この三つの成果をまだ十分に認識していなかったかもしれない。その後の経験が重なって、当時の価値が分かるようになったというのが正直なところだと思う。先生の教えは、後になって分かるものだが、マトリックスによる接続法は、はっきり覚えている。これも闇を歩いていたからこそ分かる明るさのショックであり、道なき道の闇を歩くO.R.T.の学習効果は大きいと思う。

いま一つ加えておく。役に立ちそうな方法は何でも活用するという貪欲な姿勢が身についたのも一つの成果だったと思う。政治学の大学院生だった友人が、コンテント・アナリシス(内容分析)が面白いとしばしば話してくれた。政治学の分野では、情報不足のソ連や中国の内情を推測する方法として普及してきたという。

管制の限られた新聞報道の内容をカテゴライズして、それを数量的に分析して追跡すると、内容の変化が浮き上がり、新しい動きが推測できるという話だった。言葉を数量化する方法が面白いと思って、団地調査に応用できないかと考えた。その結果が団地広報誌の分析である。団地広報誌は管理組合と住民を結ぶ唯一の情報ルートであり、団地のコミュニケーションの実態を知る有力なメディアである。広報誌のセンテンスごとに、その主題を明記し、その主題を誰が(主体)、誰に(客体)に向かって書かれているかを逐次に分類し、その数をカウントするという方法をとった。主体・客体の分類は、公団・管理人・理事長・自治会・住民・市役所などになる。これによって、広報の主題、主体、客体の経年変化や団地の比較を行った。文章の主題を分類すれば、どのような問題が発生しているかも分かる。

その分析成果はともかく、KJ法とアンケート調査の接続、および内容分析、というはじめての社会調査の方法を並べてみて、本書がこの三つの方法の順に構成されていることに気がついた。Chapter 5の計量テキスト分析は、60年代のコンテント・アナリシスが進化したものである。偶然のようなこの一致は、はじめてのO.R.T.の経験が、私の思考の形成に強い影響を与えた証かもしれない。進歩していない証かもしれないが、いつの時代でも役立つ普遍的な思考だということにしておく。

なお、分譲住宅の管理組合問題をその後に研究する機会は一度もなかった。住宅公団の分譲住宅は撤退され、民間の分譲マンションが急増した。新築の入居時に管理会社が決まっていることが多いようで、専門会社にお任せになっている。原モデルの第2象限の管理会社型である。しかし、この類型に収斂して、共有施設の管理が自己完結的に安定しているわけではない。朝日新聞が「高齢化するマンション-コミュニティ編」(令和4年6月16日朝刊)を特集しているように、老朽化、住民の高齢化が重なって、業者との契約が難しくなったり、自主管理の助け合いが模索されたり、事態は今も流動的のようである。50年経っても、日常生活の暮らし方や社会の問題の所在は大きく変わらないように思える。

8.3 体験的O.R.T.のすすめ

私の新入助手研修は、原先生のお陰でとても恵まれた時間になったが、道なきところに道をつける社会工学の精神は、学科全体の文化でもあり、いずれの研究室でも新しいプロジェクトが立ち上がっていた。民間企業の新しい問題を解決するのが経営工学の研究テーマだとすれば、社会工学の研究テーマは、公共的な社会問題の解決だった。1960年代の高度経済成長は、多くの社会的ひずみをもたらし、人口集中に伴う都市の生活環境問題、公害問題、社会福祉や教育の問題などを抱えて、経済成長主義の見直しが盛んに議論された時代である。社会工学の誕生は、こうした社会変化の波頭で起きた出来事だった。実際のところ、社会工学科の研究プロジェクトは、公共的な社会問題の解決を志向しており、政府からの委託研究が多かった。日本にまだ生まれていなかったシンクタンクの役割を社会工学科が担っていた側面もある。

原研究室では、住宅公団のプロジェクトに続いて、1970年には、大蔵省の委託研究である「教育のPPBS」がはじまった。3年間のPPBSプロジェクトに重なるように72年には、経済企画庁の生活時間調査、73年に総理府の「婦人の生活時間とレジャー」調査、74年に経済企画庁の「生活時間と生活構造に関する調査」(夫婦の生活時間調査)を行った。その間、都市計画グループと共同で「人口急増地域(大都市郊外)の住民意識調査」も行っている。

私が参加していたプロジェクトはこれらに留まらなかった。産業計画講座の林雄二郎研究室にもしばしば顔を出しており、助手の小泉允圀さんのプロジェクトに参加させてもらっていた。小泉さんは、建築の博士課程を中退し、「都営経営」という新しい研究領域を開拓されていた。助手として何をすればよいか迷っていた私にデータ分析の作法をはじめ、研究の手ほどきを伝授してくれた。とりわけ多変量解析の統計技術は、小泉プロジェクトで鍛えられた。私が参加したプロジェクトをあげれば、経済企画庁(当時)の「離島の分類調査」では、社会指標による離島の類型化と離島の発展方向に関する分析を行った。科学技術庁(当時)の「エクスパート・サーベイによる社会開発の課題」では、30人あまりのエキスパートをインタビューし、近未来の社会開発の課題を抽出した。インタビューの総合的な結果をKJ法でまとめている。

数量分析やKJ法を身につけるためには、いろいろな場面でその応用と活用を重ねるだけでなく、教師・先輩・同僚との日常的な対話がとても重要になる。「考え方を変える」四つのモデルは、対話の類型である。この対話の実践として、社会工学科は格好のコミュニティになっていた。

研究しながら学ぶO.R.T.の重要性をはっきり意識するようになったのは、1980年頃に企業の研究所を調査してからのことである。いくつかの研究所を訪問し、採用後の教育のみならず、新規の関連分野への進出とそのための人材確保の方法などについて聞き取り調査を行った。そこで語られた教育方針の多くは、研究プロジェクトを遂行しながら、非公式な会話を重ねて、互いに学び、育てあうという方式だった。日本的経営のO.J.T.方式だともいえるが、物知りの上司が部下に教えるという一方的な関係にあるわけではなく、研究者と研究者が共に考え、互いの知識を共有財産化するという対等な関係にあった。O.R.T.と呼ぶのがいいと思う。例えば、修士卒の新人は、2年間ぐらいかけて取り組む研究テーマが与えられ、指導者として先輩の研究員がつくチームワーク体制がとられていた。

卒論·修論の繰り返しが研究力を向上させるベストの方法である。それは、多種多様な研究プロジェクトを繰り返してきた6年間の助手生活の総括でもある。加えて、一つ一つの区切りで、達成感を味わうことが肝要である。東薬の卒業生調査でも、卒論研究の達成度が高いほど汎用能力が身につくという結果になっている。手抜きの卒論も少なくないが、それでは折角の機会が無駄になる。

6年間にテーマの異なるO.R.T.を何度も繰り返す大学院生はいないだろうから、私の体験は特殊にすぎて、参考にならないと思われるかもしれない。しかし、部分的な体験を取り出しても、分譲団地プロジェクトだけをみても、それらはすべて、「考え方を変える」四つのモデルの具体的な実践だった。その意義を考えれば、4年になってから卒論を書くのではなく、低学年で未知の研究テーマに向き合い、O.R.T.を早くに経験するのがよい。モード1のサイエンスでは、事前に学ばなければならない専門知識が多いかもしれないが、少なくともモード2の研究力を高めるためには、低学年の論文と卒論を含む数回のO.R.T.が有効であるのは間違いない。さらに、大学院の修士論文でO.R.T.を繰り返し、その間に関連する複数のディシプリンを学べば、学際ないし文理融合の教育と研究が成立すると思う。ただし、1年時からKJ法と統計分析の基礎を身につけるのが必須である。この二つを1年間で身につけるのは難しいが、O.R.T.のたびに繰り返せば、卒論·修論で大いに役立つし、そこで身についたスキルは必ず生涯の財産になる。

制度化された学問の優れた論文を増やす研究力も大事だが、研究に投資する政策の優先順位を上げるためには、研究の面白さと重要性を行政官僚および企業人が知る必要があると思う。大衆化した大学に研究活動を埋め込み、企業の現場が研究に投資し、問題解決の達成感を味わってはじめて、研究の面白さと重要性が分かる。スティグリッツの学習社会の構築、そして、生涯研究の時代に求められているのは、知らないことを知るだけでなく、学習と研究を自由に往復する研究人間の養成である。そのためには、みんながO.J.T.を繰り返してきたように、みんながO.R.T.を繰り返すのがよい。それは何もビッグな研究プロジェクトである必要はない。身の回りにある小さな問題に興味をもって、小さくてもその問題を解決すれば、それが研究のはじまりである。

8.4 冒険の終焉——知の社会工学化

以上が体験的O.R.T.のすべてである。その効果は、国立教育研究所に就職した後の研究の性質に現れていると思う。20代に考えもしなかった高等教育研究者に変身したが、教育社会学者である原先生と創造性教育を推奨された川喜田先生の薫陶を受けた6年間を振り返れば、教育行政学者の市川先生との出合いも自然だったのかもしれない。社会工学科に戻って、人生の社会工学を構想したが、よりよい社会、よりよい人生を設計するためには、よりよい教育、よりよい大学システムを設計することからはじめるのがよいという考えは変わらなかった。そして、具体的に教育システムを設計するためには、法による設計ではなく、資源(お金、予算)の配分を変更する設計が必要だと繰り返してきた(矢野 2015)。私の提唱する教育の資源配分論は、世間にも為政者にもなかなか届かなかった。本書でも大学における研究の復権を提唱したが、現実の大学研究への投資は、「国際卓越研究」への投資に集中しており、大衆大学を含めてあまねく研究に投資し、研究人間を育成する政策とは相いれないようである。為政者の考え方を変えるのは困難だが、大学無償化の資源配分論が一時的に政治的イシューになり、一部実現した経緯を思い出せば、大衆のための研究投資論がいつか世間に届くかもしれない。そのような妄想を抱いて、長い時間スパンで社会をみることにしたいと思っている。私にそれほど長い時間は残っていないが。

社会工学に関心をもつ人は少ないだろうが、一社会工学者の50年を書きたい思った一つの理由は、東薬卒業生の言葉を聞きながら、先輩の経験は今にも役立つことが少なくないと思ったからである。私の経験が役に立っていれば幸いである。いま一つの理由がある。会社を辞めて入門した社会工学科が、2016年4月から学生募集を停止することになった。第1期生の学生募集が、1966年4月だから、丁度50年で社会工学科の冒険は終焉した。思いがけない出来事だった。社会工学科の未来を語る意味を失ったが、社会工学科の過去の経験は、未来の大学と社会を考える視座を提供してくれると思っている。願望にすぎないかもしれないが、そんな思いもあって50年を振り返ることにした。社会工学科の卒業生も自分の経験を大いに語ってほしい。私の予想では、これからの大学の知の生産様式は、ますます社会工学化すると思うし、これからの社会はますます社会工学的人材を必要とすると思うからである。

2003年4月に私は、東京大学の教育学部に転出しており、その後の13年間の社会工学科の経緯をまったく知らない。知っているのは、大学のホームページでみる情報ぐらいである。2016年の三島学長による東京工大の改革は、かなり大胆なものであり、その英断に敬意を表したいぐらいである。東京工大の氏素性は小さな単科大学だが、今では、大岡山のキャンパスだけでなく、長津田キャンパスの大学院大学を抱えて、理工系総合大学を謳う大規模大学に成長した。25学科47専攻までに大きくなった。細かく分断された学科・専攻主義の弊害をなくし、学生の自由な選択の幅を広げるために17コース（専攻）に再編成したのが、16年改革である。大岡山と長津田の壁もなくして、17のコースに統合している。これはかなりの英断である。

学部の社会工学科、および大学院の社会工学専攻は、一つの系（学部）一つのコース（専攻）になる単独の道を選ばなかった。その道をつくるには小さすぎたのかもしれない。社会工学科の募集を停止し、学部の定員および教員は他のコースに分属するという道を選択した。そして、社会経済系の教員は経営工学コースへ、都市計画系の教員は建築学コースか土木工学コースに移動している。ある意味で、とても分かりやすい選択である。日本で唯一の社会工学科はなくなったが、筑波大学には、学群・学類という独自の教育・研究体制があり、理工学学群のもとに社会工学類がある。そして、社会工学類は、社会経済システム主専攻、経営工学主専攻、都市計画主専攻の三つから構成されている。筑波大学独特の分類だが、簡潔に特徴づければ、社会工学部に社会経済システム、経営工学、都市計画の三学科があるという感じになっている。筑波の方が分かりやすいが、一つの学科の中に異質な知が混在・融合しているところに社会工学科の魅力があった。その一方で、融合するのが難しい局面は、誕生の当初から存在していた。

改組にあたって、社会工学科のメンバーがどのような議論をしたかは全く知らない。私の関心からすれば、学科の内在的な理由を詮索するよりも、学科編成を動かしている外在的理由を読むのが有意義だと思う。50年前の文理融合は、限られた領域の先端的な言葉だったが、今では、誰もがどこでも語る文教政策の常套句になっている。長く続くゼロ成長時代を脱出するには、イノベーションが不可欠であり、そのためには文理を融合する知の結合が必要だという論理構成になっている。私の学生時代に影響を受けたシュンペーターがしばしば引用されたりもする。私の見方では、「知の社会工学化」がますます求められるようになっている。社会工学科の募集が停止されたのは、社会工学への需要がなくなったからではない。それどころか、事態はまったく逆だ。知の社会工学化という大きな波に飲み込まれ、小さな社会工学科の存在価値が薄れたのではないかと私には読める。社会工学科の知識社会学的解釈は、一学科の事例ではなく、大学における研究政策に直結する重要なテーマだと思う。少し感想を述べておきたい。

知の社会工学化は、工学の分野で確実に浸透してきた。社会科学と工学が手を結ぶためには、社会科学が工学化するだけでなく、工学が社会との接点を広げなければならない。1960年代に社会との接点が最も強かった工学は、建築であり、土木だった。建築物は、単品として製品化され、売買される商品とは性質を大きく異にしている。近代社会の構築が、田園都市計画とともにあったように、住宅建築は社会と共存してこそ価値が高まる。1960年代のニュータウン計画ブームは、まさに建築による社会づくり（工学）の象徴だった。大学の土木工学科は、もともと技術官僚の養成機関であり、道路・港湾・河川という国家建設の技術を一手にリードする人材の養成を目的としている。このような歴史を考えれば、建築と土木は、生まれながらにして、社会づくり（工学）に最も近い存在だった。

建築と土木の世界を知らない私が言うのは失礼だが、社会工学科の建築・土木系は、本家の建築・土木からみれば傍流だったのではないかと推察される。しかし、私が垣間見てきた社会工学科の都市計画系は、歴史とともにその存在価値を徐々に高め、都市計画、景観工学、観光計画という新しい建築・土木分野をリードするまでに発展したように見える。その一方で、本家の建築と土木は、ますます社会との接点を広げ、社会工学的要素を組み入れる必要性が高まっていた。言葉は悪いが、本家と傍流の境界は希薄になったように思える。16年改革で都市計画系が建築・土木コースに移ったのは必然的な合流のように見えるし、今では建築・土木系が自らを社会工学としてアピールしたいと思っているようである。

経営工学科は、最初の文理融合学科である。社会工学は経営工学の兄弟のように思えるが、私の経営工学のイメージは、「社長の養成ではなく、工場長の養成である」という60年前の学科長の言葉で止まっている。ホームページを開くと今の経営工学は、「企業経営や経済システムを取り巻く社会の課題を科学的・工学的な視点から解決する問題解決のプロを育成します」と書かれてある。経営工学は、モノの効率的生産システム（工場）の設計からより広い経済経営問題の解決にシフトしている。経営工学の社会工学化ともいえる。このような社会工学主義的な言い方をすれば、経営工学科に叱られるが、社会工学科の社会経済系が経営工学科へ移行したのもスムーズだったのではないだろうか。

二つの分岐と合流は必ずしもスムーズではない面もあったとは思うが、移行しても不思議ではない知の変容があったのは間違いない。さらに強調したいのは、知の社会工学化の波はもっと大きいということである。建築・土木以外の工学分野も、社会との接点を求めて変質している。2000年代に入って急激に注目されているイノベーションの手法がある。デザイン思考である。デザイン思考の工学は、エンジニアリング・デザインと呼ばれている。東京工大のエンジニアリング・デザインプロジェクトが「エンジニアのためのデザイン思考入門」という本を著している（東京工業大学エンジニアリングデザインプロジェクト 2017）。そこでは、「現在のマーケットに存在しない潜在的なニーズをとらえ、新しい価値を生み出すモノづくりを行う手法」がデザイン思考であり、「ユーザーの観察調査をもとにチームによるアイデアをだし、課題を絞り込んで、試作品を作り、テストを繰り返す」のがエンジニアリング・デザインだと解説されている。

16年改革の一つの特徴は、この新しいエンジニアリング・デザイン・コースを設置したところにある。そしてこのコースは、17コース（専攻）の一つとして位置づけられているわけではない。17コースを横断する串刺しのコースになっている。エンジニアリング・デザイン・コースは、機械、システム制御、情報通信、経営工学、建築学、土木工学、地球環境の各コースに開かれている。工学技術による社会問題の解決を志向するコースが増えている。それだけ、今までの社会工学科のユニークさは希薄になる。

現場のニーズの発見し、技術によって問題を解決するプロセスは、「技術の社会実装」と言われ、工学の主流的思考になりつつある。東京工業高等専門学校（東京高専）では、2011年から社会実装プロジェクトを立ちあげており、今では社会実装教育のカリキュラムを定着させている。社会実装教育は「課題の把握⇒課題解決の考察⇒プロトタイプ（試作品）作成⇒ユーザーによる試用と評価」という一連の流れを体験する学習である。デザイン思考のエンジニアリングと同じだ。一高専の事例ではなく、20余りの高専が社会実装教育に取り組んだ成果を発表し、教育的観点からそのプロセスを評価する社会実装コンテストも開催されている。

東京高専の取り組みを知ったのは、2015年に特命教授を拝命してからのことである。私の特命は、高専の卒業生調査の企画と実施だったが、プロジェクトのメインは、高専における社会実装教育とその成果を発表する社会実装コンテストの組織化だった。社会実装コンテストの特命教授として、元ロボット学会会長の佐藤知正東京大学名誉教授が就任されていた。佐藤教授は、「社会実装工学」の必要性を早くから推奨されており、日頃の雑談で、「病院をロボットにしたい」「まちをロボットにしたい」という話も聞かせていただいた。機械工学がまちづくりまで来たかと私は感動した。かつて在任中に、福祉工学科の創設を提案したことがある。医療や福祉のロボットを想定すれば、機械工学と社会科学の結合は必然的であり、機械工学の力を借りなければ、よりよい福祉社会を実現できないと思ったからである。

工学的な知識・技術を使って社会問題を解決するのが社会工学だ、というのが創立当初からの簡便的な説明法だった。ところが、エンジニアリング・デザイン、あるいは社会実装工学が普及するようになれば、曖昧なイメージの社会工学科よりも技術的・実践的であり、社会工学科よりも社会工学的に思える。社会工学化という言葉を使うのは、関係者にとって耳障りかもしれないが、社会と工学が急接近しているのは確かである。エンジニアリング・デザインは、社会実装工学と同じであり、社会設計工学といいかえれば、社会工学とほぼ同じコンセプトになる。

その一方で、あいまいなままにはっきりしないのが、社会科学の社会工学化である。社会科学を工学化する一つの方法として定着しているのが、数理化である。社会工学科の社会経済計画系と都市計画系の間を取り持つのが計画数理だったし、筑波の社会工学類も社会問題を数理的アプローチによって解決するとホームページに書かれている。九州大学に経済工学科があるが、こちらも数理である。

しかしながら、社会科学の工学化を数理化に限定するのは、社会科学にとって幸福であるかどうかは、かなり怪しい。社会工学という言葉の発見と発明は、東京工大の一般教育を担当されていた人社群のオリジナルである。もし、そうでなければ、社会工学科が他の大学にも創設されていたと思う。しかし、人社群の社会工学にコンセンサスがあったようには感じられない。もともとの発想は、社会工学部構想であって、社会工学科構想ではなかった。社会工学部構想は、教授会で了承されながら、頓挫したという歴史をもっている。そこまで立ち入りたいとは思わないが、社会科学の社会工学化は、関係者の間でかなり錯綜していたと想像される。基本的には、自然科学の応用として工学があるように、社会科学の応用として社会工学があるという発想だと思う。時代の文脈からして、ポパーのピースミール社会工学の影響もあるだろう。社会科学を現実の社会問題に応用し、問題を解決するというモード2的アプローチを私は好むが、モード1を志向している社会科学者にとってはあまり魅力的ではない。モード1とモード2を往復するのが、モード1にとっても有益だと思うが、社会科学者のモード1信仰は根強い。モード2化を志向する側は、今の社会科学は役に立たないと批判する。その一方で、モード1の側は、役に立つという発想の精神的貧困を糾弾したりする。「社会科学を応用して、現実の問題解決に役立たせる」という発想を社会科学者が共有するのはかなり難しいようである。社会科学の工学化、応用化、モード2化は、選択肢として理解できても、それを選択するとモード1信仰との葛藤が生じることを覚悟しなければならない。

この葛藤を解くルートが二つある。その一つが数理だ。現実の社会問題を解明するのに数理が役に立つだけでなく、数理はモード1の社会科学を進化させるのにも役立つからである。数理派には、モード1のプライドを保ちつつ、社会問題の解決にも役立つという二刀流の使い手になることが期待されている。社会科学（モード1）と社会問題（モード2）の二つを使い分ける二刀流はかなり難しいが、数理は二つの葛藤を解消する有力な方法になっている。

葛藤を解くもう一つのルートにポリシー（policy）がある。社会問題のなぜ（Why）を説明するのが社会科学だとして、その説明の最後に、どうすればよいか（How）をほのめかすのも社会科学の一つの作法になっている。したがって、論文の最後に、Policy Implication（政策的含意）のコーナーがしばしば設けられる。それが欧米学術誌の主流だが、ポリシーをほのめかすのではなく、ポリシーを目的にする社会科学があってもよい。それは、社会科学の応用でもある。私が所属した社会工学基礎講座の英語名について、講座の教授である阿部先生は、Socio-Economic planning Scienceがいいのではないかと話していたのを覚えている。計画科学という言葉は、イデオロギー的イメージもあって、今ではあまり使われないが、Policy Scienceと同じだ。

ポリシーは、政府レベルでいえば政策になる。経済も、労働も、福祉も、環境も、教育も含めて、社会の公共的問題を解決する一つのルートが政策である。社会をつくっている政治の仕事は、政策づくりであり、具体的には法律と予算の決定である。私の高等教育研究が、法律を改定する大学制度の改革よりも、大学に投入する資源（予算）配分による政策を強調しているのは、資源配分が大学システムを設計する一つの方法だと判断しているからである。つまり、公共的社会問題を解決する一つのルートが政策であり、しかも社会科学は政策づくりに役立つ。ポリシーは、政府の政策に限定されるわけではない。企業や個人の方針や対策など行動選択の指針を含む概念であり、問題解決には、新技術の開発に加えて、ポリシーの選択が必要になる。数理にこだわらないKJの社会工学は、問題解決学であり、すべての問題解決策はポリシーである。

慶応大学が湘南キャンパスに総合政策学部を創設したとき、私は、文系の社会工学ができたと思ったものである。社会科学の社会工学化には、「数理」と「ポリシー」の二つのルートがある。改めて思い出せば、社会工学基礎講座の助手として取り組んだ研究プロジェクトは、すべて数理とポリシーのO.R.T.になっていた。そして、この二つを結びつけるのにKJ法が大いに役立っていたということになる。

社会科学の社会工学化をこのように理解して、東京工大の16年改革を見てみよう。昔の一般教育の教授陣は、現在リベラルアーツ研究教育院というグループを形成して、技術者の教養教育を高める努力を重ねているようである。学部教育の教養だけでなく、修士課程、博士課程にも文系教養科目が配置されており、技術者のリベラルアーツ教育はかなり充実している。社会科学の数理系は、経営工学系に含まれているが、リベラルアーツ研究教育院のメンバーは、大学院の社会・人間科学コースに所属し、大学院の教育・研究にも携わっている。こうした大学院制度は、昔の人社群にはなかった。私の学生時代にこのような大学院があれば、そちらに進学していたかもしれない。

こうした改革に口を挟む立場にはないが、社会科学系の社会工学者として生きてきた経験からすれば、一つだけ寂しいことがある。組織図をみると社会・人間科学コースは、横串のエンジニアリング・デザイン・コースと交叉していない。デザイン思考は、社会問題と工学の接点を探求し、技術のニーズを発見することからはじまる。この接点の問題を理解するには、社会科学だけでなく、人文科学と共有するところが多く、文系の知識が大いに役立つ。必要な技術の発見は、必要なポリシーの発見でもある。社会・人間科学コースに、デザイン思考によるポリシー・デザイン・コースないし社会システムデザイン・コースのようなものが存在して、エンジニアリング・デザイン・コースと手を結ぶのが自然だと思う。

全体として大きなお世話な感想を付記してしまったが、社会工学科の冒険の終焉に驚きながら16年改革の組織図を見た一社会工学者の解釈である。「工学の社会工学化」と「社会科学の社会工学化」の流れが「社会設計工学」という大きな川に合流するかのように組織図を読むのは、社会工学を愛しすぎた偏見かもしれない。偏見だと思うが、知の社会工学化は、東京工大だけでなく、モード1とモード2の共存、および文理融合の大学改革を考える一つのテーマだと私は思っている。

Conclusion
データ蘇生学序説

経営工学科で学んだ数理と社会工学科に入門すると同時に学んだKJ法の二つは、社会工学という冒険をする私にとって心強い武器だった。いくつかの研究プロジェクトの繰り返しは、二つの武器を磨く過程だったように思う。どんなテーマに、どんな仕事に遭遇しても何とかなるだろうという生意気な気持ちになっていた気もするが、今の言葉でいえば、二つの武器によって、自己効力感が育まれた。

ところが不思議なことに、二つの武器を使っている人は思いのほか少ない。質的な分析と量的な分析は互いに相いれないと思い込んでいるようでもある。KJ法の前提になっているのは、野外科学と実験科学を結合したW型問題解決学である。Chapter 3の**図3.1**に引用したように、野外科学は、思考（頭で考える）レベルと現場の経験レベルを往復しながら、混沌とした現場を探検し、観察し、「仮説を発想する」方法である。そして、仮説を現場で検証できるように実験計画を作成し、実験の結果を検証するのが実験科学である。KJは、現実の問題を解決するためには、野外科学と実験科学に繋げる作業が必要であり、その一連の作業を「研究という名の仕事」だと述べた。

1960年代の後半に、3泊4日のKJ法研修会がしばしば開催され、チームワークの日本的経営と相性もよく、KJ法と野外科学の考え方は民間企業に急速に浸透した。80年代におけるアメリカの日本的経営の研究から生まれたのがデザイン思考だという説がある。デザイン思考の逆輸入説である。その是非に関心はないが、デザイン思考とKJの発想（野外科学と実験科学による問題解決学）がそっくりなのは確かだと私も思う。海外に教師を求めて真似るよりも、現場の問題を教科書にして、現場の問題を解決するのが先だ。それが「研究という名の仕事」だというKJの定義を私はとても気に入っている。一部の大学の最先端の学術研究だけが研究なのではない。大学の研究も会社の仕事も同じ研究という名の（面白い）仕事をすることが大事なのだ。「面白い」という修飾語つけたくなるのは、既成の概念にとらわれずに、しかもなるほどと思える研究が面白いし、面白くない研究はまだ問題が解決されていない証でもある。上司を教師にしてきたかつての日本的経営もO.J.T.のみに依存して、未知に挑戦する研究人間への投資（O.R.T.）を疎かにしてきたように思う。

自慢できるような研究をしてきたわけではないが、私が研究するためには、問題に関連するデータを収集し、データをして語らしめる努力を重ねるしかなかった。そして、その難しさを痛感してきた。1996年に出版した『高等教育の経済分析と政策』のあとがきで次のようことを記している。

「実証研究に用いられるデータは、社会の残骸のようなものである。ダイナミックに生きている社会からみれば、データは断片的な残り滓だ。この残骸を拾い集めて、それにどれだけの命と力を吹き込められるか。それが実証研究に課せられた使命だと思う。データの力を最大限に引き出さないと、社会問題の理解と解決は見えてこない。もちろん、それは難しい仕事だが、私自身はそうした気持ちで研究をしてきたつもりである」。

このころからだと思う。データを処理するのではなく、データを蘇生させなければならないと、はっきり意識するようになったのは。データ処理という言葉には、既成の概念やあらかじめの枠組みに従属してデータを効率的にさばくイメージがある。それはそれで有益だが、処理の前に、断片的な残り滓のデータに命と力を吹き込み、データを蘇生させるところにデータの面白みがある。データ処理学ではなく、データ蘇生学が肝要であり、その方法が「言葉と数字の組み立て工学」だと考えるようになった。データ蘇生学序説とでもいうような本を一度書いてみたいと考えていた。

本のタイトルだけを思いついて、悪くないと悦に入っていたが、方法論を逐一説明するのは面倒な作業であり、そのような解説本にどれほど価値があるのか自信もなかった。日の目を見ることなく終わりそうなアイデアだったが、解説よりも実演。「言葉と数字の組み立て工学」を実演すれば、データ蘇生学の意義が伝わるのではないか。そのように思ったのは、東薬卒業生調査の「自由記述欄」を読んだときだった。一般的にはさっと目を通して、あとは数字の分析と解釈で終わるのがアンケート調査の報告書だ。しかし、2191人という多数の自由記述を読んだのははじめてだった。かなりの分量だけに、言葉の多様性は最大限に近いのではないかと感じた。「360度回って考えろ」というKJ語録を思い出した。360度回って言葉を集めるのはそれほど簡単ではなく、滅多にない機会だ。この機会を利用し、言葉を組み立て、言葉と数字の関係を検証し、数字の組み立てを実演しようと考えた。テキストマイニングによる言葉の統計分析も紹介し、KJ法と併用する意義も実演した。

実演する過程でデータ蘇生学の趣旨を説明しているので、ここで解説を加える必要もないが、データ蘇生学のポイント四つだけ指摘しておきたい。まず、「今さらなぜKJ法」という疑問に触れておきたい。第二に、「KJ脳をつくる」ことを推奨する。そして、第三に「KJ法にとらわれない」ことの必要性を指摘し、最後に、「言葉と数字を組み立て工学」のすすめを繰り返しておきたい。

今さらなぜKJ法

70年代に一世を風靡したKJ法である。誰でも知っていておかしくないが、知っているようで知らない、あるいは誤用しているようでもある。知っているが、役に立たないという人もいる。まず、KJ法は役に立たないと批判している大御所の意見を聞いておこう。優れた発想法の持ち主で有名な野口悠紀雄は、KJ法のようなマニュアル的な発想法は役に立たないと実に24頁を割いて批判している（野口2019）。

批判のポイントを確認しておく。「KJ法は、頭の中でやっていることであり、カードを書き出すような面倒なことをする必要はない」「思考の断片を書き出すと能率が下がる」としており、立花隆の「KJ法は、昔から多くの人が頭の中で実践してきたこと」「意識の中で行われる無形の作業を物理的作業に置き換えると能率がガタ落ちする」という言葉を引いて、「この批判に賛成です」と述べている。

さすがに発想豊かなお二人の言うことだから、そうなのだろうなと同意してしまいそうだ。しかし、私の最初の経験はそうではなかった。カードとにらめっこして、言葉を紡ぐというのはこういうことなのかもしれないと考えながら、最後まで言葉を紡ぐことができず、図解の作成にまで至らず、挫折した。立花は、「これが利点になるのは、頭の鈍い人が集団で考えるときだけだ」「普通以上の頭の人が一人で考える場合には、これらの特徴（KJ法）は欠点になる」（野口本の孫引き）と述べているようだが、これも正しいかもしれない。どうも私は、普通以上の頭の人ではないらしく、鈍い人に入るようである。その私からすれば、お二人のように発想が豊かでなければ、KJ法にメリットがあると判断した方が間違いないと思う。鈍い人と普通の人の間の線引きは定かでないが、鈍い私が読んだ感想では、野口の「超」発想法はあまり役に立ちそうもなく、KJの発想法は役に立つ。

なぜ、このようなずれが生じるかといえば、野口の立っている位置が私と大きく異なるからである。他の個所で、次のように述べている。「多くの科学において、観測は、仮説を検定するために行います。少なくとも、解明したい問題や主張したい命題がまずあり、それらに関連したデータを集めて分析するのです」(p. 104)。つまり、野口は、実験科学の作法を解説しているのであって、仮説を創出する野外科学の話をしているのではない。経済学で使われているあらゆるモデルが頭に入っている有能な野口にとっては、検証したいモデルがすでにたくさん存在している。たくさんの中から複数を選んで、その仮説を検証するためにデータを収集している。仮説が先にある世界の住民にとっては、仮説の創出という野外科学的な作業は、些細な落穂ひろいの研究テーマらしい。

いずれにしろ、発想力が豊かな人はKJ法を使わない、という法則はあると思う。そういう方は本書の読者対象の外の他だとしても、これほどに有名なKJ法である。「今さらなぜ」と思う方は少なくないだろう。KJ法がどれほど普及し、どのように使われているか、を知っている立場にはない。KJ法学会があるが、そのグループとお付き合いがあるわけでもない。60年代のKJ法よりも進化しているらしいが、その事情も知らない。私が学生たちに教えてきたKJ法は、60年代に私が習ったKJ法であり、私なりの解釈が無意識に混入している可能性は十分ある。私の実演は、そのような「言葉の組み立て工学」である。

その私が今さらに取り上げて言いたいポイントは二つある。一つは、KJ法は難しいということである。ささやかな経験からすれば、「知ってるよ」とか、「分かった、分かった」という軽いノリの反応は、かなり怪しいKJ法理解だと思って間違いない(ただし、先のお二人のように発想力豊かな方は別である)。最初の図解づくりで挫折した私は、カードを前にして、「う〜ん」と唸ってしまう人の方に親しみがわく。最初から5枚以上のカードを大きく分類して、手際よく表札をつけて、綺麗に図解できる人もいる。それはそれで結構便利なのだが、KJ法の面白さに気づかないかもしれない。

読書猿という読書家が『問題解決大全』という本を著している(読書猿 2017)。そこには、ビジネスや人生のハードルを乗り越える37のツールが紹介されている。KJ法もその一つに含まれているが、それぞれに5段階の難易度が記されている。KJ法は、一番難しい難易度5になっている。KJ法の説明文を読んでも、かなり理解されているようで、信頼できる評価だと思う。難易度5になっている他のツールは、「エスノグラフィー」だけである。参与観察による調査法だが、私も一度は挑戦したいと思いながら、自信がなくて諦めたツールである。この難しいツールと同列に評価されるほどに難しいと覚悟して挑戦してほしい。

第二のポイントは、かなり難しいKJ法だが、世間では恐ろしく簡単に理解されているらしいことである。ある時、大学教職員の集会的研修に参加したことがある。ワークショップとかいって、グループに分かれて意見交換する時間があった。各自がポスト・イットに感想をメモ書きして、それらをグルーピングしてまとめ、代表者が報告するという手順だった。これらのメモ書きのほとんどは、文章ではなく、キーワードの単語が書かれることが多い。同じ単語をグルーピングするのは、テキストマイニングの方法であり、Chapter 5で紹介したようにこれはこれで価値ある方法である。したがって、簡便単語法といえるポスト・イット式も決して悪い方法ではない。単語の集積は、問題の所在を理解するのに役立つ。

一つのエピソードにすぎないが、言葉の組み立て工学についての話をすると、「私が思っていたKJ法と違う」という反応にしばしば遭遇する。そのほとんどは、簡便単語法のポスト・イット式をKJ法だと思っているふしがある。それが間違いだといいたいわけではない。それでも役に立つほどであり、もう少し丁寧にデータの身になって考えれば、KJ法はもっと役に立つ。

私が言いたいのは、「KJ法は決してやさしくないけれども、少し我慢して繰り返せば誰でも分かるようになり、かなり面白い」ということだけである。面白いと思わなければ、使う必要はない。

KJ脳をつくる

私がKJ法を教わったときは、KJ法を知る人は少なく、知っているだけで重宝されることも少なくなかった。それだけにありがたかった。講座の教授である阿部先生には、1969年の秋に、(財)沖縄経済開発研究所の仕事にも同行させていただいた。本土復帰を前にして、沖縄の経済・社会開発の基本構想をつくる仕事である。これほど貴重な機会に同行させていただけたのは、KJ法ができるからという理由だった。10人ほどの研究所だったが、基本構想を考えるにあたって、メンバーの自由な意見や構想を共有化しておきたいということで、全員のブレーン・ストーミングからはじまった。その取りまとめを仰せつかった。それが役に立ったかどうかは別にして、研究所の方にもKJ法に関心をもっていただけた。移動大学の話をしたら、研究員の垣花将人さんが「ぜひ、沖縄でも移動大学を開催してほしい」と提案された。1971年の3月に、沖縄の伊武部ビーチにテントを張ることになったのは、そんな経緯からである。

最終的に作成された阿部先生の指導による『大那覇圏整備の基本計画』(沖縄経済開発研究所、1970年7月)は、沖縄の政財界に大きなインパクトを与えた。地場の工場を集積させる工業配置計画から、土地利用計画、道路計画、施設計画、市街地開発を含む総合計画であり、阿部先生の考える社会工学を目の当たりにさせてもらった。新古典派の理論モデルから経済を考えるのではなく、「経済は生き物ですから」という阿部先生の持論からスタートして、沖縄の経済を生かす道を探っている感じがするレポートだった。

私にとっては、ささやかな沖縄経験だったが、未知な領域の言葉を紡ぐ経験は、いつも新鮮である。沖縄の経済・社会開発、分譲住宅の理事長インタビュー、「エクスパート・サーベイによる社会開発の課題」における30人あまりのエキスパートのインタビュー、などを繰り返してきたが、いずれも未知の世界の探検だった。いずれも仮説を検定するためにデータを集めているのではない。未知な問題の前では、既成の概念や仮説にとらわれないのが望ましい。さらに大事なのは、「己を空しくして」「データの身になって考える」「相手の身になって考える」ことだ。それが、データを蘇生させる条件である。

余談ながら、私は学生時代にまちの空手道場に一時的に通っていた。「空手の空は、己を空しくするという意味である。己を空しくして、あらゆる手(手段)を利用するのが空手だ。したがって、その場で砂をぶつけるのがよいと思えば砂をかければよい」という話を聞いていて、とても気に入っていた。己を空しくして、使えるものは何でも使う空手を社会工学という冒険をする心構えにしてきた。KJ法になじみやすかったのと無関係ではないように思える。ただし、使えるものは何でも使うという発想は知的退廃だ、と揶揄されるのがアカデミズムの世界でもあるらしく、あまり口にしない方が賢明のようである。

閑話休題。KJ法を習ってもそれを活用する人はそれほど多くないような気がする。カード化して、組み立てるのは何かと煩わしい。簡便なポスト・イット式が流行るのも頷ける。私の経験的おすすめは、はじめは我慢して、いろいろなテーマを最低限5回は繰り返すのがいい。カードの枚数は100枚以上にして、一連の作業は一人でやるのがいい。チームで表札づくり、図解づくりをする方法が推奨されているらしいが、私は賛成できない。チーム・メンバーの各自が同じ言葉を組み立てても異なった図解ができる。その違いを味わうところに言葉を組み立てる面白さがある。個人作業をある程度繰り返すと、どのような意見を聞いていても、KJ法的に他人の声を聞けるようになる。切り取られた一片の言葉を蘇生させたりすることもできる。つまり、KJ脳をつくることができる。もちろん、KJ法をやらなくても、知らなくても、発想力豊かな人はKJ脳をもっている。KJ脳になれば、「(野口氏が)頭の中でやっていること」ができたり、「(立花氏が)頭の中で実践してきたこと」ができたりするかもしれない。それはありえない冗談だが、お二人のようにできなくても、既成の概念にとらわれずに、面白いことと面白くないことの区別ができるようになる。

まずは、KJ脳になった気分になるまで練習して、難しい問題に直面して困った時、切実な問題に直面した時、KJ法が使えそうだなと思った時、そんな時にいつでも使える準備をしておくのが賢明だろう。身についたKJ法は決して忘れることはなく、いつでも使える。大学時代に身につけておけば、生涯の研究に必ず役立つ。

5回ほど繰り返す間に、一度だけでもやっておく必要があるのは、KJ図解づくりで終えるのではなく、文章化までを実施することである。図解を文章化するのは、それほど易しいことではない。本書で実演したように、物語づくりの決め手は、「順番」と「接続詞」である。グルーピングされた言葉の順番を変えるだけで物語は一変する。「あ〜でもない、こ〜でもない」。順番を変えて楽しむのがよい。さらに適切な「接続詞」の選択が決め手になる。言葉と言葉の因果関係、相関関係、対立関係は、接続詞の代表的な形態である。接続詞だけでなく、「接続文章」を間に挿入すると説明しやすくなる場面もしばしば生じる。図解の文章化についてのよい事例を私は見たことがないが、KJ脳をつくるためには、物語を文章化する経験をしておくのがよい。私の実演がよい事例になるか自信はないし、本家筋からの批判があるかもしれない。私の実演に「納得できるところだけ」を利用してほしい。

KJ法にとらわれない

人類学者から転じて、経済ジャーナリストとして活躍しているジリアン・テットは、高度に専門化した最先端企業を人類学的に観察し、専門家たちの縦割り組織が「サイロ」になり、変化に対応できなくなっているさまを描き出している(テット 2016)。そこでは、社会に埋め込まれている暗黙の分類システムにとらわれない視点の必要性、および人類学の有効性が指摘されている。

専門家たちがサイロ（タコつぼ）に入ってしまい、社会の変化についていけなくなるのは、「専門家である自分たちの世界に対する分類法に疑問を持たず、それが正しいのは自明であると思い込んだ」からであり、「サイロを破壊するものが革新的な発想を持つことができる」（p. 33）という。社会に埋め込まれている暗黙の分類に支配されているのは、専門家だけではない。われわれの日常生活も、扱いやすい塊に世界を分類することによって、秩序が保たれているし、「今使っている分類システムが自然で必然的なものであるとあると思い込み、考えることすらしない」（p. 44）。したがって、暗黙の分類システムに気づかない生活世界を描くためには、インサイダー兼アウトサイダーになる複合的な視点、つまり人類学の視点が必要になる。「20世紀にはじまった学問「人類学」は、アウトサイダーの視点をもってその社会の規範をあぶりだす学問である。その社会であたり前すぎて「見えなかった」規範が、アウトサイダーが中に入って暮らしてみることで見えてくる」（p.39）。

テットの社会を見る目は、人類学者であるKJの目と重なっている。「既成の概念にとらわれず」「分類ではなく、グルーピングする」というKJ法の作法は、インサイダー兼アウトサイダーになることに通じている。つまり、既成の概念にとらわれずに、グルーピングすれば、見えない暗黙の文化である「分類」が浮かんでくるかもしれない、といっていることになる。テットを引用したのは、二人の人類学者の共通点を確認するためだけではない。あたり前だと思っている企業文化に支配されがちな企業人が、インサイダー兼アウトサイダーの視点で、自分の組織を見直し、問題を解決するのは面白い研究になることを紹介したかったからである。テットの指摘は、「確証的バイアス」が「考え方を変えることを難しくしている」と述べたスティグリッツの学習障害に通じている。

人類学の魅力が伝わってくる本だが、人類学およびKJ法の難しさも伝わってくる。読書猿が、どのような理由でKJ法を難易度5にランク付けしたのか知らないが、参与観察のエスノグラフィーと同じ難度であることも踏まえて邪推するに、人類学に明るい人ではないかと思ってしまう。テットは、人類学の博士号を持っていなくても、人類学者として活動することはできると次のように述べている。

「必要なのは謙虚さと好奇心を忘れず、積極的に質問、批判、探求、議論する姿勢、そして新鮮な目で世界を見て、自分が当然と思っている分類システムについて思いをめぐらすことだ」（p. 68）。加えて、アメリカ人類学界の第一人者マーガレット・ミードの言葉を引用している。「人類学に必要なのは、自分が想像すらできなかったことを見聞きし、驚きと感嘆を持って記録するオープンマインドな姿勢である」。いずれもKJの野外科学を思い出させる言葉であり、データを蘇生させる基本的な姿勢だ。そして、それは「考え方を変える」四つの対話モデルでもある。

KJ法は、ネパール研究のパイオニアである人類学者のKJが、人類学をまったく知らない一般人も人類学者になれる道を拓いた方法だといえる。「誰もが頭の中でやっている」ような代物ではない。KJ法は難しいが、テットのいうように、「謙虚さと好奇心を忘れず」、「新鮮な目で世界を見て」、「分類について思いをめぐらし」ながら、KJ法に取り組むのがいい。野口のような批判が出るのは、KJ法がマニュアル化しすぎているからだと思う。正しいKJ法を固く定義するよりもKJ法にとらわれずに、「驚きと感嘆を持って記録するオープンマインドな姿勢」の方が人類学的ではないかと思う。KJ脳をすすめるのは、ちょっぴり人類学に近づくのはかなり面白いと実感しているからである。

「言葉と数字の組み立て工学」のすすめ

KJ脳が身につけば、言葉だけでなく、数字の身になって数字の声を聞けるようになる。数字は誰かが考えた人工物であり、数字の背後には言葉があり、文化的規範がある。Introductionの冒頭で述べたように、「大学が役に立つ、立たない」というアンケートの数字は、日本とドイツの文化的規範から影響を受けているはずである。数字をつくった人の気持ちになって、あるいは、数字を回答した人の気持ちになって、数字が何を語っているかを聞くのがよい。数字は、1と0に分割できるデジタルだが、数字が言いたい内容はアナログである。KJ脳が身につかないと数字が読めないとまでは言わないが、断片的な言葉の背後にある意味の広がりが分からないと数字の背後にある言葉の広がりに気づかないように思う。数字の背後にある言葉に気がつかないと数字を解釈する幅が狭くなり、数字を組み立てることができず、物語を紡げず、数字を羅列した報告になりやすい。

逆に、言葉の組み立て工学は、アナログからデジタルを探る方法になっている。テットにならえば、先入観をもたずにアウトサイダーの視点からグルーピングを重ねれば、今まで気づかなかった分類の存在を知ることができる。浮かんできた潜在的な分類の発見は、新しいデジタルの発見である。グルーピングは、新しい分類(デジタル)を発見する方法になっている。社会現象を説明する社会科学の概念がしばしば二分法で表示されるのは、アナログをデジタル化すると分かりやすいからである。この方法は数字のクロス集計と同型であり、マトリックス法は、言葉と数字を接続する有力な思考技術になっている。この実体験については、分譲住宅の調査で紹介したとおりである。

つまり、数字はデジタル、言葉はアナログだと分類してはいけない。数字は理系、言葉は文系だと分類してもいけない。二つは相互に浸透して、互いに他を補強する文理融合の関係にある。Chapter 2で、言葉と数字の相補関係にかなりの枚数を割いたのは、言葉と数字を自由に往来する重要性を示すためだが、言葉の力を借りると単純集計やクロス集計の解釈が広がることを示すためでもあった。野外科学の精神は、言葉を組み立てるためだけでなく、数字を組み立てるために大いに役立つ。

一つの数字だけでなく、たくさんの数字を集めれば、数字が語る内容はさらに複雑になる。この複雑な数字の内容を分かりやすく説明するために工夫されているのが統計学である。まずは、数字のグラフや記述統計から数字を読む訓練を繰り返さないと数字の声を聞くことはできない。初心者は、官庁統計の数字を並びかえて、発見した数字のグラフや図表を分かりやすく表現する作業からはじめるのがよいだろう。何を言いたいのか分かりにくい図表を書かないようにすべきである。簡明な図表づくりに気を使わないと数字の身になって考えられるようにはならない。そこから数字の野外科学がはじまる。そうした心構えを前提に、統計分析の基礎を身につけて、それぞれの方法による数字の語り方を理解してほしい。統計分析は、数字と数字の関係を語る方法だと理解できれば、基礎レベルとしては十分である。そうすれば、言葉と言葉の関係から社会を説明するKJ法と同じだということが分かる。

KJ法を繰り返す必要があるよう数字を扱う研究プロジェクトもいくつか繰り返すのがよい。様々な研究テーマに応じた数字の使い方を体験しないと統計学は身につかない。例えば、社会学系の学部で社会調査士のための授業カリキュラムが6科目ほど開講されているが、これだけでは数字を読めるようにはならない。統計学の授業に並行して、数字を扱う専門科目の講義と演習がなければ、数字と社会の関係を読むことはできない。昔、こんな遊びをしたことがある。アンケート調査のクロス集計を何も考えずに大量に計算し、そのうち無関係でないクロス表だけを取り出し、数字と数字の関係を言葉で表現し、それぞれをKJ法のようにラベル化する。それらの言葉を組み立てた結果に基づいて、クロス集計を説明するという遊びである。その出来具合についての記憶は薄いから、成功したとは言えなかったかもしれない。しかし、数字の気持ちになって考える習慣を身につけるには役立った。

数字を解釈するだけでなく、数字をじっと見ていれば、数字を足してほしい、割ってほしい、などと数字が語ってくれるし、因子分析してほしい、回帰分析してほしい、とも語ってくれる。そのような気持ちが伝わってくるまで、数字に親しむのが望ましい。数字の野外科学のために私が利用している統計分析は、統計学のコア・ユーザーからみれば初歩的なレベルだが、それでも数理的にあやふやな理解に留まっているところも少なくない。あやふやも気持ちは悪いが適当にスルーしたり、時には気持ち悪さを解消するために統計学のテキストに戻ったりしながら、知識のチェックを繰り返し続けてきたし、続けている。学習は、こんな繰り返しの連続である。数科目の講義や演習で身につく技術ではない。一つの経験を糸口にして、その後に何度も繰り返されることによってはじめて、血となり肉となる。テニスの練習が、毎日毎日ボレー、ボレーの基礎の繰り返しであるのと同じだ。

量的分析者と質的分析者は互いに他を批判しがちだと指摘してきたが、二つの分析を併用するのは、新しいことではなく、あたり前のことだ。量と質を統合する調査法は、混合研究法（Mixed Method Research）とよばれ、理論的かつ経験的な議論が重ねられている。社会調査協会の『社会と調査』が、「量と質を架橋する――混合研究法の可能性」という特集を組んでいる（社会調査協会 2013）。特集の編者である中村高康は、五つの高校を対象にして、入学から卒業までのパネル調査を実施し、進路選択の過程を追跡している（中村 2010）。この調査が画期的なのは、アンケートによる5回のパネル量的調査だけでなく、量的調査と量的調査の間にインタビューや参与観察などの質的調査を組み入れているところにある。インタビューでは、アンケートに回答した数字の具体例を対象者に示しながら、なぜこのように回答したかの気持ちまで聞き出している。数字を回答した人の気持ちになって考えよと指摘してきたが、推し量るのではなく、回答者の気持ちを直接的に聞き出すという深みまで掘り下げている。この調査のメンバーである片山悠樹が、「量と質から探る高校生の進路選択-混合研究法の学校調査への応用」を報告している（片山 2013）。混合研究法の特徴と効用がよく分かる。質的データによる「仮説の生成」と量的データによる「仮説の検証」を繋ぎつつ、その繋を数回にわたって繰り返すという研究法を具体的に説明している。中村グループの研究は、かなり画期的な混合研究法である。「仮説の生成」と「仮説の検証」の数回の繰り返しは、野外科学と実験科学を数回繰り返すことを意味しており、理想的な研究サイクルである。

こうした正統な研究法と比較すると「言葉と数字の組み立て工学」は、混合研究法とは言えない基礎的な作業にすぎなく、言葉と数字の断片的なデータを蘇生させたいという気持ちの表現である。蘇生させるためには、言葉と数字の身になって、現場に近いところに立って組み立てるのが有益である。したがって、アンケート調査による数量的方法も、仮説・検証型の技術だけでなく、仮説・発見型の技術として活用することをすすめている。問題の解決に至るためには、現状を把握し、問題の核心を発見する野外科学が何よりも大切であり、発見のためには、言葉だけ、あるいは数字だけではなく、言葉と数字の二つを最大限に活用するのがよい。

問題を解決するには、発想した仮説を現場で検証できるように実験計画を作成し、実験の結果を検証する実験科学が必要になる。KJ流にいえば、そこまでいかなければ「研究という名の仕事」にならない。そこに最も近づいているのが、社会実装工学やデザイン思考のエンジニアリングだと思う。しかし、社会科学の領域における実験科学はかなり難しい。アンケート調査は、仮説・検証型の実験科学だと想定されたりもするが、複雑な社会現象における厳密な検証可能な仮説はかなり限定される。Chapter 4で、大学教育が社会人としての成長を支える基層になっているという「学びの三層モデル」を提示したが、教育効果の存在仮説を検証できたとはいえないだろう。卒論研究の達成レベルが、自己効力感を向上させているという関係も示したが、これもまた一つの仮説にすぎなく、実験科学には至っていない。卒業生による授業改善策のテキスト分析も紹介したが、これらも授業問題の解決に役立つ仮説群を取りまとめたにすぎない。今回の実演では、野外科学と実験科学との接続を紹介できておらず、仮説の発見にとどまっている。未完の研究だが、「言葉と数字の組み立て工学」が面白い仮説の発見に繋がっていれば何よりの成果だと考えている。

今の大学では、IR(Institutional Research)という言葉が定着し、IR活動の実践段階に入っている。IRとは何かについて、「教師」を求めて海外調査に行く必要はないと思う。IR活動の実践は、現場のデータの収集からはじめて、現状を把握し、問題の核心となる仮説を発見し、問題の解決に至るまでのプロセスをマネジメントすることだといってよいだろう。つまり、W型問題解決学のプロセスであり、「研究という名の仕事」になっている。IRに必要な全学的なデータベースを作成し、誰もがデータベースにアクセスする仕組みをつくることが奨励されたりもしているが、そのような理想的なデータベースをつくることからはじめるのはかなり難しい。IRは研究である。部分的でも現場の問題を特定し、データを収集する作業を丁寧に実践するのが現実的だと思う。小さいけれども面白いと思える研究を重ねなければ、大きな仕事も長続きの仕事もできない。

本書は、学術書の装いをしているが、IRの実務家に役立つ実務書になることを意識して執筆したものである。大きすぎない適切なテーマを特定できれば、未完の研究ではなく、とても有益な問題解決学の実演ができると思う。現場から生まれた小さな改善は、現場を知らない為政者の大げさな改革よりも遥かに学生のためになる。

Part 2 参考文献

- Becker G. S. (1965) "A Theory of the Allocation of Time"in *Economic Journal*
- Becker, G. S. (1975) *Human Capital: A Theoretical and Empirical Analysis, with Special Reference to Education* (*Second Edition*), National Bureau Economic Research (=佐野陽子訳(1976)『人的資本——教育を中心とした理論的・経験的分析』東洋経済新報社)
- OECD (1967) *Mathematical Models in Educational Planning*, OECD
- OECD (1968) *Budgeting, Program, Analysis and Cost-Effectiveness in Educational Planning,* OECD
- OECD (1969) *Efficiency in Resource Utilization in Education*, OECD
- Hitch, C. J. (1969) "What are programs in Planning, Programming, Budgeting" in *Socio-Econ. Plan. Sci.* Vol 2
- Levin, S. N. (ed.) "Proceeding of Symposium on Operations Analysis of Education" in *Socio-Econ. Plan. Sci*. Vol 2
- Psacharopoulos, G. (1973) *Returns to Education: An International Comparison*, Elsevier Scientific Pub.
- 市川昭午・菊池城司・矢野眞和(1982)『教育の経済学(教育学大全集4)』第一法規
- 小田理一郎(2017)『「学習する組織」入門——自分・チーム・会社が変わる持続的成長の技術と実践』英治出版
- 片山悠樹(2013)「量と質から探る高校生の進路選択——混合研究法の学校調査への応用」『社会と調査』『社会と調査』No.11
- 川喜田二郎(1997)『移動大学の実験(川喜田二郎著作集8)』中央公論社
- ギボンス, M.(1997)小林信一監訳『現代社会と知の創造——モード論とは何か』丸善ライブラリー新書
- 経済企画庁国民生活局国民生活調査課編(1975)『生活時間の構造分析——時間の使われ方と生活の質』大蔵省印刷局
- 社会調査協会(2013)「(特集)量と質を架橋する——混合研究法((mixed methods research))の可能性」『社会と調査』No.11
- スティグリッツ, J.・グリーンウォルド, B.(2017)薮下史郎監訳・岩本千晴訳『スティグリッツのラーニング・ソサイエティ——生産性を上昇させる社会』東洋経済新報社
- 中央教育審議会(2008)「(答申)学士課程教育の構築に向けて」
- 中村高康編著(2010)『進路選択の過程と構造——高校入学から卒業までの量的・質的アプローチ』ミネルヴァ書房
- テット、ジリアン(2016)土方奈美訳『サイロ・エフェクト——高度専門化社会の罠』文芸春秋
- 東京工業大学エンジニアリングデザインプロジェクトほか(2017)『エンジニアのためのデザイン思考入門』翔泳社
- 読書猿(2017)『問題解決大全——ビジネスや人生のハードルを乗り越える37のツール』フォレスト出版
- 野口悠紀雄(2019)『AI時代の「超」発想法』PHPビジネス新書
- 原芳男(1971)「分譲住宅管理組合の実態調査」『日本住宅公団調査研究報告集』No.16
- ポパー, K.(1961)久野収・市井三郎訳『歴史主義の貧困——社会科学の方法と実践』中央公論新社
- 矢野眞和編著(1995)『生活時間の社会学——社会の時間・個人の時間』東京大学出版会

・矢野眞和(2004)「人生の社会設計とコミュニティ」(刈谷剛彦ほか編『創造的コミュニティのデザイン——教育と文化の公共空間(講座新しい自治体の設計5)』有斐閣)
・矢野眞和(2015)『大学の条件——大衆化と市場化の経済分析』東京大学出版会

あとがき

2020年は、川喜田二郎先生の生誕100周年にあたる年だった。KJ法はあまりにも有名だが、野外科学によるW型問題解決学を提唱し、それを社会工学という新しいコンセプトの中核に据えることに先生が尽力されていたことを知る人は少ない。1966年に創設された社会工学科の中核に据えられたのは「数理」だったが、言葉の組み立てなくして、数理は組み立てられない。量（数字）と質（言葉）が車の両輪であることを先生が語っておられたのを若いころの私はしばしば耳にしていた。1970年3月に先生が東工大教授を辞し、移動大学という教育実験を起業されたのは、東工大にとってあまり幸せではなかったが、社会工学科が数理一色に染まらなかったのは、インフォーマルな川喜田学校のお陰であり、社会工学科のカリキュラムからKJ法がなくなることはなかった。

とはいえ、言葉と数字の両輪を乗りこなす方法が確立されていたわけではない。考える対象に応じて方法を自由自在に選択するのが賢明だと今でも私は思っているが、最も大切なのは、言葉と数字の身になって考えるという研究の姿勢である。言葉と数字を組み立てながらデータを蘇生させる面白さを内輪のゼミで語ってきたが、それをオープンに語ることはしてこなかった。2017年に実施した東京薬科大学卒業生調査プロジェクトでは、大正大学の日下田岳史講師を招いて一緒に計量的な分析を進めていた。一通りの分析を終えたが、最後まで気になったのは、2191人という稀有にして貴重な自由記述欄の言葉群だった。折角収集された彼／彼女らの言葉に丁寧に向き合わなければ、車の両輪レポートにならないという先生の声が聞こえそうであり、生誕100周年を前にして、KJ法を中核に据えたレポートを作成することにした。調査の全容は、2021年3月に大学公開シンポジウムで報告した。

「今さらなぜKJ法?」といぶかる方もいるように思う。そういう方には、Part 2の最後のデータ蘇生学序説を先に読んでいただければ幸いである。KJ法はもはや古い昔の方法だとは決して言えない。それどころか、AIの時代だからこそ必要になっている。AIの言葉は確率と数理で組み立てられた既存の言葉である。それらもブレーン・ストーミングの一つの素材と考えて、広く社会を観察し、自分の頭で、自分の言葉を紡ぐことが求められている。そのような気持ちが伝わる実演になっていれば嬉しい。

東京薬科大学の卒業生がアンケート調査に回答した時の気分をどれだけ蘇生できているかは、卒業生に聞いてみるほかないが、異論が出れば大歓迎である。さらなる新しい言葉の収集になるからである。卒業生調査の実務的意義は、何よりも卒業生と教職員と在校生が活発に意見を交わす素材を提供するところにある。本書がそのきっかけの一つになれば幸いである。このような大規模かつ本格的な卒業生調査が実施できたのは、「文部科学省大学教育再生加速プログラム事業」に採択されたお陰である。この事業に参画できたことは、卒業生調査に深い関心を持ってきた私にとっては、とてもありがたかった。このような機会を与えていただいた事業開始当時の笹津備規学長と引き続いてお世話になった平塚明学長、および採択事業を推進された高山知久学務部長、そしてアンケート調査の実施・分析・公表の過程でご協力いただいた教学IR研究推進課の稲場有子さんに深く感謝したいと思う。

本書は、シンポジウムの報告を一般読者向けに再構成したものだが、東薬卒業生の「今に生きる学び」に寄り添うにつけ、私自身の学び体験が思い出され、Part 2という「長い長いあとがき」を記すことにした。それに加えるあとがきはほとんど残っていないが、只の工学士が教育研究者に変身できたのは、丁寧にご指導いただいた原芳男先生と市川昭午先生、そして、川喜田先生のお陰だったとつくづく思う。学生時代には想像することもできなかった出会いに心から感謝している。

社会工学の50年を振りかえれば、教育社会学のフロンティアを拓かれた先達と親しくお付き合いいただけた幸運が思い出される。その縁のありがたさを改めて実感しているが、私が感謝しなければならないのは、お世話になった方々ではないかもしれない。実のところ、私の研究のほとんどは、原研究室で一緒に議論しながら卒論を書いた学生たち、および矢野研究室で卒論を書いた学生たちの研究成果から成り立っている。卒論は、修士や博士の学位論文に優るとも劣らないほどに面白い挑戦だと私は思ってきた。無責任に聞こえるかもしれないが、失敗を許容して、私と学生の判断だけで、大胆な冒険ができるのは学部の卒論である。外部の審査員が加わる学位論文や審査のある研究になると、先行研究の目配りや予想される審査員の突っ込みを緩和する気配りが必要になり、冒険を避けて、硬い路線を歩くことになりかねない。

卒論では、学生たちの提案が面白そうであれば、何でも冒険すればいいし、こちらからも冒険的テーマを提案することができる。学生たちと一緒に、ゆとりのある時間の中で、冒険を楽しめたのはほんとうにありがたかった。卒論はO.R.T.の格好の場だが、それが私のためになっていた。卒業生たちにとっても楽しい冒険であり、東薬卒業生たちと同様に、卒業論文研究が今に生きる学びのルートの一つになっていることを願うばかりである。「冒険と時間と仲間」、それが私の考える『大学の条件』である。

最後になって恐縮ではあるが、何よりも感謝しなくてはならないのは、本書を出版していただいた玉川大学出版部の石谷清部長、および図表の多い面倒な編集に携わっていただいた相馬さやかさんである。学術書を出版するのが厳しい状況にあるにもかかわらず、一つの大学の事例研究を大胆に取り上げていただいたことに深く感謝している。事例研究を超えて、卒業生の言葉と数字が普遍的な大学問題の所在を照らしているという私の判断が間違っていないことを願っている。

2023年3月

【参考資料】

「東京薬科大学 卒業生調査」調査票

（文部科学省 大学教育再生加速プログラム採択事業）

2017年9月

◎ この調査は、本学が教育機関としてこれまでに果たしてきた役割を評価するとともに、これからの本学の教育の改善に資することを目的としています。そこで、①本学における学修経験と卒業後のキャリア形成との関係、②卒業論文研究の効用、③本学の教育において身につけた能力および社会において必要と感じる能力、この3点を明らかにすることを主眼として、「東京薬科大学 卒業生調査」を実施させていただくことにいたしました。

◎ ご意見・ご回答は統計的に処理され、ご回答者のお名前が外部に出ることは一切ございません。
調査の趣旨をご理解いただき、是非ご協力を賜りますようお願い申し上げます。

東京薬科大学学長　笹津 備規

はじめに、本学とあなた自身の基本的なことがらについてお聞きします。
以下すべての質問について、あてはまる番号に○をつけてください。［　］内には数字あるいは言葉をご記入ください。

性別	1. 男性　2. 女性	生まれ年月	(西暦)［　］年［　］月	出身高校の所在地 (都道府県)	［　］
卒業した学部	1. 薬学部　2. 生命科学部		卒業した学科	［　］学科	
学部に入学した年	(西暦)［　］年［　］月		学部を卒業した年	(西暦)［　］年［　］月	
入学の形態	1. 一般入試　2. 指定校推薦入試　3. 公募推薦入試　4. AO入試　5. センター利用入試　6. その他				
入学した時の志望順位	1. 第1志望　2. 第2志望　3. 第3志望以下				
現役で入学したか	1. 現役　2. 浪人　3. その他（社会人入学や編入学）				
最終学歴	1. 本学学部卒業 2. 本学修士課程在学中　3. 本学以外の修士課程在学中　4. 本学修士課程修了　5. 本学以外の修士課程修了 6 本学博士課程在学中　7. 本学以外の博士課程在学中　8. 本学博士課程修了　9. 本学以外の博士課程修了 10. その他				

Section1　大学入学前のことについてお聞きします。

問1　あなたの高校生時代において、つぎのことがらはどれくらいあてはまりましたか。

(A～G それぞれについて1つずつ○)	とてもあてはまる	ややあてはまる	あまりあてはまらない	まったくあてはまらない	
A. 授業で分からなかったところは自分で考えたり調べたりした	4	3	2	1	
B. 勉強方法は暗記中心だった	4	3	2	1	
C. 授業時間以外に、科学的研究の記事や論文を読んだ	4	3	2	1	
D. 授業以外に、興味のあることを自分で勉強した	4	3	2	1	
E. 勉強に関して分からなかったことを1週間以上考え続けたことがあった	4	3	2	1	
F. 高校の授業よりも塾の授業の方が役に立った	4	3	2	1	0 塾に通ったことがない
G. 勉強や趣味を含め、すぐには出来そうもないことにあえて挑戦した経験があった	4	3	2	1	

問2　あなたが卒業した高校では、大学、短大への進学者（専門学校は含まない）はどれくらいいましたか。
あてはまる番号1つに○をつけてください。

1	3割未満	2	3～5割未満	3	5～8割未満	4	8～9割未満	5	ほとんど全員

問3　あなたは高校生時代に、部活動や生徒会活動をしていましたか。

(A～B それぞれについて1つずつ○)	2年以上していた	1年以上2年未満していた	1年未満していた	まったく経験しなかった
A. 部活動	4	3	2	1
B. 生徒会活動	4	3	2	1

問4　本学の受験を決めた理由として、つぎのことがらはどれくらいあてはまりましたか。

(A～I それぞれについて1つずつ○)	とてもあてはまる	ややあてはまる	あまりあてはまらない	まったくあてはまらない
A. 専門的知識を身につけられるから	4	3	2	1
B. 化学や生物に興味があったから	4	3	2	1
C. 興味のある分野の研究ができると思ったから	4	3	2	1
D. 自分に向いている仕事に就けると思ったから	4	3	2	1
E. 就職に有利だと思ったから	4	3	2	1
F. 資格が取得できるから	4	3	2	1
G. 施設や設備など、学習環境が充実しているから	4	3	2	1
H. 入試の難易度が自分の学力にちょうど良いと思ったから	4	3	2	1
I. 高校の先生や家族または塾などで勧められたから	4	3	2	1

問5　高校3年の時と中学3年の時の成績は、あなたの通っていた学校のなかでどのあたりでしたか。

(A～B それぞれについて1つずつ○)	上のほう	やや上	真ん中くらい	やや下	下のほう
A. 高校3年の時	5	4	3	2	1
B. 中学3年の時	5	4	3	2	1

Section2　あなたの学部時代についてお聞きします。

問6　あなたは学部在学中において、つぎのような活動にどれくらい熱心に取り組んでいましたか。

(A～L それぞれについて1つずつ○)	とても熱心だった	やや熱心だった	あまり熱心でなかった	まったく熱心でなかった	
A. 専門科目の講義	4	3	2	1	
B. **【薬学部卒業の方】**基礎実習 **【生命科学部卒業の方】**専門科目の実習	4	3	2	1	
C. **【薬学部卒業の方】**実務実習(病院・薬局への実習を含む) **【生命科学部卒業の方】**インターンシップ	4	3	2	1	0 実務実習やインターンシップを経験しなかった
D. 卒業論文研究	4	3	2	1	
E. 人文社会系の一般教育科目(総合科目)	4	3	2	1	
F. 理数系の一般教育科目(総合科目)	4	3	2	1	
G. 外国語の授業	4	3	2	1	
H. 海外研修	4	3	2	1	0 海外研修を経験しなかった
I. 部・サークル活動	4	3	2	1	0 サークル活動等を経験しなかった
J. 学生自治会・学校行事(学園祭)などの活動	4	3	2	1	0 学生自治会活動等を経験しなかった
K. ボランティア活動	4	3	2	1	0 ボランティア活動を経験しなかった
L. **【薬学部卒業者の方のみお答えください】** 薬剤師国家試験に合格するための勉強	4	3	2	1	

問7　あなたは学部在学中において、授業科目の中で、積極的に出席したくなる科目はどれくらいありましたか。

(A〜B それぞれについて1つずつ○)	5割以上あった	3〜4割ほどあった	1〜2割ほどあった	あまりなかった
A. 専門科目の講義	4	3	2	1
B. **【薬学部卒業の方】**基礎実習 **【生命科学部卒業の方】**専門科目の実習	4	3	2	1

問8　大学1年生から4年生（6年生）の時を振り返って、あなたはつぎの活動に**1週間あたり**どれくらいの時間を費やしましたか。
学年によって時間数が異なる場合は在学期間中の平均的な概数をお答えください。

(A〜F それぞれについて1つずつ○)	1週間あたりの平均的な活動時間						
	週16時間以上	週11〜15時間	週6〜10時間	週3〜5時間	週1〜2時間	週1時間未満	ほとんどしない
A. 授業の予習・復習や課題	7	6	5	4	3	2	1
B. 授業とは関係ない自主的な学習	7	6	5	4	3	2	1
C. 読書（マンガや雑誌を除く。A・Bと重なる時間を含む）	7	6	5	4	3	2	1
D. 部・サークル活動、学生自治会、学校行事（学園祭）	7	6	5	4	3	2	1
E. 個人的な趣味活動やお稽古事など	7	6	5	4	3	2	1
F. アルバイト	7	6	5	4	3	2	1

問9　学部在学中において、あなたの成績は、全体的に学部の中でどのあたりだったと思いますか。あてはまる番号1つに○をつけてください。

(A〜C それぞれについて1つずつ○)	上のほう	やや上	真ん中くらい	やや下	下のほう
A. 1〜2年	5	4	3	2	1
B. 3〜4年	5	4	3	2	1
C. 5〜6年（6年制の方のみ）	5	4	3	2	1

問10　あなたは学部在学中において、留年したことはありますか（留学の場合は除く）。あてはまる番号1つに○をつけてください。

1	留年したことはない	2	1回留年した	3	2回留年した	4	3回以上留年した→[　　　]回

問11　あなたの学部在学中の学習生活について、つぎのことがらはどれくらいあてはまりますか。

(A〜J それぞれについて1つずつ○)	とてもあてはまる	ややあてはまる	あまりあてはまらない	まったくあてはまらない
A. 図書館を利用した	4	3	2	1
B. 他の学生と一緒に勉強した	4	3	2	1
C. 教員に学習のことについて相談した	4	3	2	1
D. 学術的な書籍や論文を積極的に読んだ	4	3	2	1
E. 授業で課されたレポートはしっかり準備して書いた	4	3	2	1
F. 授業内容が自分なりに理解できるまで考えたり調べたりした	4	3	2	1
G. 授業をきっかけにして自分なりの興味、関心を形成していった	4	3	2	1
H. 本学を中退して薬学や生命科学以外の分野に進もうと本気で考えたことがあった	4	3	2	1
I. よい教員に巡り合えた	4	3	2	1
J. よい友人に巡り合えた	4	3	2	1

問12　あなたは、卒業論文研究では、どちらのコースを選択しましたか。あてはまる番号1つに○をつけてください。
（➡生命科学部の卒業生は1の実験研究コース（Aコース）に○をつけてください。）

1	実験研究コース（Aコース）	2	調査研究コース（Bコース）

問13　卒業論文研究を振り返って、つぎのことがらはどれくらいあてはまりましたか。

（A～J それぞれについて1つずつ○）	とても あてはまる	やや あてはまる	あまり あてはまらない	まったく あてはまらない
A. 専門分野の知識を深く理解するうえで有益だった	4	3	2	1
B. 特定の専門分野だけでなく幅広い専門知識が理解できるようになった	4	3	2	1
C. 専門の知識だけでなく、教養的知識の重要性が実感できた	4	3	2	1
D. 課題を自分で発見し、研究テーマを自分で設定できるようになった	4	3	2	1
E. 困難なことを最後までやり遂げる重要性が実感できた	4	3	2	1
F. 自分の主張を分かりやすく伝える方法を身につけることができた	4	3	2	1
G. チームワークで研究をすすめることの重要性が実感できた	4	3	2	1
H. 文章の書き方の訓練に役立った	4	3	2	1
I. 卒業論文研究のテーマは、卒業後の進路や現在の仕事に関係している	4	3	2	1
J. 学問の奥深さに魅力を感じた	4	3	2	1

問14　卒業論文研究の実施内容および成果について、あなたの経験を評価するといずれにあてはまりますか。

（A～I それぞれについて1つずつ○）	とても あてはまる	やや あてはまる	あまり あてはまらない	まったく あてはまらない	
A. 教員の指導をふまえて、更に自分から率先して能動的に取り組んだ	4	3	2	1	
B. 教員に指定された文献を理解するだけでなく、自主的に国内外の最新情報を収集し、理解していた	4	3	2	1	
C. 必要な実験技術に精通し、他の学生に指導できる水準に達した	4	3	2	1	0 実験を経験しなかった
D. 実験結果を多面的に解釈し、必要な改善を行い、次の研究計画を立案できた	4	3	2	1	
E. 卒業論文研究の成果を学術雑誌に投稿するレベルに達した	4	3	2	1	
F. 卒論発表時に、原稿を見ないで明瞭に説明することができ、質問にも的確に答えることができた	4	3	2	1	0 発表しなかった
G. 卒業後も自立して学習し、さらに研究を深める意欲と興味を駆り立てられた	4	3	2	1	
H. 卒業論文研究の出来に満足している	4	3	2	1	
I. 教員の指導が十分だった	4	3	2	1	

問15　卒業論文研究に取り組む必要のある期間に、あなたはどれくらい研究室に通いましたか。あてはまる番号1つに○をつけてください。

1	3割未満	2	3～5割未満	3	5～8割未満	4	8～9割未満	5	ほとんど毎日

問16　あなたは学部在学中の教育や学生生活を振り返って、現在どれくらい満足していますか。

(A～L それぞれについて1つずつ○)

	とても満足している	やや満足している	あまり満足していない	まったく満足していない	
A. 専門科目の講義の内容	4	3	2	1	
B. **【薬学部卒業の方】** 基礎実習の内容 **【生命科学部卒業の方】** 専門科目の実習内容	4	3	2	1	
C. **【薬学部卒業の方】** 実務実習の経験（病院・薬局への実習を含む） **【生命科学部卒業の方】** インターンシップ経験	4	3	2	1	0 実務実習やインターンシップを経験しなかった
D. 卒業論文研究を実施した経験	4	3	2	1	
E. 人文社会系の一般教育科目の講義内容（総合科目）	4	3	2	1	
F. 理数系の一般教育科目の講義内容（総合科目）	4	3	2	1	
G. 教員の指導および授業のすすめ方	4	3	2	1	
H. 教員と話をする機会	4	3	2	1	
I. 友人関係	4	3	2	1	
J. 部・サークル活動	4	3	2	1	0 サークル活動等を経験しなかった
K. 学生自治会・学校行事（学園祭）などの活動	4	3	2	1	0 学生自治会活動等を経験しなかった
L. 学部での学生生活全般	4	3	2	1	

問17　あなたの学部卒業後の進路について、あてはまる番号1つに○をつけてください。

1	就職した	4	博士課程に進学した（6年制薬学部卒業後すぐに進学した場合）
2	本学大学院修士課程に進学した	5	その他
3	他大学大学院修士課程に進学した		

Section3　問17で2（本学大学院修士課程）または3（他大学大学院修士課程）を選択した方にお聞きします。

（問17で1、4、5を選択した方は、 Section4　問21　に進んでください）

問18　あなたが大学院修士課程に進学した理由として、つぎのことがらはどれくらいあてはまりますか。

(A～G それぞれについて1つずつ○)

	とてもあてはまる	ややあてはまる	あまり、あてはまらない	まったくあてはまらない
A. 学部時代よりも高度な専門知識を身につけたかったから	4	3	2	1
B. 研究者になりたかったから	4	3	2	1
C. 就職後の職業キャリアを有利にするため	4	3	2	1
D. 教員に勧められたから	4	3	2	1
E. 成績が良かったから	4	3	2	1
F. もう少し勉強してから社会に出たかったから	4	3	2	1
G. 学部卒業時に希望の就職ができなかったから	4	3	2	1

問19　あなたは大学院修士課程時代の教育や学生生活に、どれくらい満足していますか。

（➡修士課程在学中の方は Section5 の 問32 に進んでください。）

(A〜D それぞれについて1つずつ○)	とても満足している	やや満足している	あまり満足していない	まったく満足していない
A. 専門科目の講義内容	4	3	2	1
B. 修士論文研究の経験	4	3	2	1
C. 友人関係	4	3	2	1
D. 大学院での生活全般	4	3	2	1

問20　修士論文研究の実施内容および成果について、あなたの経験を評価するといずれにあてはまりますか。

(A〜D それぞれについて1つずつ○)	とてもあてはまる	ややあてはまる	あまりあてはまらない	まったくあてはまらない
A. 教員の指導をふまえて、更に自分から率先して能動的に取り組んだ	4	3	2	1
B. 修士論文研究の出来に満足している	4	3	2	1
C. 教員の指導が十分だった	4	3	2	1
D. 修士論文研究のテーマは、卒業後の進路や現在の仕事に関係している	4	3	2	1

Section4　あなたの職業キャリアについてお聞きします。

問21　あなたが大学卒業又は大学院修了（中退含）後、**最初に就いたお仕事**についてお聞きします。

それぞれについて1つずつ○をつけてください。**就業経験のない方は、Section5 の 問32 に進んでください。**

最初に就職した時期	(西暦)[　　　　]年[　　　]月　　勤務地(都道府県)　[　　　　　　　　]
業種(1つに○)	1. 製薬　2. 治験業務受託機関(CRO、SMO)　3. 化学　4. 食品・飲料　5. 化粧品　6. 情報 7. 病院・診療所　8. (調剤)薬局　9. ドラッグストア　10. 教育(学校含)　11. 公務(教員除) 12. その他の製造業　13. 卸小売・サービス業　14. その他
職種(1つに○)	1. MR　2. 営業(MR除)　3. 臨床開発(ﾓﾆﾀｰ・ﾃﾞｰﾀﾏﾈｼﾞﾒﾝﾄ・治験ｺｰﾃﾞｨﾈｰﾀｰ等)　4. 研究 5. 検査・分析　6. 製造管理　7. 品質管理・品質保証　8. 安全性保証　9. 薬事　10. 薬剤師職 11. SE・情報処理　12. 教員　13.行政事務関係　14. 事務(総合職・一般職含む)　15. 販売 16. その他[具体的に:　　　　　　　　　　　]
雇用形態	1. 正規雇用　2. 契約・嘱託・派遣社員　3. パート・アルバイト　4. 自営業・家族従業者　5. その他
企業規模(常勤の従業者数)	1. 29人以下(自営業を含む)　2. 30〜99人　3. 100〜499人　4. 500〜999人　5. 1000 人以上 6. 官公庁・地方自治体・学校法人等の公的機関
就職先は、希望の企業等でしたか	1. 初めから就職したいと思っていた　2. 就職活動の途中から就職したいと思った 3. あまり就職したくなかった　4. その他
仕事の内容と大学の専門との関係	1. 専攻した専門分野と大いに関連がある　2. 専攻した専門分野とやや関連がある 3. 専攻した専門分野とあまり関連がない　4. 専攻した専門分野とまったく関連がない
配属された職場・職務について	1. 最も興味のある職場・職務だった　2. それなりに興味のある職場・職務だった 3. それほど興味のない職場・職務だった　4. まったく興味のない職場・職務だった

問22　あなたはこれまでに転職したことがありますか。あてはまる番号1つに○をつけてください。

1	転職したことはない（最初に就職した企業等で働き続けている）	3	2回転職した
2	1回転職した	4	3回以上転職した→（[　　　]回）

問23　あなたはこれまでに、海外での勤務の経験はありますか。あてはまる番号1つに○をつけてください。
海外勤務の経験がある方は、期間、主な職務の内容についてもお答えください。

1	海外勤務の経験はない	2	海外勤務の経験がある

期　間	通算 [　　　]年 [　　　]ヶ月
主な職務の内容	[具体的に：　　　　　　　　　　]

問24　現在、あなたは働いていますか。あてはまる番号1つに○をつけてください。

1	働いている	2	以前は働いていたが、今は働いていない

仕事をやめた年	西暦[　　　　　　　　　]年
仕事をやめた理由	1. 定年退職　2. 結婚・出産　3. その他

問25　あなたの**現在のお仕事について**、お聞きします。それぞれについて1つずつ○をつけてください。
転職されていない方も現在のお仕事についてお答えください。
問24で 2（以前は働いていたが、今は働いていない）を選択した方は、Section5 の 問32 に進んでください。

現在の企業等に就職した時期	(西暦)[　　　　]年[　　　]月　／　勤務地(都道府県)　[　　　　　　　　]
業種（1つに○）	1. 製薬　2. 治験業務受託機関（CRO、SMO）　3. 化学　4. 食品・飲料　5. 化粧品　6. 情報 7. 病院・診療所　8.（調剤）薬局　9. ドラッグストア　10. 教育（学校含）　11. 公務（教員除） 12. その他の製造業　13. 卸小売・サービス業　14. その他
職種（1つに○）	1. MR　2. 営業（MR除）　3. 臨床開発（ﾓﾆﾀｰ・ﾃﾞｰﾀﾏﾈｼﾞﾒﾝﾄ・治験ｺｰﾃﾞｨﾈｰﾀｰ等）　4. 研究 5. 検査・分析　6. 製造管理　7. 品質管理・品質保証　8. 安全性保証　9. 薬事　10. 薬剤師職 11. SE・情報処理　12. 教員　13.行政事務関係　14. 事務（総合職・一般職含む）　15. 販売 16. その他[具体的に：　　　　　　　　　　]
企業規模（常勤の従業者数）	1. 29人以下(自営業を含む)　2. 30～99人　3. 100～499人　4. 500～999人　5. 1000 人以上 6. 官公庁・地方自治体・学校法人等の公的機関
職位・雇用形態	1. 一般社員・職員　2. 係長・主任クラス　3. 課長クラス　4. 部長クラス　5. 経営者・役員 6. 契約・嘱託・派遣社員　7. パート・アルバイト　8. 自営業・家族従業者　9.その他
1週間の平均的な勤務時間（残業を含む）	1. 15時間未満　2. 15～34時間　3. 35～44時間　4. 45～59時間　5. 60～74時間 6. 75時間以上
現在の仕事の内容と大学（最終学歴）の専門との関係	1. 専攻した専門分野と大いに関連がある　2. 専攻した専門分野とやや関連がある 3. 専攻した専門分野とあまり関連がない　4. 専攻した専門分野とまったく関連がない
現在の職場・職務について	1. 最も興味のある職場・職務である　2. それなりに興味のある職場・職務である 3. それほど興味のない職場・職務である　4. まったく興味のない職場・職務である

問26　あなたは、仕事上の難しい問題に直面したときに、個人的に相談できる友人がどれくらいいますか。
あてはまる番号1つに○をつけてください。 またその友人は、どのような関係にある方ですか。

友人の人数(1つに○)	
1	とくにいない
2	1～2人
3	3～5人
4	6人以上

どのような関係の友人ですか。(あてはまるものすべてに○)	
1	職場で知り合った友人
2	東薬在学中からの友人
3	東薬卒業後に知り合った東薬卒の友人
4	中学・高校時代からの友人
5	その他[　　　　]

問27　あなたは、現在の仕事や将来のキャリアのために、つぎの活動に**1か月あたり**どれくらいの時間を費やしていますか。

(A～C それぞれについて1つずつ○)	1か月あたりの平均的な活動時間				
	月10時間以上	月6～9時間	月3～5時間	月1～2時間	していない
A. 職場での勉強会・研修会	5	4	3	2	1
B. 職場以外での勉強会・研修会(英会話などの学校を含む)	5	4	3	2	1
C. その他の自己学習	5	4	3	2	1

問28　あなたは現在、読書(マンガや雑誌を除く)に**1週間あたり**どれくらいの時間を費やしていますか。
あてはまる番号1つに○をつけてください。

1週間あたりの平均的な読書時間					
週11時間以上	週6～10時間	週3～5時間	週1～2時間	週1時間未満	ほとんどしない
6	5	4	3	2	1

問29　あなたは研修会や読書などでどのような内容の学習を行っていますか。あてはまる番号すべてに○をつけてください。

1	現在の仕事に直結する専門知識	4	IT・情報処理技術に関する知識	7	趣味・教養
2	ビジネス・マネジメントに関する知識	5	語学力	8	その他[　　　　]
3	業界の情勢・知識	6	社会経済の動向	9	学習していない

問30　あなたが現在持っている資格について、あてはまる番号すべてに○をつけてください。

1	薬剤師	3	MR	5	その他[　　　　]
2	専門・認定薬剤師	4	教員	6	持っていない

問31　あらゆることを総合して、あなたは**現在のお仕事**にどれくらい満足していますか。
ご自分がどう感じているかを0から10の尺度で表してください。0は「まったく満足していない」、10は「とても満足している」を表します。
あてはまる番号1つに○をつけてください。

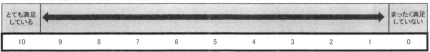

とても満足している	←								→	まったく満足していない
10	9	8	7	6	5	4	3	2	1	0

Section5　現在のあなたの仕事や暮らしについてお聞きします。

問32　あなたが学部在学中において経験したつぎのことがらは、現在のあなたの仕事や暮らしに役に立っていますか。

(A～M それぞれについて1つずつ○)

	とても役に立っている	⟷							まったく役に立っていない	
A. 専門科目の講義を受けた経験	10	9	8	7	6	5	4	3	2	1	
B. **【薬学部卒業の方】** 基礎実習を行った経験 **【生命科学部卒業の方】** 専門科目の実習を行った経験	10	9	8	7	6	5	4	3	2	1	
C. **【薬学部卒業の方】** 実務実習を行った経験 **【生命科学部卒業の方】** インターンシップを行った経験	10	9	8	7	6	5	4	3	2	1	0 実務実習やインターンシップを経験しなかった
D. 卒業論文研究に取り組んだ経験	10	9	8	7	6	5	4	3	2	1	
E. 外国語の授業(海外研修を含む)	10	9	8	7	6	5	4	3	2	1	
F. 情報処理教育の授業	10	9	8	7	6	5	4	3	2	1	0 情報処理教育を経験しなかった
G. 人文社会系の一般教育の授業	10	9	8	7	6	5	4	3	2	1	
H. 理数系の一般教育の授業	10	9	8	7	6	5	4	3	2	1	
I. 部・サークル活動に取り組んだ経験	10	9	8	7	6	5	4	3	2	1	0 サークル活動等を経験しなかった
J. 学生自治会活動、学校行事(学園祭など)に取り組んだ経験	10	9	8	7	6	5	4	3	2	1	0 学生自治会活動等を経験しなかった
K. ボランティア活動に取り組んだ経験	10	9	8	7	6	5	4	3	2	1	0 ボランティア活動を経験しなかった
L. アルバイトに取り組んだ経験	10	9	8	7	6	5	4	3	2	1	0 アルバイトを経験しなかった
M. **【薬学部卒業の方のみお答えください】** 薬剤師国家試験の勉強に取り組んだ経験	10	9	8	7	6	5	4	3	2	1	

問33　現在、あなたが自分の生活について、どのように感じているかをお尋ねします。

ご自分がどう感じているかを0から10の尺度で表してください。0は「まったくそう思わない」、10は「非常にそう思う」を表します。

(A～F それぞれについて1つずつ○)

	非常にそう思う	⟷									まったくそう思わない
A. とても前向きなほうだと感じる	10	9	8	7	6	5	4	3	2	1	0
B. いつも将来には楽観的であると感じる	10	9	8	7	6	5	4	3	2	1	0
C. 自由に生き方を決めることができると感じる	10	9	8	7	6	5	4	3	2	1	0
D. 自分が行っていることは重要で価値があると感じる	10	9	8	7	6	5	4	3	2	1	0
E. 自分が行っていることに達成感を感じる	10	9	8	7	6	5	4	3	2	1	0
F. 悪いことが起きると、元の自分に戻るのに時間がかかると感じる	10	9	8	7	6	5	4	3	2	1	0

問34　あらゆることを総合して、あなたは最近の**ご自分の生活全般**にどれくらい満足していますか。

ご自分がどう感じているかを0から10の尺度で表してください。0は「まったく満足していない」、10は「とても満足している」を表します。

あてはまる番号1つに○をつけてください。

とても満足している	⟷									まったく満足していない
10	9	8	7	6	5	4	3	2	1	0

問35　①**現在**、あなたはつぎに示す知識や能力をどれくらい身につけていると思いますか。「現在」の欄のあてはまる番号1つに○をつけてください。

②また、それらの知識を**学部卒業時**にどれくらい身につけていたと思いますか。「卒業時」の欄のあてはまる番号1つに○をつけてください。

③あわせて、東京薬科大学の**学部卒業生として卒業時に身につけておく**必要性を、3段階で評価して○をつけてください。

(A～O それぞれについて○)							③卒業時に身につけておく必要性		
	①現在	かなり身についている	やや身についている	どちらともいえない	あまり身についていない	身についていない			
	②卒業時	かなり身についていた	やや身についていた	どちらともいえない	あまり身についていなかった	身についていなかった	卒業時にとても必要	卒業時に必要	卒業時にやや必要
《記入例》1つの質問に対し、3つの欄に○をつけてください	①現在	5	(4)	3	2	1	3	(2)	1
	②卒業時	5	4	3	(2)	1			
A. 大学で専攻した分野に関連する専門知識・技能	①現在	5	4	3	2	1	3	2	1
	②卒業時	5	4	3	2	1			
B. 現在の仕事に必要な専門知識・技能	①現在	5	4	3	2	1	3	2	1
	②卒業時	5	4	3	2	1			
C. 社会や経済に関する幅広い一般教養的知識	①現在	5	4	3	2	1	3	2	1
	②卒業時	5	4	3	2	1			
D. 国際人として活躍するために必要な基礎的知識や英語力	①現在	5	4	3	2	1	3	2	1
	②卒業時	5	4	3	2	1			
E. 目標に向かってチームや集団を動かし、リーダーシップを発揮する能力	①現在	5	4	3	2	1	3	2	1
	②卒業時	5	4	3	2	1			
F. 他者の話をしっかり聞き、他者と協力してものごとを遂行する能力	①現在	5	4	3	2	1	3	2	1
	②卒業時	5	4	3	2	1			
G. 自分の考えを分かりやすく人に伝え、理解を得るプレゼンテーションをする能力	①現在	5	4	3	2	1	3	2	1
	②卒業時	5	4	3	2	1			
H. 世間の常識や既成概念にとらわれず、自ら情報を分析し、新しい考え方を提案する力	①現在	5	4	3	2	1	3	2	1
	②卒業時	5	4	3	2	1			
I. 適切な目標と方法を自分で設定し、粘り強く最後までやり遂げる力	①現在	5	4	3	2	1	3	2	1
	②卒業時	5	4	3	2	1			
J. 課題を解決できる思考力と判断力	①現在	5	4	3	2	1	3	2	1
	②卒業時	5	4	3	2	1			
K. 社会の問題や出来事に広く関心をもち、自分の携わる職業について、将来の展望を描ける力	①現在	5	4	3	2	1	3	2	1
	②卒業時	5	4	3	2	1			
L. 職業人として、生涯にわたり自己学習する力	①現在	5	4	3	2	1	3	2	1
	②卒業時	5	4	3	2	1			
M. **【薬学部卒業の方のみお答えください】** 薬剤師として、生命の尊厳、患者の権利を尊重し、医療と薬の倫理を遵守する力	①現在	5	4	3	2	1	3	2	1
	②卒業時	5	4	3	2	1			
N. **【薬学部卒業の方のみお答えください】** 患者・同僚との信頼関係を構築し、病院および地域社会におけるチーム医療に参画する力	①現在	5	4	3	2	1	3	2	1
	②卒業時	5	4	3	2	1			
O. **【薬学部卒業の方のみお答えください】** 地域社会における活動を通じて、国民の健康と疾病の予防に貢献する力	①現在	5	4	3	2	1	3	2	1
	②卒業時	5	4	3	2	1			

問36　あなたが本学学部で楽しい、面白いと感じた科目は何でしたか。具体的な授業科目名を3つまで挙げてください。
授業科目の内容を示すものであれば、正確な科目名でなくてもかまいません。例えば教員名などでも結構です。

1	[　　　]	2	[　　　]	3	[　　　]

問37　あなたが本学学部で現在の仕事や生活全般に役立ったと思う講義・実習・活動・経験などを3つまで挙げてください。

1	[　　　]	2	[　　　]	3	[　　　]

問38　あなたが本学学部時代にもっとやっておけば良かったと思う講義・実習・活動・経験などを3つまで挙げてください。

1	[　　　]	2	[　　　]	3	[　　　]

問39　あなたは東京薬科大学を卒業して良かったと感じていますか。あてはまる番号1つに○をつけてください。

良かった	まあまあ良かった	あまり良くなかった	良くなかった
4	3	2	1

問40　あなたは、薬学や生命科学に関心のある高校生に、本学への進学を薦めたいと思いますか。あてはまる番号1つに○をつけてください。

とてもそう思う	ややそう思う	あまりそう思わない	まったくそう思わない
4	3	2	1

問41　もしよろしければ、あなたの年収（税込み）及び世帯についてお聞かせください。

①　あなたの2016年（平成28年）の年収（税込み）　あてはまる番号1つに○をつけてください。

1	収入はない	7	500～599 万円	13	1100～1199 万円
2	100万円未満	8	600～699 万円	14	1200～1299 万円
3	100～199 万円	9	700～799 万円	15	1300～1399 万円
4	200～299 万円	10	800～899 万円	16	1400～1499 万円
5	300～399 万円	11	900～999 万円	17	1500万円以上
6	400～499 万円	12	1000～1099 万円	18	分からない・答えたくない

②　あなたの2016年（平成28年）の世帯年収（税込み）　あてはまる番号1つに○をつけてください。

1	300 万円未満	4	800～999 万円	7	2000万円以上
2	300～499 万円	5	1000～1499 万円	8	分からない・答えたくない
3	500～799 万円	6	1500～1999 万円		

③　あなたと同居している世帯の人数は、あなたを含めて何人いらっしゃいますか。あてはまる番号1つに○をつけてください。

1	1人	2	2人	3	3人	4	4人	5	5人	6	6人以上	7	答えたくない

④　あなたが中学3年生（15歳）の時、あなたのご両親はどのような仕事をなさっていましたか。
（A～B　それぞれについて1つずつ○）

A. 父親	1. 薬剤師を含む医療・薬関係の職業　2. 医療・薬関係以外の専門・管理・技術職　3. 1～2以外の会社員・公務員 4. 1以外の自営業・家族従事者　5. その他の職業　6. 無職　7. 分からない・答えたくない
B. 母親	1. 薬剤師を含む医療・薬関係の職業　2. 医療・薬関係以外の専門・管理・技術職　3. 1～2以外の会社員・公務員 4. 1以外の自営業・家族従事者　5. その他の職業　6. 無職　7. 分からない・答えたくない

問42　現在の生活について、あなたは、つぎのようなことがらをどれくらい重視していますか。

(A～F それぞれについて1つずつ○)	とても重視する	やや重視する	あまり重視しない	まったく重視しない
A. 高い収入	4	3	2	1
B. キャリアの将来性	4	3	2	1
C. 新しいことを学ぶ機会	4	3	2	1
D. 十分な余暇活動の時間	4	3	2	1
E. 社会のために役立つこと	4	3	2	1
F. 家族と一緒の時間	4	3	2	1

問43　あなたが本学での学びから得た知識やスキル、経験は、卒業後、どのような形で生かされていますか。
思いあたることがあればご自由にお書きください。仕事に関すること、私生活に関すること、いずれでも結構ですので、具体的に教えてください。

問44　授業・カリキュラム・教員の指導など、本学が改善すべきであると思う点などについて、ご意見をお聞かせください。

以上で終了です。長時間にわたり、ご協力ありがとうございました。

索引

A~Z

あ

か

さ

た

な

は

ま･や･ら

著者

矢野眞和

やの・まさかず

東京工業大学名誉教授。東京薬科大学特命教授。1944年生まれ、東京工業大学工学部卒。国立教育研究所研究員、広島大学助教授などを経て、東京工業大学工学部社会工学科教授、東京大学教育学研究科教授、昭和女子大学教授、桜美林大学教授を歴任。主な著書、編著書に『高等教育の経済分析と政策』(1996年)、『大学改革の海図』(2005年、以上、玉川大学出版部)、『生活時間の社会学』(編著、1995年)、『教育社会の設計』(2001年)、『大学の条件』(2015年、以上、東京大学出版会)、『教育劣位社会』(編著、2016年)、『高専教育の発見』(編著、2018年、以上、岩波書店)など多数。

高等教育シリーズ187
今に生きる学生時代の学びとは
卒業生調査にみる大学教育の効果

2023年6月15日　初版第1刷発行

著者　矢野眞和

発行者　小原芳明

発行所　玉川大学出版部
〒194-8610 東京都町田市玉川学園6-1-1
TEL 042-739-8935　FAX 042-739-8940
http://www.tamagawa.jp/up/
振替 00180-7-26665

デザイン　しまうまデザイン

印刷・製本　創栄図書印刷株式会社

乱丁・落丁本はお取り替えいたします。

ISBN978-4-472-40630-0 C3037 / NDC377